U0948266

儒經『聖經』說

儒教資料類編叢書

第二輯

任繼愈／顧問
李　申／主編
李　申／選編　標點

國家圖書館出版社

圖書在版編目（CIP）數據

儒經“聖經”説/李申選編、標點．—北京：國家圖書館出版社，2009.5

（儒教資料類編叢書：2）

ISBN 978－7－5013－3991－4

Ⅰ．儒…　Ⅱ．李…　Ⅲ．儒家－研究　Ⅳ．B222.05

中國版本圖書館 CIP 數據核字（2009）第 058745 號

書　名　儒經“聖經”説

著　者　李申選編、標點

出　版　國家圖書館出版社（100034　北京市西城區文津街 7 號）
發　行　010－66139745，66175620，66126153
66174391（傳真），66126156（門市部）

E-mail　btsfxb@nlc.gov.cn（郵購）

Website　www.nlcpress.com ——→投稿中心

經　銷　新華書店

印　刷　北京漢玉印刷有限公司

開　本　787×1092（毫米）　1/16

印　張　20.5

版　次　2009 年 5 月第一版　2009 年 5 月第一次印刷

書　號　ISBN 978－7－5013－3991－4

定　價　45.00 元

總　　序

儒教問題正日益引起學界甚至社會各界的關注。

儒教問題不是一個學術觀點問題，即不是可此可彼、可信可否的問題，因為儒教的存在是一個歷史事實。而只有認識這個事實，纔有可能正確認識中國傳統文化的性質；正確認識傳統文化的性質和本來面貌，纔能正確繼承和運用這筆遺産。

關於儒教問題的爭論非一日。最近二三十來就有两次較大的爭論，其風波至今未息。雖然提出者和贊成者都盡其所能從各個方面試圖向讀者解釋清楚，雖然經過爭論能夠接受儒教是教説的學者日益增多，但是在整理古代資料的過程中，筆者還是發現了以前所未能發現的材料，感覺到有關論著難以充分釋脱百多年來關於中國傳統文化性質認定的新傳統所帶給人們的種種疑惑。於是也就有了編纂《儒教資料類編》的想法。讓資料，也就是讓古人自己來向當代的人們説明和解釋吧，説明在他們眼裏，“儒教”是個什麽樣的概念，而他們又是如何地在信仰著儒教。

就筆者所知，目前在有關宗教和傳統文化的許多最基本的問題上，包括專門研究傳統文化和宗教問題的學術界，都有一系列並不符合歷史事實的結論，在被人們廣泛地以訛傳訛。比如儒教之教不是宗教之教，而“宗教”這個概念是從國外輸入的“外來語”，上帝信仰是基督教的而中國古代的儒家是不信上帝的。至於“城隍神是道教的”，“‘聖經’指的是基督教的《新舊約全書》”，則幾乎成了家喻户曉的常識。這些基本問題不清楚，要認清傳統文化的性質和本來面貌，是不可能的。而這些問題，以及相關的一系列問題，在這套書裏，都會用歷史資料的方式，向人們揭示歷史的真象。而認識傳統文化的歷史真象，是利用傳統文化資源建設當代新文化的基礎。

本叢書設計了30個左右的題目，每個題目集中説明一個問題，字數控制在30萬字左右。採用繁體，進行簡略的標點（一般只用句、逗和書名號）。資料一般取自《四庫全書》系統，並按《四庫全書》順序編排，某些部分會有些許調整。根據研究情況和實際需要，加或長或短的研究性説明或導言。主要供給學術界和愛好傳統文化的人們使用。由於編纂力量有限，每年爭取出版二三本或三五本。下面公佈的題目（見附録），僅僅是初步設想。隨著研究的開展，可能會有變動，但不會有大的本質性的改變。

任何研究實際上都是為回答現實提出的問題而産生的，因而都是一種現實的反映。本叢書所設計的題目，自然也與當前人們對儒教的認識狀況相關。或許過些時日，人們會認為編這些東西非常可笑，那時候，就會有更高水準的著作和資料彙編出來，我們盼望着。

雖然是基本常識但還要説明的是，本叢書是在為研究儒教和傳統文化提供資料，不是在傳播儒教觀念，更不主張今天的人們去信仰什麼儒教，作什麼儒教救國之類的白日夢。

上海師範大學哲學系、思想文化研究所　李申
2008年9月4日

凡　　例

一、所輯材料除注明者外，均選自文淵閣《四庫全書》。

二、材料內容與主題直接相關。

三、選擇材料力求完整，即整篇、整段。若篇幅太長，在刪節處加［略］。

四、材料一般按經史子集分部，每部分按年代先後排列，亦可稍有變通。

五、每條材料標注基本符合下列規定：

1. 經、史、子部著作標：作者+書名+篇名或卷數；

2. 集部標：作者+篇名+（書名+卷數）。總集書名前可加編者名；

3. 十三經、四書、正史及漢和漢以前子書，可不標作者。其注疏應標注疏者名；

4. 作者或書名篇名接連相同者，自第二篇起用“又”代替；

5. 作者名前加朝代名，朝代依《四庫全書》為據。

六、標點：

1. 一般用句號、逗號和書名號，可兼用冒號和頓號。一般不用其他符號。

2. 卦名不加書名號。如乾、坤、艮、兑等，但引用《周易》書中文字時例外。如《周易·彖傳·乾》。

3. 不甚明確之處，書名號寧缺勿濫。如“易”、“詩”。

4. 混略稱書名者，兩頭加書名號，用頓號隔開，如《大、小戴禮記》，《論語、孟子集注》。類名不加，如“五經”，“三史”。

5. 指意稱名者，最好不加。如隋唐志、詩書禮樂、論孟荀揚、前書（指《漢書》）、新書（指《新唐書》）等。

七、全書使用繁體字排印。

序　　言

如今一提起“聖經”這個概念，幾乎每一個受過中等教育的人都知道是指基督教的《新舊約全書》。本集要告訴讀者的是，在我們古代，“聖經”這個概念廣泛地被人們使用着，其內容，指的是儒經。也就是《詩經》、《尚書》、《論語》、《孟子》這些屬於“十三經”範圍裏的書，也包括《大學》、《中庸》這些屬於“四書”範圍的書。經而稱“聖”，對於我們理解儒教是不是宗教，會有一定幫助。

是為序。

目　　録

经部説……1

宋張栻《南軒易説》卷一……1

宋趙彦肅《復齋易説》卷四《解》……1

宋徐氏《易傳燈》卷三《再扐後掛》……2

宋馮椅《厚齋易學附録一・焦贛易林六十四卦變》……2

宋潘桂《周易竊餘原序》……3

宋税與權《易學啟蒙小傳・周易古經發題》……3

宋趙汝楳《易雅・圖書釋》……4

宋俞琰《周易集説》卷三一……5

元胡一桂《周易本義啟蒙翼傳》中篇……6

元胡震《周易衍義》卷一〇……6

元王申子《大易緝説》卷一《衍數或問》……7

又卷二《太極圖或問》……7

又卷三《上經》……7

又卷七……7

元田澤《續刊大易緝説始末》(《大易緝説》卷末)……8

明崔銑《讀易餘言》卷五《説卦訓》……9

明熊過《周易象旨决録》卷七……10

明葉山《葉八白易傳》卷二……10

明陳祖念《易用》卷一……11

清張次仲《周易玩辭・困學記》卷八……12

清刁包《易酌》卷一……12

清黄宗羲《易學象數論》卷一……12

清黄宗炎《周易象辭》卷二二……13

又《周易尋門餘論》卷上……13

清王宏撰《周易筮述》卷八……13

清毛奇齡《仲氏易》卷四……13

清魏荔彤《大易通解》卷四……14

又《大易通解・附録》……15

清胡渭《易圖明辨》卷一……15

清李塨《周易傳註原序》……15

又《周易傳註》卷二……16
又《周易傳註》卷五……16
清胡煦《周易函書約存》卷五……17
又卷九……17
又《周易函書別集》卷三《易學須知》……17
又卷四《易解辨異》……17
又卷一〇《篝燈約旨・論語》……18
清陳法《易箋》卷五……18
清王心敬《豐川易説》卷一……18
清惠棟《易例卷上・元亨利貞大義》……19
又《卦无先天》……19
清程廷祚《大易擇言》卷一……19
又卷三六……20
清齊召南、陳浩《尚書註疏・卷一考證》……20
又《尚書註疏・考證跋語》……20
宋林之奇《尚書全解》卷四……20
宋程大昌《禹貢論上・濟》……21
又《禹貢論下・漢沔》……21
宋夏僎《尚書詳解》卷二〇……21
宋傅寅《禹貢説斷》卷三《導沇辯》……21
宋陳經《尚書詳解》卷二……22
又《尚書詳解》卷二一……22
又《尚書詳解》卷二四……22
宋錢時《融堂書解・宋進書原劄狀》……22
又《融堂書解》卷二……23
又《融堂書解》卷三……23
又卷五……23
宋陳大猷《書集傳或問卷下・康誥》……23
元董鼎《書傳輯録纂註・卷首上》……24
元黄鎮成《尚書通考》卷三……24
明梅鷟《尚書考異》卷一《古文二十五篇》……24
又《尚書考異》卷二《舜典》……25
又《大禹謨》……25
又《尚書考異》卷五……25
明馬明衡《尚書疑義》卷二……26
明王樵《尚書日記》卷二……26

又卷三……26
又卷九……26
清閻若璩《尚書古文疏證》卷四《第五十八》……27
又卷五上《第六十七》……27
又《第七十二》……27
又《第九十一》……28
又卷八《第一百十三》……28
清毛奇齡《古文尚書冤詞》卷三……28
又卷五……28
又卷六……29
又卷七……29
又卷八……30
又《尚書廣聽録》卷三……30
清胡渭《禹貢錐指》卷九……31
清徐文靖《禹貢會箋・凡例》……31
元王充耘《書義矜式》卷二……31
宋朱熹《詩序辨説》卷上……31
宋李樗黄櫄《毛詩集解》卷三四……32
宋楊簡《慈湖詩傳》卷五……32
元劉瑾《詩傳通釋》卷三……32
元梁益《詩傳旁通》卷一四……32
明李先芳《讀詩私記》卷一《朱註國風多淫奔之詞》……33
清聖祖玄燁《欽定詩經傳説彙纂・卷首上・凡例》……33
清世宗胤禛《世宗御製詩經傳説彙纂序》……33
清陳啟源《毛詩稽古編》卷一六《都人士》……33
又卷二五《總詁舉要小序》……34
清姜炳璋《詩序補義》卷七……34
清汪紱《周禮註疏考證跋語》……34
宋俞庭椿《周禮復古編》……34
又《周禮復古編・司寇》……35
宋葉時《禮經會元》卷一上《註疏》……35
又卷二下《軍賦》……35
又卷四下《補亡》……35
宋易祓《周官總義》卷二六《冬官考工記第六》……36
宋王與之《周禮訂義》卷七〇《冬官考工記上》……36
元毛應龍《周官集傳》卷一……37

明王應電《周禮翼傳》卷一 …… 38
又卷二 …… 38
明柯尚遷《周禮全經釋原》卷一三《鄉遂》 …… 38
又《周禮全經釋原》卷一三《郊廟》 …… 38
又《周禮全經釋原·周禮通今續論翼傳》（德德行道藝舉選附） …… 40
明王志長《周禮註疏刪翼》卷一二 …… 43
又卷一四 …… 43
又卷二四 …… 43
清高宗弘曆《欽定周官義疏》卷一一 …… 44
又卷一七 …… 44
清江永《周禮疑義舉要》卷五 …… 44
清高宗弘曆《欽定儀禮義疏》卷二二 …… 44
又卷二四 …… 45
清盛世佐《儀禮集編·凡例》 …… 45
又《儀禮集編》卷二二 …… 46
又卷二三 …… 46
又卷二七 …… 46
清高宗弘曆《欽定禮記義疏》卷七三《大學》 …… 46
清方苞《禮記析疑》卷五 …… 47
清萬斯大《學禮質疑》卷二《兄弟同昭穆》 …… 47
清陸隴其《讀禮志疑》卷六 …… 47
清秦蕙田《五禮通考》卷二九 …… 47
又《五禮通考》卷四九 …… 48
又《五禮通考》卷八七 …… 49
清齊召南、陳浩《春秋左氏傳註疏考證》卷一八 …… 50
又《春秋公羊傳考證》卷九 …… 50
又《春秋公羊傳考證》卷二八 …… 50
又《春秋穀梁傳註疏考證》卷四 …… 51
又《春秋穀梁傳註疏考證》卷七 …… 51
又《春秋穀梁傳註疏考證》卷九 …… 51
又《春秋穀梁傳註疏考證》卷一二 …… 51
又《春秋穀梁傳註疏考證跋語》 …… 52
唐劉蕡《春秋釋例原序》 …… 52
宋王皙《春秋皇綱論》卷四《書遂》 …… 53
宋邵輯《孫氏春秋經解原序》 …… 53
宋周麟之《孫氏春秋經解後跋》 …… 53

宋蕭楚《春秋辨疑》卷三《石鷁辨》……54
宋崔子方《春秋經解·朱震劄子二通》……54
宋高閌《春秋集註》卷四……54
宋吕祖謙《左氏博議》卷二二……55
宋沈棐《春秋比事》卷一〇《城築總論》……55
又卷一七《經書戰夷狄者八》……55
又卷一八《救》……55
又卷一九《次》……56
宋程公說《春秋分記序》……56
又《春秋分記例要·叙傳授》……56
宋李明復《春秋集義》卷一七《十有二月狄入衛》……57
宋留夢炎《春秋經筌序》……58
宋趙鵬飛《春秋經筌序》……58
又《春秋經筌》卷一一……58
宋家鉉翁《春秋集傳詳說·綱領·評三傳下(左傳)》……59
又《春秋集傳詳說》卷七……59
宋陳則通《春秋提綱》卷一〇《夏五闕文》……59
元程端學《春秋或問》卷一……60
又卷八……60
元干文傳《春秋讞義原序》……60
元王元杰《春秋讞義》卷五……61
元趙汸《春秋師說》卷上《論三傳得失》……61
又《春秋師說》卷上《論古註得失》……61
又《春秋師說》卷中《論漢唐宋諸儒得失》……62
又《春秋師說》卷下《王正月辯》……63
又《春秋師說·附録下·黄楚望先生行狀》……63
又《春秋屬辭》卷一三《十二師及齊師戰書公圍成》……63
明宋濂《春秋屬辭原序》……64
明張以寧《春秋春王正月考》……64
又《春秋春王正月考辨疑》……64
明《春秋大全·凡例》……64
明童品《春秋經傳辨疑原序》……65
又《春秋經傳辨疑》卷上……65
又卷下……65
明湛若水《春秋正傳》卷三……66
又卷五……67

又卷六……68
又卷一三……68
又卷二五……69
又《春秋脩後魯史舊文》……69
明陸粲《春秋胡氏傳辨疑》卷上……69
又卷下……70
明高拱《春秋正旨》……70
明王樵《春秋輯傳・春秋宗旨》……70
又《春秋輯傳》卷三……70
明姜寶《春秋事義全考》卷六……71
清馬驌《左傳事緯前集》卷四《總論》……71
清毛奇齡《春秋毛氏傳》卷二……72
又卷三……72
又卷四……72
又卷一〇……73
又卷三六……73
又《春秋簡書刊誤》卷一……73
清張尚瑗《公羊折諸》卷六……74
又《穀梁折諸》卷六……74
清焦袁熹《春秋闕如編》卷四……74
又卷六……75
清顧棟高《春秋大事表》卷一五《春秋三傳禘祫説》……75
又卷四三《闕文表》……76
又《春秋大事表・讀春秋偶筆》……77
清葉酉《春秋究遺・凡例》……77
又《春秋究遺・春秋總説》……78
又《春秋究遺》卷二……78
又卷四……79
又卷五……79
又卷六……80
又卷七……80
又卷一〇……81
又卷一二……81
又卷一六……82
清毛奇齡《孝經問》……83
宋岳珂《九經三傳沿革例・字畫》……85

宋黄仲元《四如講稿》卷二《孟子貢助徹章周官井田》……85
又卷六《易書詩春秋》……85
明蔣悌生《五經蠡測》卷三《王風揚之水章彼其之子辯》……86
明朱睦㮮《五經稽疑》卷五……86
明陳耀文《經典稽疑》卷下……87
清毛奇齡《經問》卷四……87
又卷六……88
又卷一七……89
又卷一八……89
清惠棟《九經古義》卷二……90
宋朱熹《大學章句序》……90
又《四書或問》卷二……91
宋袁甫《蒙齋中庸講義》卷一……92
又卷四……93
元陳天祥《四書辨疑》卷八……94
元袁俊翁《四書疑節》卷五……94
又《四書疑節》卷七……95
又《四書疑節》卷一〇……95
又《四書疑節》卷一一……95
又《四書疑節》卷一二……96
元史伯璿《四書管窺》卷二……96
又卷五……97
明吕柟《四書因問》卷一……97
明趙南星《學庸正説》卷上……97
清《日講四書解義》卷一《大學》……98
又卷二〇《孟子》……98
清胡渭《大學翼真·凡例》……99
又《大學翼真》卷三……99
又卷四……100
清陸隴其《松陽講義》卷一……100
又《松陽講義》卷四……101
清毛奇齡《論語稽求篇》卷一……102
又卷三……102
又卷五……103
又《四書賸言》卷四……103
清閻若璩《四書釋地又續》卷上……103

又卷下……104
宋陳暘《樂書》卷一一〇……104
又卷一一四……105
又卷一九一……105
清李塨《李氏學樂録》卷二……105
清張照謹《爾雅註疏考證跋語》……106
清毛奇齡《古今通韻》卷一……106
又《易韻》卷一……106
又卷二……106
又卷三……106
又卷四……107
史部説……108
《魏書·禮志三》……108
《新唐書·藝文志》……108
《宋史·京鏜傳》……108
又《朱熹傳》……109
又《胡安國傳》……109
《金史·世宗本紀下》……109
《元史·祭祀志六·宋五賢從祀》……109
又《陳顯傳》……110
又《虞集傳》……110
又《儒學傳·黄澤》……110
又《隱逸傳·張特立》……111
《明史·席書傳》……111
宋胡宏《皇王大紀》卷一八……111
又卷六八……111
宋熊克《中興小紀》卷三一……112
宋李燾《續資治通鑑長編》卷一九八……112
宋李心傳《建炎以来繫年要録》卷一〇四……112
又卷一五二……112
又卷一五四……113
宋《靖康要録》卷五……113
《宋史全文》卷二一中《宋高宗十四》……113
又卷三一《宋理宗一》……113
又卷三三《宋理宗三》……114
明王禕《大事記續編》卷四一……114

清《清開國方略》卷二四……114
宋蕭常《續後漢書·進續後漢書表》……115
明薛虞畿《春秋别典》卷一《春秋别典叙》……115
明王世貞《弇山堂别集》卷八二……115
清世祖福臨《世祖聖訓》卷五《興文教》……115
清聖祖玄燁《聖祖聖訓》卷一二《文教》……116
清世宗胤禛《世宗聖訓》卷一〇《文教》……116
又卷三二《崇祀典》……116
又《世宗上諭内閣》卷一七……117
元蘇天爵《元名臣事畧》卷一二……117
明宋濂撰《浦陽人物記》卷下《文學篇》……117
明鄭楷《學士承旨潜溪宋公行狀》(徐紘《明名臣琬琰録》卷八)……118
清黄宗羲《明儒學案》卷一三……118
又卷一五……118
又卷一九……119
清孫奇逢《中州人物考》卷一……119
清沈佳《明儒言行録》卷一……119
又卷四……120
又《明儒言行録續編》卷二……120
清朱軾《史傳三編》卷七……121
清李清馥《閩中理學淵源考》卷二四……121
《江南餘載》卷下……122
《朝鮮史畧》卷一二……122
宋周應合《景定建康志》卷三四……122
元馮福京等《昌國州圖志前序》……122
明董斯張《吴興備志》卷五……123
清高宗弘曆《欽定日下舊聞考》卷六六……123
清高宗弘曆《欽定盛京通志》卷一一三《釣魚臺祠記》……123
清《畿輔通志》卷一一《學校》……123
明張國維《吴中水利全書》卷一九《王同祖三江考》……124
清《河源紀畧·辨訛》……124
清孫廷銓《顔山雜記》卷四……124
宋周必大《玉堂雜記》卷上……124
明俞汝楫《禮部志稿》卷二《却封禪之訓》……125
又四六《釐正從祀稱號疏》……125
又卷五四《尚書余繼登》……126

明《太常續考》卷五 …… 126
宋李攸《宋朝事實》卷三 …… 126
元馬端臨《文獻通考自序》 …… 126
元馬端臨《文獻通考》卷一八二 …… 126
又卷一八四 …… 127
清高宗弘曆《欽定大清會典則例》卷六九 …… 127
又《欽定續文獻通考》卷一五一 …… 127
又卷一九八 …… 127
又卷二一五 …… 128
又《皇朝文獻通考》卷二一六 …… 128
清《廟學典禮》卷六《憲司舉明學校規式》 …… 128
清《幸魯盛典》卷一一 …… 128
又卷二三《上幸闕里記》 …… 129
又卷二五《皇帝釋奠於闕里詩序》 …… 130
清高宗弘曆《欽定康濟録》卷四上 …… 131
宋陳振孫《直齋書録解題》卷一四《音樂類》 …… 131
宋吕中《宋大事記講義》卷二〇《小人借經之説以欺君》 …… 131
宋錢時《两漢筆記》卷四 …… 131
又卷五 …… 132
又卷七 …… 132
又卷一〇 …… 132
宋王應麟《通鑑答問》卷三《張蒼為丞相》 …… 133
又卷五《侍御史嚴延年劾奏太將軍光擅廢立》 …… 133
子部説 …… 134
隋王通《中説》卷二《天地篇》 …… 134
朱熹《朱子語類》卷一一 …… 134
又卷一五 …… 134
又卷八三 …… 134
又卷八五 …… 135
又卷一〇四 …… 135
又卷一〇五 …… 135
又卷一二〇 …… 136
宋陳埴《木鍾集》卷三 …… 136
宋真德秀《大學衍義》卷三 …… 136
又《西山讀書記》卷九 …… 136
宋項安世《項氏家説》卷四《詩音》 …… 137

宋黄震《黄氏日抄》卷七《讀春秋一》……137
又卷八二《臨汝書堂癸酉歲旦講義》……138
又卷八七《廣德軍重建藏書閣記》……138
又《撫州新建增差教授廳記》……138
又卷九一《跋臨川王氏繫辭解》……138
宋陳淳《北溪字義》卷下《鬼神（魂魄附）》……138
明薛瑄《讀書續録》卷二……139
明丘濬《進大學衍義補表》……139
又《大學衍義補》卷九……139
又卷五一……140
又卷六六……140
又卷七八……141
又卷八〇……141
又卷八九……141
又卷一〇五……142
又卷一〇八……142
明羅欽順《困知記序》……142
又《困知記》卷下……142
又《困知記續録》卷上……144
又《困知記續録》卷下……144
又《困知記附録・附允恕原簡》……145
明呂柟《涇野子内篇》卷一六……145
明劉宗周《劉子遺書》卷四《學言三》……145
清聖祖玄燁《御定孝經衍義》卷五八……145
又卷八五……146
清傅以漸纂《御定内則衍義》卷五……146
清聖祖玄燁《御纂性理精義・凡例》……146
清《御覽經史講義》卷一〇……147
又卷一三……147
又卷二〇……148
清世宗胤禛《聖祖庭訓格言》……148
清陸世儀《思辨録輯要》卷五……149
又卷三三……149
清王宏《正學隅見述》……149
清周召《雙橋隨筆》卷四……149
清李光地《榕村語録》卷二〇……150

宋邵雍《皇極經世書》卷一二《觀物篇五十九》……150
明祝泌《觀物篇解》卷五……150
清王植《皇極經世書解》卷五……150
又卷六《觀物内篇之五》……151
又《觀物内篇之六》……152
又卷七……153
又卷一三……153
宋范成大《欒菴語録後跋》……154
宋葉適《習學記言》卷一一……154
宋洪邁《容齋三筆》卷一四《政和文忌》……154
又《容齋四筆》卷四《王荆公上書并詩》……155
宋王應麟《困學紀聞》卷七……155
明楊慎《丹鉛續録》卷二《噬嗑解》……155
又《儀禮逸經》……156
明張萱《疑耀》卷一……156
明徐㶿《徐氏筆精》卷三《沈韻》……156
清顧炎武《日知録》卷二《豐熙僞尚書》……156
又卷一四《嘉靖更定從祀》……157
又卷一六《試文格式》……157
又卷一八《科場禁約》……157
清閻若璩《潛邱劄記》卷一……158
又卷六《又與劉超宗書》……158
清徐文靖《管城碩記》卷一二……158
又卷一八……159
宋李如篪《東園叢説》卷上《黜周王魯》……159
宋孫奕《示兒編》卷一《六經無真字》……159
又《五行先後不同》……159
又卷二《兼弱攻昧》……160
又卷四《子之哭也壹》……160
元俞琰《書齋夜話》卷四……160
宋周密《齊東野語》卷七《鴟夷子見黜》……160
元白珽《湛淵静語》卷一……160
明曹安《讕言長語》……161
明徐伯齡《蟫精雋》卷一《永樂大典》……161
又《彈范蠡文》……161
明王鏊《震澤長語》卷上《經傳》……162

明鄭瑗《井觀瑣言》卷二……162
又卷三……162
清孫承澤《春明夢餘録》卷一二《文淵閣》……163
又卷二二《宋丞相文信國祠》……163
又卷三三《附記》……163
又卷四〇《禮部二・正士習》……163
清王士禛《居易録》卷三四……164
明章潢《圖書編》卷一《原圖説》……164
又卷六《大衍總論》……164
又卷九《總論》……165
又《學易敘》……165
又《乾知》……165
又卷一〇《人心道心》……165
又《朔易》……166
又《禹貢疑議》……166
又《祖甲帝乙》……166
又《穆王三書》……166
又卷一一《稷契》……167
又卷一二《春秋四傳》……167
又《春秋大旨》……167
又卷一三《禮記大旨》……168
又《周禮總論》……168
又卷一四《知止》……168
又《格物》……168
又《修身為本》……169
又一八……169
又卷二一《天文總論》……170
又卷七六《性道總論》……170
又卷七八《三皇五帝辨》……170
又卷九九《禘祫總敘》……170
宋釋文瑩《玉壺野史》卷三……170
宋王暭《道山清話》……171
宋周密《癸辛雜識前集・眞西山入朝詩》……171
集部説……172
韓愈《答殷侍郎書》(《别本韓文考異》卷一八)……172
宋石介《與士建中秀才書》(《徂徠集》卷一四)……172

宋强至《將仕郎守杭州文學參軍陸先生墓誌銘》(《祠部集》卷三五)……172
宋陳舜俞《賀樞密侍郎啟》(《都官集》卷一一)……173
宋鄭獬《進鮑極註周易狀》(《鄖溪集》卷一二)……173
宋韋驤《問候僕射王相公啓》(《錢塘集》卷九)……173
又《代人謝舉學官啟》……174
宋范祖禹《又留司慰表》(《范太史集》卷一一)……174
宋徐積《代崔刑部與劉先生》(《節孝集》卷三〇)……174
宋歐陽修《武成王廟問進士策》(《文忠集》卷四八)……175
又《易童子問》第三(《文忠集》卷七八)……175
宋王安石《兼并》(《臨川文集》卷四)……175
宋劉安上《謝釋褐》(《給事集》卷三)……175
宋李綱《易傳内篇序》(《梁谿集》卷一三四)……176
宋葛勝仲《大司成謝上表》(《丹陽集》卷二)……176
宋張擴《韋淵守昭慶軍節度使開府儀同三司平樂郡王致仕制》(《東窗集》卷六)……176
又《羅汝楫除御史中丞制》(《東窗集》卷九)……176
宋劉一止《祭族兄無言修撰文》(《苕溪集》卷二九)……177
又《祭張參政文》……177
又《張燾權吏部尚書》……177
宋王洋《策問》(《東牟集》卷一〇)……177
宋李流謙《得通鑑一綱目一發明管見各一歡忭而書》(《澹齋集》卷一八……178
宋綦崇禮《上中書張侍郎啓懿》(《北海集》卷三〇)……178
宋王蘋《寅冬上殿劄子・一》(《王著作集》卷二)……178
又《寅冬上殿劄子・二》……179
又《寅冬上殿劄子・三》……179
宋蘇籀《初論經解劄子》(《雙溪集》卷九)……179
宋楊萬里《胡忠簡公銓神道碑》(《澹菴文集・附録》)……179
宋胡宏《周禮禮樂》(《五峯集》卷四)……180
又《子貢見太宰嚭》……180
宋胡寅《追廢王安石配饗詔(奉旨撰)》(《斐然集》卷一四)……181
又《先公行狀》(《斐然集》卷二五)……181
宋張九成《春秋講義・門人陶與諧録》(《横浦集》卷一四)……181
宋汪應辰《回諸郡賀正》(《文定集》卷一八)……182
宋黄公度《代謝御書表》(《知稼翁集》卷下)……182
宋范浚《荅徐提幹書》(《香溪集》卷一八)……182
宋林之奇《乞崇儒術黜異端》(《拙齋文集》卷五)……182
宋周紫芝《大宋中興頌序》(《太倉稊米集》卷四三)……183

宋廖剛《辭免兼侍講》(《高峯文集》卷七)……183
宋朱熹《講義・經筵講義》(《晦菴集》卷一五)……183
又《答趙佐卿》(《晦菴集》卷四三)……184
又《與陳伯堅》(《晦菴集》卷五三)……184
又《雜著・尚書》(《晦庵集》卷六五)……184
又《書臨漳所刋四經後・書》(《晦庵集》卷八二)……185
宋周必大《陳樞誠之頌德》(《文忠集》卷二一)……185
又《賀王德言除工侍啟》……185
又《謝到任啟》……186
又《答詹狀元騤啟(淳熙二年)》(《文忠集》卷二五)……186
又《胡忠簡公神道碑(紹興三年)》(《文忠集》卷三〇)……186
又《王公葆墓誌銘(代閣直學士張震,乾道三年)》(《文忠集》卷九〇)……186
又《唐石經贊》(《文忠集》卷九二)……187
又《漢白虎議奏序》(《文忠集》卷九三)……187
又《禮部大常寺議明堂大禮狀》(《文忠集》卷一四二)……188
宋王十朋《荅毛唐卿虞卿借昌黎集》(《梅溪前集》卷一)……188
又《興化軍林氏重修旌表門閭記》(《梅溪後集》卷二六)……189
宋王炎《讀易筆記序》(《雙溪類稾》卷二五)……189
宋陸九淵《與李省幹》(《象山集》卷一)……190
又《與詹子南》(《象山集》卷七)……190
宋袁燮《禮儀》(《絜齋集》卷六)……190
又《經生家學》……191
又《何夫人宣氏墓誌銘》(《絜齋集》卷二一)……191
宋劉爚《諸廟祈雨》(《雲莊集》卷二)……192
又《漳泉科舉諭士》(《雲莊集》卷七)……192
又《漳泉勸孝》……192
又《閩縣諭俗》……193
宋楊萬里《千慮策君道上》(《誠齋集》卷八八)……193
又《新喻知縣劉公墓表》(《誠齋集》卷一二二)……194
又《文忠京公墓誌銘》(《誠齋集》卷一二三)……194
又《鬱林州教授毛嵩老墓誌銘》(《誠齋集》卷一二七)……195
宋楊冠卿《石經》(《客亭類稿》卷八)……195
宋史堯弼《策問》(《蓮峯集》卷三)……196
宋陳造《次王尚書韻呈石湖》(《江湖長翁集》卷二)……196
又《朱温》(《江湖長翁集》卷三二)……196
宋曹彦約《兵部侍郎上殿劄子》(《昌谷集》卷一〇)……197

又《白鹿書院重建書閣記》(《昌谷集》卷一五)……197
宋黄榦《繫辭傳解二章》(《勉齋集》卷三)……198
又《朝奉大夫文華閣侍制贈寶謨閣直學士通議大夫謚文朱先生行狀》
(《勉齋集》卷三六)……198
宋陳淳《答西蜀史杜諸友序文》(《北溪大全集》卷三三)……199
又《答徐懋功二》(《北溪大全集》卷三四)……199
又《奠侍講待制朱先生》(《北溪大全集》卷四九)……199
宋衛涇《祖中任朝奉大夫知陝州贈宣奉大夫擬贈太子少傅》(《後樂集》卷一)……200
又《殿中侍御史徐柟兼侍講制》(《後樂集》卷二)……200
宋劉宰《楊氏賨經堂記》(《漫塘集》卷二二)……200
又《祭司法兄恭靖先生文》(《漫塘集》卷二六)……201
又《丁博雅誄》(《漫塘集》卷三六)……201
宋陳文蔚《龍山書院講義(甲午正月十五日)》(《克齋集》卷八)……201
宋程珌《戊子内引劄子》(《洺水集》卷二)……202
又《尚書序》(《洺水集》卷六)……202
又《四明高氏春秋解後序》(《洺水集》卷八)……202
又《代祭黄尚書》(《洺水集》卷一二)……203
又《上陳舍人》(《洺水集》卷一三)……203
宋魏了翁《答周監酒》(《鶴山集》卷三六)……204
又《瀘州顯惠廟記》(《鶴山集》卷三九)……204
又《渠陽唐吉佑之敬義堂銘》(《鶴山集》卷五七)……204
又《魏府君天祐墓誌銘》(《鶴山集》卷七一)……204
又《蘇伯起振文墓誌銘》(《鶴山集》卷八四)……204
宋真德秀《十二月奏已見劄子》(《西山文集》卷一四)……205
又《周禮訂義序》(《西山文集》卷二九)……205
又《許介之詩卷》(《西山文集》卷三四)……205
又《跋趙章泉作何夫人墓表》(《西山文集》卷三六)……206
宋袁甫《經筵講義》(《蒙齋集》卷一)……206
宋吳泳《辭免除賨章閣學士知温州狀》(《鶴林集》卷二四)……206
又《答潘周卿書》(《鶴林集》卷三二)……206
宋吳潜《魏鶴山文集後序》(《履齋遺稿》卷三)……206
宋王邁《丁丑廷對策》(《臞軒集》卷一)……207
宋劉克莊《賀鄭少傅》(《後村集》卷二八)……208
又《賀游丞相》……209
又《祭季父習靜居士文》(《後村集》卷三五)……209
又《廣東提舉謝到任表》(《後村集》卷四二)……209

宋孫夢觀《甲寅後省奏劄（論蕭泰來）》（《雪窗集》卷一）……209
宋趙汝騰《知建寧府謝到任表》（《庸齋集》卷三）……210
又《侍讀謝告表》……210
宋唐士恥《損齋記贊》（《靈巖集》卷五）……210
宋徐元杰《準齋先生吳公行状》（《楳埜集》卷一一）……210
宋高斯得《書咸淳五年事》（《恥堂存稿》卷五）……210
宋方岳《賀袁大監》（《秋崖集》卷二一）……211
宋陽枋《蓮蕩先生墳亭記》（《字溪集》卷八）……211
宋阳炎卯《有宋朝散大夫字溪先生陽公行狀》（《字溪集》卷一二）……211
宋姚勉《周恕齋墓誌銘》（《雪坡集》卷四九）……212
宋文天祥《輪對劄子》（《文山集》卷三）……212
又《孫容菴甲稿序》（《文山集》卷一三）……212
又《徐應明恕齋説》（《文山集》卷一五）……213
宋林希逸《續詩續書如何》（《竹溪鬳齋十一稿續集》卷九）……213
宋王柏《考德問業箴并序》（《魯齋集》卷六）……213
又《跋趙宰先天圖》（《魯齋集》卷一一）……214
又《辨·詩十辨》（《魯齋集》卷一六）……214
宋王應麟《代皇子謝賜御書孝經十六句表》（《四明文獻集》卷三）……214
宋何夢桂《題綫縣尹孝經古畫圖》（《潛齋集》卷一〇）……214
宋胡次焱《跋董問軒戒子苦吟説》（《梅巖文集》卷七）……214
宋熊禾《三山郡泮五賢祠記》（《勿軒集》卷二）……215
宋金履祥《通鑑前編後序》（《仁山文集》卷三）……215
又《代王姊夫祭亡考散翁文》（《仁山文集》卷四）……215
金趙秉文《箋太玄贊引》（《滏水集》卷一五）……216
金王若虛《五經辨惑》（《滹南集》卷一）……216
又《史記辨惑·取舍不當辨》（《滹南集》卷一一）……216
元郝經《恒齋記》（《陵川集》卷二五）……216
又《春秋制作本原序》（《陵川集》卷二八）……217
又《原古録序》（《陵川集》卷二九）……218
元張養浩《衛聖編序》（《歸田類稿》卷三）……218
元戴表元《春秋法度編序》（《剡源文集》卷七）……219
元趙文《康氏螺湖阡合葬墓誌》（《青山集》卷六）……219
元劉詵《送于伯尚學録滿歸分題賦尊經閣》（《桂隱詩集》卷一）……219
元劉壎《貞元萬壽宮碑》（《水雲村稿》卷二）……219
又《宋太史劉公墓志銘》（《水雲村稿》卷八）……220
元胡祗遹《送馬希驥序》（《紫山大全集》卷八）……220

又《上執政書》(《紫山大全集》卷一二) ……220
又《祭王中丞子勉文》(《紫山大全集》卷一九) ……220
又《原教》(《紫山大全集》卷二〇) ……221
又《士辨》 ……221
又《語録》(《紫山大全集》卷二五) ……221
又《語録》(《紫山大全集》卷二六) ……221
元吴澄《答海南海北道廉訪副使田君澤問》(《吴文正集》卷三) ……222
又《何自明仲德字説》(《吴文正集》卷九) ……222
又《春秋會傳序》(《吴文正集》卷一六) ……222
又《春秋綱常序》(《吴文正集》卷二〇) ……222
又《經傳考異序》(《吴文正集》卷二一) ……223
又《贈尹國壽序》(《吴文正集》卷三四) ……223
又《尊德性道問學齋記》(《吴文正集》卷四〇) ……223
元許謙《回南臺都事鄭鵬南浼點書》(《白雲集》卷三) ……223
又《董大夫廟》(《秋澗集》卷三) ……223
又《義齋先生小學家訓序》(《秋澗集》卷四三) ……224
元徐明善《槃澗先生文集序》(《芳谷集》卷上) ……224
元陳櫟《太極圖説序》(《定宇集》卷一) ……224
元王結《上中書宰相八事書》(《文忠集》卷四) ……224
元虞集《送富遠序》(《道園學古録》卷六) ……224
又《藍山書院記》(《道園學古録》卷八) ……225
又《皇圖大訓序》(《道園學古録》卷二二) ……225
又《戴石玉所著三禮序》(《道園學古録》卷三一) ……225
又《新喻州重脩宣聖廟儒學記》(《道園學古録》卷三五) ……225
又《南康路都昌縣重修儒學記》(《道園學古録》卷三六) ……226
又《趙孟昌以順字説》(《道園學古録》卷三九) ……226
又《田居子黄隱君哀頌辭》(《淵穎集》卷八) ……226
元黄溍《徐氏詠史詩後序》(《文獻集》卷六) ……226
元歐陽玄《元虞雍公神道碑》(《圭齋文集》卷九) ……227
元柳貫《仁山先生金公行狀》(《待制集》卷二〇) ……227
元蒲道源《西軒王先生行實》(《閒居叢稿》卷二六) ……227
元許有壬《陸宣公奏議纂註序》(《至正集》卷三一) ……227
又《論語衍義序》(《至正集》卷三二) ……228
又《春秋經説序》(《圭塘小稿》卷五) ……228
元吴師道《教經堂記》(《禮部集》卷一三) ……228
又《趙彦衛補定安公紀後題》(《禮部集》卷一七) ……228

元唐元《通鑑發明序》(《筠軒集》卷九) ……229
元謝應芳《贈刋字張生序》(《龜巢稿》卷九) ……229
元戴良《送祝彦明詩後序》(《九靈山房集》卷五) ……229
元趙汸《答徐大年書》(《東山存稿》卷三) ……229
元楊維楨《補過齋序》(《東維子集》卷五) ……230
又《春秋左氏傳類編序》(《東維子集》卷六) ……230
又《曹元博左氏本末序》 ……230
元陳基《西湖書院書目序》(《夷白齋稿》卷二一) ……231
明朱元璋《策問·問天時》(《明太祖文集》卷一〇) ……231
又《資世通訓序》(《明太祖文集》卷一五) ……231
明宋濂《春秋屬辭序》(《文憲集》卷五) ……231
又《題宋名公與馬鶴山諸帖》(《文憲集》卷一三) ……232
又《跋新刻孝經集註後》(《文憲集》卷一四) ……232
又《危公新墓碑銘》(《文憲集》卷一八) ……232
又《故東吳先生吳公墓誌銘》(《文憲集》卷二二) ……232
又《河圖洛書說》(《文憲集》卷二六) ……233
又《段干微》(《文憲集》卷二八) ……233
又《王宗器字辭》(《文憲集》卷二九) ……233
又《吳草廬先生贊》(《文憲集》卷三〇) ……234
明陶安《送陶培之引》(《陶學士集》卷一五) ……234
明宋訥《思終堂記》(《西隱集》卷五) ……234
明王褘《洛書辯》(《王忠文集》卷四) ……234
又《太常博士答劉歆書》(《王忠文集》卷一三) ……235
又《孔子廟庭從祀議》(《王忠文集》卷一五) ……235
又《叢録》(《王忠文集》卷二〇) ……236
又《宋太史傳》(《王忠文集》卷二一) ……236
明危素《尼山大成殿四公配享記》(《説學齋稿》卷二) ……236
明林弼《奉次韓景昭縣尹移文封贈感夢二親之作》(《林登州集》卷二) ……237
明朱同《平率齋銘》(《覆瓿集》卷六) ……237
明朱右《春秋傳類編序》(《白雲稿》卷四) ……237
明謝肅《吳遊稿序》(《密庵集》卷七) ……238
明蘇伯衡《心學圖説後序》(《蘇平仲文集》卷四) ……238
明胡翰《答汪秀才書》(《胡仲子集》卷三) ……238
又《芳潤齋記》(《胡仲子集》卷六) ……239
明趙撝謙《賀金正音詩卷序》(《趙考古文集》卷一) ……239
明烏斯道《刻唐律易覽序》(《春草齋集》卷三) ……239

明吳伯宗《送太學生何端歸省序》(《榮進集》卷四)……239
明鄭真《尚友齋記》(《滎陽外史集》卷一〇)……240
又《懷遠衛正旦進賀表箋三道·上位表》(《滎陽外史集》卷六五)……240
明方孝孺《讀書齋》(《遜志齋集》卷二三)……240
明程通《祭友章文善文》(《貞白遺稿》卷四)……240
明周是修《行恕》(《芻蕘集》卷四)……240
明張宇初《故原宗傅先生墓誌》(《峴泉集》卷三)……240
明楊士奇《趙文敏公墨跡後》(《東里續集》卷二二)……241
又《示訓昇姪》(《東里續集》卷六一)……241
明王直《開平衛新建廟學記》(《抑菴文集》卷一)……241
又《先伯祖贛州府學教授王公墓表》(《抑菴文集》卷八)……242
又《封翰林院檢討曾公墓誌銘》(《抑菴文集》卷一〇)……242
又《南陵縣脩學記》(《抑菴文後集》卷一)……242
又《楊先生祠堂記》(《抑菴文後集》卷五)……242
又《送戴教諭序》(《抑菴文後集》卷一八)……242
又《同知郭君墓表》(《抑庵文後集》卷二七)……243
又《贈同知任君墓表》(《抑菴文後集》卷二八)……243
又《侍講余公墓誌銘》(《抑菴文後集》卷三三)……243
又《張博克温字説》(《抑菴文後集》卷三四)……243
又《劉先生像贊》(《抑菴文後集》卷三七)……243
又《吳祭酒贊》……243
明李昌祺《玉燭新》(《運甓漫稿》卷七)……244
明李時勉《鄉貢進士蕭不敏墓誌銘》(《古廉文集》卷一〇)……244
明曹端《夜行燭序》(《曹月川集》)……244
明薛瑄《小亭花雨》(《敬軒文集》卷五)……245
又《覃懷秋曉作》(《敬軒文集》卷七)……245
又《附録所贈》(《敬軒文集》卷一〇)……245
明劉球《元年春王正月》(《两谿文集》卷一)……245
又《御馬圖記》(《两谿文集》卷六)……245
又《送宋進士南歸序》(《兩谿文集》卷七)……245
明于謙《雜行類》(《忠肅集》卷七)……246
明倪謙《静菴徐處士墓誌銘》(《倪文僖集》卷二八)……246
明鄭文康《支經歷墓誌銘》(《平橋稿》卷一四)……246
明彭韶《奏議·計開》(《彭惠安集》卷一)……246
明張寧《吕山吳琉汝秀妻趙氏墓銘》(《方洲集》卷二五)……246
明邱濬《青宫勉學五首·其三》(《重編瓊臺稿》卷五)……247

又《會試録序》(《重編瓊臺稿》卷九) ……247
又《學的後序》(《重編瓊臺稿》卷九) ……247
又《廣昌何氏家乘序》(《重編瓊臺稿》卷一〇) ……247
又《文安周公墓誌銘》(《重編瓊臺稿》卷二三) ……247
又《蘭湖先生哀辭》(《重編瓊臺稿》卷二四) ……247
明徐溥《經筵》(《謙齋文録》卷一) ……248
明何喬新《策府十科摘要·經科·六經》(《椒邱文集》卷一) ……248
又《周禮集註序》(《椒邱文集》卷九) ……248
又《寫騷軒記》(《椒邱文集》卷一三) ……249
又《李泰伯傳》(《椒邱文集》卷二〇) ……249
明李東陽《會試策問三首》(《懷麓堂集》卷三八) ……249
明吴與弼《宿朱坊》(《康齋集》卷七) ……249
又《日録》(《康齋集》卷一一) ……249
明程敏政《文華大訓》(《篁墩文集》卷四) ……250
又《經筵講章·中庸》(《篁墩文集》卷五) ……250
又《制策》(《篁墩文集》卷九) ……250
又《詩考》(《篁墩文集》卷一一) ……251
又《敬齋記》(《篁墩文集》卷二〇) ……251
又《重訂丹溪心法序》(《篁墩文集》卷二三) ……251
又《雪心賦句解序》 ……251
又《心經附註序》(《篁墩文集》卷三〇) ……252
又《十一月二日慶萬壽聖節致語》(《篁墩文集》卷五七) ……252
又《十一月二日萬壽聖節暖壽致語》 ……252
明章懋《與董編修文玉玘》(《楓山集》卷二) ……252
又《書論》(《楓山集》卷三) ……252
明黄仲昭《抑齋銘》(《未軒文集》卷五) ……253
明吳寬《憂旱》(《家藏集》卷九) ……253
明王鏊《楊文懿公哀詞并序》(《震澤集》卷三一) ……253
明梁儲《議郊祀再疏》(《鬱洲遺稿》卷三) ……253
明張吉《齊居四箴并序》(《古城集》卷四) ……254
明邵寶《擬祀先儒狀》(《容春堂續集》卷六) ……254
明胡居仁《倦後偶成》(《胡文敬集》卷三) ……254
明朱誠泳《處善樓為永壽王東軒題》(《小鳴稿》卷五) ……254
又(《小鳴稿》卷九) ……255
明顧清《紫陽書院集序》(《東江家藏集》卷二〇) ……255
明顧璘《約菴銘》(《息園存稿文》卷七) ……255

明王守仁《答天宇書二（甲戌）》（《王文成全書》卷四）……255
又《與黄勉之二（甲申）》（《王文成全書》卷五）……255
明何瑭《少司成郭杏東考績序》（《柏齋集》卷二）……256
又《贈王邦佐分教寧海序》（《栢齋集》卷四）……256
又《賀薛生入學序》（《栢齋集》卷四）……256
又《儒學管見序》（《栢齋集》卷六）……256
明崔銑《答薛考功君采書》（《洹詞》卷六《休集》）……257
又《松窻寤言》（《洹詞》卷九《休集》）……257
又《議宋事五條》（《洹詞》卷一〇《休集》）……257
明吴欽儀《學録詹先生翼學跋》（宋詹初《寒松閣集》卷三）……257
明魏校《與余子積別紙》（《莊渠遺書》卷一一）……258
明張岳《請存問尚書羅欽順疏》（《小山類稿》卷二）……258
明文徵明《太傅王文恪公傳》（《甫田集》卷二八）……258
明唐順之《季彭山春秋私考序》（《荊川集》卷六）……258
明皇甫涍《易傳序》（《皇甫少玄集》卷二三）……259
明王立道《鄉會試策十道・乙未第三問》（《具茨文集》卷一）……259
明王世貞《讀吕氏春秋》（《弇州四部稿》卷一一二）……260
又《策四首・山西第三問》（《弇州四部稿》卷一一五）……260
又《墨刻跋四十五首・衡山禹碑》（《弇州四部稿》卷一三四）……260
又《説部・藝苑卮言一》（《弇州四部稿》卷一四四）……260
又《讀大學》（《讀書後》卷四）……260
明胡應麟《策一首》（《少室山房集》卷一〇〇）……261
明余繼登《覆楊止菴疏》（《淡然軒集》卷二）……261
又《春秋議》（《淡然軒集》卷七）……262
明馮從吾《疑思録一・讀大學》（《少墟集》卷二）……262
又《與友人論文書（館課）》（《少墟集》卷一五）……262
明曹于汴《春秋房同門經稿序》（《仰節堂集》卷二）……262
明劉宗周《答史子虛（附來書）》（《劉蕺山集》卷八）……263
明黄淳耀《上座師王登水先生書》（《陶菴全集》卷一）……263
又《陸子百義序》（《陶菴全集》卷二）……263
清魏裔介《四書集説序》（《兼濟堂文集》卷三）……263
又《四書精義彙解序》……263
又《大學管窺序》……263
又《約言録自序》……263
又《熊敬菴閑道録序》（《兼濟堂文集》卷四）……264
又《寄孫徵君鍾元書》（《兼濟堂文集》卷九）……264

清施閏章《祭王陽明先生文》(《學餘堂文集》卷二三)……264
清汪琬《祭陳母張太夫人文》(《堯峰文鈔》卷四〇)……264
清陳廷敬《春秋始隱公論》(《午亭文編》卷二二)……264
又《家氏鉉翁原夏正辨》(《午亭文編》卷二三)……265
又《唐風》(《午亭文編》卷二八)……265
又《經學家法論》(《午亭文編》卷三二)……265
又《提督陝西學政按察司僉事洪君墓誌銘》(《午亭文編》卷四六)……265
清朱鶴齡《讀左日鈔序》(《愚菴小集》卷七)……265
清毛奇齡《寄閻潛丘古文尚書冤詞書》(《西河集》卷一八)……266
又《與沈思齋進士論薄后稱側室書》(《西河集》卷一九)……266
又《與閻潛丘論尚書疏証書》(西河集卷二〇)……266
又《與李恕谷論周禮書》……267
又《禁室女守志殉死文》(《西河集》卷一二四)……267
清宋犖《議復先賢祀典檄》(《西陂類稿》卷三九)……267
清潘天成《默齋湯子訓言·雜記訓言後》(《鐵廬集》卷一)……267
又《語録一》(《鐵廬集》卷三)……268
清李光地《記配享私議後》(《榕村集》卷二一)……268
又《己丑會試策問》(《榕村集》卷二二)……268
又《覆發閱程宗舜皇極總數劄子》(《榕村集》卷二九)……268
清陸隴其《陸桴亭思辨録序》(《三魚堂文集》卷八)……268
清查慎行《南書房敬觀宸翰恭紀(有序)》(《敬業堂詩集》卷二九)……269
清藍鼎元《經學考》(《鹿洲初集》卷一四)……269
清沈彤《沈維學四書義序》(《果堂集》卷五)……269
清世宗胤禛《和碩怡賢親王碑文》(《世宗御製文集》卷一六)……269
清允禮《御製樂善堂全集序·庚戌年原序》……269
清高宗弘曆《大學衍義補序》(《御製樂善堂全集定本》卷七)……270
又《跋朱子大學章句》(《御製樂善堂全集定本》卷八)……270
又《漢光武論》(《御製文初集》卷三)……270
又《哨鹿賦序》(《御製文初集》卷二四)……270
又《命追復睿親王封爵及復開國有功諸王原號並予配享論》(《御製文二集》卷七)……271
又《安而后能慮慮而后能得》(《御製文三集》卷一)……271
又《有真意軒》(《御製詩三集》卷五一)……271
又《新賞室》(《御製詩三集》卷七三)……271
又《涵德書屋》(《御製詩三集》卷八七)……271
又《理心樓有會》(《御製詩四集》卷一一)……271
又《山心精舍》(《御製詩四集》卷三一)……271

又《洗象歌詠宋宣和端石硯》(《御製詩四集》卷六二) ……272
又《題棲霞十景》(《御製詩四集》卷七二) ……272
又《回浄盡誌事三十韻》(《御製詩五集》卷一〇) ……272
又《綺思樓》(《御製詩五集》卷五一) ……272
又《静香館》(《御製詩五集》卷五二) ……272
又《有真意軒》(《御製詩五集》卷六六) ……272
又《有真意軒釋義》(《御製詩五集》卷九〇) ……272
《四庫全書總目》卷六……272
又卷八……273
又卷九……274
又卷一〇……274
又卷一二……275
又卷一三……275
又卷一五……276
又卷一六……277
又卷一七……277
又卷一九……278
又卷二三……279
又卷二六……279
又卷二七……280
又卷二八……281
又卷二九……282
又卷三〇……283
又卷三一……284
又卷三二……285
又卷三三……286
又卷三五……287
又卷三六……287
又卷三七……288
又卷四四……289
又卷五八……289
又卷五九……290
又卷九二……290
又卷九五……291
又卷九六……291
又卷九八……292

又卷一一〇……292
又卷一二一……293
又卷一二八……293
又卷一三八……294
又卷一三九……294
又卷一四六……294
又卷一六七……295
又卷一八四……295
又卷一九三……296
又《附録・四庫抽燬書提要》……296
附録……297

经 部 説

宋張栻《南軒易説》卷一

是故天生神物，聖人則之。天地變化，聖人效之。天垂象見吉凶，聖人象之。河出圖洛出書，聖人則之。

天生神物，謂蓍龜之探賾索隱，鉤深致遠者是也。聖人則之以明易之象數。天地變化，謂陰陽之消息盈虚往來進退者是也，聖人效之而為六十四卦。天垂象，謂天之經緯錯雜縱横昭著者是也，聖人象之而為三百八十四爻。夫易之象數卦爻，聖人皆得於心而必參之天地者，蓋聖人之心與天地之心相似，其愛人之心初未嘗不同也。然天欲雨，山川必先雲氣，況易之興也，豈無先至之祥乎。是以聖人必終之以河出圖洛出書而又則之者，則其皇天以興其易者乎。又況河圖不出吾已矣夫，孔子嘗有是嘆。九洛之事，治成德備，莊周嘗有是言。聖人則之，度其時，以卜其道之将興於世也。大抵通於天者，河也。有龍馬負圖而出，此聖人之德上配於天而天降其祥也。中於地者洛也，有神龜載書而出，此聖人之德下及於地而地呈其瑞也。聖人則之，故易興於世。然後象數推之以前民用，卦爻推之以濟民行，而推之天下後世也。而世儒之説，乃謂伏羲得河圖洛書以作八卦。果如是，則不當曰伏羲始畫八卦也。而鄭康成溺於緯書，乃云《河圖》有九篇，《洛書》有二篇，而孔安國又以河圖為八卦，洛書為九疇。此皆蕪穢聖經者矣。甚者以天生神物天地變化與夫天垂象河出圖洛出書為四象者，此尤不經。學者不可不辨。

宋趙彦肅《復齋易説》卷四《解》

陽少於陰，難之所起。剛柔迭居，和而解也。聖人之作易也，觀變於陰陽而立卦。是故求卦之旨，當先察陰陽之情。得其情矣，卦名乃定。次推卦才，次舉物象，次明卦時，而卦之用盡矣。例立於屯，餘不徧及。聖經舉一，學者反三。故解之為卦，陰陽易位，各離其所。陰喜得陽，為難者散。此其情，震動而上，坎流而下。動斯出險，此其才。雷雨作解，此其物。有攸往，夙吉，此其時也。

宋徐氏《易傳燈》卷三《再扐後掛》

四營成易，謂分二掛一揲四歸奇也。十有八變而成卦，謂每爻三變六爻十有八變。蓋初揲不五則九，次揲不四則八，三揲亦不四則八也。其三揲謂三變。初揲之變，分二掛一，揲四歸奇，非五則九矣。至于再變，聖人以五歲再閏，故再扐者，仍前分二掛一揲四再歸奇于扐，故曰再扐。此則非四則八也。至于第三變，聖人以為後掛者，仍前分二掛一揲四歸奇于扐，此亦非四即八也。三變則一爻成矣。自五歲再閏而下，聖人一言曰故再扐而後掛，此聖人為再變及三變立文，故曰再扐，又曰後掛。其文意周足。蓋再歸於扐，其後復掛一以成一爻三變之法明甚，豈於再變不再扐三變不掛一哉。

先輩劉牧諸公，以初揲分二象兩，掛一象三，即先將左手揲四歸奇，又將右手揲四歸奇，謂之再扐後掛。其二變三變即无四營之數，其差誤，殊非聖人衍易之法也。更程伊川張横渠諸先輩知其不通，又變其說，又非聖人四營三變之理。故愚糾其失於此云，夫聖人言歸奇于扐以象閏者，蓋初變之揲不五則九也。先將兩手蓍四四數之歸其奇餘于扐，并掛一或五或九也。又聖人言五歲再閏故再扐者，蓋謂次變之揲不四則八也。除先得或九之外，猶有四十之蓍。又分二又掛一揲四歸奇。今此再扐，不四則八也。又聖人言而後掛者，蓋謂第三變之揲仍前掛一也。第三次又分二掛一揲四歸奇，今第三揲亦不四則八也。此則三變成一爻矣。今諸解謂第一變之揲四四數之，歸奇于扐以象閏。其次變之揲即不掛一，有違再閏再扐之言。及第三變之揲，亦不掛一，有違後掛之言，豈可將五歲再閏再扐後掛之言，所以為第二揲第三揲者更不歸奇于扐更不掛一乎。今皆自立一說，不主聖人再閏再扐後掛之言，但自初揲左手蓍了，其次揲三揲，只以右手蓍合于左揲一處便為揲了，違背聖經甚矣。

宋馮椅《厚齋易學附録一・焦贛易林六十四卦變》

《讀書志》，焦贛延壽《易林》十六卷，費直題其前曰，六十四卦變。唐王俞序，每卦變六十四，總四千九十六首，皆為韻語。程可久曰，於乾之姤云，仁政不暴，鳳凰来舍。四時順節，民安其處。乾之同人云，子號索哺，母行求食。返見空巢，訾我長息。與潛見之義了不相蒙。至泰之需云，東隣好女，為王妃后。莊公築館，以尊主母。歸於京師，季姜喜悅。莊公築館，乃王姬下嫁，非妃后也。其用事已不可据。

紹興辛巳，完顏亮入寇。沈丞相判明州，用以筮之。遇比之隨云，過時不歸，若悲雄雌。徘徊外國，與叔分離。又有以筮之者，遇解之大壯云，驕胡大形，造惡作凶。無所能成，還自滅身。其占驗如此。

崇文《中興書目》不著，而今卜肆有之。或者卜筮家託之贛以行爾。然《崇文總目》云，第述陰陽災異之言，與聖人之經不類。若非晁程之所見者。大抵術數家每託之古人以為信。如《素問》謂之黄帝岐伯，《命書》謂之東方朔，《地理書》謂之李淳風，蓋無足怪。贛得隐士之説，託之孟喜。而孟氏之徒不肯自以為喜之學，又詭託之田何。毛氏所謂彼亦自愧其不經，更相假借以為重者。要之不過卜筮家術，不足以語聖經也。

宋潘桂《周易窺餘原序》

《易》更三聖，世歷三古。秦火以卜筮不焚。漢興，隨立學官，在六經最古，最為完書。此天也，非知道者，於辭象變占俱通，未易與言。而唐孔穎達《正義》，顓主王弼解。弼用費氏本，劉向校中秘書，謂費本與古文同，而班史不叙所從受。田何之學出於孔子，授商瞿。瞿之傳，具有次第。今世有《子夏易》，亦謂孔子所授，乃用鄭玄，取《彖》《象》連經文。王弼取《文言》附乾坤二卦後本，蓋偽書也。若費氏長於卜筮，惟以《彖》《象》《繫辭》《文言》解説上下經。弼用費本，於卜筮略不及，而習尚清談，出入老莊，第知以言者尚其辭一端耳。穎達因象數難通，廼一切屏棄。商瞿而下諸家，雖鄭玄註且弗取，自是説《易》者不過假借以馳驅其文章，粉藻其意見，於《易》何預哉。

五星聚奎，斯文興起。濂溪周子，康節邵子，皆得三聖之秘。周尚理，邵兼數，然不可異觀也。伊川程氏師周友邵，晚爲《易傳》，用辭明理。漢上朱氏徧考自漢以來羣儒訓釋，旁引曲暢，而以周程邵之説會通之，學者得以知《易》有聖人之道四焉矣。北山先生資正鄭公，紹興中宣撫全蜀，取忌秦檜，斥居封川，閉門讀《易》，筆為《窺餘》。後百餘年，玄孫足老攜手澤三大編相示。桂伏讀竟始，悟其合伊川漢上二解而一之者。其時程學尚多異議，朱所進書未行於世，而公知兼取所長，其識見豈顓門曲學可及耶。

昔陸宣公貶忠州，録集驗方，朱紫陽議其豈無聖經賢傳可以玩索。唐子西謫惠州，名居室曰易庵，其記援陶隱居云，註《易》誤，猶不致殺人。註《本草》誤，則有不得其死者。子西謂註《本草》，一物之誤，猶不及其餘。道術一誤，則無復孑遺矣。公不録醫方，專志易學，此暗合於子西之微旨，而非止於宣公之全身遠害也。《繫辭》曰，易窮則變，變則通。昔公在宣和靖康時，窮甚矣。繼以進士上第躋顯仕，可謂變且通矣。而竟厄於檜。既通而窮，故在封川，將玩諸《易》以圖其不終窮，而公終於窮，豈窮者其果不能變則通乎。嗚呼，安得起公於九原而與論易道，窮變通往來上下之故哉。後學潘桂百拜謹識。

宋税與權《易學啟蒙小傳·周易古經發題》

予既本邵子定著《周易》古經上下篇與十翼如前，而謂昉亂聖經者，漢魏以來諸儒之罪，而王弼韓康伯尤其罪之魁者也。或靳之曰，嘻，其甚矣。《易》非王韓，何以傳。至今子獨不見先正嘗黜與注疏異説者乎。予曰，不然，《易》更三聖，雖暴秦焚書，《易》以卜筮獲免，此殆天未喪斯文也。按西漢《儒林傳》，費直始以《彖》《象》《繫辭》《文言》十篇解説上下經，豈曾錯雜二篇與十翼哉。洎東漢，馬鄭首亂聖經，王韓尤而効之，故范寧著論，謂浮虛相扇，儒雅日替，其原起於王弼何晏，其罪深於桀紂。桀紂之罪禍一世，王何之罪迷歷代。

予嘗考王何與韓三人之本末。蓋王何同仕正始，而以曹爽兄弟為主。弼尚老莊，世譏其敘浮義則麗辭溢目，造陰陽則妙賾無間，然坐曹爽黨而擯。晏則自以為與夏侯太初司馬子元得《易》之神深者，亦坐曹爽而族。若康伯，雖孔氏穎達言其親授學於王弼，然詆《序卦》非易之緼，已無忌憚。而史載其與袁宏辯謙，亦卑而無甚高論。本朝接南北五代道喪文弊之後，一時名卿姑以註疏不可倍，而矯士習之輕浮，遂使世之父祖詔子孫，師詔其弟子，錮成風疾，牢不可破。不知《易》經數聖人手，而《論語》乃親傳孔門格言，豈彼晏等仕操懿者可汚篇端而擅古注集解之筆哉。

夫孔子，大聖人。遷固以為晚而喜《易》，讀之韋編三絶。而紫陽翁以《史記·世家》訂之，謂孔子反魯實哀公十六年丁巳，時年六十八。然定《書》、删《詩》、正《樂》、序《易》,《彖》《象》《説卦》《文言》，有假我數年，卒以學《易》等語。然則紫陽翁蓋信遷固晚而喜《易》，而不信何晏《論語集解》五十以學《易》云耳。矧弼雖弱冠而廢死，康伯踰四十，惑于日者而病死。迺敢干亂文王周公之經，而輕訾孔子十翼。揆以《春秋》，斧鉞誅絶不貸，而三聖遺經奚待若人而傳。千百年間僅有范寧聲其罪而討之。子以予言為過，豈是非好惡果易乎我心之所同然哉。因答或人而志其説於此，歲已酉正月，與權謹三書之。

宋趙汝楳《易雅·圖書釋》

浩浩元氣，精靈具存。混淪既分，昭乎日星之在上，確乎川嶽之在下，自然之文若是，孰為之者，抑亦元氣流精，物物神奇爾。河圖洛書，聖人則之。東序陳之，其來已久。形制不傳，其為文若數，莫可臆知，而聖人寶尚如此，是亦自然之文，非人力之所作為也。典籍灰揚，存者可考。聖人不過曰河出圖洛出書，初未嘗明著其文。漢儒乃指為畫卦敘疇之原。劉歆謂《洪範》自五行至六極凡六十五字，皆《洛書》本文。是《洛書》不為數也。揚雄明一六二七之數，《鑿度》述一九三七之敘，不聞有圖書之名，是數不為圖書也。獨孔安國謂神龜負文於背，有數至九，則以洛書為數矣。夫安國歆皆漢碩儒，歆又專佐符命，宜見祕文。其説之異同乃如此，豈圖書已亡於漢，二子姑以意定言邪。（鄭康成謂《河圖》九篇，《洛書》六篇，又别有三十篇，後漢曹充李郃公沙穆之徒皆習之。其文則劉昭註《天文志》足以槩見。今案，此乃圖緯之書。）後之學者緬企圖書之名，習安國之説，而數不可見，遂以揚雄《鑿度》之數，强名曰圖書。而聖人之所寶，中古之所不傳，始斷斷乎為數矣。雄之數十，凡五位，止於五十。後人衍為五十五，目之曰河圖。《鑿度》之數九，其位亦九，後人因太乙遊宮之次，目之曰洛書。至劉牧互易其名。朱子雖復其舊，迨今學者所主，猶未一。況陳希夷有未合已合之分，邵康節有圓數方文之辨。若畫卦敘疇等論，由漢以來紛紜誕異，不可勝載，奈之何哉。

且聖人儕圖書於神物變化垂象之列，箕子但云天錫九疇，未嘗指包犧則圖而畫卦，大禹法書而敘疇也。聖經所載，炳然甚明。何後人不之信，而遽祖漢儒邪。為則圖畫卦之説者，以九六七八配陰陽老少，謂聖人畫卦，蓋本諸此，不知九六七八為揲蓍策數，乃先有卦而後揲蓍，非先得數而後畫卦。況包犧仰觀俯察，近取遠取，不過天地人物之象乎。為法書敘疇之説者，沿《洪範》天錫之語，以為龜負數而出，禹因第為九類。使龜文不出，則宇宙間无此九類邪。況天錫勇智，天錫純嘏，不知天命何物負之以錫諸人也。

嗚呼，河圖洛書，古必有是。儻形制湮泯，正可闕疑，何至依緣髣像，以一時臆見而斷千古之疑邪。若夫圖或為書，書或為圖，其无所取證於聖人，則均也。雖然，此二數者如不名之為圖書，而直論其數，則有不可廢者。一對二，三對四，而五居中。六七合一二，八九合三四，而十合五。奇耦胥對，陰陽有合，而數之體以立。聖人所謂陰陽合德而剛柔有體者，此其類也。體立矣，不變則數不行。故陽以三左行，陰以二右行。三其一為三而居東，三其三為九而居南，三其九為二十七而七居西，……

宋俞琰《周易集説》卷三一

河出圖，洛出書。聖人則之。

伏羲之時，未有文字。如因河圖洛書之文而畫卦，故曰河出圖洛出書聖人則之。蓋非圖書有天生之數，而聖人就取之也。關子明以五十五數爲河圖，四十五數爲洛書。劉牧兩易之，謂河圖之數四十五，洛書之數五十五。説者以關爲是，劉爲非，其實皆不然。

案《書·顧命》云，天球河圖在東序。天球，玉也。河圖而與天球並列，則河圖亦玉也，玉之有文者爾。崐崘産玉，河源出崐崘，故河亦有玉。洛水至今有白石，洛書蓋白石而有文者也。聖人則之，謂則其文以畫卦耳，初無所謂五十五數與四十五數也。夫五十五數，易數也。易固有之也。易安有所謂四十五數哉。四十五數者，戴九履一，左三右七，五居中，而上列二四，下列六八。分布而爲九宫。《子華子》言之，《大戴禮》言之，《乾鑿度》言之。在《易》，則聖人無一語及之。蓋非易數也。

河圖之説，《禮運》亦嘗言之，不過曰河出馬圖。而《論語》亦嘗言之，不過曰河不出圖吾已矣夫，並無所謂數之五十五與四十五。洛書之説，則他經無所見。孔安國註《洪範》，乃以爲洛書者，禹治水時神龜負文而列於背，有數至九，禹遂因而第之以成九數。

愚案《禹貢》但言導洛，不曾言洛之出書。安國亦何所據而有是説耶。夫孔子曰河出圖洛出書聖人則之，聖人指作易之聖人，蓋伏羲也。是河圖洛書，伏羲之時具有之也。劉向父子班固輩，皆循安國之説，遂以爲河圖授羲，洛書錫禹。如此，則是伏羲時止有河圖未有洛書也，不亦謬乎。夫孔子兼圖書二者並言，安國之徒乃岐而二之，已與孔子之説大相戾。況《書》所謂天錫禹洪範九疇，蓋未嘗謂錫以洛書。安國之徒乃謂洛書有九數，疇之數亦九，遂肆其説，謂禹得洛書而敘九疇，何其妄耶。彼既以洛書爲數九而歸之禹，於是以河圖爲十數而歸之伏羲。吾不知河圖洛書之有數，安國之徒曷從而知之。而圖之數十，書之數九，又果何所據耶。蓋皆出於緯書也。緯書不經，牽合附會怪誕之甚，漢儒多習讖緯之學，其爲義疏，往往採諸緯書，自其有九篇六篇赤文緑字之説，故班固以初一至六極六十五字爲本文，顧野王以農用敬用十八字爲神龜所附者，豈不甚可笑哉。東坡蘇氏曰，九宫不經，蓋緯書所言之數，非易數也。南軒張氏曰，鄭康成溺於緯書，乃云《河圖》有九篇，《洛書》有六篇。又以河圖爲八卦，洛書爲九疇。此皆蕪穢聖經者也。

元胡一桂《周易本義啟蒙翼傳》中篇

愚謂聖經雖五，聖道則一。五經博士，固所當置也。一經之中，乃令各以家法教授，是雖取其專門之學，而心心有主，喙喙争鳴，未免啟自開户牖之弊矣。聖真何由而統壹也哉。四家之學，得失已不可復知。而桓公懼禮之廢，定祖辟除不就，子行之，篤於義。仲彧之寧貧寧賤，不願乎其外。孝以養母，讓以化俗。至使巨盜斂手，戒勿犯舍，此固學《易》之餘事，亦足以見秉彝好德之良心，雖盜賊不容泯滅，灑然可喜者也。漢末四家卒以湮微，而費氏獨存其學，又无章句，惟以《彖》《象》《繫辭》《文言》參解上下經。先儒至謂凡以《彖》《象》《文言》參入卦中者，皆祖費氏古經。變亂實已權輿於此，卒大壞於康成輔嗣之徒，又可為之一慨矣。

元胡震《周易衍義》卷一〇

九四，臀无膚，其行次且。牽羊悔亡。聞言不信。象曰，其行次且，位不當也。聞言不信，聰不明也。

牽者，當其前則不進，縱之使前而隨其後，則可以行矣。九四以陽居陰，不中不正。剛決不足，欲止則衆陽並進於下，勢不得安，如臀无膚也。欲行則居柔失其剛壯，不能強壯，故其行次且也。若不與衆陽並進而安，出其後如牽羊然，則可以亡其悔。然居不當位，柔不能克己。雖聞牽羊之義，亦不信也。象曰，位不當也。又曰，聰不明也。始以位不當，言責之也。終以聰不明言，惜之也。噫，以小人之陰邪而陷於人欲之深者，固不足道。以九四稟剛健之氣，與君子同類而同去小人，乃不中不正如此，憚於聽言倦於改過又如此，是此身已陷於小人之域也，豈不甚可念耶。是知君子決小人，固聖經之所望。君子而近小人，尤聖經之所深戒也。九三九四，皆有君子小人兩從之嫌，而九三獨无咎者，九四聞言不信，而九三君子夬夬何也。九三以陽居陽得其正，九四以陽居陰，不得其正也。

元王申子《大易緝說》卷一《衍數或問》

或問曰，大衍之數，自張觀物作衍數圖，縱横布筭，不可窮極。自此以後，說之見於世者凡五十餘家。近世丁石潭又作原衍圖。其說謂天一地二衍而為三，地二天三衍而為五，以至天九地十衍而為十九。總而積之得九十九數，餘五十不用，止用四十九，以為大衍。玉井問石潭曰，今衍數止九十九，又必須虛其一否。石潭曰，此不用數也。然則由古及今，諸儒論衍數者，初無一定之說。而子乃執一己之見以為如是而已，可乎。

曰，說經不比作文。作文者可以各立一說，說之高者為勝。說經則必如唐玄宗所謂，傳以通經為義，義以必當為主。至當歸一，精義無二。然後可以得聖經之旨。況易簡之《易》乎。愚謂大衍之數，至易至簡，只合如此，不用求之於艱深也。但天地之數五十有五，而大衍之數止用五十者，謂天地真元之數五而已。小衍之為十五，大衍之為五十。若更用此真元之五，則是兩個五十矣。故虛五而不用，而止用五十也，顧不易簡而明白歟。

又卷二《太極圖或問》

又曰，近時講性理者，幾於捨六經而觀語録。甚者將程朱語録而編之若策括策套，此其於吾身心不知果何益乎。

又曰，要做窮理格物工夫，須將三代以前規模在胷次。若只在漢晉諸儒脚跡下盤旋，終不濟事。

又曰，向來多看先儒解說，近思之，不如一一自聖經看來。蓋不到地頭親自涉歷一番，終是見得不眞。又非一一精體實踐，則徒為談辨文采之資耳。

又卷三《上經》

或問曰，子移聖經之文而說之，可乎。

曰，義以必當為主。此章夫子舉文王乾元亨利貞之彖而傳之，然後言聖人用乾之德以行天之道。語意甚明白，錯簡无疑。况此亦晦庵釋《論語》互鄉童子見章之例。移其義不移其文，何不可之有。

又卷七

井養而不窮也，改邑不改井，乃以剛中也。汔至亦未繘，井未有功也。羸其瓶，是以凶也。此章愚意韋編三絶時，聖經之文。必曰改邑不改井乃以剛中也。无喪无得往來井井，井養而不窮也。蓋《彖》无不釋之文，剛中謂二五以剛居中，故德有常而不可改，取之不竭，无喪也。存之不盈，无得也。此井之養物无窮，夫人皆得以井其井也。錯脱无疑。井以出水濟用爲功，幾至與未施綆，水皆未出，是未有功也。未出猶可出，若羸毁其瓶，則終於无功矣，是以凶也。

元田澤《續刊大易緝説始末》(《大易緝説》卷末)

澤昨於大德十年任澧州路推官，咨呈本路節文云，竊謂天地以道託諸聖賢，聖賢以道載諸經書，所以紹天明，扶世教，立民命，開太平。故自孔聖删定繫作之後，在上者常以表章自任，在下者多以訓註名家。於是聖經旨義愈闡愈明，聖經功用愈久愈著。

今觀世所謂九經者，《詩》《書》二禮《孝經》《語》《孟》猶是聖賢雜著之書，獨《易》與《春秋》純乎聖人之筆，而《易》又出於天地之文，故《易》最精微，難得明白。自子夏以来説之，見於世者何啻數百家，不為不多。然河圖洛書之象數，《易》所本也，而未免錯亂。先天後天之卦象，《易》所祖也，而未免缺疑。學者迷惑，終未釋然。

至如《春秋》一經，按《藝文志》，皆謂左氏受經於仲尼，公穀受經於子夏，既已謬矣。後儒之説，但祖三傳。如《釋例》《長歷》《集解》《調人》《繁露》《義函》之類，聞于世者亦不啻百餘家，不爲不多。然元年春王正月之義，終无確論。雖胡氏有夏時冠周月之説，陽氏有改歲不改正之論，而學者質以古今之正義，終不能无疑，是皆守三傳之失，昧作經之旨故也。

卑職誤叨恩命来此推刑，訪得蜀儒王申子所解《大易緝説》《春秋類傳》二書，公退之暇，詳玩紬繹。其《大易緝説》分緯河圖以溯伏羲畫卦之由，錯綜河洛以定文王位卦之次。又参上繫下繫以覆聖人設卦繫辭之旨。又主成卦之爻以發聖人立象取義之因。如貫通爻義，如章分《彖傳》，如訂晦菴十圖九書之旨，辨濂溪无極太極之説，无一毫之穿鑿，有理致之自然。其《春秋類傳》則曰，有貶无褒，乃夫子一部法書，出乎周公之禮，則入乎夫子之法。撥亂反正，无罪不書。其志封疆者，所以著侵奪之罪也。其志世次者，所以著篡弑之罪也。志禮樂志正朔者，著僭竊无王之罪也。志官職志兵刑者，著違制害民之罪也。謂侯國不合自稱元年，故書元年。謂魯不合以子月爲春，故書春。謂舉世不知有王，故書王。謂子月非正月，故書正。發此義例，類成一書。自我作古，字字精當。皆發先賢之未發，深得聖人之本旨，可謂窮到極處而不苟同者也。

詢之學校諸儒，皆曰王申子，前邛州兩請進士，寓居慈利州天門山，隱處幽深，无心求仕，垂三十年，始成此書。觀其覃思之精，用力之勤，誠可嘉尚。古先有云，六經氣數，常與世運相爲盛衰。一治則經一明。

洪惟聖朝，混一區宇。偃武修文，上駕唐虞，下轢漢晉。如此二經，明於今日。此迨聖朝氣運有以扶之，使聖經復日月於混一之世也。卑職再三思之，與其使王申子私授門人，曷若進呈朝省，廣布天下。爲此將《緝説》《類傳》粧褙咨去，如蒙繳申省臺，送翰林集賢二院考正而表章之，于以決萬世經傳之疑，于以昭聖代文明之治，聖經幸甚，世教幸甚。

本路轉申湖廣等處行中書省，并牒呈江南湖北道肅政廉訪司照詳。去後，當年十一月回准，廉訪司牒，該未經儒學提舉司考校是否相應，本路移准湖廣等處儒學提舉司牒行據南陽書院王山長申，嘗觀前賢解釋經書最難，而解釋《易》與《春秋》之經爲尤難。何者，詩書禮樂，吾夫子删之序之定之而已。至於《易》，則明體用一源顯微无間之理，《春秋》則著王道權衡制治模範之經。前輩謂二書爲夫子之文章，此非精於學識者不能發明。故自昔以來，註釋者何止數百家，而猶未能盡。今觀王申子所註《易》書，如先後天二圖，眞得圖書經緯之要。卦象爻辭，眞能折衷諸儒之説。簡易明白。所註《春秋》，如元年春王正月等處，出乎周公之禮，則入乎夫子之法。有貶无褒，无罪不書等議論，誠有功於聖治，有補於後學，而非苟然。作者比若蒙轉申，庶不負皓首窮經之志，使後輩亦可聞風而興起矣。備此牒呈。

去後，承准廉訪司牒未經儒學提舉正官考校行據儒學提舉司狀，申提舉許承事考較得王申子所著《大易緝説》，得千百載經緯圖書之祕要，發四聖人設卦繫爻之本旨。其著《春秋類傳》，破諸儒褒貶之泛説，探聖人筆削之本心，用力良勤，考索有據，誠有功於聖經，有補於世教，有益於後學，與其他別箋數語經營入仕者不同。得此移准常澧分司牒，該考校得即與儒學提舉許承事較勘相同。本路於至大元年三月備申湖廣行省移咨都省判送禮部行移翰林國史院送據修撰鄧從任呈議，得王申子所著二經，如《易》之十圖九書，《春秋》之有貶无褒，皆推本先儒之説，紬繹錯綜，附以己見。言辭條達，旨意詳明。誠皓首窮經之士，非末學剽切以干仕進者比。使廣其傳，後學不爲无補。本院議得，本人所著二書，考據精確，著述詳明，傳之于世，誠爲有益。備此回關。

禮部議得，若令本處儒學印造，庶廣其傳。王申子皓首窮經，不求聞達，其志可尚。如蒙移咨本省於山長學正内委用，不負勤勞，激勸其餘。本部於至大四年三月具呈都省照詳，移咨湖廣行省，於山長學正内類選。皇慶二年四月，蒙行省劄付，擬王申子充武昌路南陽書院山長。王申子守志不出，隐處山林，反覆沉潛二書，愈見明白。澤竊已刋《類傳》於澧城，見者稱善。兹念《緝説》尤不可无，爰醵同志續鋟諸梓，以與學者共。時延祐丙辰日，長至承直郎前常德路總管府推官居延田澤拜首謹書。

明崔銑《讀易餘言》卷五《説卦訓》

《繫辭》曰，昔者包犧氏之王天下也，仰則觀象於天，俯則觀法於地。觀鳥獸之文與地之宜，近取諸身，遠取諸物。於是始作八卦，以通神明之德，以類萬物之情。《繫辭》發其凡，《説卦》詳其目。宋陳圖南方外奇踪，不關日用。所傳圖象，皆衍術數，與《易》無干。伊川康節同里久矣，无一言及之。程子豈無真見耶。朱晦菴取圖冠《易》，然實无所用之。今止宗聖經，本之《繫辭》，粗加訓釋，而他皆不取也。[略]

乾，天也，故稱乎父。坤，地也，故稱乎母。震一索而得男，故謂之長男。巽一索而得女，故謂之長女。坎再索而得男，故謂之中男。離再索而得女，故謂之中女。艮三索而得男，故謂之少男。兌三索而得女，故謂之少女。

索，求也。自坤求陽，皆男。自乾求陰，皆女。即所謂卦變也。夫聖人判陰陽為八卦，以八卦括人道。立德者去陂適中，前用者避凶趨吉。人道立於仁義，天地統於乾坤。而宋元諸儒卦變之訓，破裂造化，支散聖經。今一无取焉。

明熊過《周易象旨决録》卷七

天地定位，山澤通氣。雷風相薄，水火不相射。八卦相錯。數往者順，知來者逆，是故易，逆數也。

水火不相射，息齋曰，真水藏於真火，真火藏於真水。真真不壞，以其能相容也。虞仲翔曰，坎戊離巳，月三十日一會於壬，不相厭射。兼二義通之，既曰天地定位矣，曷言乎其相錯也。曰，非天地定位，則山澤雷風水火不相交也。鄞人黃東發以離坎縱圖較之曰，康節移易卦離南坎北為乾南坤北，移乾西北位以居艮，移巽東南位以居兑，移艮東北位以居震，移坤西南位以居巽，移兑西震東位以居坎離，為先天卦位。與《易·係》所止方位不同矣。

復以朱先生《答王子合書》佐之曰，康節伏羲卦位，近穿鑿附會。黃蓋疑康節以希夷數學創為先天圖云。按邵伯温《經世辨惑》，希夷易學主意主象數，三者不可缺一。理具聖經，不煩文字解説。止有一圖，寓陰陽消長。數與卦生變圖，亦非創作。孔子繫辭，述之明矣。實指今先天方圓圖也。又朱漢上言，摶以先天圖傳种放，然則圖豈康節創造哉。稽焦京卦氣，遠自西漢。其十二辟卦之序，與今圓圖雖疏密不同，先後正合矣。

明葉山《葉八白易傳》卷二

九五需于酒食，貞吉，何也。葉子曰，不為而期成，猶却行而求前，非天下之定理也。為之而迫效，亦揠苗而助長，豈聖人之順治哉。孔子曰，無欲速，無見小利。董子曰，正其誼不謀其利，明其道不計其功。此仁人之事，而純王之道也。是故險者夷，難者平。正德利用厚生，惟和。天下自此定矣。夫何為哉。養之以康樂，則基命宥密。飫之以安平，則吉福大来。涵濡休息，與天下優游於無事，而坐收王道之成已矣。夫何為哉。

噫，非唐虞三代之聖主，曷足以語此。秦始皇唐太宗，夷難之才也，而非養福之器。漢元帝唐文宗，養福之器也，而非致福之資。王道日遠，無足怪也，何也。才不辦則九功不叙，器不重則九叙不歌，天下奚以定乎。是故風飛雷厲，常在事前。龜息蛇藏，常在事後。武成之餘，而武王垂拱，非玩愒也。百戰之後，而光武休息，非怠荒也。究王道之終始也。雖然，未有憂勤而早圖逸樂，無所事事而祇務優游，則是聖人之訓且為般樂怠敖之資，而實非經世定功之道矣。昔者唐穆宗甫過公除，即事遊畋聲色，賜予無節，欲以重陽大宴。拾遺李珏率同僚極諫。常謂拾遺丁公著曰，聞外間人多竇樂此，乃時和人安，足用為慰。對曰，此非佳事。恐漸勞聖慮。曰，何故。對曰，自天寳以来，公卿大夫競為游宴，沈酣晝夜，優雜子女，不愧左右，如此不已，則百職皆廢。陛下獨能無憂勞乎。願少加禁止，乃天下之福也。

噫，省此，而後可以詘豐亨豫大之説，絶飲食宴樂之諛。不然，假聖經以恣佚欲，借王道以作荒淫，弊也滋矣。《易》曰，需于酒食，貞吉。

明陳祖念《易用》卷一

或問《左傳》襄公九年穆姜薨于東宮。始往而筮之，遇艮之八。史曰是謂艮之隨，隨其出也，君必速出。姜曰，亡是。于《周易》曰，隨，元亨利貞，无咎。元，體之長也。亨，嘉之會也。利，義之和也。貞，事之幹也。體仁足以長人，嘉德足以合禮，利物足以和義，貞固足以幹事。然固不可誣也。有四德者，隨而无咎。我皆無之，豈隨也哉。我則取惡，能无咎乎，必死于此，弗得出矣。

今《文言》大與此同。孔子之生，後穆姜之死十有餘歳，何其言之符合也。曰，自洪荒以至春秋，更神聖多矣。至語嘉言，流播人間，豈穆姜引之，而《文言》亦引之與。又昭公十二年，子服惠伯論南蒯之筮曰，黄，中之色也。裳，下之飾也。元，善之長也。益徵為古語矣。《本義》曰，下文別以子曰，表孔子之詞。蓋傳者欲以明此章之為古語也，此言審矣。新安胡廷芳謂左氏本文言語，作為穆姜之言，豈其然乎。嗟夫，言從心生。人之心，天地之心也。故嘗曰，道途花草，靈藥常存。里巷諺謡，聖經常在。

[略]

愚按，崔憬曰，西方坤兑，南方巽離。二方皆陰，與坤同類。故曰西南得朋。東方艮震，北方乾坎，二方皆陽，與坤非類。故曰東北喪朋，以喻在室得朋，猶迷于失道。出嫁喪朋，乃順而得常。程正叔曰，西南陰方，東北陽方，陰必從陽，離喪其朋類，乃能成化育之功，而有安貞之吉。是二言者，似知得喪從陽之義，而不知南北陰陽之方。馬季長曰，孟秋之月，陰氣始著，而坤之位同類相得，故西南得朋。孟春之月陽氣始著，陰始從陽，失其黨類，故東北喪朋。荀慈明曰，陰起于午，至申三陰，得坤一體，故曰西南得朋。陽起于子，至寅三陽，喪坤一體，故東北喪朋。吴幼清曰，凡卦之位，四為西，三為南，初為東，上為北。六四六三二陰相比近，故為得朋。初六上六二陰相隔遠，故為喪朋。是三説者，匠意師心，无所證據，穿鑿不經之談也。近世熊叔仁云，西南坤本鄉，與兑離巽三女同居，是為得朋。出而從乾，震艮坎三男同居，故喪朋。夫以坤為西南，本自後天卦位。後天卦位附會《說卦》已不足據，況以三女同居為得朋，三男同居為喪朋。是不惟不知其方，且不知得喪之義矣。嗟夫，聖經不明，各任其臆，遂至翻天地之陰陽，反男女之倫類，可悲也已。不得不一言之，以俟後聖。

清張次仲《周易玩辭·困學記》卷八

或曰權奸當國，嚬笑之間俱關禍福，見乎，不見乎。曰，所謂見者，非欵門求謁望塵稽首也。班行之中，道塗之際，率爾相逢，平懷酬接，不作悻悻面孔，此遇陽貨家法也。若借口經傳以自文其佞說，則聖經為諂脅之嚆矢矣。（私記）

清刁包《易酌》卷一

乾元亨利貞。

開卷第一義，便從乾道說起，萬物所由始也。《書》首堯，道統之始。《詩》首關雎，人倫之始。《戴記》首敬，禮之始。《春秋》首春，歲之始。首王，人之始。古聖立言，率用是道也。乾字，程傳說的好，傳曰乾，健也。健而無息之謂乾。夫天，專言之，則道也。天且弗違是也，分而言之，則以形體謂之天，以主宰謂之帝，以功用謂之鬼，以妙用謂之神，以性情謂之乾。此等處，直可續聖經，後人豈能贊一辭乎。元亨利貞，自穆姜時已作四德說。孔子引之作《文言》，其取義詳且盡矣。朱子獨作占辭，謂大亨而利在正。固竊意還他四德，无害其為占辭也。

清黃宗羲《易學象數論》卷一

歐陽子言，河圖洛書，怪妄之尤甚者。自朱子列之《本義》，家傳户誦。今有見歐陽子之言者，且以歐陽子為怪妄矣。然歐陽子言其怪妄，亦未嘗言其怪妄之由。後之人徒見圖書之說載在聖經，雖明知其穿鑿傅會，終不敢犯古今之不韙而黜其非。中間一二大儒，亦嘗致疑於此。張南軒以河圖為興《易》之祥，魏鶴山則信蔣山之說，以先天圖為河圖，五行生成數為洛書。而戴九履一者，則太乙九宫之數。宋潛溪則信劉歆以八卦為河圖，班固《洪範》本文為《洛書》。皆礙經文而為之變說也。是故歐陽子既黜圖書，不得不并《繫辭》而疑其偽。不偽《繫辭》，則河出圖洛出書之文駕乎其上，其說終莫之能伸也。

然則欲明圖書之義，亦惟求之經文而已。六經之言圖書凡四。《書·顧命》曰，河圖在東序。《論語》曰，河不出圖。《禮運》曰，河出馬圖。《易》曰，河出圖洛出書，聖人則之。由是而求之，圖書之說從可知矣。

聖人之作易也，一則曰仰以觀於天文，俯以察於地理。再則曰仰則觀象於天，俯則觀法於地。於是始作八卦。此章之意，正與相類。天垂象見吉凶聖人象之者，仰觀於天也。河出圖洛出書聖人則之者，俯察於地也。謂之圖者，山川險易南北高深，如後世之圖經是也。謂之書者，風土剛柔户口扼塞，如夏之《禹貢》，周之職方是也。謂之河洛者，河洛為天下之中，凡四方所上圖書，皆以河洛繫其名也。《顧命》西序之大訓，猶今之祖訓。東序之《河圖》，猶今之黄冊。故與寶玉雜陳。不然，其所陳者為龍馬之蜕與，抑伏羲畫卦之稿本與，無是理也。

孔子之時，世莫宗周。列國各自有其人民土地，而河洛之圖書不至，無以知其盈虛消息之數，故嘆河不出圖。其與鳳鳥言之者，鳳不至為天時，圖不出為人事。言天時人事兩無所據也。若圖書為畫卦叙疇之原，則卦畫疇叙之後，河復出圖，將焉用之。而孔子嘆之者，豈再欲為畫卦之事耶。觀於《論語》，而圖書之為地理益明矣。

《禮運》出於漢儒，此可無論。揚子曰，衆言淆亂，則折諸聖經。文既如是其明顯，則後儒之紛紜，徒為辭費而已矣。某之為此言者，發端於永嘉薛士隆。士隆曰，河圖之數四十有五，乾元用九之數也。洛書之數五十有五，大衍五十之數也。究其終始之數，九實尸之，故地有九州，天有九野。傳稱河洛皆九曲，豈取數於是乎。士隆既不安後儒之説，超然遠覽，而又膠滯於數，始信衆言之難破也。

清黄宗炎《周易象辭》卷二二

或曰，卦俱反正往來相對，惟後八卦不行，疑有錯簡，因改為大過，顛也。頤，養正也。既濟，定也。未濟，男之窮也。歸妹，女之終也。漸，女歸，待男行也。姤，遇也，柔遇剛也。夬，決也，剛決柔也。君子道長小人道憂也。但乎整齊，實不免高叟為詩之病矣。夫既云雜卦，何取於整齊。隨舉隨釋，各當至理。學人不必於無關係處擅改聖經也。

又《周易尋門餘論》卷上

河圖洛書之説，其言怪妄不足深信。何所髣髴乎卦畫，鑿之而不得其故，則遁為蓍策所由興，及附會割剥于蓍策，又无可契合。是圖書也，直可有可無之餘事爾，豈足為大易之根原乎。支離蔓衍，无當聖經。惟歐陽永叔欲盡掃除，真開拓千古之心胸者也。有宋儒者，无慮百數，俱不能有此獨闢之見，又不能從而和之，乃依回臬杌于其間，豈務民反經之正道哉。夫子贊《易》，刪定《詩》《書》禮樂，筆削《春秋》，生民未有賢于堯舜，何嘗賴此怪妄之事。凡善讀書之人，須求聖人于庸德庸行中，勿搜其隱怪，則庶幾无大背矣。

清王宏撰《周易筮述》卷八

李文靖公未遇時，筮得坤二爻，謂友人曰，予生平所得，咸期合於聖經。文靖秉性寬大，行事方直，為名執政。嘗朝罷，帝目送之曰，風度端凝，真貴人也。

清毛奇齡《仲氏易》卷四

據九家虞氏，漢後説《易》諸家，皆以先迷斷句，後得主利又句。惟《程傳》

《本義》俱以先迷後得斷句，而以主利又句。此不惟與本文得主得朋兩得字比較相峙之文，一聯一析，偏畸不合，且與《文言》後得主而有常得主二字蟬援並出，為矛盾矣。及註《文言》，亦以得主之文與前註有礙，又謂得主下脱一利字，竟欲增此一字以曲全主利之説。至元時，吳澄作《易纂言》，又謂後得主斷句，利字連下讀。夫三聖經文，何容割裂。即謂有脱誤處，當藉補救，亦必令其可安。毋論聖經義理定無差誤可勿煩補救，而即以辭例言之，古人行文，首重辭句。况《易》本筮繇，有類賦頌，尤為辭句所最先者。《文言》後得主而有常，含萬物而化光，讀之有句，按之有辭。儻于主下增利字，其能讀乎。至于利西南得朋，東北喪朋，則尤拗戾之甚者。若然，則《彖傳》何以不曰利西南得朋，乃以類行也。

清魏荔彤《大易通解》卷四

九五，同人，先號咷而後笑。大師克相遇。象曰，同人之先，以中直也。大師相遇，言相克也。

九五變離之六五，在離以陰變陽，為同人。繫以出涕沱若戚嗟若吉者，乾變離明，明大過而健不足也。明足以憂之，而健未足以格之，故如此。然能行，由于能明。明本於誠。誠之者之道，雖次於誠者之誠，而因明亦得吉焉。在本爻，以陽變陰，為離健而兼明，乃誠而明者也。能以誠為明者，故能以己心通人心也。此同人之君，所以助以二爻之臣，以通天下之志者也。然人心不一，豈能盡同。不同者，固不必強其同矣。倘有頑梗不率，為君於同人之世，豈宜優柔不斷，純用禮樂而全廢兵刑乎。

先號咷者，憂天下之志難通，而思積誠以喻之也。後笑者，誠之至而化之速。天下之志不同者皆通，於以驗君子誠己之功也。然或有終不能同，大師之克何疑。夫克而用大師，似強為同矣。但期於相遇而不期於相違，則仍是欲通志而非欲奪志也。與四之弗克亦相合無違也。四非君位，容有不同者。五為君位，故不同而至於大師以克。君臣天地之道不同也。然一使困而反則一，使相遇，則四五位不同，而心則同。同於通志，而非強奪其志，明矣。

三四五三爻，皆言戎言攻言大師，非錯於師而取義乎。此又愚説之一證也。《象傳》釋九五之同人，但言先者，先以中之直德帥天下之志，相通也。斯民也，三代以直道而行也。夫子之無毀譽，不敢違，三代之行直道，原本乎己心之直道也。同人之君，先得乎人心之同然。欲以一心之直直乎天下，此所以必難必慎而號咷也。至於後笑，一心之誠推之天下，皆感應也，有不自信其誠乎乎。至終用大師乃言相遇者，相遇既同矣，非克也，非必攻城攻地殺人盈野盈城以為克也。歸於相遇以言克，正以釋爻辭，使天下後世言用大師以克者，宜法同人之先得同然以為大同，不得借口用大師以克人，強食弱肉，乃謂有合於聖經也。於師於同人，皆致其戒深矣。

又《大易通解・附録》

邵子將六十四卦方位圓圖言太極圖，故朱子就圖上説循環之意。邵子以生卦横圖説先天八卦方位圖，以六十四卦方位圓圖説太極圖，俱是以自己之意説他人之圖，故同異在所不免。釋經者須知此，則正義不淆於另一義矣。勿以為前賢之説不可不信從也。然則前聖之説，反可移易乎。以聖經傳為正義，以前賢説合義者亦為正義，其餘則置為另一義可矣。無悖於前賢也。大道為公，前賢無容有成心，學者無容有成見也。

清胡渭《易圖明辨》卷一

夫畫工之寫鬼神，雖天容道貌吾猶不敢信以為真，而况夔魖罔象變相迭出者乎。易道至此，亦陽九之阸百六之會也。迂談僻論愈出愈奇，矯誣上天，蕪穢聖經，何怪乎歐陽永叔、司馬君實、姚小彭、項平甫、袁機仲、林德久、趙汝楳、王子充、歸熙甫、郝仲輿諸人之欲屏絶圖書也哉。

清李塨《周易傳註原序》

《易》爲人事而作也。孔子于大象，如天地健順雲雷屯難，而必曰君子以之。又曰易道有四，以言以動以制器以卜筮。又曰百物不廢，懼以終始，皆人事也。予癸未註《易》至觀，甲申春，李中丞斯義下榻京師，註卦訖秋。又自訂于郾城温令德裕署。丙戌註《繫辭傳》《説卦》《序卦》《雜卦》迄壬辰之臘。棗强鄭孝廉知芳延于家重訂一周，已三四訂。（句後增入）

嗟乎，自田何傳《易》，而後説者棼如，而視其象忸怩，徵其數穿鑿，按其理浮游，而尤誤者，以《易》為測天道之書。于是陳摶龍圖，劉牧《鉤隱》，邵雍《皇極經世》並起。探无極，推先天。不惟易道入于無用，而華山道士青城隱者異端隱怪之説，羣竄聖經，而易之不亡，脈脈如綫。夫聖人之作《易》，專為人事而已矣。何以明其然也。乾坤索而爲雷風水火山澤，本天道也。伏羲因而重之，何不皆言天道。而蒙需訟師謙履等卦，即屬人事。文王彖辭于乾繫以元亨利貞，猶天道人事兼言也。至坤牝馬之貞，君子攸行等辭，專言人事。周公彖辭，則勿用利見大人，朝乾夕惕，无非人事者。以下六十二卦，言人事者勿論。如復姤泰否明屬天道，而利有攸往勿用取女，小人大人，必歸人事。乃知教人下學，不言性天，不惟孔門教法也，自伏羲文王周公以來皆然。

人，天所生也。人之事，即天道也。子，父母所出也。然有子于此，問其溫凊定省不盡，問其繼志述事不能，而專思其父母如何有身，如何坐蓐以有吾身，人且以妄騃目之矣，而謂之孝乎。况天與人，亦各有其事。天之事在化育，人之事在經綸。天而不為天之事，而欲代人經綸，則天工廢。人而不為人之事，而專測天化育，則人績荒。天工廢則乾坤毁，人績荒則宇宙亂。故天地人交相為贊，而亦各不相能，三極之道也。《中庸》曰，天命謂性，率性謂道，修道謂教。此易教也。舉性天而歸諸人事也，引而近之也。程子曰，儒道本天，釋道本心。楊氏曰，教人以性爲先，此非易教也。舉道行而歸諸性天也，推而遠之也。

又《周易傳註》卷二

聖人于陽長而即畏其消如此。乾坤交而生六子，六子合而生萬物，自然之理，明載聖經。朱《漢上易傳》六十四卦相生圖謂乾坤一交而爲姤復，再交而爲遯臨，三交而爲否泰，以變諸卦。是古聖之作六十四卦也，先有乾坤二六畫卦，乃以乾坤交而爲姤復六卦，再以姤復六卦變而爲師比等五十六卦，則是乾坤生姤復六卦，非乾坤生震巽六子。五十六卦爲姤復六卦所變，非六十四卦爲乾坤六子所重也，盡背聖言矣，而可乎。即以再交臨卦觀之，謂臨六畫有震象則可，謂臨是重坤卦兩陽來交則不可。蓋陰陽致一，兩陽不可以交陰，兩陰不可以交陽也。

又《周易傳註》卷五

一陰一陽之謂道，繼之者善也，成之者性也。

上言道也易也神也，總不外陰陽而已。道猶路也，一陰一陽分立，兩道也。一陰一陽迭運，一道也。其繼續不已造化流轉者，乃陰陽本然之善也。（故元稱善長）所謂逝者如斯，不舍晝夜也。因而命之人，或大或小，或清或濁，各凝成一善者，則所謂性也。《中庸》言天命謂性，《孟子》言性善，皆本此。［略］

朱晦庵《本義》曰，陰陽迭運者，氣也。其理則所謂道。又曰，陰陽是氣，不是道。所以為陰陽者，則道也。又宗程張論性曰，性有義理，有氣質。義理皆善，氣質有善有惡，故惡亦不可不謂之性。孟子論性不論氣質，其言未備。信如諸説，則改聖經曰，無之謂道，一陰一陽不謂之道。繼之者有善有惡，而性成焉，可乎。明與聖經反，則何不直攻之闢之，而乃為之註解乎。

《説卦》曰，立天之道曰陰與陽，立地之道曰柔與剛，立人之道曰仁與義。是明以陰陽仁義皆為道矣，而曰不是道，將仁義亦非道乎。陰陽剛柔仁義，其實也。謂之道者，名也。如甲有身，實也。呼甲身曰長人，其名也。今謂甲身不是長人，長人在甲身先，所以為甲身者也，而通乎。在天道為元亨利貞，在人性為仁義禮智。元亨利貞非氣乎，仁義禮智不可見，而發為惻隱羞惡辭讓是非，非氣之用乎。性，心生也，心非氣質而何。以陰陽之氣之流行也謂之道，以其有條理謂之理。今乃分理道別為一物，曰理道善而氣惡，不亦誕乎。夫以無為宗，出于莊老。韓蘇明主之，朱子闇惑之。而詆孟子，反聖言，異哉。自漢後，護經衛道者不多人。至宋儒，儼以明道自居，乃皆以異端之道為道，是世道人心之不幸也，於諸儒乎何尤。［略］

熊與可曰，先後天圖，《參同契》皆具。後天坎離居先天乾坤之位，以坎中陽實離中陰虛，則仍為乾坤，故丹家謂之還元。是不惟先天方位為異端之學，即後天圖依傍說卦方位，而亦借為修煉用，與聖經若風馬牛。朱子註《參同契》恐人譏議，自詭其名曰空同道士鄒訢。鄒即邾，訢即熹也。著《啓蒙》，又署名曰雲臺真逸。是朱子明知其為道士之說，明自附于道士，而乃以亂聖經，指為孔子說耶。

清胡煦《周易函書約存》卷五

隨，此卦內主初陽，外主上陰，下剛而上柔。彖曰，剛來而下柔。內卦為來，初為最下之位。剛來，謂陽來居初。兑為柔卦，為陰在上也。兑柔在上，而剛陽居初，故以為下柔。此明指上下動用之兩爻。而言動而悅，則言全卦之兩體也。若謂自困變來，九二下而居初，是以初陰之進乎二者為下柔，全未知外為柔卦，兑主陰爻之義矣。且卦有兩體，然後能相交而成卦。況本卦上體乾而下體坤，又實有天上地下之象。今以剛來下柔，專論內卦，置去外卦，非乾坤摩盪二用相交之旨。

又曰，自噬嗑變來，則九來居五，是以噬嗑上爻之九剛來於五位，而五位之陰爻移而居上，則置去用爻，且兼置內卦。不論全非《彖傳》之旨，夫世之學《易》者，莫不知震剛而兑柔。今以離兑中之剛爻乃謂為剛，聖人之十翼俱在，有此說乎，否乎。又曰，自未濟來者，兼此二變，皆剛來隨柔之義。此仍執前兩變之說，合而言之。信若此言，則是兩剛同來而下兩柔，以此解《易》，紊亂聖經矣。

又卷九

夫《周易》經四聖釐定，吉凶悔吝，自古及今，莫之或爽者，道存故也。若使道理尚有滲漏，尚俟後人寡知渺見綴而補之，豈四聖之聰明領會不子若乎，抑亦不揣之甚矣。學者有志聖道，寧棄術數而尊聖經可耳。若妄意推求，自鳴著作。聖人既遠，烏得而禁諸。然而聖人之經，隨人所用皆可得益，隨人所占皆可得驗。彼妄意推求者，卒亦莫之有益，莫之有驗也。斯其淺深離合，亦槩可想矣。

又《周易函書別集》卷三《易學須知》

須知《周易》言天人合一之旨，故為聖人之大本。《春秋》具天人感應之機，故為聖人之大用。試觀其中或天變而人從之，或人感而天應之，不是無因特標此天時天象也。不向天人交關處著眼，則止是魯國之史耳，何云聖經。

又卷四《易解辨異》

聖人以經學傳心，六經皆孔子所定。此外皆支離旁雜，鮮能探本窮源，理歸一致矣。故舍六經而求道則已無道，舍孔子而釋經則已無經，況《周易》者，固聖人之大本所存，孔子假年學之，韋編猶尚三絶，此豈粗浮剽竊略觀大意所能懸揣而臆解者乎。乃註釋孔子之書而不折衷孔子之論，至採洛書作範之説於向歆，而不察《繫傳》則圖之語。取卦變之説於虞荀，而不察《彖傳》往來之幾。襲分爻占驗之説於漢魏，而不察窮理盡性之秘旨。宗乾化而坤剛化而柔之論於蔡墨，而不察乾元用九之深機。以聖人傳心傳學天人合一之精微，僅目為究卜究占進退趨避之作用。綱百家不經之緒論，而示之博。違先聖一貫之妙義，而莫之非。將謂言外不傳之秘，由此而明。竊恐言中無盡之藏隱而不宣者亦已多矣，安能盡合纂修本意哉。

夫聖人以六經垂教，固非謂經中尚有遺義，經外尚待旁搜也。則經中之義理，衷諸經而可矣。學者傳授聖經，豈謂後人之聰明上同乎聖，别出之義理遠逾於經乎。則聖人之明論，衷諸聖而可矣。然則今日解經之失，不在經外不能推求剩義，而在經内不能殫究精深。不在終身一書不能搜剔詳明，而在拘守一家不能旁搜博採。今執《本義》比之諸儒易傳，特一人之書耳。

又卷一〇《篝燈約旨・論語》

孟子以時稱孔子，以智字説在聖前，以為貫始終之事，此即孔子言智仁勇必先説智字之義。蓋必見徹始終，然後依次而行，方克無悮。知在行先，亦是此旨。見得明，然後守得定，亦是此旨。《文言》之亨，止説事幹。非由見得極明，何以為事之幹乎。蓋智與四德雖同具一性之中，非徹於事為，必無可見，故獨居四德之後，直以為事幹而不言智。然天下有作有為之事，非見之極明，則行之不去。故獨居事先，而以為事幹。然但為事幹，則仍非有作有為之時矣。故於此不提智字，政以智愚之分，必從事上見出。性中縱涵此理，當其未發，原無可分。故曾子援引聖經，但及明德。據本體之虚靈而言，智之本也。孔子以為事幹，此之義也。陽明有見於此，故極力闡發良知。

清陳法《易箋》卷五

朱子云，有伏羲之易，有文王之易。文王之易，即今《易》書。伏羲之易，則四圖并大衍之法是也。四圖至宋而顯，筮則虞書已言之。康節曰，圖雖无文，吾終日言，而未嘗離乎是。故《大傳》有贊四圖者，有贊蓍卦者。所稱聖人有泛言者。有指伏羲者，有指文周者。蓋畫卦衍蓍，皆始自伏羲。天道幽遠，天人相與之際，其理微矣。數千年來，聖經賢傳，遞相發明，昭如日星，遂視為老生常談。不知天地鬼神之奥，非開天明道之聖人，孰能識之。

清王心敬《豐川易説》卷一

孔子傳彖之元亨利貞，出於文王所言之外，何也。曰，文王之彖繫，原括孔子之義。孔子之傳彖，只以申明文王之旨也。且使文王即先孔子而再演，亦當不異孔子之說。又使孔子即繼此而更衍，亦終不能出文王原旨之外也。今試思文王不言元之資物統天，而元之資物統天，曾能出於文王繫元之旨乎。文王不言亨之行施形物，而亨之行施形物，能出於文王繫亨之旨乎。其實文王原括孔子之意以立言，而孔子實推文王之旨以盡義也。且傳所以傳經未發之本旨而令暢也。經果已暢，尚何以傳乎。今如以傳之所言疑經之未言，而謂孔子之傳出於文周之外，則《大學》聖經之誠意，不言好善惡惡。平天下不言好惡同民，而傳言之。為曾子之傳出於孔子之經也，可乎不可。故凡諸儒謂羲文周孔各自為易者，皆執於言詮者也。

清惠棟《易例卷上·元亨利貞大義》

易道晦蝕且二千年矣。元亨利貞乃二篇之綱領，魏晉已後，註《易》者皆不得其解。[略]《參同契》用坎離為金丹之訣，後之學者徵創異説，諱言坎離，于是造皮膚之語以釋聖經。微言既絶，大義尤乖。殊不知聖人贊化育，以天地萬物為坎離，何嫌何疑而諱言之乎。今幸東漢之易猶存，荀虞之説具在，用申師法以明大義，以遡微言。二千年絶學，庶幾未墜，其在茲乎，其在茲乎。

又《卦无先天》

《荀子·成相》曰，文武之道同。伏羲《序卦》曰，有天地，然後萬物生焉。

干寶註云，物有先天地而生者矣，今正取始於天地。天地之先，聖人弗之論也。故其所法象，必自天地而還。老子曰，有物混成，先天地生，吾不知其名，彊字之曰道。《上繫》曰，法象莫大乎天地。莊子曰，六合之外，聖人存而不論。《春秋·穀梁傳》曰，不求知所不可知者，智也。而令後世浮華之學，彊支離道義之門，求入虛誕之域，以傷政害民，豈非讒説殄行，大舜之所疾者乎。

干令升此註，若豫知後世有陳摶、种放、穆修、李之才、邵雍諸人造先天圖以亂聖經者，而諄諄言之如此。其衛道也深矣。即此一節註，便當從祀文廟。

清程廷祚《大易擇言》卷一

愚案，九以名陽爻，六以名陰爻。又獨於乾坤言用九用六者，二卦得陰陽之純。言乾之所用皆九，坤之所用皆六也。他卦則或九或六，不可以言用九用六矣。又，古易爻辭係於逐爻之下，而无初九六二之名。故於六爻之純陰純陽者，指言用九用六，以明他卦之例也。

筮家以九六七八分别變與不變者，自求其所遇之爻而言也。若《易》之為書，一卦自有六爻。雖未可以遇言，實无不可以變言。故曰，爻也者，言乎變者也。然則以九六名爻之故，歐陽氏之論當矣。朱子謂六陽皆變，則乾轉而為坤，以釋用九，其説本之蔡史墨。案，蔡墨雖以用九為乾之坤，而仍舉用九之辭，初未嘗曰此即坤之象也。猶其曰乾之姤，仍曰潛龍勿用，而不曰繫于金柅也。於此見變之為言，雖在筮家，亦无遂舍此而之彼之意矣。若乃剛柔各有性情，一成而不可變，所謂剛變柔柔變剛者，求之聖經无其文，驗之天下无其理。姚氏之言，豈不信乎。

又卷三六

愚案《六經奥論》，先天之學出于麻衣道人。麻衣傳之希夷。又朱子發《進周易表》，陳摶以先天圖傳种放，放傳穆脩，脩傳李之才，之才傳邵雍。其授受源流如此。至晦菴朱子篤信其説，以為作易之原，儼然列諸二經十翼之首，學者翕然附和，然非議之者亦多。如黄氏東發則曰，康節先天之説，《易》之書本无有也。其援《易》為証者凡二章。一援易有太極一章曰，此先天之卦畫。一援天地定位一章曰，此先天之卦位。皆與聖經判然不合。歸氏熙甫則曰，易圖，非伏羲之書也，邵子之學也。邵子以步算之法，衍為《皇極經世之書》，有分杪直事之術，其自謂先天之學，固以此，要不可以為作易之本也。自漢以來，无有以圖説易者。以圖説易，自邵子始。

清齊召南、陳浩《尚書註疏・卷一考證》

《堯典序》〇臣浩按，舊本，《書序》與經文並列提行，亦非所以尊聖經也。今與《詩序》一例，並下聖經一字。

又《尚書註疏・考證跋語》

侍讀臣召南謹言，［略］孔疏於制度典章，徵引該博，隨文剖晰，時有折衷。如解《武成》謂簡編斷絶，經失其本。解《無逸》謂太甲稱祖，未知其然。解《臯陶謨》庶明勵翼，無採王鄭二家。解《泰誓》謂文王是追稱，非及身改正朔。至如据經正《史記》之違据傳闢，讖書之誕，有功聖經，實為趙宋諸大儒道之先路。縱或曲護孔傳，義涉支離，善學者棄瑕録瑜，取舍各半可矣。但記其過而忘其功，可乎哉。由斯以談，即疑傳疑疏，亦非持平之論也。

宋林之奇《尚書全解》卷四

罔違道以干百姓之譽，罔咈百姓以從己之欲。

此言為治者既不可違道以干衆譽，又不可咈衆以從己之欲也。蓋自古無道之政，必出於此二者。班孟堅曰，秦燔詩書以立私議，王莽誦六經以文姦言，同歸殊塗，倶用滅亡。蓋若秦者，是所謂咈百姓以從己之欲者也。若王莽者，是所謂違道以干百姓之譽者也。雖其所為不同，而其所以致亂亡之道，則一也。夫為治者，既不可違道以干百姓之譽，又不可咈衆以從己之欲。

然則將奈何，惟上不違先王之道，下不咈百姓之欲，則兩得之矣。王氏以謂咈百姓以從先王之道則可，咈百姓以從己之欲則不可。古之人有行之者，盤庚是也。蓋人之情，順之則譽，咈之則毁。所謂違道以干百姓之譽也，即咈百姓以從先王之道者也。此説大戾。夫盤庚將遷都，民咨胥怨而不從。盤庚不强之以遷也，方且優游訓誥，若父兄之訓子弟，至於再至於三，必使之知遷都之為利，不遷之為害，然後率之以遷焉，何嘗咈之以從己哉。夫王者之安天下，必本於人情，未有咈百姓而可以從先王之道也。王氏此説，甚牴牾於聖經矣。

宋程大昌《禹貢論上·濟》

自《禹貢》紀實之嚴，不失其故焉爾，豈用求諸深遠之地也。至許敬宗之對高宗，則怪矣。曰濟水自温北入河，而伏流從滎南出。古者水官不失其職，則能辨味與色，潛合而更分，皆能識之。此不知聖經書法，而妄以怪神言常道者也。

又《禹貢論下·漢沔》

聖經書法，與後世不同。經貴簡，雖簡而於事理無所不具，固有書例相貫。越數州而互相發明者，凡州之貢道皆是也。［略］雍之貢道有二，其自後世西涼朔方而來者，不與他州同道，則特志其詳，而曰浮于積石，至于龍門西河。其自後世關中以達者，其入渭亂河，與梁同道。梁既先已言之，則雍遂致畧，特曰會于渭汭而已。夫初無所浮，忽有所會，若非因貢道於書梁之前，則全無事。始矣兖之達河也以濟。濟既書達河於兖矣，至青第言達濟，不更竟之於河。其後徐貢則又止於菏，揚貢則又止於淮泗。正惟淮泗菏濟得相因以達於河，故書其無所因者以張本，而削其有所因者以省文。聖經之法簡嚴，例如此。而人或不能通於一書也。

宋夏僎《尚書詳解》卷二〇

自高宗而後三世，則其君謂之祖甲。先儒皆以祖甲為太甲，蓋見之《史記》及《國語》，皆以祖甲為淫亂之君，故以為太甲。然順世次言之，太戊之後言高宗，高宗之後言祖甲。其時既自有祖甲，則不應以太甲為祖甲。且司馬遷採摘經傳，頗多詆謬于聖人，又不見屋壁古經，其言不足信，故當以聖經為證。而鄭玄亦謂祖甲，武丁子也。有兄祖庚賢，其父欲廢兄而立祖甲，祖甲以此為不義，逃于民間。故此云不義惟王舊為小人。鄭玄此説，于聖經有證，故特從之。

宋傅寅《禹貢説斷》卷三《導沇辯》

弱黑二水，來自雍州塞外，至遠而不可窮，故禹言導而不言其所自起。至於沇水，源出中國，且去帝都不遠，而禹之所書，顧與弱水同例，何也。酈杜二子皆有沇水潛行之説。意者禹疑其水之異，而略于記歟。曰，非也。甚遠者不能書，甚近者不必書。而沇源在帝都之南，所以不書也。聖經書法之妙，大抵如此。

宋陳經《尚書詳解》卷二

五月南巡狩，至于南岳，即衡山也。西巡至于西岳，即華山也。北巡至于北岳，即恒山也。如岱禮，如初，如西禮，皆古人作文之法，初無他義。歸格于藝祖，即文祖也。歸而告至則一，出而必告可知矣。用特，一牛也。事神之禮，貴簡不貴繁，觀其事神如此，則舜之道途所以供給者，皆簡易可知。文中子曰，舜一歲而巡狩四岳，國不費而民不勞，何也。儀衛少而徵求寡也。古之聖人，以一歲之間而徧行四方，其意欲以省方觀民，考察風俗，正其制度，豈于以逞己之侈心哉。後世不明此意，借指聖經以文其侈。封泰山，禪梁父，以是為告成功。千乘萬騎望蓬萊，望太乙，其失聖人之意，亦遠矣。

又《尚書詳解》卷二一

惟我有周，誕受多方之衆。昔文王受命作周，三分天下有其二之時也。予克受，非予武，武王不敢以武功自居，而推其美于文王。我之所以勝紂者，非我之武能如此，惟朕文考上不得罪于天，下不得罪于民，所以我有功也。受克予，非朕文考有罪。武王以過歸己，而不致婦咎于父，以謂受若勝我，則我無良善之德，自取其敗，豈文考之有罪哉。然則武王以至仁伐至不仁，有不戰，戰必勝矣。而復以為受克予者，此有以見聖人有不敢必之心。此章當與今朕必往一句對觀之。今朕必往者，義所當為，可必者在己也。此章乃不敢以勝自必，蓋其不可必者在彼故也。學者知聖人之謂必，又知聖人之有所不可必，可與讀聖經矣。

又《尚書詳解》卷二四

凡福與極，皆人之所自取。雖然，顏之夭，跖之壽，伯牛之疾，亦其自取焉哉。此又理之不可為常者。在顏子伯牛，則謂君子之不幸。在跖則為小人之幸。幸與不幸，豈常理哉。天地有大法，本乎五行。在人則為五事九疇，皆五行五事所感化也。惟皇極則為之主宰而裁節之。皇極建則五事自敬，五事敬則天人之理皆順。皇極之不建，則五事自不敬。五事不敬，則天人之理皆乖。漢儒《五行傳》配以五福六極五事，其傳非不足取也。至於弱之一極無所係，則以皇之不極係之，未免牽合附會，恐非聖經之本意也。

宋錢時《融堂書解·宋進書原劄狀》

特進左丞相兼樞密使肅國公喬行簡劄子。臣輒有奏陳，仰干天聽。[略] 比者伏讀國史，至真宗皇帝於禁中壁間見穆修所作詩句，深切嘆賞，即問侍臣曰，有文如此，公卿何以不薦。則士之遺逸者，固大臣之所當言，亦聖主之所樂聞也。時嘗詣漕司，文解比歲，已該永免。而場屋竟不足以得之，其志方將玩聖經以自隱。儻今不加收用，使之終老山林，則國家有遺而不舉之才，大臣有知而不薦之咎矣。

又《融堂書解》卷二

皋陶矢厥謨，禹成厥功。帝舜申之，作《大禹、皋陶謨》《益稷》。《大禹謨》《皋陶謨》《益稷》，其篇名次第，自古以然也。孔子序《書》，獨何所見，首言皋陶矢厥謨，次言禹成厥功，特斷之以帝舜申之之一語。嗟夫，非聖人安能如此。觀《書》安能脱去篇章名字，獨出真見，斷定聖經如此其的哉。

又《融堂書解》卷三

愚至此深知禹所以表北江中江之名者，專為記江漢兩大江之始末而設。不然，則其他水固有自南而入彭蠡者，曷為不著其名而謂之南江乎。正以其源流事體非江漢之比，所以無此稱。謂後世不究聖經大旨，苟徇中北之名創為南江之説，附會而謂之三江。或者又求其説而不通，遂謂三江雖合，而水不相入，禹蓋以水味別之，而三泠之説興焉。嗚呼，陋矣。自彭蠡而東，名為中江。中江者，岷江之正派也。

又卷五

其他，如惟我商王布昭聖武，即云今王嗣厥德。如先王顧諟天之明命，即云嗣王丕承基緒。伊尹諸書所稱先王，皆湯也。如此類，不一而足。辭無間隔，事理甚明。若一再傳皆短祚，又皆伊尹所親歷，安得告太甲時畧無一語及之。太甲嗣湯而立，無可疑者。學者只當以聖經為證。肆命，先儒謂肆，陳也，伊尹陳天命以告太甲也。徂后，先儒謂徂，往也，述往古明君以告太甲也。二書既亡，雖不可攷，然訓義明白，似亦有理。

宋陳大猷《書集傳或問卷下・康誥》

或問吳才叔因朕其弟之言以《康誥》為武王之書，如何。曰，經言周公洪大誥治，則此書為周公以成王命誥明矣。雖朕其弟一言可疑，如吕氏陳氏之説，以意逆志，亦無所害。若以為武王書，則牴牾非一。《書叙》言成王既伐管叔蔡叔，以殷餘民封康叔。篇内言保殷民。夫武王封武庚，而以管蔡霍監殷治民，不聞以康叔。經文及孟子所言最為明白。或祖吳説，不以聖經明文為據，而以旁曲之説為證，至不通處，則諉以聖經脱簡，何異捨康莊而由山徑也。

曰，晦菴《楚詞辨證》曰，古書之誤類多，若讀者能虚心靜慮徐以求之，則邂逅之間或當偶得其實，顧乃安於苟且，狃於穿鑿，牽於援據，僅得一説而遽就之便以為是，以故不能得其本真，而已誤之中或復生誤，此邢子才所以獨有日讀誤書之嘆，實天下之名言也。

然則此說非乎，曰，晦菴之言極為至當。夫學者觀書，安於循襲者，未免失於苟同。而喜於矯枉者，亦未免失於苟異。如吳才叔《書裨傳》，專是致疑於前人之說。至於聖經所載而無可疑者，或併疑之，所得處固有之，所失處亦不少。此晦菴所以有虛心靜慮徐以求之或得其實之說，而豈以苟異為貴哉。

元董鼎《書傳輯録纂註・卷首上》

今案，漢儒以伏生之書為今文，而後安國之書為古文。以今考之，則今文多艱澀，而古文反平易。或者以為今文自伏生女子口授晁錯時失之，則先秦古書所引之文皆已如此，恐其未必然也。或者以為記録之實語難工，而潤色之雅辭易好，故訓誥誓命有難易之不同，此為近之。然伏生背文暗誦，乃偏得其所難。而安國考定於科斗古書錯亂磨滅之餘，反專得其所易，則又有不可曉者。至於諸序之文，或頗與經不合，而安國之序又絶不類西京文字，亦皆可疑。獨諸序之本不先經，則賴安國之序而見，故今定此本，壹以諸篇本文為經，而復合序篇於後，使覽者得見聖經之舊，而又集傳其所可知，姑闕其所不可知者云。

元黄鎮成《尚書通考》卷三

愚按，書所載者，南面以考中星，北面以察斗建。宅四方以測日景。占候合天，不憑一器。非若宣夜渾蓋之說，專弊神於私智也。先儒獨取渾天家，豈不以驗之天象而不違，揆之聖經而有合者乎。漢唐以來並守其制。然天無形也，其運固有常。以其動而無息，則亦未始有常也。而所謂器者，又特形而下之跡也。以有跡之粗而模寫無形之妙，是非有以變而通之者，又孰能盡求其必合也哉。

明梅鷟《尚書考異》卷一《古文二十五篇》

伏氏書既與梅賾所增混淆，誰復能辨。竊嘗讀伏氏書，雖難盡通，然辭義古奥，其為上古之書無疑。梅賾所增二十五篇，體製如出一手。采輯補綴，雖無一字無所本，而平緩卑弱，殊不類先漢以前之文。夫千年古書，最晚乃出，而字畫略無脱誤，文勢略無齟齬，不亦大可疑乎。夫以吳氏及朱子所疑者如此，顧澄何敢質斯疑。而斷斷然不敢信此二十五篇之為古書，則是非之心不可得而昧也。故今以此二十五篇自為卷帙，以別于伏氏之書，而小序各冠篇首者，復合為一以寘其後。孔氏序亦并附焉。而因及其所可疑，非澄之私言也，聞之先儒云爾。

鷟案，吳氏朱子吳先生三大儒之論如此。凡皆逈出常情，洞燭真偽，無所因襲之見，此所以為豪傑聖賢也。夫豈雷同附和并為一談牢不可破者可企而及之哉。然則不內照于心求其真是所在，而往往首鼠兩端，又或噤喑不敢出一聲者，正所謂昧其是非之本心者也。其不得罪于三先生者，幾希矣。吳先生文集中又嘗有詩云，先漢今文古，後晉古文今。若乃伏生者，遺像宜鑄金。其所以寶愛聖經而掊擊偽書者，何其嚴哉。

又《尚書考異》卷二《舜典》

孟子引《堯典》曰，二十有八載，放勳乃徂落。邾魯相去地近，孟子生距孔子時未遠，子思曾子又適傳，豈孟子所傳《尚書》，顧脱舜典二字，必竢秦火之餘數百年後土壁所藏之本，然後增此二字邪。且伏生年已九十，當其傳鼂錯時，固在文景世。考其生之辰，猶在秦火未燃之前。今馬遷《史記》亦以慎和五典接於堯善之之下，未嘗分。則伏生所傳之本，正孟子所讀之本。而安國所傳之本，决非孔壁所藏之本。安國所傳之本既非孔孟相傳之本，則舜典二字决為贋增可知矣。

或曰科斗字難寫，故多脱誤。而引經遺忘，諒讀不精熟耳。子不古文之信，壁藏之據何哉。曰，吾子挾古文以刼伏生，據壁藏而禽孟子，似也。不曰壁藏乃東晉所上古文，亦宵夫謏説者乎。當漢之初，唯張霸偽《泰誓》盛行，而羣儒譁而攻之焉耳。其他古文，假云出於壁藏者實，豈與晉古文同者哉。馬遷博極羣書，考據精深。所作本紀，亦同《今文尚書》也，間或掇拾先漢古文耳，何有一言一字及此晉人之古文邪。然方其造意增此二字之時，特不過如《皐陶謨》複出益稷二字。蓋曰簡冊重大然也，初未嘗偽為曰若稽古以下二十有八字，猶有使人合前段而觀其文理血脉之意。及姚方興增二十有八字之後，而舜典遂與堯典抗而分為二篇，愈遠愈失真矣。學者當知張霸孔安國等增舜典二字，贋也。其為聖經之害，猶淺也。至姚方興增曰若以下二十有八字，贋之贋也。則其為聖經之害，益以深矣。所謂彌近理而大亂真者也。世之儒者，何苦信此假飾之浮雲，以蔽離吾聖經之白日也邪。

又《大禹謨》

變亂聖經之體者，《大禹謨》是也。凡伏生書，典則典，謨則謨，誓則誓，典謨誓雜者，未之有也。今此篇首至萬世永賴時乃功，謨之體也。自帝曰格汝禹至率百官若帝之初，典之體也。自帝曰咨禹惟時有苗弗率至七旬有苗格，誓之體也。混三體而成一篇，吾故曰變亂聖經之體者，《大禹謨》是也。雖然，不惟變亂之而已，而又反易之焉。皐陶禹謨之戒帝曰，毋若丹朱傲。帝之命禹曰，汝無面從，退有後言。交相儆戒如此。而此篇禹以六府三事自述，而帝以地平天成萬世永賴歸功，是反易謨之體也。

又《尚書考異》卷五

伏生所傳聖人之經，為晋人假壁藏古文之名，擅改者多矣。此聖經之一阨也，不可得而知矣。猶幸徐廣司馬貞等諸賢人君子及唐人之《正義》畧存一二尚可考者，謹列於左。[略]

南交下有曰明都三字，鄭註云，南交下三字摩滅，故以意補之也。偽古文直無此三字。偽孔安國傳曰，南交者，夏與春交也。司馬貞曰，孔註未是。然則冬與秋交，何故下無其文。且東嵎夷西昧谷北幽都，三方皆言地，而夏獨不言地。乃云與春交，斯不例之甚也。然南方有地有名交趾者，或古文畧舉一字名地。南交則是交趾無疑也。

今按小司馬之辨，極有功於聖經。可見偽書偽傳私見妄削，非出壁藏之實矣。蔡沈不述鄭註南交下三字摩滅之故，及晋人任意削去之罪，其頓忘伏生書之為聖經，甚矣，罪豈眚災也耶。失其本經，口以傳授者，猶有摩滅之形跡。僭號古文目為藏壁者，顧無三字之影響，而乃挾以自是，拑結後人之頰舌，晋人何其僭而狠也哉。

明馬明衡《尚書疑義》卷二

且經所謂東滙，東為中江北江者，亦只言自西之東耳，而何嘗於入江之後，又特分别一半為漢水，一半為江水，一先一後而入彭蠡，而其出也又一為北江，一為中江以入海耶。是雖甚愚者不為是見，而謂聖經有是耶。是皆牽泥文義之過也。惟中江北江之說，今誠無之。不知禹時水道入海，竟何如哉。或中北字必有闕誤，今亦不敢强為之說也。

明王樵《尚書日記》卷二

按經之闕文多矣，惟此幸存於《論語》而人莫之覺，金氏始表而出之。只此可謂有功於聖經矣。載此，然後《禹謨》十六字有所本，而三聖授受之旨始完。

又卷三

羅文莊公謂程門有凡言心者，皆指已發之說。朱子既辯其非。至解人心道心，又以知覺言心，是猶有此意。按，知覺不專于已發。不曰思慮未萌而知覺不昧乎。又曰，静中須有物始得，非知覺而何。知覺者，心之所以為心，而全體無不在是者也。其與程門弟子之誤指，豈可同哉。又謂道心是未發，人心是已發。此尤不妥。發而皆中節，孰非道心。道心非專于未發也。發而皆中節，何危之有。人心不可以寂感，對道心而名也。聖經淵微，無所不盡。子思子發明之，昭如日月。朱子得其旨，曰，其曰天命率性，則道心之謂也。可見道心一言，性命之理，性情之德，皆盡之矣。喜怒哀樂，吾儒謂之未發，而佛老謂之本無。執此以觀，不同可見。淫辭邪說，亦可以不為所惑矣。吾故曰，舍《中庸》以説經，未有不差者也。

又卷九

此篇與《甘誓》備見古人用兵之節制。陳法戰法，數言而盡。其曲折明如畫圖，真聖經之筆也。大司馬之法，伍兩卒，旅各有其長，使止齊之者，使其部伍之長各自止其止，各自齊其齊，故當戰時，井然有序，不失紀律。三軍如一人也。

深玩不愆于六步七步，四伐五伐，六伐七伐乃止齊焉數語，分明動中有静。故曰，戰如守，行如戰，手法足法，瞬息相顧，此所以為節制之妙也。如是之兵，雖猝然衝之，豈可得而亂哉。六步七步，不知此車法邪，步法邪。蓋古者步卒夾車而行，動止相為用。車不妄馳，步不妄動。步法即車法也。至春秋時，古法已亂。如所謂輿曳柴而馳，與視其轍亂望其旂靡之類，則古法之亂，不在毁車崇卒之後矣。古之節制，能為不敗之師，則豈有大崩之戰。至七國時，史家每書某戰斬首幾萬。則又春秋時所無也。

清閻若璩《尚書古文疏證》卷四《第五十八》

又按禹讓稷契臯陶舜不聽其讓而下，即命之仍播穀敷教明刑。伯夷讓夔龍，舜不聽其讓而下，即命之典樂作納言。何垂讓殳斨伯與益讓朱虎熊羆舜止不聽其讓，而於彼七臣者漫無所命，豈舜竟遺才耶。既讀《五帝本紀》云，舜遂以朱虎熊羆為益之佐。則前殳斨伯與為垂之佐，例可知也。因悟所謂往哉汝諧者，諧不指其職言，諧即《臯陶謨》同寅之同，協恭之協，和衷之和。蓋飭垂與益往就職，而並和其僚屬耳。彼七臣者，蚤已統攝入此句内。聖朝無一才或遺，聖經無一字空設，其妙至如此。

又卷五上《第六十七》

按《左傳》多引而不發，賴註以發之。註亦未盡，賴疏以盡之。今試舉一事。《論語》禄之去公室，五世矣，斷自宣公。政逮於大夫，四世矣，則自武子。武子立襄五年，上泝宣元年，凡四十有一年。此四十一年，政將何歸乎，豈《論語》妄語耶。《論語》既不妄，則《集註》誤可知。然自文子數起，以為實相三君，又無以位置。桓子反覆皆不合。讀昭二十五年傳，政在季氏三世矣。註曰，文子武子平子。讀昭十二年傳，季悼子之卒也。疏曰，悼子卒不書經，其卒當在武子之前，平子以孫繼祖，武子卒後即平子立也。始曉然于《論語》四世，蓋文武平桓，而悼子不在此數。又《孔子世家》，年十七，是歲季武子卒，平子代立。皆足證前説之不誣。誣不誣，亦曷足深計。獨怪季孫行父身為權姦，流毒累葉，而享有忠公室無私積之偽名。甚至明著聖經，歷二千年為傳註者，莫能指以實之。嗚呼，何以誅姦諛於既死哉。愚謂有當請於朝，乞早加刊正，無誤後人者，此類是也。

又《第七十二》

又按《史通》，《尚書》家云，晋魯國，孔衍以為國史，所以表言行，昭法式。至於人理常事，不足備列，乃刪。漢魏諸史取其美詞典言，足為龜鏡者，定以篇第，纂成一家。由是有《漢尚書》、《後漢尚書》、《後魏尚書》凡二十六卷。隋太原王劭又録開皇仁壽時事編而次之，以類相從，各為其目，勒成《隋書》八十卷。尋其義例，皆準《尚書》。《唐書・王勃傳》云，初祖通，隋末居白牛溪，教授門人甚衆。嘗起漢魏盡晉，作書百二十篇，以續古《尚書》。今諸書皆不傳，良可悼惜。愚因之忽悟六朝學士家原有此種撰著，文章家原有此種體制，故魏晉間人遂有假古題運古事以撰成二十五篇書，以與真書相亂，亦其時風尚所致，非特能鑿空者。然其源亦自王莽之作《金縢》焉。《漢書》平帝元始五年冬，帝有疾，莽作策請命於泰畤，載璧秉圭，願以身代。藏策金縢，置于前殿。敕諸公勿敢言。今此篇亦不傳。若傳，必有酷於摹擬處。宋世嘗目王通孔門之王莽，愚則謂孔書聖經之王莽，殆亦確對云。

又《第九十一》

《詩》與《書》相表裏。信彼南山，維禹甸之。則《禹貢》之終南也。豐水東注，維禹之績。則《禹貢》之灃水攸同也。奄有下土，纘禹之緒，則指禹汝平水土。后稷播時百穀，洪水芒芒，禹敷下土方，則指禹敷土。天命多辟，設都于禹之績，則指五百里侯服等。豈奕奕梁山，維禹甸之，為當日韓侯入覲之道，有不指治梁及岐之梁在今韓城郃陽二縣之境者哉。既在此二縣，仍應屬雍州，不得如晁氏改為冀州山。或曰奈例不合何。余曰，此特聖經之變例也。

又卷八《第一百十三》

又按，天下事，由根柢而之枝節也易，由枝節而返根柢也難。竊以考據之學亦爾。予之辨僞古文，喫緊在孔壁原有真古文，為《舜典》《汩作》《九共》等二十四篇，非張霸僞撰。孔安國以下，馬鄭以上，傳習盡在於是。《大禹謨》《五子之歌》等二十五篇，則晚出魏晉間，假托安國之名者，此根柢也。得此根柢在手，然後以攻二十五篇，其文理之疎脱，依傍之分明，節節皆迎刃而解矣。不然，僅以子史諸書仰攻聖經，人豈有信之哉。

清毛奇齡《古文尚書寃詞》卷三

蓋東漢在光武時，惟尹敏始受古文，而其後遂有周防丁鴻諸學遞相嬗受。杜林與尹敏同時，而不入古文之列，在漢史已疑之矣。况書籍出没，須有確據，且必合數書而並証之，始為可信。今云得之西州，此與僞《泰誓》之曰後得，曰民間得，曰掘地所得，曰民有得《泰誓》者，曰河内女子伐老屋得，有何足據。蔡元定謂自然圖得之蜀山隱者，程頤謂未濟三陽失位得之成都箍桶匠，皆笑話也。嗟乎，《尚書》不幸，原有竊發。如伏壁《泰誓》，張霸百兩篇，漆書五十八篇之明明可疑，而有眼不識，認賊作子，反矯揉羅織，以寃誣此孔壁所出之聖經，亦獨何矣。

又卷五

賈誼《君德篇》引《靈臺》詩，而曰文王之時，德及鳥獸，洽于魚鱉，咸若攸樂。言皆順所樂也。今《伊訓》曰，暨鳥獸魚鱉咸若。所若何事，豈非襲賈誼文而闕失之乎。

夫襲賈誼文，而不知咸若之下尚有二字，此不知賈誼文者。既知賈誼文，而故遺二字，以示別出，此超于賈誼文者。若謂襲其文而闕失之，則攤文抄取，有何忙迫而鹵莽如是，況欲假聖經，大非易事。

又卷六

則今文古文並無之人，苦不讀書，坐井窺天，以村庸之陋腹，妄議聖經，鮮有不為程頤之改《大學》，歐陽修之毀《易繫》者。仲長統《昌言》註引《孟子》云，矯枉過直。《後漢書·黨錮傳註》引《孟子》云，正枉者必過其直。讀《孟子》者不以《孟子》無此文而疑其僞。《經解》曰，《易》曰，君子慎始，差若毫釐，謬以千里。讀《易》者亦不以《易》失此句而議其闕佚。乃身實庸劣，而反譏聖人之經疎于收拾，則其耳目為何如者。請自思之。

《孟子》引《書》曰，天降下民，作之君，作之師，惟曰其助上帝，寵之四方。有罪無罪，惟我在，天下曷敢有越厥志。襄三十二年，穆叔引《泰誓》曰，民之所欲，天必從之。昭元年，子羽引《泰誓》，《國語》單襄公引《泰誓》俱同。昭七年，史朝曰，筮襲于夢，武王所用也。《國語》單襄公引《泰誓》曰，朕夢協，朕卜襲于休祥。戎商必克。昭二十四年萇弘引《泰誓》曰，紂有億兆夷人，亦有離德。予有亂臣十人，同心同德。臧宣叔曰，《泰誓》所謂商兆民離，周十人同。《論語》武王曰，予有亂臣十人。《孟子》引《泰誓》天視自我民視，天聽自我民聽。又引《泰誓》曰，我武維揚，侵于之疆。則取于殘殺伐用張，于湯有光。《荀子》引《泰誓》曰，獨夫受。《墨子·兼愛篇》引《泰誓》曰，文王若日若月，乍照光于四方，于西土。《坊記》引《泰誓》曰，予克紂，非予武。惟朕文考無罪。紂克予，非朕文考有罪，惟予小子無良。

又卷七

記曰，簫韶，舜能繼堯之道也，樂章宜以堯發端。今以《論語》引《書》堯曰，咨爾舜節，當《汨作》樂歌之文，與文王曰咨同。以《左傳》引《書》與其殺不辜，寧失不經，當《膏飫》樂歌之文，與將賞為之加饍，加饍則飫賜。將刑為之不舉，不舉則徹樂同。餘凡《大禹謨》中臯陶邁種德，地平天成，念茲在茲，成允成功等語，無所專屬。任歸之《九共》篇中，惟觀者自擇焉。

此真喪心病狂矣。欲滅聖經，而指為偽書。乃自造僞字僞經僞逸經，以侮嫚聖言。有王者起，不誅何待。嗟乎，誰為作俑，以至于此。且此種行逕，在前似有為之者。觀洪邁曰，孔安國强解汨作明居，而今并九共膏飫皆註之而實以文，何其無忌憚也。則在前似有為之而被詬厲者，今復蹈此，則不止無忌憚矣。

又卷八

今文增帝曰禹曰，亦未必是原本，此必後人以小人之腹，揣度聖經，謂大舜之聖，禹必不當以丹朱為規戒，且非臣進君之體。不知周公戒成王亦曰，無若殷王受之迷亂，酗于酒德哉。聖心儆惕，原自不同。君臣之間，故亦有此。且周公實戒成王，禹則汎汎陳戒，而責重在己。因以予創若時承之言，已以此為鑒也。今增此四字，則于予創若時屬上屬下，兩俱有礙。且在禹口中，承上帝不時敷同日奏罔功一氣進鑒，泯然無跡。若作帝語，則似惡禹之規己而以此報戒，大非虞廷吁咈景象。且禹非不肖，亦不當專出此數語，故作訓懲也。宋元儒者，動以己腹量聖心。遇有不合，奮筆便改。然仍無一通處，聖經從此麋爛矣。此加四字，實後儒改經之濫觴，不可不辨。[略]

古文《金縢》弗忬作弗豫，不（音負）子作丕子，親迎作新逆，懿作噫，筑作築。

說文王有疾不悆，悆與忬同，故改作忬，即漆書也。《史記·魯世家》是有負子之責于天，古不字有負音。鄭氏亦曰，不，古讀作負。然字義不同。《索隱》謂三王負上天之責，故曰負，豈可以不字當之。且此亦明註曰，《尚書》作丕。《史記》作負，豈可改從負字。若惟朕小子其親迎，則直取蔡沈註中俗字改聖經矣。古凡迎字皆作逆，如《易》之三驅舍逆，《春秋》之逆女逆婦類。豈有《尚書》直出一迎字者。縱或他經有之，《尚書》無是也。信噫作信懿，亦馬融漆書字，皆不必有義者。若築之改筑，以《爾雅》筑，拾也。疏引《金縢》凡木所偃盡起而築之為証，因改之。然並非今文字。

又《尚書廣聽録》卷三

《武成》原無脱誤，而宋人必謂有脱誤。程氏劉氏各有改本，蔡氏則竟另刻一考定《武成》入經中。按，《武成》大告諸侯，自王若曰嗚呼羣后以下，述公劉太王王季以及文王之德。自底商之罪告于皇天后土以下，述伐紂時告天地以商王逋罪藪惡之禍。此本告詞，一串並無間斷。而蔡氏謂告諸侯與禱鬼神截然兩事，豈可漫無分別。乃以底商之罪告皇天后土一段移之伐紂之前，以王若曰嗚呼羣后一段割在克商之後。先禱天地後告諸侯，何等條理。然春秋時，昭七年，芊尹無宇曰，昔先王數紂之罪以告諸侯曰，紂為天下逋逃主罪淵藪。則其所謂告皇天后土數紂罪藪者，正其所為大告諸侯之言也，無二詞也。又《國語》伶州鳩敘述《武成》自癸亥布陳甲子克商後曰，布令于商，卽大告諸侯也。曰昭顯文德，卽其歷敘先王以及文王之德也。曰底紂之多罪，卽底商之罪告天地。以數紂惡也，皆是大告諸侯之詞，並無禱詞。且前後次第，自王若曰嗚呼羣后以下，一氣順敘，並無彼我參錯一字。其在伶州鳩芊尹無宇時，定無有出入屋壁脱漏竹簡如今所云，而其文如是，苟非無良，亦當緘口抱悔恧矣。又厥四月哉生明，王來自商，與丁未祀于周廟，謂是兩時，遂將既生魄節攙之生明之後丁未之前，而漢魏諸儒註《易》卦引此，亦是哉生明後直接丁未，此時孔傳之行未過大河，其所據書並非晉太保鄭沖傳至城陽臧曹之本，然其無不同有如是者。嗟乎，聖經一綫保守不足，尚敢云改，況改又必無一通者，徒出醜耳。戒之戒之。

清胡渭《禹貢錐指》卷九

愚竊謂褒斜二水，禹時必有相通之道，如《水經註》所云，衙嶺之南，溪水支灌於斜川者，及夏殷之際，梁俗變為蠻夷，貢職不修，貢道遂廢。周武王牧野之師，八國雖嘗來會，其後巴蜀恃險，復不與中國通。逾沔入渭之道，其誰知之。嘗觀江河之枝流，日久亦多陻塞。如夷水首受魚復江，戰國時，巴楚相攻，舟師常出此路。洎乎隋唐，遂成斷港。汴水引河，為轉運之通渠，宋南渡後，廢而不用，日就淺澀。今水道斷續，幾不可問，而况深山窮谷之中，溪流一線，裁得通舟。自禹至漢，多歷年所，豈能長存而不變。褒斜二水相通之道，禹時自有，漢時自無。不得據漢史而疑聖經，亦不得據酈註而疑漢史也。

清徐文靖《禹貢會箋·凡例》

一，是編主于駁正疑誤，故列蔡傳于前。是者可之，不是者否之。要皆各有所証發。寧可得罪於先賢，不敢貽誤於後學，漸至白日塵昏，聖經蕪穢也。

元王充耘《書義矜式》卷二

上文雖各載達河之道，而四方水之所趨，不止是也，故以四海會同總之。然下文之言六府孔修，則非特水土之治而已。聖人成功之大，又孰有加於此哉。然此亦其迹之粗者耳。至其祇台德先不距朕行之語，史臣方謹以繼之，則禹之精神心術，終始以保其成功，儼然常在人耳目之間者，初不可以今昔異觀也。噫，《禹貢》一書，地理貨殖之書耳，而其紀載之法乃如此。後世之山經水志貨殖之書有矣，而於致治之紀要，曾謂有是哉。是雖史臣一時之言，實萬世不刊之聖經也。

宋朱熹《詩序辨説》卷上

然以今考之，此詩未必為忽而作。序者但見孟姜二字，遂指以為齊女而附之於忽耳。假如其説，則忽之辭昏未為不正而可刺，至其失國，則又特以勢孤援寡，不能自定，亦未有可刺之罪也。序乃以為國人作詩以刺之，其亦誤矣。後之讀者又襲其誤。必欲鍛鍊羅織，文致其罪，而不肯赦，徒欲以徇説《詩》者之謬，而不知其失是非之正，害義理之公，以亂聖經之本旨，而壞學者之心術。故予不可以不辨。

宋李樗黄櫄《毛詩集解》卷三四

黄曰，夏商之禮既無證矣，雖孔子有所弗敢議。爵禄之制去籍久矣，雖孟子有所弗得聞。何者，以千百載之下而論千百載之上，去古遠而聞見殊，不闕其所不知而强爲之説，其不失之鑿也幾希。《抑》之一詩，學者疑焉。曰考之《史記》，武公之爲諸侯，蓋宣王時也。烏乎，刺厲王，考之《國語》，武公嘗作懿詩以自警也。烏乎，而爲《抑》詩，學者求之而不得其説，則曰謂之刺厲王，誤也。而當曰刺幽王。謂之懿者，即今之《抑》詩也。而懿當讀曰《抑》。夫其用心於詩，亦勤矣。其如失之鑿何。信史傳而解聖經，吾不知其可。

宋楊簡《慈湖詩傳》卷五

聖經，明道之書也。深知夫人心即道，故曰道心。意動情遷，始失其道。一能反正，即復道心。人雖至於大惡，特其昏爾。其本心之善，未始磨滅。諸儒不自信己之心，故亦不信人之心。有能信此心之即道，悟百姓日用之機，則三百篇平正無邪之妙，昭如日月矣。

元劉瑾《詩傳通釋》卷三

因以是説考於歷代，凡淫亂者，未有不至於殺身敗國而亡其家者。然後知古詩垂戒之大。而近世有獻議，乞於經筵不以國風進講者，殊失聖經之旨矣。

元梁益《詩傳旁通》卷一四

三山林氏之奇少穎曰，禘祫之説，諸儒聚訟久矣。論年之先後，則鄭康成高堂隆謂先三而後二，徐邈謂先二而後三。辨祭之大小，則鄭康成謂祫大於禘，王肅謂禘大于祫。賈逵劉歆謂一祭而二名，禮無差降。又或謂禘以夏不以春，祫以冬不以秋。矛盾相攻，卒無定論。此皆置而勿辨。其可深責者，始為私見陋説召諸儒之紛紛者，其鄭氏之失歟。

鄭氏之説曰，魯禮，三年喪畢，而祫于太祖，明年禘于羣廟。自爾以後，五年而再殷祭，一禘一祫。周禮廢絶久矣，鄭氏何據而云。為之説者，周禮盡在魯。鄭氏所據，《春秋》魯禮，則周禮可知矣。鄭氏不知《春秋》，固妄為此説。後學又不察，因為所惑也。求之聖經，禘祫之文不詳，所可知者，禘尊而祫卑矣。何者，禘者以始祖之廟未足以盡追遠尊先之義，故推尊祖所自出之君而追祀之，則謂之禘。此天子祭名，諸侯無禘禮。若祫，則毁廟未毁廟之主皆合食于太祖，非惟天子有祫，諸侯亦得祫也。詳二祭之名，則禘尊祫卑，可謂明矣。考之經籍，禘祫之文，可知者此爾。至於年數之久近，祭時之先後，則經無所據，學者當闕其疑，不可據漢儒臆説也。

明李先芳《讀詩私記》卷一《朱註國風多淫奔之詞》

夫子刪《詩》有取關雎之為首篇者，為其樂而不淫耳。今考國風朱註，凡為男女淫奔自敘者二十有四，如《桑中》《東門之墠》《溱洧》《東方之日》《東門之池》《東門之楊》《月出》，序本以為刺淫，而文公獨以為淫者自作，亦不甚謬。若《静女》《木瓜》《采葛》《丘中有麻》《將仲子》《遵大路》《有女同車》《山有扶蘇》《蘀兮》《狡童》《褰裳》《風雨》《子衿》《揚之水》《出其東門》《野有蔓草》，序本別指他事，首尾無一字及婦人者，而文公類以為奔詞。如果出於奔詞，小序何諱不以直言而槩以他事，如果不出於奔詞，文公亦何所據類坐以淫蕩無恥之事。然則孔子之所刪者，竟何事也。毋亦惑於鄭衛之音，執泥臆見，而使聖經為誨淫之具乎。

清聖祖玄燁《欽定詩經傳説彙纂・卷首上・凡例》

一，歷代史志所載《詩經》傳受源流及先儒講論六義之體，讀《詩》之法，與評議諸家經解是非得失者，采為綱領。

二，朱子表章聖經，惟《詩集傳》與《周易本義》為成書，尤生平精意所屬。今標以為宗。而自漢迄明諸儒先之解詁，采其義理精當有裨經旨者，録在朱傳之後，為集説。其文義小殊彼此相備者，為折其中。或二説各成其是，則別為附録，用資參考，一依《周易折中》之式。

清世宗胤禛《世宗御製詩經傳説彙纂序》

朕惟詩之為教，所以成孝敬，厚人倫，美教化，移風俗。其用遠矣。自説《詩》者以其學行世，釋解紛紜，而經旨漸晦。朱子起而正之。《集傳》一書，參考衆説，探求古始，獨得精意，而先王之詩教，藉之以明。國家列在學官，著之功令。家有其書，人人傳習。四始六義，曉然知所宗尚。我皇考聖祖仁皇帝右文稽古，表章聖經。《御纂周易折中》既一以《本義》為正，於《春秋》《詩經》復命儒臣次第纂輯，皆以朱子之説為宗。故是書首列《集傳》，而採漢唐以来諸儒講解訓釋之與傳合者存之，其義異而理長者，別為附録。折中同異，間出己見。乙夜披覽，親加正定。書成，凡若干卷，名曰《詩經傳説彙纂》。朕惟《詩》三百篇，先王所以明勸懲而行黜陟，蓋治世之大經。而後世文人學士，乃以風雲月露之辭自託風雅，學經者又溺於訓詁詞章之陋習，烏在其能明先王之道也。

清陳啟源《毛詩稽古編》卷一六《都人士》

朱子《辨説》云，《都人士》序，蓋用《緇衣》之誤，是不然。序縱非子夏作，然其來古矣。《緇衣》，公孫尼子作也。尼子者，七十子之徒，與大毛公俱六國人。毛公傳《詩序》，尼子作《緇衣》。孰先孰後，未可知也。何知非《緇衣》用《序》，而必為《序》用《緇衣》乎。古人文字互相仍襲者甚多。《易》《詩》《書》皆聖經，亦往往有之。《序》所謂古者長民衣服不貳從，容有常以齊其民，則民德歸壹數語，當是先正遺言。序詩者與尼子各述所聞，著之於書耳。

又卷二五《總詁舉要小序》

《詩序》本自為一編，毛公分寘篇首，本欲便於讀耳，無他意也。輔廣附和朱子之說，至詆毛公上誣聖經，罪不可逭。吁，何至此哉。源謂序非注，此自宜寘經前。註順文釋義而已。未讀其文，無庸尋其義也。

清姜炳璋《詩序補義》卷七

王氏柏欲舉聖經中朱子所謂淫者盡删之，其說曰，淫奔之詩，聖人之所必削，決不存于雅樂也，審矣。故《新臺》《牆有茨》十篇，猶可存之。若淫奔之詩，雖閭閻小夫，莫不醜之。今夫童子，淳質未離，情欲未開，或於誦習講說之中，反有以導其邪思，非所以為訓。敢記其目，以俟有力者請於朝，再放黜之，一洗千古之蕪穢。計三十有一篇焉。

清汪紱《周禮註疏考證跋語》

編修臣紱謹言，《周官》一經，或斥爲瀆亂不驗，或指爲六國陰謀，又因劉歆王安石不善用之而敗，詆譏者滋多。唯鄭氏康成識其爲周公致太平之迹，程子朱子皆尊信之，以爲非周公不能作。我皇上聖學崇深，御製《日知薈說》，論著《周官》數則，妙契古聖人制作之精，可爲治經者之準的。臣等學識蕪陋，大經大灋未能仰窺。第見五官中所言祭祀朝覲會同聘問饗燕蒐狩軍旅喪荒諸事所共之職，相次之節，壇廟宮室冕服車旗器用之制，大概與《儀禮》《禮記》相表裏，而《春秋》三傳亦可與之相證明，則其非三代以下人所能僞託，可不辨而決也。

臣等奉命校讐，苦無善本。此錯彼差，雷同什九。經文以開成石經爲主，据之以勘舊刻之譌，而石經之譌則還以註疏訂之。註疏舊刻各本，或有異同，則從其理之長者，而更以前後註疏及他經之註疏凡古籍之有關於此經者，參互考核，期歸於是。已改者，識其改之由。其舛謬難通絶無左證以意測之而未敢信者，尚仍其柢而亦略陳所疑，並附於卷末，冀使後之讀者又復因是推究探討，埽葉拂塵，脱文衍字，減之又減，以至於無，鄭賈之文，不爲魯魚亥豕所蔽蝕，而聖經釐然益明。彌仰聖天子尊經隆禮，繼往開來，教澤所敷，永永無極。謹言。

宋俞庭椿《周禮復古編》

六經厄秦，至漢稍稍得復，然而多出於儒者記誦傳授之學，不能無譌誤。既成篇帙，相傳至今。世儒信其師承之或有所自也，無或疑議，遂使聖經之舊，泯焉不可復見。《周禮》一書，皆周之舊典禮經。然方諸侯惡其害己而去，班爵禄之籍已有亡失之漸，況一燔於煨燼，而僅僅出於口傳追記之餘，安能盡復其故耶。［略］ 嗚呼，學者寧信漢儒而不復考之經耶，無寧觀其説而公其是非，以旁證於聖人之言，而幸復於聖經之故耶。知我罪我，所弗敢知，此《復古編》之所為作也。

又《周禮復古編·司冦》

六官之各有其職，質之於《書》，稽之於《王制》，考之於冢宰小宰六典六屬六職之目，井然而不紊。今《周禮》所存六官，往往多雜治而不專一，豈聖人設官固若是其無統歟。愚請以大司冦小司冦之職驗雜治者之非聖經之舊也。今觀大司冦之一篇，自掌邦之三典而下，凡十有三章，無非刑獄之條，未嘗有一語雜及它職事者。小司冦亦然。然則聖人設官固專一不雜如此。若司徒之治財賦任土事，司馬之兼職方，非聖經之舊也。至於司儀行人之非，不待辨而白矣。

宋葉時《禮經會元》卷一上《註疏》

不思漢儒緯書非聖人之書，穰苴兵法非聖人之法，左氏之語多誣，戴氏之記多雜，其可引援以證聖經邪。不特此爾，以御史大夫比小宰，以城門校尉比司門，以少內譬職内，以尚書準司會，以尚書作誥文類御史，官制已大戾矣。以漢筭方九賦，以莽制比國服，以國服為息加師旅，以殷周變制議封建，以鄉遂異制誣井田，以貢助異法釋畿内邦國之税，此皆害《周禮》之大者也。自康成之註既行，而賈公彥一疏，一惟鄭注之是解。周禮制度合與不合，不暇究矣。儒者沿襲註疏之文，考之於經而不合，遂指《周禮》為非周公之全書，是敢於叛聖人之經而不敢違漢儒之説也。吁，劉歆之誣《周禮》，一時之失。而《周禮》之法尚在。鄭康成之壞《周禮》，千載之惑，而《周禮》之法幾亡。然而法未嘗亡，禮未嘗壞。讀周公之禮，而行周公之法，亦惟以聖經為據斯可也。

又卷二下《軍賦》

二説既自不同，儒者彊為之解釋爾。兵乘之法，安可援是以為据。且《司馬法》之書，不知作於何人，起於何代。或以為文王治岐作，或以為齊景公大夫田穰苴作，或以為齊威王論兵法而附穰苴作，其書豈合周禮，焉可引之以亂聖經邪。鄭康成釋經，往往據《司馬法》。釋井邑之制而引夫屋終成通同之説，釋郊甸之制而引郊州野縣都之説，釋車甲之賦則引《司馬法》，釋溝洫之説則引《司馬法》，釋輂輦之名則引《司馬法》，以至釋朝會之儀則亦引《司馬法》，未能辨聖經之疑，適以滋儒者之惑。

又卷四下《補亡》

六經更秦火，缺裂而不全者多矣。《書》亡四十三篇，周雅亡六篇，魯雅亡六篇，不獨《周禮》為然。夫秦人之心何心哉。己則不行先王之道，而恐天下後世之人執經以議己，故取聖經而寘之烈焰，使後世不及見全書，安得不追仇於秦火之酷。雖然六經無全書，固可以為秦人之罪。而《周禮》一經不得其全，不可獨咎秦人也。蓋自王道既衰，伯圖迭起。入春秋以来，周公之禮雖不盡用，而猶可盡傳。《周禮》之經雖不盡行，而猶可盡見。戰國暴君汙吏，將欲肆其所為以求遂其所欲，惡其害己而去其籍。故至孟子之時，井田之問，爵禄之問，孟子已不得其詳。戰國諸侯之酷，蓋已先秦火矣。漢室龍興，山巖屋壁之間，稍稍間出。《周禮》六官缺一而五存，天之未喪斯文，亦幸矣。河間獻王得之，不啻如獲圭璧。不吝千金，重賞募求全書。獻王之意厚矣。然全書竟不可致，獻王悵之。乃求《考工記》以足其書，謂可以備《周官》之缺。不知以《考工》記而補《周禮》，何異拾賤醫之方以補盧扁之書，庸人案之，適足為病。五官尚存，武帝且以為末世瀆亂不驗之書。則武帝之忽略聖經，未必不自《考工記》一篇啓之也。嗟夫，《書》亡而張伯偽《書》作。《詩》亡而束晳補《詩》作，適資識者一捧腹爾。曾謂《考工記》而可補禮經乎。

宋易祓《周官總義》卷二六《冬官考工記第六》

冬官非火于秦也，其亡久矣。蓋自周轍既東之後，諸侯惡其害己而滅去其籍，是以太平鉅典不聞于孔門。學者之傳習，亦不見于先秦傳記之所紀載，遺言湮沒，誠可於邑。其亦幸而煨燼既息，復出于漢也。其又不幸而編帙散逸，冬官空焉。河間獻王以千金求之弗獲，于是以《考工記》補其闕。或曰《考工記》，非周書也。言周人上輿而有梓匠之制，言周人明堂而有世室重屋之制，言溝洫澮川而非遂人之制，言旂旗旟旐而非大司馬司常巾車之制，其眡周典，誠大不類。而不知三代有異制，以意逆之而已。《書》曰，司空掌邦土，居四民，時地利。而百工即四民之一也。況其制度纖悉，靡不備舉。而其文亦邃偉閎麗，足以發聖經之秘。

宋王與之《周禮訂義》卷七〇《冬官考工記上》

愚按，漢儒謂冬官亡補以《考工記》。司空果亡乎。以《周官》司空之掌攷之，司空未可以為亡也。夫《周官》言司空掌邦土居四民時地利。凡經言田萊溝洫都邑涂巷者，非邦土而何。農工商賈，市井里室廬者，非居民而何。桑麻穀粟之所出，山澤林麓之所生，非地利而何。及攷《小宰》言，六官設屬，各有六十。今治官之屬六十有三。教官之屬七十有九，禮官之屬七十有一，政官之屬六十有六。意者秦火之餘，簡編脱落，司空之屬，錯雜五官之中，先儒莫之能辨，遂以《考工記》補之。其實司空一官未嘗亡也。夫《攷工記》可以補《周官》者，非三十工之制有合周之遺法也。獨《考工》之序，其議論有源委，非深於道者莫能之。夫論百工之事不止於工上立説。上而本於王公士大夫，則知工雖末伎，非王公發明乎是理，士大夫推而行之，其藝固不能以自成。下而及於商旅農婦，則知工雖有巧，非商旅之懋遷貨賄，農夫之飭力地財，婦工之化治絲麻，其材於何而取給也。創此者有知，述此者有巧。業則傳於世守，功則歸于聖人。工何嘗獨立於天地間，能使器利用便乎。惟此等議論近古，足以發明聖經之秘，此所以取而為補亡之書也。如捨此而索於制度之末，則論周人上輿，奚及乎上梓上匠之制。論周人明堂，奚取乎世室重屋之制。言溝洫澮川，非遂人之制也。言旂旗旟旐，非司馬司常巾車之制也。其他纖悉有不可盡信者甚多，槩以為周家之制度，豈其然乎。

元毛應龍《周官集傳》卷一

或問《周禮》正月之吉與《春秋》王正月同乎。

曰，正月者，周正之月。二書所稱，其義固同也。嘗考《春秋》書元年春三字是一截，書王正月三字又是一截。《左氏傳》曰，元年春，王周正月。此說最為明白，不可例以傳不可信非之。程子曰，周正月非春也，只此一言，已足以袪千載之惑。故觀程子之說，有所謂周正月，則知《周禮》經文稱正月之吉，是周之正月無疑。

嘗觀胡文定公謂《春秋》以夏時冠周月，其意蓋謂冬不可以為春，而誤認程子假天時以立義之說，遂謂《春秋》行夏時以繫年，故以春之一字冠於周正月之上。則是春者，夏時之春也。不思周以十一月為正，而未嘗以十一月為春。若以夏時之春為周正之月，則似以冬為春，此決不然。蓋周自東遷以後，魯用魯曆，國自為政，時亦寖紊。以聖經書法攷之，則以十一月為春者，魯之元年也。何以言之，魯隱公即位之歲，則周平王四十有九年也。在《春秋》書法，當云王四十有九年正月。而書曰元年春王正月，以元年春繫之隱公，以正月繫之王，其義昭然可見。聖人之意若曰，元年者魯自改元之元年，非王之元年。春者，魯自以為春，非王之春。故曰元年春，獨正月，則王之正月爾。故曰王正月。要知聖人因魯史修《春秋》，書隱公元年春者，乃因魯史之舊文，而寓王之一字於元年春之下者，乃出夫子之特筆。此說信為攧撲不破。近世儒者以建寅之月為氣候始温和，遂以《周禮註疏》釋正月建子為非，徒執泛泛一偏之說，而未嘗合前後經文參攷而紬繹之。故嘗為之說曰，商以建丑為正，周以建子為正，而皆用夏時數月，則以十一月十二月為正，未嘗改月者，固也。然未知《春秋》書王正月，則以尊時王之正朔。《周禮》云，正月之吉，則以出歲首之政令。二者皆建子之月，此不易之論也。

或又問，前說始即位書元祀十有二月，始建國書元年冬十月，以證歷代改正不改月是矣。獨周公作六典，夫子作《春秋》，乃以周十一月改書正月，何也。

曰，元祀十二月，元年冬十月，史官書法之當然也。史以年繫月，固不可易月以紊四時十二月之序。若周公制禮，于每歲舉行元會之儀，授時飭典，以建子為十二月之長，故大宰於是月布治，所以昭時王之正，則不得不稱正月。至夏正建寅之月，乃四時之首，為一歲之正，則不得不改稱正歲。小宰於是月，師屬觀象，徇以木鐸，此正有合於夏書孟春木鐸徇於路之事。夏書徇鐸下文所舉政典，先儒謂政典乃六典之一。周之六典，蓋因於夏。則《周禮》正歲徇鐸宣令，實遵夏之舊典。攷之是月，在夏曰正月，在周曰正歲。其為孟春則一也。至若《春秋》所書王正月，寓王之一字於元年春之下，聖經所以著魯公無王之罪，其義昭然。

明王應電《周禮翼傳》卷一

世人疑《周禮》者，率以行之者無效也。夫後世篡奪者祖揖讓，戰爭者本放伐。豈堯舜湯武之過哉。王莽動法先聖以文姦，奚止于《周禮》。安石徒得其糟粕以便其術，中間良法美意，皆罔然也。以是而訾聖經，不亦異哉。或以奔者不禁，王及后世子不會等語，非周公所作，不知此皆註家解釋之誤耳。故林孝存謂為黷亂不驗之書，何休以為六國陰謀之書。今其書見存，黷亂陰謀安在。玩其文義，有能作此者，雖非周公，即聖人矣。

又卷二

應電按，前人移官，自以為是矣。舒氏辨之，而仍舊。今掇其要旨，而諦觀之，確然有理。乃知前人枉費心力，徒得罪于聖經，而無益于治也。孰知舒氏又自陷前人之失，使後之視舒，亦如舒之視昔，悲夫。

明柯尚遷《周禮全經釋原》卷一三《鄉遂》

後世以科目取士，無德行道藝之考，無鄉舉里選之法。朝夕鑽研，徒資口說。聖經賢傳，乃為利筌。其取人也，據一日之長，憑一人之見。富貴貧賤，只在須臾之間。朝為庶人，夕登仕版。及其廢也，朝為民表，夕為匹夫。其進也無漸，其退也無歸。是以屠沽賤隸，皆萌僥倖之心。夫其進也無漸，則居官者寧無充昔之念。其退也無歸，則當事者豈忘殖後之心。忠赤之心日薄，亦勢有以驅之故也。是養賢之道既失於前，馭官之法大繆於後矣。鄉遂之法，乃《周禮》之首務，而禮樂兵刑井田次之。三代而下，豈無願治之君，賢明之佐，欲舉行聖人之典，以復中古之治者乎。特以其本不明，而獨行其末，適足以壞天下也。故欲行《周禮》而興王道者，必自鄉遂始。

又《周禮全經釋原》卷一三《郊廟》

天之胙君，實為神主。君之受命，惟典神天。明天位由天所命，鬼神饗佑，然後為天子也。故曰，天之曆數在爾躬。是天神地示人鬼三者，接之以其道，則天清地寧，鬼神降福，天位尊而安矣。

然先儒於天地之祭，南郊北郊之分祀合祀，天子七廟九廟三昭三穆，考論紛紜，靡不質據經傳，然卒未之能定云。夫謂天地有分合祀者。孔子曰，天尊地卑，乾坤定矣。卑高以陳，貴賤位矣。天輕清而浮陽在上，上天之載無聲無臭。然萬物之賦形受質者，莫不本焉。故陟降厥士，日監在兹。體物而不可遺者，以不著形迹，而神行於其間。故感應之妙，捷於景響耳。地則屬乎質，而塊然奠體於下。雖曰萬物非地不生，然物而非神也，質而非氣也，不得天之一氣運行其間，地亦何自而有生物之功乎。故地體雖大，而不可與天配矣。既不可與天配，况可與天合祀乎。吾知物之與神既不相同，卑之與高貴賤自别耳。

今以《周禮》考之。《大宗伯》曰，禋祀昊天上帝，血祭社稷五嶽。以蒼璧禮天，以黄琮禮地與圭璋琥璜禮四方。《小宗伯》曰，右社稷，左宗廟。兆五帝於四郊。《典瑞》曰，四圭無邸以祀天，旅上帝。兩圭有邸以祀地，旅四望。《司裘》曰，祀昊天上帝，則大裘而冕。祀五帝亦如之。《宗伯》又曰，國有大故，則旅上帝及四望。王大封，則告后土。稽之經文，蓋天有分祀合祀，地亦有分祀合祀。非言天與地有分合之云也。夫言祀昊天上帝，則合祀於南郊。言旅上帝，則分祀於四郊。言祭社稷，則祭地於大社。言旅四望，則分祀於五嶽。何也，四郊各有壇，以分祀五帝，故春夏秋冬迎氣而禮之，四類附焉。祭日於東，祭月於西。日為壇而月為坎。司中司命，陽也，祀於南。風師雨師，陰也，祀於北。國有災害，則以類隨方而旅祭焉。旅，衆也，分也。鄭氏訓合，非矣。又於南郊總立圜丘之壇以祀昊天上帝，后稷配焉，凡天神皆合祭焉。《大司樂》曰，冬日至於地上之圜丘奏之，若樂六變，則天神皆降，可得而禮矣。《郊特牲》曰，兆於南郊，就陽位也。《禮運》曰，祭帝於郊，所以定天位也，此之謂也。曷嘗有地在其中乎。

以祭地言之，蓋於五嶽之下，各有方丘，以祀五嶽。凡山川丘陵藪瀆墳衍之在其六者配之。天子巡狩，諸侯各朝于方嶽之下，則望于山川，偏于羣神，此地之分祀也。於王宫之右為方澤方丘以祭，名之曰社，曰后土，神之也，以稷配焉。名曰大社大稷，蓋以稷能養人，功與地並也。然後以五祀五嶽及山林川澤俱合配於社，而夏至祭焉。《大司樂》曰，夏日至於澤中之方丘奏之，若樂八變，則地示皆出，可得而禮矣。《禮運》曰，祀社於國，所以列地利也，此之謂也。今言既有社稷，又有祭地，何也。若社稷之外又有地之祭，則大宗伯以社稷對昊天上帝而不言地，何也。蓋社者從土從示，神其地，故變其名。猶天而言昊天上帝者也，豈既有社又有地者哉。後儒有言南郊祭天，北郊祭地，又何所本也。故社，則諸侯卿大夫之有分地者皆得祭之，而鄉遂都鄙之間，民皆立社以祭焉，所以神地之道而教民美報也。天則惟天子得以祭之，以天有帝，非為臣者所得對也。

昔者魯用郊禘，孔子嘆曰，周公其衰也。杞之郊也，禹也。宋之郊也，契也。皆二王之後也，故得郊焉。魯侯國而郊禘，非禮也。故曰天子祭天地，諸侯祭社稷。君臣之，分凛不可犯矣。

或曰，孔子云天地不合，萬物不生。又曰，郊社之禮，所以事上帝也。是地合祭於郊，亦可見也。故分祀者，所以使陰陽各得其位。合祀者，所以使陰陽合而萬物生。此世道所以泰歟。

曰，孔子不云乎，天尊地卑，而貴賤所以位也。天地之合者，以地氣上躋，天氣下降，而後合也。奠位者，天地之常體。合者，陰陽循環之氣，非天地之常也。陰陽升降，道之自然，非合祭天地而能使之合也。故分祭天地者，欲使陰陽各得其職，卑高各奠其位，而君臣父子夫婦各安其分之道在是，此世道所以泰也。豈可尊母以抗父，崇地以抗天，是亂其常也，又豈以道接三才之奥者乎。夫謂郊社以祀上帝者，便於立文也，非併宗伯之三禮而為二也。衆言殽亂，折之聖經可矣。

又《周禮全經釋原·周禮通今續論翼傳》（德德行道藝舉選附）

《周禮》一書，規模措置，綱舉目張，運之於廊廟，而遐陬僻壤無遺照。範之於天地，而昆蟲草木致其詳。禮樂之顯設，鬼神之幽微，人道之曲折周旋，庶彙之相感相制，莫不包舉而無遺。讀之若見其粗，而精者未嘗不在其中。措之若見其滯於事侑於迹，合之以自然，證之以至理，則道未嘗不寓於器之内。是故或一言而盡天下之道，或一法而含千古之變。其敘事也簡，而嚴盡而不迂。其立詞也約，而周推而有餘。所謂建諸天地而不悖，質諸鬼神而無疑，百世以俟聖人而不惑者也。非周公之元聖，仰思待旦，損益百代，躬親吐握之勤者，孰能及此。是萬聖之指微，帝王之楷範，六經之本根，儒者致用之梯航也，其可不盡心乎。

然聖經廣博淵深，萬事庶物雖舉其綱，而萬目則可類而推也。百官萬務雖提其要，而細微曲折，則可詳而演也。古今之異，風氣之宜，稽之百代尚可損益而推行也。愚於聖經所存，既句之為釋，章為之原，雖繁而不厭矣。自春秋戰國以至於今，代有賢哲，其所述作，豈無可以發揮聖經者乎。六藝之奥衍，百工衆技之敷陳，豈無可以補其所未備者乎。帝王之傳統，其損益因革，豈無三代遺跡相傳而未泯者乎。愚再欲推原聖經之旨趣，合賢哲之敷述，集成記傳以羽翼之。其事詳，其文理，其義正，要皆生民之不可廢者，請得而詳言之。

夫自周公而下，惟孔子孟子既得其道，又明其法。嘗曰苟有用我者，期月而已可也。及終不遇也，乃曰，甚矣，吾衰也久矣，吾不復夢見周公。孔子之夢思者，豈周公之形體哉。以周公為萬世開太平之具，在《周禮》故也。孟子曰，諸侯惡其害己也而皆去其籍。籍之所去，大小司馬班爵班禄之法而已。其他固具在，而孟子聞之熟矣。井田征税之法，班爵班禄之論，教齊梁王道之陳，位職賢能之辨，皆所以補聖經者，亦既家傳而人誦矣。自孟子而下，有《王制》之作，雜夏殷之制，雖未見《周禮》，然其言有羽翼聖經者，固多也。又有《夏小正》一篇，出於戴氏之所傳。然經幸存於傳之中，取而標之，其詞古，其義深。孔子所謂吾得夏時者，非此也哉。

秦有吕不韋者，集門客作《月令》。此非不韋之客所能撰也，蓋秦未火之先，所得禮樂古文相傳而未泯者，祖《小正》之意，集成倫類，而為十二紀之首焉。觀其他篇之不相似，可知矣。故《月令》之篇，今在戴記。然於《周禮》，有發明羽翼之道焉。戴記之中，又有《明堂位》一篇，乃末魯儒者所作。其詞主於誇大魯國，然所陳禮樂之器，宮室之度，多有古制存焉。但曰周公踐祚而朝諸侯，則害教者也。《內則》之中，有飯食之制，八珍之法，蓋《周禮》食醫酒正等官之傳也。并《明堂位》，皆以翼《周禮》焉。《考工記》一篇，乃戰國之儒會集古工作之事而文之，作為此書。雖四十三工之詳，然皆《周禮》工事之支裔耳。後儒取以補冬官，不亦謬乎。其他有所謂九刑政典者，具於偽《三墳書》，未可入傳也。惟有《司馬法》，其言間見於《漢書》，或《小司馬》之遺逸者。其出車制賦之法，簡稽之數，誠可以補《小司馬》之闕者，宜取以附經。外此又有齊司馬穰苴兵法，號曰《司馬法》。其中所言行師之制，九伐之法，多有合於王法者。此其人必曾見古《司馬法》之書，而為之傳耳。今選其可以羽翼聖經者，以附於後。凡此六篇，皆采先儒之訓以釋之，為《周禮》之內傳焉。此皆先秦古書也。

竊又常推之《周禮》大指，教人以德行道藝，取人以賢德才能。有德行則謂之賢而使之在位，有道藝則謂之能而使之在職。故孟子之論王道曰，賢者在位，能者在職。則古者教人之具，取人之制，舉可知矣。是知德行有德行之書，道藝有道藝之書。讀德行之書者，宜取之以德行。讀道藝之書者，宜取之以道藝，斯理之必然也。後世教法之廢，由於鄉法不立，故萬事無本。取人之制先壞，故不得已設科目以羅天下之人材。雖曰示公，而古人之教法掃地矣。竊嘗思之，科目之設，是欲人苦心讀書以求其理，發揮於辭藻以暢其材也。夫五經四書之教，其大指在於欲人體之於身而為德，措之於事而為行也，是德行之書矣。今之取人也，固欲取其才以治天下之事，是宜使之讀道藝之書以達其材，然後可也。今乃使之讀德行之書，是宜取之於德行可也，乃使之依德行之書而發揮於文辭以觀其才，則五經四書奈之何不使人視為空言，且以之為求利祿之筌乎。由不知德行道藝之教，而所取悖於所學故也。請得而分之。

古人六德之教，曰知仁聖義中和。五經四書，孰非教人以進六德哉。六行之教曰，孝友睦婣任恤。今《內則》《曲禮》之中，孰非教人以行六行哉。道藝之教曰禮樂射御書數，今所存者，禮則《儀禮》也，樂則六代之舞，今大司樂所掌，固所以教國子成德之具也。射則鄉射兵射也，御則在於《曲禮》，書數則古文雖不可見，今之藝則愈精矣。然此六藝，乃才藝，非道藝也。謂之道，則又有經緯天地之用焉。故又有大學小學之教，為德行道藝之本也。小學教之以事，大學教之以理。然小學之事不外乎大學之理，大學之理不出乎小學之事。但人之入道有淺深，故學有大小之辨也。由是觀之，則小學有小學之事，小學之理。大學有大學之事，大學之理者也。小學之事，則《少儀》《內則》《曲禮》是也。小學之理，則自洒掃應對，上便可到聖人事人。莫不飲食，鮮能知味是也。大學之事，則《周禮》《儀禮》是也。大學之理，則五經四書是也。以小學大學槩之，則德行道藝，始無所偏，而才德大小，皆當於用矣。今欲以德行取人歟，則宜先立鄉遂之法，比閭族黨州鄉之制以處其位，而使之讀五經四書德行之書可也。欲以才能取人與治天下之事歟，則宜使之讀《周禮》《儀禮》及六藝之書可也。是知小學者，德行之本。大學者，小學之用。而道藝之事，皆具於大學。則道藝者，德行之用乎。德行者，道藝之本乎。故不知小學大學之辨，無以知德行道藝相為體用。而人品高下，皆以是而知。鄉舉里選之法，根本實在乎此。故孟子曰，夫人幼而學之，壯而欲行之，可謂能得大學小學之意，德行道藝體用之義矣。

今夫《周禮》之書，大學之實事也。上自天子宰相，不知之，則無以經綸天下。下及卿大夫士，不知之，則無以奉守其職。孔門所傳《大學》之書，乃其中之理耳。儒者執之曰，《大學》在是矣。其所謂脩身，不知身何以脩。其所謂齊家，不知家何以齊。而所謂治國平天下者，又何所注錯耶。執是而施之實事，如無星之秤，無寸之尺。但據其資，以隨世就功而已。則孔門大學之教，不亦荒乎。殊不知脩身齊家之實事，已具於《內則》《曲禮》，而教者固以是而制刑耳。治國平天下之實事，則具於《周禮》《儀禮》，施而措之，綱紀天地，陶冶民物，無不備矣，非大學之全書哉。

然六德之書，所謂知仁聖義中和之理，備于四書五經也。成祖既命儒臣類輯成書，備列秦漢以下先儒註説，至詳至備，可以行之萬世無弊矣。此外又有《性理大全》《通鑑纂要》，然皆德行之書也。取士之制，非精於此，固不以之列於士民之上。其於六德六行之事，可謂遵行極至矣。

竊謂成周取士，德行兼舉。以德無可見，故鄉刑不立。內有其德，外必見之於行，故鄉法有八刑之糾，是教之以德而考之以行也。今觀鄉法所書，閭胥書敬敏任恤，族師書孝弟睦婣有學，黨正乃書德行道藝之全焉。州長又從而考之，豈非教之以德，而書之以行也乎。今取士以德行材藝，只於六德之書求之，六行無書，《周禮》《儀禮》又不習而通之。而行舉選之法，則誦六德之書以應舉者，皆空言無實，何從而考其有德，而見之於行也。惟考行之典不舉，是以舉選不得不糊名易書，以示至公，此非聖人之意也。古人有德行道藝，正欲知其名而舉之，知其人而書之。獨行於隱微之地，而書之於昭昭之表。風行海流，人必向化矣。何糊名易書之有。此科舉之法，所以與古大悖也。所以然者，以六行無全書，人無所法守，而書者亦無所據依故耳。

是宜下明詔，脩六行之書。命儒臣開局，聘召天下有博學行誼之士，聚天下之書分類博考。上自天子，下至庶人，將孝弟睦婣任恤分為細目，立成提綱，取祖宗所脩五倫書孝順事實，《為善陰隲》等書，兼取而類著之。古今言行有可采者，大而諸史，細而行狀志銘，皆所節取以成科條，雖細行有所不遺。而《性理大全》之例既成，頒行天下。下自閭巷，上及朝廷，皆以是循而行之。凡里閭之中有行義敦篤之士，行合古人一二者，據其事實，能某事可合古何人何事，季書歲考以取之，則實行可得，而風俗可美矣。又以六藝成就人才，而兼取焉。則任國事有人，而才行可興矣。使不脩成全書，令其師法，則無為而行，無據而書，故機不動，而崇虛者多也。然則六行之書，雖非《周禮》之正傳，亦推廣《周禮》之事也。至於六藝所以成就人才共成三物者，固有其書，而推其説於後云。

明王志長《周禮註疏刪翼》卷一二

楊氏曰，愚按註疏，言《周禮》一歲九祭天。孫宣公奭亦言歲有九祭。但註疏，正月郊謂祭感生帝，孫奭正月郊謂祈穀，二説不同，何也。註疏言祭感生帝，出於緯書。孫奭言正月祈穀，經有明證。學者以聖經為信可也。又註疏言季秋明堂及孟夏大雩為合祭五帝。以經考之，《孝經》曰，郊祀后稷以配天，宗祀文王於明堂以配上帝，上帝即天也，未聞有合祭五帝之説也。《月令》孟夏大雩，帝用盛樂。帝即天也，未聞有合祭五帝之説也。故程子以秋明堂，冬圜丘，春祈穀，夏大雩四者皆為祭天，斯言不可易矣。註疏以正月郊為祭感生帝，以季秋明堂孟夏大雩為合祭五帝，九祭之中已失其三。唯冬至圜丘祭昊天上帝，立春祭蒼帝，立夏祭赤帝，季夏祭黄帝，立秋祭白帝，立冬祭黒帝六者，庶幾得之。而曜魄寶靈威仰等名，又汩之以讖緯之説，則六者又胥失之矣。

又卷一四

乃奏大簇，歌應鍾，舞咸池，以祭地祇。註，大簇，陽聲第二，應鍾為之合。咸池，大咸也。地祇所祭於北郊，謂神州之神及社稷。

疏，黄鍾之初九，下生林鍾之初六。林鍾之初六，上生太簇之九二，是陽聲之第二也。太簇，寅之氣也，正月建焉，而辰在娵訾。應鍾，亥之氣也，十月建焉，而辰在析木，是應鍾為之合也。

信齋楊氏曰，愚按，大司樂奏大簇，歌應鍾，舞咸池，以祭地祇。鄭注云地祇所祭於北郊，及社稷。夫祭地惟有夏至北郊方澤之禮，此外則有社祭，亦祭地也。鄭氏亦既知之矣。及註曰，禮，天子祭天地。大宗伯黄琮禮地，典瑞兩圭祀地。又曰地神有二，歲有二祭。夏至祭崑崙之神於方澤，夏正祭神州之神於北郊，何也。蓋祭地唯北郊及社稷，此三代之正禮，而釋經之正説，鄭氏所不能違也。有崑崙又有神州，有方澤又有北郊，析一事以為二事，此則惑於緯書，而牽合聖經以文之也。知有正禮，而又汩之以緯書，甚矣其惑也。

又卷二四

明齋王氏曰，按《舜典》《周禮》《吕刑》《易大傳》所稱祥刑，參錯不一。愚嘗合而觀之。罪狀之辭，情真罪當，則當正之以五刑。有大辟肉刑，二者通謂之刑。在《虞書》，為象以典刑，怙終賊刑。《周禮》五刑之法麗萬民之罪，《吕刑》之五辭簡孚，正於五刑。《易》之折獄致刑也，有所謂過者，則在所當宥。《虞書》宥過無大，又曰流宥五刑。《周禮》分為不識過失遺忘三者，而為辟讐之法，大約與虞之流同。《吕刑》則曰五刑不簡，正於五罰。使出財以償之。五罰不服，正於五過，痛懲之以警衆。又有眚災者，則在所當赦。《虞書》眚災肆赦，《周禮》分為老幼惷愚三者，亦在所赦。《易》則謂之赦過宥罪也。

又有所謂疑者，臯陶稱舜曰，與其殺不辜，寧失不經。謂參錯訊鞫，而終不得其情實者，寧失之以與民。《周禮》鄉士等職，所謂若欲免之。《吕刑》則曰，五刑之疑有赦，五罰之疑有赦。《易》謂之緩死也。然《虞書》又有所謂罪疑惟輕者。苟有罪而輕之可也，若無罪，雖得輕刑亦非辜矣。蓋此非犯有虛實之疑，乃法可上下之疑，故比之當從輕耳。

二千年間，聖經所言，無不脗合。但虞之金作贖刑，蓋指鞭朴之輕者。而《吕刑》於五刑之不簡者，俱正於五罰，此乃世變之不同。至若《易》之明罰勑法，此罰字亦指刑言，蓋刑罰二字亦通用也。

清高宗弘曆《欽定周官義疏》卷一一

案後鄭以征為税，又引此以證大宰九賦為口率出泉，遂為聖經莫大之薄蝕。若易税為役，則其義可與陳氏深之説相足。蓋註謂國中役者少，野外役者多，以人言也。陳氏謂國中役多，野役少，以事言也。唯國中之服役者既少而役事又多，所以征宜遲而舍宜早也。唯野之服役者既多而役事又少，所以征宜早而舍宜遲也。

又卷一七

眡瞭三百人下，今本有府四人史八人胥十有二人徒百有二十人四句十九字。據賈疏，則唐以前本無之，不知何時妄人所增。試思大師等皆瞽也，府藏何物，史書何事，眡瞭三百人以相之足矣，胥徒多人又供何役乎。以此見聖經之變亂於後人者，不少矣。

清江永《周禮疑義舉要》卷五

壺涿氏掌除水蟲。以炮土之鼓敺之，以焚石投之。明永樂時，蘇州有水怪，蓋蛟蜃之類，善崩岸壞民田。遣夏原吉治之，用壺涿氏之法，令民以百十舟載石，舟各有鼓。同時燒石投水，水沸騰，復擊鼓以駭之，其怪遂死。見屈大鈞《廣東新語》。聖經之有用如此。

清高宗弘曆《欽定儀禮義疏》卷二二

辨正。薛氏蕙曰，禮之所以立後者，重大宗也。何言乎重大宗，小宗無子，以為可以絶者也，故不為之立後。大宗無子，不可以絶，故立後以繼之。小宗不可擬大宗，故曰重大宗也。曷為後大宗不後小宗，重本也。大宗者，祖之正體也，本也。小宗者，祖之旁體也，支也。本存而支亡，亡而猶存也，尊者存焉耳。本亡而支存，存而猶亡也，存者微矣。是故小宗無後祖不絶，大宗無後祖絶矣。禮之後大宗不後小宗，重絶祖也。

雖然，大宗者，卿大夫之禮也。古者公子為卿大夫，及始仕而為大夫者，謂之别子。繼别子者謂之大宗，故曰大宗者，卿大夫之禮也。此卿大夫也而不可絶，益知天子之不可絶矣。大宗者，繼别云爾，曰尊之統也。收同族云爾，曰收族者也。天子之統受諸太祖，太祖受諸天，不啻尊之統也。内治同姓，外治異姓，不啻收族者也。饗百神，以為天地社稷主也。育萬物，以為天下君也，甚大宗也矣，是故不可絶也。故天子無嗣，建支子以後天子禮也。支子後天子，適子不為後乎。禮之正者，支子為後。禮之變者，適子亦為後矣。適子不為後者，非他也，傳小宗之統焉耳。明小宗之統為重也，益知大宗之統為重矣。明大宗之統為重也，益知天子之統為尤重矣。故適子可以後大宗。可以後大宗，斯可以後天子矣。天子者，太祖之體，大統之所在，尊則無上，親則本始也。諸侯雖有尊焉，不敢伸其尊矣。雖有親焉，不敢專其親矣。伸其尊，嫌於貳君。專其親，嫌於貳祖。故諸侯適子後天子者，不敢遂其尊親也。尊親者，人之至重也，然而不敢遂焉，示猶有至重者也。繼大統者知其所由來，則可以事天，可以保宗廟，可以有天下。是故明於為人後之義者，錯諸天下無難矣。

案薛氏此篇，為嘉靖初年興獻王大禮而發，其言可謂深切著明矣。無如世宗牽於私情，意存豐昵，而張璁桂萼霍韜方獻夫諸人倡奇邪之説，以逢迎而蠱惑之，乃反以不狂為狂也。理有似是，有眞是。不折中於聖經，則紛紛者未可定也。為人後者為所後父服斬，以父服服之，不稱為父，而何稱乎。居所後之喪，可不曰父喪乎。不杖期章云，為人後者，為其父母報以世叔父之服服之也。不稱為世叔父而何稱乎。遭本生之喪，其位則在衆兄弟之列矣，其次則入衆兄弟之伍矣。不曰世叔父之喪，而乃曰父喪乎。若已居所後之喪，而本生者尚在，則已為喪主，而本生不得不從衆兄弟之班，禮固然也。士大夫且如此，況天子諸侯乎。議者其盍審於此邪。

又卷二四

存異。馬氏融曰，大夫無昆姊之殤。此言殤者，關有罪。若畏厭溺，當殤服之。

敖氏繼公曰，已為大夫，不應有昆與姊之殤。而此經乃爾。蓋以昆弟姊妹宜連文，且此條亦不專主於大夫故也。

案，馬氏説，於經無所據，疑未必然。敖氏亦以少年不應為大夫，故云昆姊連文爾。聖經字字必有實義，豈連文之謂乎。

清盛世佐《儀禮集編・凡例》

漢唐人説經，皆慎重，守師説不敢變。宋初猶然。當時儒者不敢議鄭康成，毋論經傳。後來名儒輩出，人心不安於舊，而新是圖。於是有黜退傳註，改竄經文者。千百相傳之遺經面目，為之一變。雖其廓清釐正之功，誠非拘墟者所及。而逞一已之私見，以滋紛更者，亦不能保其必無矣。愚於是經《士冠》《士相見》

《喪服》等篇，經記傳註相汨處，心知其非聖經之舊，然不敢輒為改易。倣蔡氏《書傳》例，别為考定，以附於後。僭妄之罪，後之君子其有以諒之。

又《儀禮集編》卷二二

據其以二月嫁娶之日，女將嫁而父先故為言者，是固本《周禮》媒氏仲春令會男女之制而言也。今以其説推之，計父喪當二十五月而大祥。而大祥前一月又遭母喪。計母喪祥禫畢，又當十有五月，則併合父母之兩喪，當（二）[三] 十有九月。如是則女年二十三之九月始可嫁，而其時又非二月嫁娶之月，則二十四始可嫁耳，又如之何舉以臆《内則》二十三而嫁之制，而因以亂先聖之父卒則為母者而為父服卒則為母之妄哉。案《家語》男三十而娶，女二十而嫁，聖人言其極，不是過也。則即《内則》二十三十嫁娶之年，亦舉以明例耳。明道解惑，乃窮經之要，有未可膠柱以亂聖經者。學者幸詳之。

又卷二三

郝氏曰，前夫子，謂母再嫁之夫，曰繼父。同居，則恩猶父也。雖非血屬，死亦為期。又曰，婦人二夫，女德虧矣。《喪服》有繼父叔季委巷之禮，非古聖經制。議禮者不可不思。

世佐案，俗之薄也，栢舟之節，未可槩諸凡人。凱風之嘆，時或興於孝子。聖人慮後世失節之婦，必有棄其遺孤而莫之恤者，故於齊衰杖期章為制繼母嫁從之服，而於此章又著繼父同居之文，使之相収相養，而六尺之孤，庶不至於轉於溝壑焉。此聖人之微權也，疏以為許婦人改嫁，誤矣。郝又因是而訾聖經，是惡知禮意哉。

又卷二七

姜氏曰，揃鬊，舊未釋其義。考揃有數訓，一與剪翦同，謂翦除之也。一分也，又一擇也，又一與鬋同，謂順也。陳註《喪大記》直從剪除之義。但身體髮膚，受之父母，不敢毁傷。曾父母既死，而人子顧翦除之乎。此直大無道，而仁人孝子所不忍言也。考《史記・西南夷傳》，西夷後揃剽二方，註訓揃剽皆分也。則浴訖，鬊或攪亂，揃乃順而分之義。讀聖經者，權其義則得矣。

世佐案，《士虞記》云，沐浴櫛搔翦，此作蚤揃，音同義亦同也。古人於沐浴櫛髪之後，必斷爪揃鬊，以脩飾其容貌，事之常也。爪者，取其便作事，揃謂去其麗亂者耳，非毁傷之也。世儒似未達斯意，故不能無疑於此與。

清高宗弘曆《欽定禮記義疏》卷七三《大學》

案，朱子《章句序》次於聖經後，移《康誥》曰克明德至自明也，分作四節，為傳之首章。釋明明德，移《湯之盤銘》曰至無所不用其極，分作四節，為傳之

第二章。

清方苞《禮記析疑》卷五

小國二卿，皆命於其君。

註謂小國亦三卿。一卿命於天子是也。《周官》太宰施典於邦國，統曰設其參。蓋國雖小，而六職無一可闕，非立三卿不能兼攝。又以次國二卿命於天子，差之，則小國宜一卿得命也。《左傳》晉使鞏朔獻齊捷於周王，讓之曰，不使命卿鎮撫王室。設小國無命卿，則節春秋以承王事，將孰使任之。疏乃以鄭註《周官》三命受位，謂列國之卿三命，始有列位於王朝，與此記相糾挐。不知康成註諸經，不過望文為義，各據一方，非聖經賢傳，安能義無不貫哉。

清萬斯大《學禮質疑》卷二《兄弟同昭穆》

天子七廟，固為定制。然而處常則易明，遇變則難曉。何謂常，父死子繼是也。何謂變，兄終弟及或以兄繼弟以叔繼兄子之類是也。經傳止道其常，而處變者無從攷見。唯《春秋》躋僖公一事，三傳以祖禰父子為言，《國語》則直謂異昭穆。諸家註疏，皆謂閔雖弟先為君，僖雖兄嘗為臣。臣不可以先君，猶子不可以先父。故假祖禰昭穆為喻。范寧獨不然之。胡安國亦以兄亡弟及為易世。以愚觀之，則諸家為善會傳文，而深得乎禮意者也。［略］即如父子之易世，則設武王無子，立管蔡而下一人。成王無子，立邘晉而下一人。此一人者，反以為天子，故而昔為文之昭者，今且為武之穆。昔為武之穆者，今更為成之昭矣。嗚呼，非父子而以為父子，本兄弟而不以為兄弟，如是而以為禮，是徒知天下之足重，天子之當尊，不知兄弟之倫之不可無也，抑何昧聖經之大義，而不稽孔孟之明訓也哉。

清陸隴其《讀禮志疑》卷六

昔者舜作五弦之琴以歌南風。鄭註云，其辭未聞。孔疏云，《聖證論》引《尸子》及《家語》難鄭云，昔者，舜彈五弦之琴。其辭曰，南風之薰兮，可以解吾民之愠兮。南風之時兮，可以阜吾民之財兮。鄭云其辭未聞，失其義也。馬昭云，《家語》，王肅所增加，非鄭所見。又《尸子》雜説，不可取證聖經，故言未聞也。愚按鄭氏不取雜説證經，可謂謹嚴。王肅駁之非也。《黄氏日抄》亦載南風之辭，失鄭氏之意。

清秦蕙田《五禮通考》卷二九

《孝宗本紀》淳熙六年九月辛未，合祭天地于明堂，大赦。《禮志》淳熙六年以羣臣議，復合祭天地，並侑祖宗，從祀百神，如南郊。

《文獻通考》，先時詔今歲行明堂大禮，令禮部太常寺詳議。宰執進呈禮寺議狀，竊觀黄帝拜祀上帝于明堂，唐虞祀五帝于五府，歷時既久，其詳莫得而聞。至《禮記》始載《明堂位》一篇，言天子負斧依南向而立。内之公侯伯子男，外之蠻夷戎狄，以序而立，故曰明堂也者，明諸侯之尊卑也。孟子亦曰，明堂者，王者之堂也。《周禮·大司樂》有冬至圜丘之樂，夏至方丘之樂，宗廟九變之樂，三者皆大祭祀，唯不及明堂，豈非明堂者，布政會朝之地，周成王時嘗于此歌《我將》之頌，宗祀其祖文王乎。後暨漢唐雖有沿革，至于祀帝而配以祖宗，多由義起，未始執一。本朝仁宗皇祐中，破諸儒異同之論，即大慶殿行親享之禮，並侑祖宗，從以百神。前期朝獻景靈宫，享太廟，一如郊祀之制。太上皇帝中興，斟酌家法，舉行皇祐之制于紹興之初，亦在殿庭合祭天地，並配祖宗，蓋得聖經之遺意。且國家大祀有四，春祈穀，夏雩祀，秋明堂，冬郊祀是也。陛下即位以來，固嘗一講祈穀，四躬冬祀。唯合宫雩壇之禮，猶未親行。今若據已行典禮，及用仁宗時名儒李覯明堂嚴祖説，并治平中吕誨司馬光錢公輔等集議，近歲李燾奏劄所陳，特舉秋享，于義爲允。上曰，明堂合祭天地，並侑祖宗，從祀百神，並依南郊禮例。可依詳議事理施行。

蕙田案，九變之樂不及明堂者，天神同也。乃專以爲布政會朝之地，而以祀帝配祖爲義起，謬矣。周人宗祀文王，何嘗有二配乎。不舉政和之典，而以紹興之初舉行皇祐之制，爲得聖經遺意，將誰欺耶。雖當時國勢孱弱，不能興復大禮，爲苟且簡便之計，然有其廢之，不舉則已耳，不得以非禮爲正而踵行之也。周必大《玉堂雜記》，時必大爲禮部尚書，特主此議，過矣。

又《五禮通考》卷四九

蕙田按，《禮記》因名山升中于天，特巡狩柴望耳。註疏乃引緯書封禪以實之，不亦誣聖經而賊萬世哉。

《禮志》，徽宗政和三年，兖鄆耆壽道釋等及知開德府張為等五十二人表請東封，優詔不允。六年，知兖州宋康年請下祕閣檢尋祥符東封典故，付臣經畫。時蔡京當國，將講封禪，以文太平。預具金繩玉檢及他物甚備，造舟四千艘，雨具亦千萬計，迄不能行。（右宋徽宗封禪未行。）

《明典彙》，永樂七年三月朔，車駕廵狩北京，駐蹕東平州，望祭泰山畢。顧侍臣曰，昔舜廵狩至泰山，舉祀禮，覲諸侯，一正朔，考制度而已。蓋欲使天下同風。後來秦皇漢武皆有侈心，登封泰山，薦道德功以誇示後世，終不免後世之非議。太祖一天下，立法制，五六十年，國不異政，家不殊俗。朕謹遵成憲，此行亦惟欲親廵撫，使軍民各得其所耳。

十四年夏，祠祭郎中周訥請封禪。尚書呂震請如訥言。上曰，今天下雖無事，然水旱疾疫亦間有之。朕每聞郡縣上奏，未嘗不惕然于心。豈敢自謂太平之世。且聖經未嘗言封禪。唐太宗亦不為封禪。魏徵每以堯舜之聖望太宗，爾欲處朕于太宗之下，亦異乎徵之愛君矣。爾嘗以古人自勉，庶幾不忝宗伯之任。

蕙田案，封禪之事，自宋以後無有踵而行者，未必非成祖之言之力也。且云聖經不言封禪，唐太宗亦不為封禪，可知雄才大略之主，舉動非可偶然。成祖蓋以自況，彼庸庸者固無足議耳。前謂唐太宗之用心深遠，至是果驗。（右明成祖論封禪。）

又《五禮通考》卷八七

蕙田案，二禮，鄭氏謂朝踐饋食，慕容氏以求諸陰陽釋之是也。此文明言建設朝事，則報氣報魄，均爲朝事可知。鄭氏特泥于薦黍稷爲饋食時事。其註《郊特牲》既奠二字，云爲特牲饋食。云祝酌奠于鉶南，故以爲饋食之禮。不知祝酌奠于鉶南，乃士大夫饋食禮，未迎尸以前事。天子諸侯之酌奠，亦當在未迎尸之前。天子諸侯有朝踐，有饋食特牲少牢。大夫士禮，有饋食，無朝踐。乃以天子諸侯之祝酌奠下同于大夫士，詎知所謂饋食者，乃祭禮之名，而非當饋食之節也。即據此一註，可知鄭氏亦以既奠爲祝酌奠之奠，乃因其見于士大夫饋食禮，而謂即當饋食之時。豈知天子諸侯之饋食在後，而酌奠在朝踐之先。不唯其説之未確，而其誤解之故，鄭氏已明明自露矣。薦黍稷羞肺肝首心，即君親制祭事。蔡氏謂黍稷亦生而薦之，猶喪禮飯用生米，《禮運》謂之飯腥，極有據。蓋當是時，以神道事尸，故薦血毛，羞肺肝首心，皆是生用。薦盎加鬱鬯，皆與饋食不同。則其爲黍稷之生米可知。蓋用以合蕭與脂而燔燎之。《郊特牲》所謂蕭合黍稷，臭陽達于墻屋。此文所云羶薌者也，豈饋食之黍稷乎。加以鬱鬯者，是時尸方祼，後鬱鬯猶奠之于地，本非與黍稷肺肝同薦羞，故曰加。方氏謂祼而後獻。言加者，以尊尊而彝卑，瓦甒之所獻，鬱鬯之所灌，皆非饋食時事，真有識之言。即孔疏亦曰，不當薦熟之時，故云加。亦可知其辭之岐矣。陸農師以羞肺肝首心謂周人朝事之羞，備四代之尚，創論亦確論。

蓋《明堂位》所言尚首尚心尚肝尚肺，乃挼祭之事，在饋熟之時。故祭黍稷加肺，未嘗兼用肝與首心。此兼言之，故《郊特牲》曰祭肺肝心，貴氣主也。則其爲非挼祭之離肺絕肺，而爲制祭之所薦，又明矣。報氣報魄，謂即《郊特牲》之報陽報陰，尤爲融洽。總之，鄭氏因誤認二禮爲朝踐饋食，故焫蕭燔燎，以《祭義》《郊特牲》。分爲二事，謂兩度焫蕭于黍稷，則以爲饋食之粢盛。於肺肝首心，則以爲挼祭而鬱鬯爲祼時所獻者，亦并入饋食之時，以致經文之意旨，祭祀之節次，觸處窒礙。諸儒雖見及此，而其説卒未歸于一，故臚列而詳説之，俾聖經之條理各有歸宿，學禮者于此得其間而求之可也。

清齊召南、陳浩《春秋左氏傳註疏考證》卷一八

王使榮叔歸含且賵。

臣召南按，王不稱天。劉敞曰，王何以無天，是非天之法，以妾為嫡也。程子曰，天子成妾母為夫人，亂倫之甚，失天理矣。不稱天，義已明。稱叔，存禮也。按，左氏稱為禮，故杜註不言貶，而下文召伯會葬，亦書王使而不稱天。三家經文並同，不得謂聖經無意也。

又《春秋公羊傳考證》卷九

齊人伐山戎，傳其稱人何。貶。曷為貶，子司馬子曰，蓋以操之為已蹙矣。

臣召南按，此齊桓之功也。《公羊》特以經稱人而曲說貶之。然則晉侯侵曹，晉侯伐衛，乃聖經所褒乎。且如降鄣，罪也，而稱人。伐山戎，功也，而亦稱人。則知稱人不足以言褒貶矣。劉敞曰，滅譚遂而不貶，伐山戎而稱人，可謂識輕重乎。此論甚確。

又《春秋公羊傳考證》卷二八

傳，薪采者也。註，類賤人象也。金主芟艾，而正以春盡木火當燃之際。疏似若漢高祖起于布衣之內持三尺之劍，而以火應之。

臣浩按，緯書為聖經之臣蠹，穿鑿附會，至于必不可通如此。傳言薪采者，不過言微者耳。何休即從金木火生義，必說獲麟是漢室將興之象，不亦妄乎。[略]

傳，祖之所逮聞也。註，託記高祖以来事云云。

劉敞曰，聖人作經為天下法，不苟記祖所逮聞而已。且如所言祖者，謂曾祖乎，高祖乎。如謂曾祖，孔子曾祖防叔，則孔父三世之孫。如謂高祖，孔子高祖祈父，亦孔父二世之孫。孔父死于桓二年，其孫不得見隱明矣。計祁父防叔應在閔僖之間，《春秋》當始于閔僖，不宜始隐公也。凡《公羊》之說，乖謬不可勝言。

臣召南按，《公羊》言祖所逮聞，猶言去古未遠，所見異辭，所聞異辭，所傳聞異辭。猶言記載不一，于理未為失也。說《公羊》者，實之以高祖，劃之以三世。自董仲舒《繁露》，即云《春秋》分十二世以為三等。有見三世，有聞四世，有傳聞五世。故哀定昭，君子所見。襄成文宣，君子所聞也。僖閔莊桓隱，君子所傳聞也。所見六十一年，所聞八十五年，所傳聞九十六年。於是說者，又復為之附會，此非《公羊》之過，說《公羊》者之過也。又按，傳云孔子曷為為《春秋》，撥亂世反諸正。又云，制《春秋》之義，以俟後聖。皆言聖經扶樹綱常，辨明名分，褒善貶惡，垂鑒戒于萬世，為世道人心慮，至深且遠也。說《公羊》者，乃以讖緯解之，何哉。

又《春秋穀梁傳註疏考證》卷四

許叔入于許傳。註進無王命，退非父授，故不書曰歸，同之惡入。

臣召南按，《左傳》隱十一年，鄭入許，使許大夫許叔居許東偏，許已失國矣。至此，鄭莊死，忽突爭立，鄭國大亂。許叔始得鳩集餘民，復其先業。事機間不容髮，豈得責以上請王命，從容歸國乎。中興之君，續墜緒於既絶，責以父授，尤理之必無者也。下文突入於櫟。傳疏復引許叔與齊小白一例。聖經之意，斷斷不然。但如《左傳》說，叔本居許東偏，叔本未出，經何緣書其入。似隱十一年以後十數年中，必有為鄭所逼出奔避難之事，至此復歸。前史失載，《左傳》亦從而缺畧耳。

又《春秋穀梁傳註疏考證》卷七

齊侯宋公江人黄人盟于貫。傳，中國稱齊宋，遠國稱江黄，以為諸侯皆來至也。

臣召南按，此與《公羊》説同。其贊美齊桓極矣。但聖經書法，理不得然。使魯君同盟，其可不書公及乎。使陳蔡衛曹邾許諸君同盟，其可不敘諸君乎。江黄二國，南逼於楚，而北近宋。齊侯至宋，與二國之使臣盟，其餘諸國皆不在會，經但書其實耳。

臣浩按，三年陽穀之會，經亦書齊侯宋公江人黄人。傳曰，諸侯皆諭乎桓公之志，則意亦同此傳。然是冬季友即如齊盟，是魯侯不與陽穀之會，灼然矣。至近如魯尚不至，况他國乎。

又《春秋穀梁傳註疏考證》卷九

宋公及楚人戰于泓，宋師敗績傳。

臣召南按，泓之戰，《穀梁》深責宋襄，最得經意。范註引何休及康成之説，以《左傳》證之，宋襄傷股。則《穀梁》所謂身傷，有實據矣。何休以鄢陵之戰，楚君傷目。經書楚子敗績。《穀梁》謂君重於師。如泓戰，宋公果傷，經亦當書宋公敗績，此其難《穀梁》之意也。康成以傷目與傷股有别，以解何休之駁。揆以聖經書法，實皆不然。泓之戰，至於門官皆殲，師徒喪失，幾至亡國。故經書師。鄢陵之戰，楚君傷目，而三軍未至大損，經故舉重以概輕耳。

又《春秋穀梁傳註疏考證》卷一二

晉趙盾衛孫免侵陳傳，其不言帥師何也，不正其敗前事，故不與帥師也。

臣召南按，經書侵伐，並不以言帥師不言帥師為褒貶，傳例明曰將卑師。衆曰師，将尊師少，直言将。然則元年盾救陳書帥師，統師衆也。此年不書帥師，統師少也。陳初附晉，故救之。陳後即楚，故侵之，何有於敗前事乎。傳乃自破例，以言帥師為褒，則無侅入極翬會伐鄭，皆書帥師，亦聖經所褒乎。

又《春秋穀梁傳註疏考證跋語》

檢討臣齊召南謹言，按《穀梁》一書，文清義約，與《左氏》《公羊》竝為聖經羽翼。自石渠大議，博士聿興，五家遞傳，訓詁滋廣。晋范寧《集解》出，遂與何休杜預鼎立，竝垂後世。言《穀梁》者，未有外於范註者也。鄭康成論三傳得失，獨稱《穀梁》長於經。王通論諸家註解，獨稱范寧有志《春秋》，證聖經而詘衆傳，豈溢美哉。唐楊士勛疏雖稍膚淺，然於范註多所匡正。如桓十七年葬蔡桓侯疏，謂三傳無文，各以意説。荘二十三年祭叔来聘，註謂祭叔是名。疏不全依。三十一年齊侯来獻戎捷，疏兩載別註及徐邈之説。僖元年公子友獲莒挐，疏譏註不信經。傳四年許男新臣卒，疏謂范氏之註，上下多違。哀十二年用田賦，疏引《孟子》以糾范註。較之《左氏》《公羊》義疏曲為杜何偏護者不同。蓋穀梁晚出，得監左氏公羊之失，范寧又承諸儒之後，於是非為稍公。宋晁説之已甞論及，惟士勛平易近理，刋削繁言曲説，較各經疏家，亦為文清義約，顧未有稱之也者。士勛以後，諸儒解穀梁者益稀。監本所刋註疏二十卷目次，亦非當時之舊，而字句訛脱，比諸經為尤甚。臣與原詹事臣陳浩等奉敕校刋，再三参攷，辨其舛訛，補其脱漏，録成考證若干條。其無他書可證别本可據者，槩從其舊，以志闕疑。臣召南謹識。

唐劉蕡《春秋釋例原序》

聖人文乎魯史，志乎周道，筆削隱顯，有權有義，一正于周制而已。權焉，故有諱國惡避世禍矯事以變文也。義焉，故有例典禮貶僭亂尊王以行法也。彰明五始，上禀班朔布象之本，則公旦禮經列國羣史悉得書之矣。詳畧一字，下救衰俗强臣之漸，則仲尼志蘊異代，鮮克究其極焉。

有晉大儒杜預皓首《春秋》，深明權義，乃謂學者未可與權，必先講義。義之通明，槩有宗本。舉一則推萬可知，計源則衆流畢會。是以禮經言凡者，謂其統之有宗也。志在可例者，謂其會之有元也。厥初寄辭史法，假蹟霸政，其事著于桓文，其道窮于魯衛。且諸侯專而宗周微，三家盛而公室削。道不克振，事得以書。由是立經舉元，後世非以例義求之，則莫能一而貫也。范寧有言，左氏失誣，公羊失俗，穀梁失短。斯皆謂偏執空文，而昧乎變例者也。

夫然，《釋例》之作，宗本于舊章，非元凱獨斷而然也，實包括三傳，同歸于聖經之奥歟。且曰八公書即位，而四公發傳雖以不書，不稱為文，其義則一也。昭定哀薨皆不書公，言權在三家也。襄公在楚，每月以不朝告于廟，特于正月釋之者，人理所自新也。諸侯雖有九伐之法，必禀命于天子，可以執，不可輒殺也。考之數條，足以見天曆人謀相與用舍，一權一義，始終詳焉。

始于平王東遷，謂魯秉周禮，尚可興之乎。終于哀公西狩，謂叔孫專政，魯其不可為矣。嗚呼，夾谷之後，使仲由毁三桓城，收其甲兵不克，孔子之衛，至十一年自衛反魯，聖經修成。後二年泰山其頹，三桓勝魯，聖人斯文，于是乎掃地矣。漢興，帝制立，賢良文學之士率以《春秋》治天下。晉主中國，元凱以《春秋》為安危，故述兹凡例，意欲安中國而御四夷，釋權義以正禮經。後儒有以知可例者，文也。可釋者，志也。善言《春秋》者，不以文害志，故志定而後斷物。物得其斷，則例可得焉，例可忘焉。故序。劉蕡序。

宋王晳《春秋皇綱論》卷四《書遂》

《春秋》書遂凡二十有一，左氏不解，而於文十八年冬十月壬午公子遂會晉趙盾盟于衡雍，乙酉公子遂會雒戎盟于暴。釋之云，遂會伊雒之戎，殊不知聖經之體制也。

宋邵輯《孫氏春秋經解原序》

龍學孫公蚤從安定胡先生遊，在經社中最有聲，而尤深于《春秋》。晚患諸儒之鑿，彼此佩劒，蠹蝕我聖經，迺據其所自得為之傳。凡先儒之是者從之，非者折衷之。義例一定，凡目昭然，誠後學之指南也。而傳者蓋寡。余曩得之親故間，愛其論議之精審，而文辭之辨博也，常欲刋行，與學者共之，而力所不能。既來秦郵，以為此公之鄉里也。近世兩淮，如合肥之包孝肅集，山陽之徐節孝集，皆因其鄉里而易以傳布，吾之志遂矣。適值大歉，朝夕汲汲焉。荒政之是營，未暇及此。越明年歲稔，公私粗給，於是樽節浮費，鳩工鏤板，寘諸郡齋，以永其傳。其間無解者，多不備其經文。今謹仍舊，弗敢增也。嗟乎，書之顯晦，蓋亦有時。如公名節著於當時，載在信史，爛如日星，固不待此以為重輕。然公平生之所留意，今得百有餘年，猶未顯行於世，余獨寶藏之。又適承乏於公之鄉里，得以遂夙昔之志，則此書之傳，疑若有待也。紹熙四禩仲春，陽羨邵輯序。

宋周麟之《孫氏春秋經解後跋》

先君潛心《春秋》二十年，得成説于郵上孫先生莘老，其書家傳三世矣。兵火焚蕩，遂為煨燼，及寓居江浙，嘗誦其説以授學者，予每得而聽之。一日，先君為余言，初王荆公欲釋《春秋》以行于天下，而莘老之傳已出，一見而有惎心，自知不復能出其右，遂詆聖經而廢之曰，此斷爛朝報也，不列於學官，不用于貢舉者，積有年矣。爰自近世，是經復行，而學士大夫亦罕知有莘老說也。已而嘆曰，吁，孫先生之書，其遂湮沒已乎，何其久而未顯也。麟之應之曰，此書豐城寶也，隱顯亦各有時。不幸而埋光鏟采于今之世，然而龍泉太阿之氣，自當夜動牛斗，復有達識之士如張茂先輩，表而出之，以為天下後世剌蒙之器，亦必有日矣。後數年，有文定胡公著《春秋傳》以進于上，學者皆傳之，而先君不及見也。予近得之，嘗反復其義，蓋與莘老之説合者，十常六七。然莘老發明聖人之奥，舉三傳以斷得失，反復折中，著為通論，其旨詳而明，深而當，異説不得而破，此其邃處，文定似不及也。因暇閱説序併述于後。海陵周麟之謹識。

右高沙鄉先生龍學孫公《春秋解》，發明聖經之隱奥，折衷諸儒之是否，學者願見而不可得。前政邵君出家藏本刻版郡齋，其惠後進也慱矣。兹復移書，以樞密周公跋語俾附益卷末，又且見景仰不忘之意。余敢不助成美事。慶元改號朔旦檇李張顔書。

宋蕭楚《春秋辨疑》卷三《石鷁辨》

孔子本凖魯史，兼采諸國之志，而作《春秋》，著王道失政馴致禍亂，而譏切當世，故簡其辭，微其旨，筆則筆，削則削，以成一經之訓，非止盡依用舊史事辭也。其大畧猶見于傳記。［略］唐韓退之作《獲麟解》，以麟為不可知，又出非其時，意謂非王者之瑞，乃聖人不祥之兆，不欲負其説以較異前人，故微其辭。永叔因此遂又曰無義，是又未善讀退之之書。退之之意亦謹矣，大儒先生世所信仰，吾恐後進借此而誣聖經，故特為之辨。

宋崔子方《春秋經解・朱震劄子二通》

故東川布衣崔子方，當熙寧間宰相王安石用事，不喜《春秋》之學。正經三傳，不列學官。是時潁陰處士常秩號知《春秋》，盡諱其學，追逐時好，況不知者乎。逮于元豐，習已成俗，莫敢議其非者。而子方獨抱遺經，閉門研究，著《春秋經解》《本例》《例要》三書，相為表裏，自成一家之言，以遺子孫。人雖云亡，其書尚存，欲望朝廷下平江府，於崔若家繕寫投進。

翰林學士知制誥兼侍讀兼資善堂翊善朱震，先奉指揮，准中使降出崔子方《春秋經解》一十六冊，令震校正者。震契勘熙寧元豐間，王安石獨任私意，誣巇聖經。《春秋》大典，不得列于學官。一時學者以治《春秋》為諱，而子方獨抱遺經，閉門講習，專意著述。究見本旨，而自成一家，非特立獨行之士，不能如此。今子方雖没，其後尚存。欲望敷奏，特賜旌褒，以勸來者。奉聖旨，與一子恩澤。

宋高閌《春秋集註》卷四

夏，齊侯衛侯胥命于蒲。

胥命者何，自相命也。其命維何，相推爲牧伯也。昔齊衛之先，蓋嘗爲牧伯矣。故齊管仲言天子賜我先君履五侯九伯，皆得征之。而《詩》言黎之臣子作《旄丘》之詩，責衛伯不能修方伯連帥之職。是知齊衛本皆牧伯之職也。爲牧伯者，皆禀天子之命以令諸侯。《書》曰，王言惟作命，未有諸侯而得言命也。是以文王之爲西伯也，以天子之命命將帥以討夷狄之難，詩人歌而美之。今也齊僖衛宣欲修其職，不請于王而自相命焉。在《易・泰》之上九曰，城復于隍，其命亂也。命亂，則尊卑上下不復辨，方伯連帥之職無所統，而強者爲伯而已，是無王也。此東周大亂之形也。《春秋》書之，旨在于此。而傳者失其意，使聖經微旨久而不明，可爲重太息也。

宋吕祖謙《左氏博議》卷二二

考其書法，與單伯无少異。公穀何所據而以彼為周，以此為魯乎。自周之外，經未有書諸侯之臣為伯者。犆舉内大夫以明之，翬挾柔溺豹婼意如之類，不氏而名者也。叔孫得臣仲孫何忌之類，兼氏而名者也。公子慶父公弟叔肸之類，配親而名者也。仲遂叔老叔弓叔肸之類，配仲叔而名者也。二百四十二年之間，不書名者，獨季子來歸一語而已，曷嘗聞内大夫不名而書伯者乎。公穀之誣，瞭然矣。政使如公穀之説，以單伯為魯大夫，則聖經不名而書伯，亦當如季子之比。季友有討亂之略，有託孤之忠，以身為一國之安危，故《春秋》不名以貴之。若單伯果魯大夫，聖經不名而書伯，必有大功大善居季子之右，安得反負淫齊之罪乎。負甚大之罪，而得甚美之褒，則何以爲孔子，何以爲《春秋》。孔子是則公穀非，孔子非則公穀是。持二説以詰二家，雖秦儀代厲，亦未必能置對也。

宋沈棐《春秋比事》卷一〇《城築總論》

文七年書公伐邾，三月甲戌取須句遂城郚。公穀二傳皆泥於甲戌謹日之義，而不明聖經之本意，其説皆無足取。蓋譏用師徒以取大邑，又勞民以城國之邑，則其困極民力，莫此之甚。故經先書取須句，繼曰遂城郚，所以甚文公之惡也。

又卷一七《經書戰夷狄者八》

及僖二十八年，重耳興霸。憤楚之强，傷宋之弱，故城濮之戰，晉侯一舉敗楚。自是楚人遠屏，不犯中國者十五年，則是戰之功績有利，春秋多矣，故孔子特書晉侯之爵以褒顯之。《公羊》曰，此大戰也，而楚使微者，貶子玉得臣大夫不敵君也。夫《春秋》書戰雖多，此為獨盛。《公羊》不能發明聖經之旨，使晉侯之功暴耀於後，乃區區釋其稱人，不亦鄙哉。

又卷一八《救》

古者有救民無救國。湯伐桀而拯夏，武王伐紂以拯商，此救民也。當時方國分布，以法相持。諸侯講信修睦，若出一家。干戈相陵，未嘗聞也，安得有救國哉。下逮春秋，王制不行。强者并吞而無厭，弱者危懼而不保。稱兵侵伐，從事於湯火矢石之場，於是始有援救之師。然則救者亂世之事，非三代盛德也。雖然，即《春秋》而論之，則提師赴難，亦衰世之幸。有不可謂無取於聖人，特當時本無救患之心，徒欲外示聲援，盜名掠美，不足以盡得聖經之褒耳。故凡經之書救，有出於王臣，有出於霸主，有出於諸侯，有出於大夫，有出於夷狄。雖其所書之意不同，而怠於救患，無功而還者居多焉。

又卷一九《次》

古者諸侯分國列爵，維藩與屏。其於救患討貳，禦亂圖安，舉能守正引義，赴難直前，而無所畏焉。春秋衰世，王道息轍。侯伯奸義，干戈日尋。列國之君不能自保無患，雖師徒以救伐，國君之奔亡，亦以逡巡顧望，不敢頓進，故聖人書次以譏之。按經書次十有六，或以救伐次，或以失國次，而事各不同。大抵救而次者，或得聖經之褒。失國與救而次者，皆所以惡之也。

宋程公說《春秋分記序》

周禮有史官，掌邦國四方之事，達四方之志。諸侯亦各有國史。大事書之於策，小事簡牘而已。《春秋》，魯史也。仲尼加筆削，為垂世之經。孟軻氏發明宗旨曰，世衰道微，邪説暴行有作。孔子懼，作《春秋》。《春秋》，天子之事也。是故孔子曰，知我者其惟《春秋》乎，辠我者其惟《春秋》乎。又曰，王者之迹熄而《詩》亡，《詩》亡然後《春秋》作。晉之乘，楚之檮杌，魯之春秋，一也。其事則齊桓晉文，其文則史，其義則丘竊取之矣。嗚呼，孟子之言，則《春秋》傳心之要也。夫《春秋》為天子之事，當本之周，曷為本之魯也。本之魯，而元年春王正月，加王乎其間，以魯而系之王，示天下諸侯皆當宗王也。列國之事不一矣。事有隱惡，安得盡見之。赴告冊所可見者，大綱存焉。舉其大綱，則妙而天道，微而物變，與夫國異政，家殊俗，可以推見。此《春秋》詳於内魯，而亦該夫侯國之政也。

左氏傳經，紀載博備，兼列國諸史之體，使後之泝事以求經，不為無取。然或謂艷而富，其失也誣。公穀二傳，解經多而叙事畧，亦蔽於短俗。學者高則束傳而談經，下則徇文而違理。嘗竊病之，輒推《春秋》旨義，即《左氏傳》分而記焉。事雖因於左氏，而義皆本諸聖經。又旁采公穀及諸子之説精且要者，附正其下，冠以周，尊王也。次以魯，内魯也。自晉以下為世本者十有二，次國小國各自著録。又為年表世譜，書總九十卷，目曰《春秋分記》，曲明聖人遺意，以示來世。至於得失盛衰之變，亦備論其故。蓋《春秋》則以見天下之當一乎周，而《分記》則以見列國之所以異。因其異而一之，此《分記》所為作也，尚《春秋》意也。開禧二年歲在乙丑春正月丙戌眉桂枝程公說伯剛甫序。

又《春秋分記例要・叙傳授》

傳《春秋》者五家，鄒氏夾氏口説無文，其學尋廢。惟三家之傳行。説者因謂左丘明與聖人同時，故得授經，而公羊穀梁皆子夏門人。唐趙匡獨以為不然。謂左氏解經，義例乖剌，非授經之證。且曰夫子自比，皆引往人，故云竊比於我老彭。丘明者，意必夫子以前賢人，如史任遲任之流，見稱於當時耳。惟司馬遷云，丘明失明，厥有《國語》。劉歆以私意編之《七略》，班固因而弗革。公穀二傳不記事迹，解經密於左氏。是知必孔門後之門人也。先儒或云，公羊名高，穀梁名赤，大抵古者列國各有史官，如南史氏董狐氏，皆世載史筆，意左氏世掌魯史，因廣集諸國之文，故傳舉其氏，史失其名，遂指以為丘明耳。公穀則戰國時人，孔門後之門人是已。故謂左氏為丘明者，非也。若夫三家之學，左氏敘事見本末，公羊穀梁詞辨而義精，學經以傳為按，則當閱左氏。玩詞以義為主，則當習公穀。如載惠公元妃繼室及仲子之歸魯，即隱公兄弟嫡庶之辨，攝讓之實，可按而知。蔡鄭會于鄧，而曰始懼楚。則楚為中國患之始，可得而見。書晉趙盾許世子止事，當閱左氏，謂此類也。若夫來賵仲子以為豫凶事，則誣矣。王正月之為大一統，尹氏卒之為譏世卿，當習公羊氏，謂此類也。若夫母以子貴，媵妾許稱夫人，則亂矣。段，弟也，弗謂弟，公子也。弗謂公子，賤段而甚，鄭伯之處心積慮，成於殺也。當習穀梁氏。謂此類也。若夫曲生條例，以大夫日卒為正，則鑿矣。将盡以為可疑而廢傳，則無以知其事之本末與義之指歸。盡以為可信而任傳，則經之弘意大指，或泥而不通矣。萬物紛錯，懸諸天。衆言淆亂，折諸聖。要在反求諸心，約之以理，詳考而精擇之可也。故《分記》之作，以聖經為本，而事則按左氏。其左氏間若近誣，則采公羊穀梁及先儒義之精以證之。文句有小未安者，用啖趙集傳例，頗為刪削。（陸淳曰，啖趙所取三傳之文，皆委曲翦裁，去其妨礙，故行有刋句，句有刋字，實懼曾學三傳之人，不達斯意，以為文句脱漏，隨即注之。此則集傳之蠹也。閱此記者亦然。）若所論述，大綱本孟子，而微詞多取程氏胡氏之論。杜預為左氏學，祖其師説。今注雖本之，而至其曲說以求通，則不免有所更定，别以新註。庶幾無戾乎經，非敢必其當也。故詳識之，與四方同志之士共焉，以求真是之歸云。

宋李明復《春秋集義》卷一七《十有二月狄入衛》

謝湜曰，荆之伐鄭也，齊人救鄭而已，未有討荆之伐也。狄之伐邢也，齊人救邢而已，未有討狄之伐也。故狄復入衛，則其為患，非特伐邢而已。載馳傷衛，懿公為狄人所滅，定之方中，美衛文公徙居楚丘，然則狄之入衛也，國人分散，衛已滅矣。自文公徙居楚丘，建城市，營宫室，而衛國復興，則狄未能滅衛而有之，故入衛不書滅。

胡安國曰，衛康叔之後，蓋北州大國狄，何以能入乎。臣昔嘗謂河南劉奕曰，史氏記煩而志寡。如班固書載諸王淫亂等事，盡削之可也。奕曰，必若此言，仲尼刪詩，如《墻有茨》《鶉之奔奔》《桑中》諸篇，何以録于國風而不削乎。臣不能答。後以問延平楊時，時曰，此載衛為戎狄所滅之因也，故在《定之方中》之前，因以是説攷于歷代，凡淫亂者未有不至于殺身敗家而亡其國者也。然後知古詩垂戒之大，而近世有獻議，乞于經筵不以國風進讀者，殊失聖經之旨矣。

宋留夢炎《春秋經筌序》

蜀在天一方，士當盛時，安於山林，唯窮經是務，皓首不輟。故其著述，往往深得經意。然不輕于自炫，而人莫之知。書之藏于家者，又以國難而毁，良可嘅嘆。麟經在蜀，尤有傳授。蓋濂溪先生仕于合，伊川先生謫于涪，金堂謝持正先生親受教于伊川，以發明筆削之旨。老師宿儒，持其平素之所討論，傳諸其徒。雖前有斷爛朝報之毁，後有僞學之禁，而守之不變，故薰陶浸漬所被者廣。如馮公輔朱萬里張習之劉光遠諸先生，皆一時所宗。吾鄉木訥趙先生，獨抱遺經，窮探冥索，實為之倡。所著《詩故》《經筌》二書，有功于聖經甚大。《詩故》湮没不傳，唯《經筌》獨存。其為説，不外乎濂洛之學，而善于原情，不為傳註所拘。至于推見至隱，使二百四十二年事瞭如在目，其所參訂，率有依據。經生學子竊其緒言，以梯科第者，踵相接也。

宋趙鵬飛《春秋經筌序》

木訥子作《經筌》自敘其首曰，魚可以筌求，而經不可以筌求。聖人之道寓于經，如二儀三光之不可以肖象，筌何足以囿之。蓋吾之所謂筌，心也。求魚之所謂筌，器也。道不可以器囿，而可以心求。求經當求聖人之心，此吾經筌之所以作也。然聖人作經之心安在哉，曰，聖人馭天下之柄，威福而已。二帝三王之道行，則所謂威福者，為賞為罰，為黜陟。吾夫子之道否。則所謂威福者，為褒為貶，為勸懲。自其賞罰而觀之，則賢不肖判然玉石矣。故雖識一丁字者，亦知黜四罪，舉十六相，誅二叔，興十亂，為二帝三王之威福也。若夫仲尼，則以是柄寓之空言，褒而伸忠魄，貶而誅姦魂，其文見于片言隻字之間，而威福與二帝三王同。其用則深辭隱義，詎可億而度哉。故五經鮮異論，而《春秋》多異説。麟筆一絶，而三家鼎峙。董之《繁露》，劉之《調人》，紛然雜出，幾成訟矣，後學何所依從耶。及何休杜預之註興，則又各護所師而不知經。如季氏之陪臣知有季氏而不知有魯，非所謂忠於師者。彼所學者，則有太官墨守之喻。所不學者，則興賣餅之譏。各懷私意以護私學，交持矛盾以角單言片論之勝，于聖經何有哉。故善學《春秋》者，當先平吾心，以經明經，而無惑于異端，則褒貶自見。

又《春秋經筌》卷一一

鄭伯髡頑如會，未見諸侯。丙戌卒于鄵。

諸侯不幸而死于行，亦偶然爾。聖人亦即其實而書之，初無褒貶。三傳見其文之異，因鑿生異説。諸侯卒，以名赴，典冊之常。使鄭伯而卒於其國，則曰鄭伯髡頑卒足矣。今不幸而死于行，故首書鄭伯髡頑，而繼書如會未見諸侯，丙戌卒於鄵，則辭乃達。所以首志其名者，文之當然耳。三傳不察其文，謬以為遇弒。且實弒而聖人書卒，是《春秋》庇逆賊也，安得為《春秋》。趙盾許止實弒，傳以為非弒。此實非弒，傳以為弒。若從傳以求《春秋》，則聖人經無一言為實，此詭辭也。吾切憤其用私臆以亂聖經，願與同志者鳴鼓而攻之，誠千世之一快也。

宋家鉉翁《春秋集傳詳說・綱領・評三傳下（左傳)》

昔者夫子因魯史而脩《春秋》。始者《春秋》魯史並傳於世。學者觀乎魯史，可以得聖人作經之意。其後立《春秋》，而戰國魯史散佚不傳。左氏採摭一時之事以為之傳，將使後人因傳而求經也。左氏者，愚意其世為史官，與聖人同時者。邱明也，其後為《春秋》作傳者。邱明之子孫或其門弟子，生後洙泗，而其淵源所漸，有自來矣。故有經著其略，傳紀其詳。經舉其初，傳述其終。雖未能盡得聖人褒貶意，而春秋二百四十二年之行事，恃之以傳，何可廢也。齊太史子餘曰，天其以夫子為素王乎。蓋言無其位，而託王法以行其誅賞也。後人因謂仲尼為素王，邱明為素臣，以其能輔翼聖經，垂之來世耳。

又《春秋集傳詳說》卷七

二十有六年春，公伐戎，夏公至自伐戎。

伐戎以報濟西之役也，木訥以其與曹殺大夫聯書，遂為之說曰，為曹伐也。前年曹羈奔陳，及陳女叔來聘，言必有以及於羈也。故公子友如陳報聘，而遂伐戎，為曹可知矣。公甫至自伐戎，而曹遂殺其大夫，是戎必有辭于曹，曹殺其大夫以説戎，且以塞魯之辭。木訥之於《春秋》，好揣摩傅會以為之説，此類是也。陳使大夫來聘於魯，何關於曹。魯也有戎患，不得已而伐之，非其力之有餘，而為曹伐也。學者生乎數千載之後，即傳以求經，猶恐傳之未信，何必鑿空而為說。當時無此事，聖經無此旨，科場師以穿鑿為新奇，最説經之大病。

宋陳則通《春秋提綱》卷一〇《夏五闕文》

夏五者何，穀梁曰，傳疑也。公羊曰，無聞也。杜預之解《左氏》，亦曰闕文也。無聞則無聞矣，闕文則闕文矣，傳疑者又何足以疑哉。夏五而必繼之以月，無疑也。聖人於此既不難於一字之增，而卒不敢者，非有所不知也。知而闕之者，乃千萬世之信史也。蓋《春秋》多闕文，唯桓公之簡為甚。《春秋》之《左氏》多闕傳，唯莊公之簡為甚。桓五年之甲戌己丑，非以兩日赴也。甲戌之下有脱簡耳。四年之無秋冬，七年之無秋冬，非聖人削而去之也。桓公之《春秋》多闕文矣。《左氏》有經而無傳者尚多有之，獨莊公自元年以後，大半失傳。自十九年以後，空一年之經而失傳。或累數年之經，而傳皆無之，以迄於莊公之末。疑有墜失之最甚，固不止如成公二年夏月之闕文也。傳且如此，况聖人之經乎，况聖人所修之舊史乎。宜夏五之闕矣。夫子以前為舊史，為舊史之闕文。夫子因之，遂為聖經之闕文。史之所闕者，聖人且不得而增，經之所闕者，學者其可得而議之哉。

元程端學《春秋或問》卷一

陽氏曰，是是非非，所易見也。事有似是而非者。茍不推見至隱，未有不以非為是者也。何者，《春秋》書春無冰，則似冬令。書冬殺菽，則似秋令。此左氏所以敢於改時易月，而不怍者也。夫春夏秋冬之序，則用周正。分至啓閉之序，則用夏時，人皆知其非，而不敢非之者，以其記聖經也。然聖經豈若是哉。左氏但託經之似，以誣後世爾。[略]

左氏但託經之似以誣後世爾，何以知之。左氏用周月紀事，公穀於桓公八年烝之傳，以夏釋經，左氏之説非矣。程子曰，以傳考經之事跡，以經別傳之真偽。學者但以天道觀聖經，則左氏之説不辨而自詘矣。左氏於正月之上加一周字，以子月為春，是以冬為春也。以卯月為夏，是以春為夏也。以午月為秋，是以夏為秋也。以酉月為冬，是以秋為冬也。四時十二月之序，皆易位矣。稽諸天道則不順，揆諸人事則不合。遂使《春秋》一經，非奉若天道之書，上違先王之典，下開萬世之疑，皆左氏之罪也。

又卷八

或問曰，諸侯同盟于重丘，高氏康侯張氏諸儒，謂崔杼弑君，晉侯受賂而許之成，故特書曰同以罪之，然乎。曰，二幽之同，與重丘之同，《春秋》一書之後，世何以辨。二幽非特書，而重丘之為特書也。《春秋》凡書同盟者，先儒或以為同外楚，或以為同尊周。於同圍齊，又以為同心而圍齊。於重丘之同盟，又以為晉侯受賂，特書同以罪之。則是此書同者，以其不同也。學《春秋》者，將誰適從哉。其故以先儒據傳而生義，隨意而為辭，不復斷之以理，故為此言爾。左氏倡於始，杜氏和於中，諸儒成於後。使聖經孤立不勝衆口，亦可悲也。

元干文傳《春秋讞義原序》

聖人達天德而語王道，《春秋》為萬世立王法，敦典庸禮，命德討罪，本原於天，其用則王者之事也。[略] 河洛二程，紫陽朱子，續正學於千載之上。《易》《書》《詩》《禮》，俱著訓辭，獨於是經未聞註釋。中吳王元杰子英氏，家世業儒，有志經學。放求《易經》本義，詩傳訓辭，禮經制度，《四書集註》，集義語録，紫陽宗旨。凡釋經引證之言，師友講明之論，其有發明《春秋》之旨者，具載本經。證以胡氏釋辭，目曰《春秋讞義》。旁搜取證，竭慮窮思。甫及成書，幾二十載。學者引而伸之，觸類而長之，則知聖經賢傳，並行而不悖矣。若夫天人相與之原，古今事物之變，微辭奥義，何敢仰窺聖域之淵微。

元王元杰《春秋讞義》卷五

讞曰，秦穆幸災而圖伯，晉襄墨絰以臨戎，是皆名義之罪人也。當晉文入國之初，實賴秦伯之力。襄公忘父之惠，易世剪為仇讐。至于越紼從戎，固為罪矣。穆公越人之境而伐其喪，可無罪乎。杞子先軫之徒，懷利以事其君，務貪召亂，輕信興師，違蹇叔之忠言，致殽函之敗辱，猶幸自新悔過，誓言有取于聖經。然書序所録者，勸善之詞。《春秋》狄之，懲惡之義也。在《易・益》之象曰，君子以見善則遷，有過則改。秦伯悔而不改，善不能遷。令狐之役，彭衙之戰，兵連禍結，抑亦慘矣。《春秋》貶晉書人書及，罪其居喪即戎也。狄秦書國，罪其伐人之喪也。二國之罪，明矣。

元趙汸《春秋師説》卷上《論三傳得失》

此三傳所通知，則仲子之卒，理應書之。史策無沒而不書之理。若據《公羊》，以為是隱母。《穀梁》，以為是隱妻。則仲子之卒不見於經，是隱傲然自以為君而黜桓，不得為讓國矣。若據《左氏》，則惠公末年失禮再娶，娶而生桓公，未幾而公薨，蓋遺命使隱公攝，而俟桓之長。隱攝之明年，桓母卒，隱將成桓之為君，故於桓母之卒用夫人之禮。及免喪，則考仲子之宫，而初獻六羽焉。此最為可信可據。蓋由公穀不見國史，未足深怪。後之學者既通考三傳，則當有所決擇，去其害義者，豈可故從不根之説，以瀆亂聖經乎。[略]

《公羊》《穀梁》所據之事，多出於流傳，非見國史。故二傳所載，多涉鄙陋，不足信。但其間却有老師宿儒相傳之格言，賴此二傳以傳於世，辨之亦易也。較之《左傳》記事有本末，真可以發明聖經，則相去天淵矣。[略]

又《春秋師説》卷上《論古註得失》

杜元凱作《春秋經傳集解》之外，自有《釋例》一部。凡地名之類，靡不皆有。此自前代經師遞相傳授，所以可信。而學者開口只説貴王賤伯，詳内畧外，尊君卑臣，如事物名件地理遠近風俗古今之類，皆置不問，如此，則焉往而不疏謬乎。近嘗見一家解叔孫豹救晉次于雍榆，謂是譏其遷延次宿，不急於救。若澤解此事，便須先考究雍榆地屬何國，去晉魯遠近幾何。凡師出裹糧，所經過之國，勢須假道，告以救晉之故。又當考究當時救晉者有幾國。今經皆不書諸侯救晉，而獨魯遣豹次于雍榆，豈得以遷延不救為罪。且夫救晉者獲貶，則安居坐視者率皆可褒乎。其非經旨，决矣。其不足取信，抑又明矣。推變例以正褒貶，信二傳而去異端，此杜元凱所得，可以為法，傳之萬世而無弊也。蓋事之異同雖有其例，而必以義為斷，方與聖經不背。今人却去了義字，只説元凱以例説經，亦可嘆也。

又《春秋師説》卷中《論漢唐宋諸儒得失》

周末及秦漢間，用刑刻急，士多習文法，故説《春秋》者，往往流為刻急，如公孫弘以《春秋》之法繩臣下，唯知苛刻而已。其於經旨安在。《史記·趙世家》孔子聞趙鞅不請晉君而誅邯鄲午保晉陽，故書《春秋》曰，趙鞅以晉陽叛。澤謂若依史遷之説以説《春秋》，則輾轉迷誤，聖經更無可通之期，且形容得聖人不過是一直史，亦可謂不知體矣。諸儒説《春秋》，其失大抵如此。[略]

凡《左傳》於義理時有錯謬，而其事皆實。若據其事實，而虛心以求義理至當之歸，則經旨自明。澤之所得，實在於此。然則學《春秋》者，姑置虛辭，存而勿論。而推校《左傳》之事以求聖經，此最為切實，庶幾可得聖人之旨矣。或謂先儒泛論大義，今皆指為虛辭，毋乃矯激之甚歟。曰，自唐以來，説《春秋》者，高遠之辭日勝。高遠之辭日勝，則經旨當明矣，而《春秋》訖無定論，乃更盡疑三傳，併與經之時月，皆欲變易之。則其末流，又當何如乎。故皆一切斷以虛辭，將使學《春秋》者黜其聰明，而專務簡要，此斂華就實之説也。[略]

《春秋》《周易》二書，大旨皆失傳。然《周易》於教，義雖未甚明，亦未甚失。蓋《周易》所失者象學。象學不傳，則無以窺見聖人精神心術之妙。而易之所謂不測之神者，不可得見。然而於世教未甚害也。若《春秋》則自孔子沒，大義即乖。左氏雖見國史，然其舛謬亦自不少，況公穀乎。故《春秋》一經開卷，即有同異。如書元年春王正月，只不書即位。《公羊》《穀梁》意見自殊。及至近世，又謂夫子用夏時冠周月，其為聖經之害，莫此為甚。其間先儒之説，害義傷教者，不可枚舉。是《春秋》雖具存，而本旨既失，遂無以識聖人維持世教之實，而其謬説，足為世教之害者不少焉。

近世士大夫多闢先儒《春秋》用周正之説，以為時不可改。甚者至以為月亦不可改。如七八月之間旱，與十一月徒杠成，十二月輿梁成。趙岐釋以周正，晦菴亦從趙岐。而近世説者以趙岐為非，則是併晦菴皆非之矣。此是本無所見，而妄生事端，以疑惑聖經，為害不細。前世士大夫學問，却未見有如此者。又見一説，以為正月者，是魯之正月。魯，諸侯也。諸侯正朔稟於天子，安得有正月。彼蓋嫌杜氏王周正月，以為周不曾改月焉，得有王正。故讀王字歇句，而以正月為魯侯即位之首月，其説妄誕不可解矣。審如此，何不去却王字，以見明白乎。據其説，添一王字，是為尊王，而不與上下文相屬，不成文理矣。[略]

《春秋》遵用周正，理明義正，無可疑者。胡文定公始有夏時冠周月之説。蔡氏雖自謂晦菴門人，而其《書傳》乃直主不改月之説，亦引商秦為證。是不改月之説，開端於文定，而遂成於蔡氏。案胡氏云，以夏時冠月，垂法後世。以周正紀事，示無其位，不敢自專。據此，所謂以夏時冠周月，最害大義。於聖經之累不小。據所引商秦不改月為證，是周亦未嘗改月。據夏時冠周月，是孔子始改時。又云仲尼無其位而改正朔，則是正月亦皆孔子所改，其舛誤最甚，蓋由所見實未明，而欲含糊兩端，故雖主周正，而又疑於時之不可改。既主夏時，而亦疑於建子之非春。是以徒費心思，而進退無據。其誤在於兼取用夏從周，是欲兩可，而不知理實不通。古人注釋縱謬，却不至此。[略]

納公孫寧儀行父于陳，此事以為貶楚不當納亂人，亦未嘗不可。但恐聖人所重在存國，唯不滅陳，故二子得納。此是聖人忠厚愛人存亡繼絶樂與人為善者。若以為貶，雖未必不通，然却狹了聖經也。蓋楚伐陳，本以討徵舒，納公孫寧儀行父為說。今殺徵舒而却縣，陳則二子無所歸，是楚食言矣。唯不滅陳，故二子得所歸，故詳書之。所以予楚，此是聖人用意深處，當精思之，不可只於皮膚上看。

又《春秋師説》卷下《王正月辯》

右所舉改時，只此數處，亦自分明。其餘亦不足深辯。蓋此是一二百年間私著曲說，以蠹害聖經。自兩漢至唐，並無此說也。漢初猶有夏殷周及魯歷，又有顓頊歷。古人見前代歷紀甚明，又三傳所載之事互有異同，然同是遵用周正，别無異說。凡三代正朔，皆是自為一代之制，以新民之耳目。既改月，則須改時應紀年。會同朝聘，作史者一皆遵用。故夫子《春秋》是時王正朔，安可有他說也。大抵商周本是錯改時錯改月，但學者皆不肯為商周認錯。若肯為商周認錯，則經旨自然明白矣。若周之改月，只以孟子歲十一月徒杠成，十二月輿梁成，及七八月之間旱為證。晦菴《集註》所據周改時，止以行夏之時為據。蓋周以建子之月為春，終是不正。故夫子思行夏之時也，此只以聖經之言為證，不煩他說。

又《春秋師説·附録下·黄楚望先生行狀》

始先生嘗夢見夫子，以為適然。旣而屢夢見之。最後乃夢夫子親授所校六經，字畫如新。其家無一畝之殖，而决意歸休，以六經絶學為己任，蓋深有所感發也。時大德甲辰，先生年四十五矣。自是以來，十餘年閒，屢悟聖經隱賾之義，凡數十處。而失傳之旨，以漸可通，乃作《思古吟》十章，極言聖人德容之盛，上達於文王周公，以致其寤寐不忘之意。[略] 或謂先生幸經道已明於己，而又閟於人如此，豈無不傳之懼乎。先生曰，聖經興廢，上關天運。子以為區區人力所致乎。德化縣令王君子翼請刋《補註》藏先生家，先生猶慎重之。非其人不傳也。

又《春秋屬辭》卷一三《十二師及齊師戰書公圍成》

昭二十六年夏，公圍成。

傳曰，齊侯使公子鉏帥師從公。齊師圍成，師及齊師戰於炊鼻。此史文之實録也。齊侯納公而不盡力，季孫據國以拒君，言之可謂詳矣。聖經外略齊師，內諱及戰，特書公圍成。雖若為國諱恥，而尊尊之義愈至，其所以示君臣之教，嚴矣。

明宋濂《春秋屬辭原序》

《春秋》，古史記也。夏商周皆有焉。至吾孔子，則因魯國之史修之，以為萬代不刋之經。其名雖同，其實則異也。蓋在魯史，則有史官一定之法。在聖經，則有孔子筆削之旨。自魯史云亡，學者不復得見。以驗聖經之所書，往往混為一塗，莫能致辯。所幸《左氏傳》尚存魯史遺法，公羊穀梁二家多舉書不書以見義，聖經筆削，粗若可尋。然其所蔽者，左氏則以史法為經文之書法。公穀雖詳於經義，而亦不知有史例之當言，是以兩失焉爾。[略]

嗚呼，世之説《春秋》者，至是亦可以定矣。如濂不敏，竊嘗從事是經，辛勤鑽摩，不為不久。卒眩衆説，不得其門而入。近獲締交於子常，子常不我鄙夷，俾題其書之首簡。濂何足以知《春秋》，間與一二友生啟而誦之，見其義精例密，咸有據依，多發前賢之所未發。譬猶張樂廣厦，五音繁會，若不可以遽定。細而聽之，則清濁之倫，重輕之度，皆有條而不紊。子常可謂深有功於聖經者矣，濂何足以知《春秋》。輒忘僭踰，而序其作者之意如此。若夫孔子經世大旨，所以垂憲將來者，已見子常之所自著，玆不敢勦説而瀆告之也。

子常姓趙氏，名汸，子常，字也。歙休寧人，隱居東山。雖疾病不忘著書。四方學子尊之，稱為東山先生。子常別有《春秋師説》三卷，《春秋左氏傳補註》十卷，《春秋集傳》十五卷，與《屬辭》並行於世。前史官金華宋濂謹序。

明張以寧《春秋春王正月考》

又曰，夏以建寅為春，爲正人紀也，百王所同之善政。周以建子為春，為正天施也。一王所用之權制，故夫子欲用夏時，而漢以後行之至今也。是編也，非敢重周時，違聖言也，誠不忍聖人作《春秋》，以周臣子用周正朔，本無疑，而蒙後世之疑。故釋其疑，以尊聖經也。

又《春秋春王正月考辨疑》

噫，固矣哉，陽氏之説經也。若如其説，則書冬十一月於一歲之首，以冬而先於春，以十一月先於正月，天道節而四時成，一年十二月先後之序，果如是乎。彼自以為以天道觀聖經，其果然乎。愚見世之人多悦於名而不察其實也，非惟不足以考夏時之正，而愈以滋學者之疑。

明《春秋大全·凡例》

一，《左傳》或先經始事，或後經終義。或經不載而傳載者，皆依次序先後，附録各年之内。其獲麟後，無係於聖經，不録。

明童品《春秋經傳辨疑原序》

《春秋》一經，裁自聖心，遊夏不能贊一辭，未易讀也。何以得其疑而辨之乎。蓋聖人之經，詞義嚴正，本末詳明，固無可疑，因傳而有所疑耳。曷爲因傳而有所疑。左氏得本末之詳，不能無附會之誣。公穀得義例之精，不能無穿鑿之弊。故文中子謂三傳作而《春秋》散，豈虛語哉。然則學者於傳，將奚從善乎。程子有言曰，因傳以考經之事實，因經以別傳之眞僞，斯爲至言矣。品嘗抱夫子之遺經，究時事之終始。雖於微詞奧義未能有得，然於大經大法頗窺其梗槩。既而求之諸傳，則多與經背馳者，先儒固嘗疑而辨之矣。乃因先儒之疑，每讀而每得其疑，以不敢蓄故，因而筆之，積日累月，遂成卷帙。題曰《春秋經傳辨疑》。非敢自謂能辨其疑也，特辨之以俟知者而求解之耳。雖不能無獲戾於賢傳，庶少有補於聖經。若曰執經傳異同之言，而指爲夫子筆削之法，是謂棄經任傳，未免有買櫝還珠之失，品則取珠而還其櫝也。觀者幸恕其狂瞽。成化戊戌冬十一月長至日，蘭溪童品序。

又《春秋經傳辨疑》卷上

秋，翬帥師。（隱公四年）

經本書，秋，翬帥師，會宋人陳侯蔡人衛人伐鄭。胡傳欲發不稱公子之義，以翬帥師爲一截，伐鄭爲一截，致使聖經之明者反晦，續者反斷，似非釋經之善也。後多類此。[略]

陳，夏徵舒弒其君平國。（宣公十年）

弒君之賊，例書名氏，所以誅亂臣賊子於既死，示天下後世之大經大法也。其有不書名氏者，惟齊商人，晉州蒲，吳僚及莒薛之小國耳，他則未有不書名氏者。胡氏曰，陳靈公之無道也，而稱大夫之名氏以弒，何也云云。且謂特書徵舒之名氏，以見洩冶忠言之驗，靈公見弒之由。使有國者必遠色修身，包容狂直，開納諫聽爲心也。文定公因經以諷諫於君，意則善矣。然聖經之心法，恐不必拘拘以稱大夫之名氏爲說也。

又卷下

楚子麇卒。（昭公元年）

按左氏，楚令尹圍將聘於鄭，未出境，聞王有疾而還，入問王疾，縊而殺之。如此，則圍實弒君之賊，人人得而誅之者，《春秋》曷爲諱其惡而赦其罪耶。胡氏曰，令尹圍弒君以立，中國力所不加，而莫能致討，則亦已矣。至大合諸侯於申，與會者十有三國，若正以弒君，將恐天下後世以簒弒之賊，非特不必致討，又可從之以主盟會而無惡矣。聖人至此憫之甚，懼之甚。憫之甚者，憫中國之衰微而不能振也。懼之甚者，懼人欲之横流而不能遏也。是故察微顯，權輕重，而略其篡弑，以扶中國。制人欲，存天理，其義微矣。此蓋篤信左氏而不信聖經，故辨之費詞如此也。[略]

蔡侯朱出奔楚。(昭公二十一年)

朱，《穀梁》作東。《穀梁》曰，東者，東國也。曰東，惡而貶之也。以去國稱東爲貶，劉氏固辨其非矣。夫朱與東字相似而誤，且或闕一國字，亦不可知。況二十三年夏，書蔡侯東國卒于楚，距朱出奔方年半餘耳。若是二人，不應蔡之二君皆奔卒於楚。且朱無反歸之文，東國無出奔之記。汪氏引左氏及《史記》以証其爲二人，蓋信左氏也。左氏去聖經未遠，其所記事尚多難信，况《史記》乎。

明湛若水《春秋正傳》卷三

庚辰，大雨雪。

正傳曰，書庚辰大雨雪，紀異也。《左傳》曰，三月癸酉，大雨霖以震，書始也。庚辰大雨雪，亦如之，書時失也。凡雨，自三日以往為霖，平地尺為大雪。《穀梁》曰，志疏數也。八日之間，再有大變。陰陽錯行，故謹而日之也。雨月，志正也。愚謂所雨雪必有日。雨雪不日而何日。諸儒説經之謬，皆此類。程子曰，陰陽運動，有常而無忒。凡失其度，皆人為感之也。故《春秋》災異必書。漢儒傳其説，而不達其理，故所言多妄。三月大雨震電不時，災也。大雨雪，非常為大，亦災也。胡氏曰，震電者，陽精之發。雨雪者，陰氣之凝。周三月，夏之正月也。雷未可以出，電未可以見。而大震電，此陽失節也。雷已出，電已見，則雪不當復降，而大雨雪，此陰氣縱也。夫陰陽運動，有常而無忒。凡失其度，人為感之也。今陽失節而陰氣縱，公子翬之讒兆矣，鍾巫之難萌矣。《春秋》災異必書，雖不言其事應，而事應具存。惟明於天人相感之際，響應之理，則見聖人所書之意矣。愚謂聖人著其理而不論其應，聖人立教公溥之心也。若求某事得有某事休徵應，某事失有某咎徵應，此漢儒泥於災祥之説，幾於誣聖經，誣上天矣。[略]

辛未取郜，辛巳取防。

正傳曰，書取郜取防，則其擅取之罪見矣。書辛未辛巳，則其一月再取而擅取，貪取之罪已甚矣。夫諸侯之土地受之天子，傳之先君，各有其分，而擅取之，可乎。非其有而有之，可乎。抑又有甚焉。左氏曰，庚午鄭師入郜，辛未歸于我。庚辰鄭師入防，辛巳歸于我。愚謂若然，則是因人以敗人而已，獨攘其利而取之，可耻之甚者也。故程子曰，取二邑而有之，盗也。

胡氏亦曰，諸侯分邑，非其有而有之，盜也，是矣。然胡氏又有内大惡其詞婉，小惡直書之説。愚謂據事直書，古之良史也。若董狐南史，何隱之有。率非聖經取義之所關，不必如是之破碎支離也。[略]

春，滕侯薛侯來朝。

正傳曰，滕薛，二小國也。書滕侯薛侯來朝，則不當朝而朝，當朝而不朝，與旅見非禮之義，並見矣。左氏曰，春，滕侯薛侯來朝争長。薛侯曰，我先封。滕侯曰，我周之卜正也。薛，庶姓也。我不可以後之。公使羽父請於薛侯曰，君與滕君，辱在寡人。周諺有之曰，山有木，工則度之。賓有禮，主則擇之。周之宗盟，異姓為後。寡人若朝于薛，不敢與諸任齒。君若辱貺寡人，則願以滕君為請。薛侯許之，乃長滕侯。

愚謂此實傳也。胡氏曰，邦君為兩君之好，有反坫。《周禮・行人》，凡諸侯之邦交，殷相聘，世相朝也。然謂之殷，則得中而不過。謂之世，則終諸侯之世而一相朝，其為禮亦節矣。周衰，諸侯無禮義之交，惟強弱之視。以胡氏之言觀之，則滕薛之来朝，無合於中聘世朝之制，是之謂不當朝而朝。程子曰，諸侯雖有相朝之禮，而當時諸侯於天子未嘗朝覲，獨相率以朝魯，得為禮乎。而胡氏亦曰，列國於天子述所職者，蓋闕如也。而自相朝聘，可乎。凡大國来聘，小國来朝，一切書而不削，皆所以示譏。以二傳而觀之，是之謂當朝而不朝。胡氏又曰，滕薛二君不特言者，又譏旅見也。非天子不旅見，諸侯偃然受之而不辭，亦以見隱公之志荒矣。由是觀之，是之謂旅見之非禮。三者於聖經取義之指，並見之矣。不必如公羊分别来朝二字之瑣碎，而穀梁槩以天子無事諸侯相朝之為正，亦非矣。

又卷五

夏穀伯綏來朝，鄧侯吾離來朝。

正傳曰，書穀伯綏來朝，鄧侯吾離來朝，兩著朝之非禮也。古者諸侯四載一朝天子之國，今二國臣職不脩，而遠來朝于逆賊之國，非但非禮，而又甚焉。《春秋》書之，所以誅其惡也。左氏曰，穀伯鄧侯來朝，名賤之，非也。公穀以為失地失國之君，亦非也。史以其國小而遠，微之，故名之。聖人又因來朝之非禮而助惡，故存史之文以惡之耳。胡氏曰，《春秋》之法，諸侯不生名。穀伯鄧侯何以名。桓，天下之大惡也。執之者無禁，殺之者無罪。穀伯鄧侯越國踰境，相繼而來朝，即大惡之黨也。故特貶而書名，與失地滅同姓者比焉。愚謂法例皆後儒觀《春秋》者為之，非聖經之明訓也。[略]

春，紀季姜歸于京師。

正傳曰，書春，紀季姜歸于京師，重王后于歸之始也。左氏曰，凡諸侯之女行，惟王后書。京師，王者所居。衆大之稱，始稱王后。而此稱紀季姜者，自王朝往逆而言，則謂之王后。自紀國于歸而言，則謂之季姜。於往逆之時而稱王后，所以定名分於始。於于歸之際而稱季姜，所以著名實於終。互文見義，使知所謂王后乃季姜也，更無他褒貶抑揚之意。後儒多以己意窺聖經，而無達觀之心，是以往往橫生議論。

又卷六

九月，宋人執鄭祭仲。

正傳曰，書宋人執鄭祭仲，紀隣國之變也。而執者與見執者之罪并見矣。左氏曰，宋雍氏女，于鄭莊公曰雍姞，生厲公，即突。雍氏宗，有寵於宋莊公，故誘祭仲而執之曰，不立突，將死。亦執厲公而求賂焉。祭仲與宋人盟，以厲公歸而立之。

愚謂據此，則宋公以諸侯之尊為詭賊以脅人，祭仲以國相為弑逐以從賊，其罪自不可掩矣，不在乎泥一字以為貶罪也。穀梁乃以人宋公為貶，公羊以不名祭仲，為出忽立突為達權之賢。胡氏又以不名祭仲，以命大夫稱貴卿以大其罪。諸皆紛然議論，雜乎其間。而後聖經取義之大指隱矣。[略]

春二月，公會紀侯鄭伯。己巳，及齊侯宋公衛侯燕人戰。齊師宋師衛師燕師敗績。

正傳曰，書二月公會紀侯鄭伯者，著紀鄭始謀報齊宋之怨來會魯，故魯會之也。書己巳及齊侯宋公衛侯燕人戰者，及猶與也。魯以紀鄭與齊宋衛燕四國之兵戰也。戰之地不可考。穀胡皆以為於紀者，以紀為怨主，國小懼亡，不暇遠戰。然亦意度之詞耳。書齊宋衛燕四國之兵敗績者，見紀鄭魯之幸勝，未必非敗禍之原也。此三者何以書，著其擅興搆怨之罪也。其餘左氏不書所戰後也之説，公羊内不言戰此從外也之説，何以不地近也之説。胡氏又言左氏以為鄭與宋戰，公羊以為宋與魯戰，穀梁以為紀與齊戰之説，而述趙匡考據經文，内兵則以紀為主而先於鄭，外兵則以齊為主而先於宋之説，諸皆以己意度聖經，執泥文義，而為之詞耳。然則於紀鄭齊宋衛則爵之，於燕則人之者，又何説耶。豈亦有褒貶耶。故愚嘗謂，《春秋》之不明，諸儒亂之也。

又卷一三

夏五月，日有食之。

正傳曰，書日有食之，紀天變也。迅雷風烈必變，聖人之心也。所以致脩省之意，以為後世人君警也。左氏曰，不書朔與日，官失之也。愚謂然則史氏亦有失之者多矣。諸儒以一字取義者，不亦侮聖經矣乎。

又卷二五

鄭伯髡頑如會，未見諸侯，丙午卒于鄵。

正傳曰，鄵，鄭地。書鄭伯如會未見諸侯，卒于鄵，志變也，憫其遷善之念也。[略] 若夫鄭僖公則異於是矣。中國者，禮義之所出也。荆蠻者，苗粵之與鄰也。僖公欲從諸侯，會于鄬，則是貴禮義，為中國之君也。諸大夫欲背諸夏，與荆楚，則是近苗粵，為荆蠻之民也。以鄭國之君而見弑於荆蠻之民，豈有不善之積以及其身者乎。聖人至是傷之甚，懼之甚，故變文而書曰，鄭伯髡頑如會，未見諸侯，丙戌卒于鄵。未見諸侯，其曰如會何，致其志也。諸侯卒于境內不地。鄵，鄭邑也。其曰卒于鄵，見其弑而隱之也。卒鄭伯，逃歸陳侯，聖人之旨微，而公穀之義精矣。存天理抑人欲之意，遠矣。愚謂諸侯卒于境內不地，此所謂義例，不知此孔子為之耶，抑後儒為之耶。拘聖經所無之例，昧聖人竊取之義，皆此之類為之蔽也。吾敢謂孟子之後，無善治《春秋》者。

又《春秋脩後魯史舊文》

右自獲麟而後，至孔子卒，凡二十五條，皆魯史舊文，孔子所未筆于經者也。杜預云，弟子欲存孔子卒，故録以續脩經之後。今觀其文詞書法，與經何異。由是言之，則經為因魯史舊文而筆之，孔子未嘗有所損益，而義則竊取焉，斷乎而無疑矣。故曰其事則齊桓晉文，其文則史，其義則丘竊取之矣。後之儒者，乃以為一字即存褒貶，皆經聖人之手所筆，是以創為義例之説，而聖經始晦。其違聖人灑然之心，始遠矣。世之君子或為舊説所惑，而不信吾。今本孟子之説，以求《春秋》之指者，盍亦請觀於此脩後之舊文乎。嘉靖甲午四月六日，後學甘泉湛若水謹識。

明陸粲《春秋胡氏傳辨疑》卷上

晉趙盾弑其君夷皋。

趙穿手弑其君，董狐歸獄於盾。其斷盾之獄詞曰，子為正卿，亡不越竟，反不討賊。亡而越竟，謂去國而不還也，然後君臣之義絶。反而討賊，謂復讎而不釋也，然後臣子之事終。

桃園之弑，操刃者穿，而主謀者盾。史狐據其實而書之，其折盾之詞曰，亡不越竟，反不討賊，非子而誰。蓋以是證盾之主謀乎弑也，不謂盾非弑君，而以二端故加之惡名也。左氏不得其意，而謬為仲尼之言，謂盾為法受惡，又云越竟乃免。其誣聖人而失良史之旨甚矣。知道君子，亦何取於此，以汩亂聖經邪。

又卷下

許世子止弑其君買。

許悼公瘧，飲世子止之藥，卒。書曰弑其君者，止不嘗藥也。或者顧以操刃而殺，與不躬進藥，及進藥而不嘗，三者罪當殊科，疑於三傳之説，則誤矣。必若此言，夫人而能為《春秋》，奚待於聖筆乎。墨翟兼愛，豈其無父。楊朱為我，豈其無君。孟軻氏闢之，以為禽獸逼人，人將相食。知此説，則知止不嘗藥，春秋以為弑君之意矣。

飲其藥而卒，是進毒以殺父也。父死而奔晉，是避討也。止之為弑君，亦較然明矣。三傳以異説亂聖經，君子不忍恣也。是故趙盾許止之事，歐陽子之辨，聖人復起，不能易矣。若孟子之譏楊墨者，則豈其倫哉。孟子論理，而《春秋》紀事。論理貴盡，紀事貴實。

明高拱《春秋正旨》

若曰文成而麟至以為瑞應，則安知麟之所出瑞為己歟。且後世亦每有麟焉，豈亦皆聖經之應歟。固又知其不然也。［略］ 曰，然則終於獲麟謂何。曰，是時孔子年已七十一矣，閲歳而孔子歿，則魯史之修宜止於此。麟，非常有之物。有之，即直書之而已，固非取義於麟也。聖人不語怪神，其言其事，如日月之在天，而人無不仰之者，夫豈以茫昧不可知者而符己之事，為若是誕乎。且麟，一獸耳，與人理無與，亦何足為聖經輕重也。後人不知重聖人，而以聖人借重於麟。不知重聖人之《春秋》，而以《春秋》借重於麟至，亦惑矣。

明王樵《春秋輯傳・春秋宗旨》

武進唐應德曰，《春秋》之難明也，其孰從而求之。曰，孔子嘗自言之矣。吾之於人也，誰毁誰譽。斯民也，三代之所以直道而行也。《春秋》者，聖人有是非而無所毁譽之書也。直道之所是，《春秋》亦是之。直道之所非，《春秋》亦非之。《春秋》者，所以寄人直道之公心也。人人之心在焉，而謂其文有非人人之所與知者乎。儒者則以為聖經不如是之淺也，而往往謂之微辭，是以説之過詳，而其義益蔽。

又《春秋輯傳》卷三

紀侯大去其國。

大者，紀侯之名。齊滅不書，而以紀去為文，宗祀尚存也。以大去為義，皆鑿説也。公羊復讐之説，無稽害教，致漢武窮兵匈奴，援以為説。公羊之得罪于聖經也，大矣。

明姜寶《春秋事義全考》卷六

夏四月，四卜郊。

西亭辯疑。按《竹書紀年》，平王四十二年，魯惠公使宰讓請郊廟之禮。王使史角如魯，諭止之。以此，知郊之僭自僖公始。故《魯頌》所述，皆僖公事，其不本於成王，明矣。孔子曰，魯之郊禘，非禮也。周公其衰矣衰者，壞周公之法也。孰謂成王盛時而遽壞周公之法乎。不然，入《春秋》已歷四公，幾百年，而郊祀之事不一見，何也。《明堂位》所載，出於漢儒附會，安得舍聖經而從記者之説。先正清江張元德，左綿趙企明，仁山金吉父，皆謂魯之郊不自伯禽始，必有所據也。

清馬驌《左傳事緯前集》卷四《總論》

凡例五十，周公之舊典，一經之通體也。書不書，稱不稱，言不言，先書追書，故書書曰之類，二百八十有五。仲尼之新意，一事之變例也。母弟二凡，其義不異，故發凡五十，其别四十有九。經有例而傳無凡者，多矣，又不止五十也。祝佗曰，周公相王室以尹天下，備物典策以命伯禽。所稱典策，蓋即策書之成法矣。韓宣適魯，見易象與魯春秋曰，周禮盡在魯矣。所謂春秋，蓋即周公之禮經矣。故隱七年傳例曰，謂之禮經。十一年傳例曰，不書于策。首發二凡，特舉此文，以明策之所書，必遵禮經。禮經者何，祝佗所謂典策，韓宣所謂周禮也。

左氏為傳，雖取典禮之辭以備凡例，然而裁約為文，不必用其全辭。有因一事而兼舉諸例者，歸復滅入戰敗侵伐之類是也。有就一事而特立一凡者，王后母弟女媵臣違卿出並聘自周無出之類是也。有舊文實繁，例但言經之所有者，郊雩嘗烝不言礿祠地祇是也。有舊文本簡因連言經之所無者，公侯在喪稱子先言王曰小童是也。有經文不具而例遂因以及之者，吳子乘卒而傳發異姓同姓之臨是也。有經無其事而傳獨舉其例者，分至啓閉登臺而望雲物是也。乃復有傳不稱凡，實則一經之大例，若諸侯五年再朝，天子七月而葬，國卿不會公侯，天子不私求財。諸如此類，亦莫非周公之典，丘明釋經，為廣記而備言之爾。

至夫經之有變例，則有故矣。十二世之史官，未必一法。七十國之赴告，未必同文。然則魯史雖善，而不能盡善。故魚石以惡入而史不書復入，子家從亂而史不書歸生。若此之流，違謬實多。孔子悉為依周典而正之，乃善惡顯義，周典可盡。而褒貶微文，周典復不可悉據。聖人焉得不有自出之義乎。侵伐有例，而齊衞來戰。滅取有例，而梁伯自亡。齊告以族崔杼，不妨書氏。董狐載筆趙盾，不妨主惡。忠臣可官而不可名，天王可狩而不可召。於是知聖人之修經也，有依凡之例，有違凡之例。有魯史之例，有參酌衆國之例。有二百餘年之例，有一時一事特起之例。有人所共見之例，有大義危疑聖心獨斷之例。左氏所以雜稱二百八十有五之變例，杜氏知其為仲尼之新意也，游夏不能贊一辭。左氏好惡與聖人同，故獨能窺其大義。彼公穀子夏弟子，紛紛臆説，大都耳食之學，其能合於聖經者，十不得一爾。故吾之為辯例也，一以左氏為主，竊附武庫之末。聖天子或取而立之學宮乎，駟不及舌。

清毛奇齡《春秋毛氏傳》卷二

若胡氏又自造一例曰，上不禀命于天子，内不承國于先君。大夫扳已立而即立之，則不書即位。隱之不書，是仲尼削之也。則春秋二百四十餘年，凡列國立君，或爭或簒，或出或入，何嘗一禀命天子。此在婦孺猶知之者。至不承先君，則桓不承隱，宣不承文，定不承昭，而三君偏得書即位，何也。據曰隱之不書，仲尼削之。則桓之得書，將必仲尼褒之矣。夫亂賊可褒乎。乃自知難通，于桓即位，傳則曰，美惡不嫌同詞。于宣即位，傳則曰，一美一惡，不嫌相同。夫美惡可同，是善惡混也。亂莫大乎善惡混，乃以夫子作《春秋》，而使善惡混，則或褒或貶，何所分辨。萬一桓宣之徒起而爭之，即使游夏再生，家喻户曉，恐不能明也。吾不意胡氏之學將掩聖經，而一開卷間即詞窮理屈如此。

又卷三

伯于親親之誼，亦既已至且盡矣。故前書曰，克，克之己也。此書伐衛，所伐在衛，不在滑也。此實魯史書之，夫子脩之，以示為人君父而遇人倫之不幸，皆當親親是懷，不殺不絶，一如鄭伯之于叔，而不謂世之能成其美者，少也。夫不殺曰殺，不絶其後而曰絶。伯則已矣。然而前不知勸，後不知戒，千秋萬世徒知怨毒之有伯，而不知友于親愛之猶有兄，名為主持名教，而實為名教之大罪。况胡氏誣妄聖經，一意刻薄。伯祇伐衛，無可深文，乃又謂鄭無王命，興師脩怨，為王法所禁。夫借强援以犯順，驟奪國邑，恐非王命所及請者。且誅叛討逆，王有成命。倉卒制勝，皆不為過。伯禽征徐夷，急遽興師，並無王命，而妄以此責鄭伯，不亦異乎。

又卷四

凡經傳恒例，公出必書，豈有奔喪會葬諸大事而公出公入，不一書者。如以為常禮不書，則在文九年葬周襄王，遣叔孫得臣如京師，而經特書之，是遣送尚書，况親往也。且隱不奔喪，則在經與傳尤明言之者。經于春三月，書天王崩。夏四月，書尹氏卒。而于秋，則復書武氏子來求賻，亦惟周以天王之崩赴告于魯，而魯漫然無一應。不惟不親往，並不遣卿大夫往，故來求賻。向使公奔喪，則賻之矣，賻之不再求矣。故杜氏註曰，魯不共奉王喪，致令有求。是公不奔喪。考之，凡經傳與是經是傳，各各有據，而公穀註經而悖經，且造為偽事以實之。無兄而盜嫂，不入國而交大夫，而胡氏又從而和之曰，公羊有所承。夫胡氏不過欲藉公羊奔喪之説，以文已親往之例。而不知聖經具在，不于經是承，而誰承也。

又卷一〇

則明明子糾是兄，小白是弟，而胡氏引據，有云史稱齊桓殺其弟以反國一語。求之列代之史，並無其文。及考《漢·淮南王傳》，知淮南厲王不法，文帝令大將軍薄昭以書責之，有曰，昔周公誅管蔡以安周，齊桓殺其弟以返國。其云弟者，以文帝是兄，故諱言兄而言弟。韋昭本註，所謂子糾本兄，而稱弟者，不敢斥也。胡氏不考所自，徒以程子曾誤讀《漢書》，早有桓兄糾弟之説，而此又承程子之誤，不得原文，混稱曰史，是以誤讀人書，且誤解人説之故，而移誤聖經。甚至紊亂人之兄弟倫次，誣妄立説。于以誤天下，誤後世，此其所繫，匪淺鮮也。[略]

以魯之積弱，強讎來侵。加之齊桓管鮑鋭師初出，自非長勺乘丘操奇制勝，則魯鮮有能圖存者。故夾谷之會，夫子必先請備兵，具左右司馬，然後與會。蓋聖人未嘗忘戰也，且未嘗頃刻忘戰勝也。故曰我戰則克。又曰，戰陳無勇，非孝也。至矍相校射，則首斥奔軍之將，在亡國大夫與孝弟好禮修身稱道之上，其重戰勝如此。宋儒不讀書，好侮聖言。動輒以不戰立説，誤本國，誤天下後世，致崇禎癸未賊迫畿甸，廷臣尚有請舞干羽者。嗟乎，盍亦就聖經一深思之。

又卷三六

《春秋》終于是年春，亦《公羊》《穀梁》説。謂孔子作《春秋》，終于獲麟之一句。而漢時公穀早出，故遂遵其説，以為夫子聖經實止于此。若《左氏春秋》，則止于哀十六年夏四月己丑，孔丘卒，而其後策書未盡循年記事，附載經後者，尚餘十有一年。安見獲麟一句即為絶筆之鐵案。無如夫子自為書，必不能自記其生卒之年。故夫子之生，見于《公羊》之傳文。夫子之卒，見于左氏之經文。其絶筆之年，則姑從公穀為説。自漢迄今，未有改也。若司馬遷云，夫子厄陳蔡而作《春秋》，則在哀六年，與諸説又不同。要之，説經貴有據。能據經據傳據策書，然後據漢儒之説經者，而以義而裁斷之，庶于是經不大謬耳。

又《春秋簡書刊誤》卷一

《漢·藝文志》有《春秋古經》十二篇，先儒目之為簡書，即聖經也。其分十二篇者，以《春秋》十一公，每公得一篇，則十二篇也。第其書不知亡于何時，唯三傳傳經，則各有經文載于其中。漢初，行四家之學。有公羊穀梁鄒氏夾氏，而鄒夾無傳，祇公穀二學早立于學官，而諸生傳之。顧兩家杜撰，目不見策書，徒以意解經，故經多誤字。而《公羊》且復以里音市語讕謱其間，其所存聖經，已非舊矣。及《左傳》行世，則始知有簡書正文冠策書首，故當時左公穀三傳，俱著竹帛，而左之為傳，先于公穀。漢人亦稱左氏為古學，公穀為今學。而其如左氏晚出，公穀立學反先于左氏。是以治古學者雖有張蒼、賈誼、張敞、賈逵、服虔輩，不下于董仲舒公孫弘輩之治今學，而諸生膠固，競立門戶。即加以前漢劉歆後漢韓歆兩歆之争，必不能救《左氏膏肓》之目，而策書簡書總無聞焉。

夫左氏之傳即是策書，左氏之經即是簡書，故夫子筆削，衹襲魯國之簡書以為之本，即絶筆以後，猶有舊簡書一十七條見于《左傳》。則哀十四年獲麟以前，其為真簡書，而以之作夫子之聖經，《公羊》《穀梁》俱無與也，乃宋胡安國自為作傳。而元人創八比法，直用其書以取士，立學官而著功令。明代遵之，每經凡四題，而《春秋》一經，則專以胡氏四傳代夫子之經，而聖經已亡。然且其所載傳中者，原非簡書，衹以《穀梁》本為據。而穀之與公，如狼狽屭屓，彼此呼吸，與左氏之所載者，全不相合。而於是聖經亡，即簡書亦亡矣。

予著《春秋傳》，念不及此，亦仍以胡氏所載為聖經原本，而反標三傳諸字同異于其下。東陽李生紫翔者，著《春秋紀傳》早已行世。及之官嶺表，疑予傳聖經之有未覈，屬王生虎文問及之。予乃命猶子文輝取三傳聖經之各異者，以簡書為主，而各註所誤，而明標之，名曰《刊誤》。嗟乎，前人之誤，其所厚賴于後人之刊之者，豈止是與。

清張尚瑗《公羊折諸》卷六

叔術為之殺。殺顔者而以為妻。

臧氏之母之忠，千古所難。愚嘗取以方召康公，但其為幼君復仇，請命天子，首惡當有所歸。天子明法致辟，亦當得首惡誅之。邾婁顔淫九公子於宮中，罰所難逭，較諸手刃幼君者，猶宜末減。然顔既伏誅矣，君命不可讐。計魯懿孝公之時，為周天子者，非宣王則幽王，其為天子議法用師者，賢則樊尹，奸則番聚，何憂盜不可得者。何註即以為鮑廣父梁買子。夫鮑梁達下國之幽隱，使人伏辜，將酬恩之不暇，而反為戮乎。且邾婁顔者，亦國之公族也。嫗盈女既為之夫人矣，許穆夫人之善懷固所急，而衛共姜之節，亦不可緩。靦然蘸叔術而歸之，叔術貪國色而不為鄙，何足稱賢。公羊此傳，悖理傷教，殆聖經之罪人。邵公注更為昏憒。邾婁人被兵于周曰，何故死吾天子。典訓煌煌，猶存西周盛時氣象。一語足以垂矣。

又《穀梁折諸》卷六

不與楚滅也。

蔡侯復歸于蔡，陳侯復歸于陳，與桓十五年許叔復歸于許，同一聖經書法。左氏以有禮許楚，失之千里矣。公羊曰，不與諸侯專封也，楚邱亦如是，緣陵亦如是。楚平之無道，而與齊桓之盛伯爲耦，豈足爲訓。惟穀梁子曰，不與楚滅也。無圍之極暴，則亦無棄疾之假仁，猶存遺憾之意。旨哉，傳乎。

清焦袁熹《春秋闕如編》卷四

十有一月壬戌，晉侯及秦伯戰于韓，獲晉侯。

此志秦晉交兵之始，齊桓之伯衰矣，而晉方亂，此重耳之代興所以遲遲，而宋襄得以承乏也。秦伐晉而獲其君，其君又秦所納也。則秦繆之得備五伯之數，其跡亦隱然可見也。凡此並是天下無道，禮樂征伐自諸侯出。王室陵夷，世變愈亟，不可復振之事。聖人筆削至此，不勝憂嘆。東周之志所盱衡者，遠矣。若夫彼此曲直之情，乃為細節，傳有其文，自可攷見。聖經簡要，不屑屑于斯也。

又卷六

莒弒其君庶其。

據左氏，則是莒世子僕因國人以弒也。經但稱國者，蓋史臣聞知彼國有此弒君之事，因而書之爾。孔子作《春秋》，意在列諸國無道之跡，見聖王不作，其禍如此。撥亂反正，其事孔棘。若夫亂賊之名，或見或不見，因魯史之文存闕如之志。有不見者，固不嫌於失出也。專以刑書說聖經，是乃不知其義矣。

清顧棟高《春秋大事表》卷一五《春秋三傳禘祫說》

今世之稱祫禘者，謂祫，合也，毀廟之主陳于太祖，未毀廟之主皆升，合食于太祖。而禘，則惟祭始祖與始祖之所自出，不兼羣廟之主。周以稷配嚳，魯則以周公配文王，此朱子取趙伯循之說，而後世儒者多遵信之。

然愚嘗徧考三傳《禮記》《孝經》《論語》《中庸》之義疏，與商周魯頌之樂章，從無周祀帝嚳及魯祀文王為所自出之文，不知伯循據何典籍而云然也。夫信漢儒不若信三傳，信三傳尤不若信聖人之經。所謂漢儒之說者，則戴記之《大傳》《喪服小記》《明堂位》及《祭法》是也。所謂聖人之經，則《詩》所傳之三頌，與孔子所書《春秋》之經文是也。且世謂周祭及于嚳者，因《祭法》有禘嚳而郊稷之文耳。然此禘，鄭氏謂祭天於圜丘，非謂宗廟之祭而以稷配之也。又因《小記》及《大傳》有王者禘其祖所自出之文耳。然此禘謂祭感生之帝于南郊，乃漢儒誣妄之說，亦非謂稷之生于帝嚳，而因以祭之也。

況質諸三傳，其禘之說又甚明。文二年八月，大事于太廟。公穀謂之祫，左氏謂之禘。然其義並同。公羊云，五年再殷祭。何休云，祫，合也。禘，諦也。審諦無所遺失。禘所以異于祫者，功臣皆得祭爾。閔二年夏五月乙酉，吉禘于莊公。杜預云，三年喪畢，大祭以審昭穆謂之禘。惟諸儒稱五年一行，而杜謂三年一行者，其義小殊，而其說禘並謂兼羣廟之主，絕未嘗有周公所自出，而謂祭及于文王也。鄭康成又謂禘之異于祫者，謂第陳毀廟之主，而羣廟之主則各就其廟祭。徵之春秋之實事，尤可信不誣。昭十五年有事于武宫，《左傳》謂之禘。昭二十五年傳禘于襄公，此各就其廟之明證也。然猶可曰此左氏之言耳。閔二年吉禘于莊公，僖八年禘于太廟，明明于各廟稱禘，豈孔子所書之經猶不足信乎。然猶可曰，此春秋僭亂之禮耳。至《周頌》之《雝》為文王禘太祖之樂歌，《商頌》之《長發》為武丁大禘之樂歌，豈商周盛世之樂章，經傳説周公之手定，而猶不足信乎。《雝》之言皇考，則文王。烈考，則武王。未嘗及于嚳也。《長發》之言玄王，則契。相土，則契之孫，以及湯與阿衡，亦未嘗一語及嚳也。其列相土與阿衡，尤可為陳毀廟及祭功臣之明證。其謂魯用天子之禮樂者，蓋如舞佾歌雍之屬，錫魯以矜隆盛耳，豈謂其祭文王于周公之廟，以諸侯祖天子以干大戾乎。

況《魯頌・閟宫》之詩，明言之矣。其詩曰，白牡騂剛。公羊于文十三年傳云，周公牲用白牡，魯公用騂剛。羣公不毛，未嘗言及文王之牲，何得言祭文王以配周公也。載觀《尚書》言后稷建邦啟土，《孝經》言郊祀后稷以配天，《中庸》言上祀先公，皆至后稷而止。又《禮記・明堂位》云，季夏六月，以禘禮祀周公于太廟。顔師古註《漢書》亦云，禘者，諦也。謂一一祭之。徧觀載籍，從未有言祭及始祖之父者。余怪夫不知何人泥《小記》及《大傳》之文而又厭感生帝之誣妄，遂以帝嚳當之馴。至漢祖堯，曹魏祖舜，牽合附會，為千古笑。唐趙循伯復曲成其説。至謂魯祭文王，漫無依據，臆斷滋甚。後經朱子遵用之，而後世遂無異辭。此皆不深考于經之過也。夫信朱子，尤莫若信聖經可也。

又卷四三《闕文表》

儒者釋經，為後王典制所自起。國家善敗，恒必由之，可不慎哉。《春秋》文多闕誤，三傳類多附會，而公穀尤甚。迹其流傳，種毒滋深。其大者，如紀子伯莒子盟于密，本闕文也，而習公穀者遂謂紀本子爵，後因天子將娶于紀，進爵為侯，加封百里，以廣孝敬。漢世因之，凡立后，先封其父為侯，進大司馬大將軍。封爵之濫，自此始，而漢祚以移。由不知闕文故也。

蓋嘗推而論之。日食闕書曰朔者凡十，本史失之，而穀梁則曰，言日不言朔，食晦日也。言朔不言日，食既朔也。案自襄十五年以後，無不書日朔者，豈自此至獲麟近百年，總無食于前食于後，而獨參差不定于襄以前乎。則穀梁之説，非也。外諸侯卒，闕書名者凡十，亦史失之。而左氏則曰，不書名，未同盟也。案隱元年及宋人盟于宿，而八年宿男卒，不名。成十三年滕會諸侯同伐秦，而十六年滕子卒，不名。杞與魯結昏，而僖二十三年杞成公卒，不名。則左氏之説非也。夫人不書姜氏，及去姜存氏，去氏存姜者凡四。而《左傳》則曰，不稱姜氏，絶不為親禮也。賈逵又云，哀姜殺子罪輕，故但貶去姜。公穀又以出姜不宜成禮于齊，穆姜不宜從夫喪娶，故俱貶去氏。夫去姜存氏，去氏存姜，不成文理。況文姜哀姜之罪，豈待去其姓氏而明。至夫人方為處女，事由父母，而必責其間合禮與否，無乃蹈拊騐移臼之譏乎，亦拘固不通甚矣。

王不稱天者凡六。其三史脱之，其三從省文，而胡氏于錫桓公命歸成風之賵，及會葬，則云聖人去天以示貶。夫歸仲子之賵，王已稱天矣，豈于前獨罪宰咺，而于天王無貶。于此數事又獨責天王，而于榮召無譏乎。桓五年，三國從王伐鄭，此自省文爾。與公朝于王所同義，而胡氏以為桓王失天討。豈朝于王所不責諸侯，而反責王乎。必以桓十四年不書王為責桓無王，則宣亦篡弑，何以書王。必以桓四年七年不書秋冬為責王失刑，則昭十年不書冬，定十四年不書冬，又何以説。秦伐晉，鄭伐許，晉伐鮮虞，皆是偶闕人字，而公穀以為狄之。夫秦且無論，晉之罪，莫大于助亂臣立君。襄十四年會孫林父于戚以定衛，當日不聞狄晉。鄭伯射王中肩，未嘗有微詞示貶，而沾沾責其伐許伐鮮虞，亦可謂舍其大而圖其細矣。凡此皆公穀倡之，而後来諸儒，如孔氏穎達啖氏助趙氏匡陸氏淳孫氏復劉氏敞，亦既辨之矣，而復大熾于宋之中葉者，蓋亦有故焉。

自諸儒攻擊三傳，王介甫遂目《春秋》為斷爛朝報，不列學宫。文定反之，矯枉過正，遂舉聖經之斷闕不全者，皆以為精義所存。復理公穀之故説，而吕氏東萊葉氏少藴張氏元德諸儒俱從之。由是《春秋》稍明于唐以後者，復晦昧于宋之南渡，豈非勢之相激使然哉。夫蔑棄聖人之經，與過崇聖人之經，其用心不同，而其未得乎聖人垂世立教之旨，則一也。愚故不揆檮昧，瀏覽諸家之説於南渡以後，兼取黄氏仲炎吕氏大圭程氏端學俞氏臯齊氏履謙五家，列闕文凡百有餘條，俾學者于此不復強求其可通，則于諸儒支離穿鑿之論，亦掃除過半矣。輯《春秋闕文表》第四十三。

又《春秋大事表·讀春秋偶筆》

未修之《春秋》，明見于左傳者有二。其一見宋華耦之言曰，臣之先臣督，得罪宋殤公，名在諸侯之策。其一見衛寧殖之言。將死，召惠子曰，吾得罪於君，悔而無及也。名在諸侯之策曰，孫林父寧殖出其君。此各國皆書，魯之《春秋》亦然。而仲尼一因之，一改之曰，衛侯出奔齊，以自奔為文。蓋弑君則責在臣子之討賊，君出奔而將來復入為君，如此書自覺非體。書君自出奔，以全君臣之分也。此聖經改魯史之鑿然可據者。[略]

黄東發謂學《春秋》者，只當就春秋之世以求聖人之心，此語最合。後儒乃動以五帝三王之事律之，如彭衙之戰，文定謂宜加以文諭，不從乃更告之天子，方伯不宜遽興師與戰。晉悼三駕，或謂遠人不服，當修文德以來之。未聞道敝諸侯以服之如此，則當安史之亂，唐室只須仗義執言，不煩李郭之苦戰，而聖人當日遇着桓魋，亦可以禮感化，何為微服而過宋乎。無怪乎明季闖冦憑陵畿甸垂破，而儒臣召對，猶以舞干羽為言者。此種議論，則讀聖經乃是喫駮藥，何益于救世哉。

清葉酉《春秋究遺·凡例》

一，《春秋》據事直書，註家只當以發明聖意為主。若逞其臆見，務為苛刻穿鑿之論，縱能引經据史，總屬節外生枝。先儒頗多此弊，不敢效尤。

一，聖經如書同盟，書公至，書歸，書入，書人之類，頭緒如亂絲，今悉為一一拈出。又恐散見各條下，或難參考其異同。故每于開首一條下，輒作一總案，覽者第將此總案理清，則其下皆迎刃而解矣。

又《春秋究遺・春秋總説》

《春秋》所以不仍舊史之文，而凡事止撮其大綱者，史官記事，大都皆循習舊例。案而不斷，不足以見褒貶之義。如鄭伯之歸祊假田，若止如舊史之文，雖首尾詳備，不過見兩國之以利交耳。至鄭伯目無天王之罪，必如經文兩書鄭伯，乃足以見之。蓋褒貶之義，恒隱寓于一兩字之內。此一兩字非撮其大綱，則其文繁，而其義無由著。故朱子《綱目》雖本温公《通鑑》，而必先撮其要以為綱者，正彷《春秋》以一兩字寓褒貶之法也。蓋案者所以為史，斷者所以為經。聖人若止為魯國修史，則據事直書，而史家之能事畢矣，又何必以竊取其義為己任也哉。以朱子《綱目》例之，聖經如綱，魯史如目。聖人當日若不恃有魯史，聖人固不能逆料身沒後之必有左氏為之傳也。亦安用此一部首尾不具之書，以疑誤來學乎。

《春秋》一定之例，有本乎舊史者，有不本乎舊史者。如崩薨卒葬之必書，官爵名氏之從告，此本乎舊史者也。至若一兩字之間，辨別名分，（如諸侯返國書復歸，大夫書歸之類。）其為例至纖至悉。史官記事，往往有至數百言之多者，豈能拘拘于是哉。故魯史有魯史之例，聖經有聖經之例。然皆非褒貶之所寓也。褒貶之義，惟當于變例中求之。如歸祊假田，例應書鄭人而書鄭伯是也。[略]

杜氏預《春秋序》云，韓宣子適魯，見易象與魯春秋，嘆曰周禮盡在魯矣。韓子所見，蓋周之舊典禮經也。周德既衰，官失其序。上之人不能使春秋昭明，赴告策書諸所記註多違舊章。仲尼上遵周公之遺訓，刊而正之，以示勸戒云云。其語俱不甚允愜。周公佐武王定天下，制禮作樂，事非一端。史官記註，一文學之臣任之而有餘矣。周公遺訓，恐不在兹。春秋昭明，語更鶻突。周德既衰，惟是禮樂征伐不自天子出耳。赴告策書，現存舊章，何至違異。彼其所以為此語者，總由誤以聖人為魯國修史，故不得不坐舊史以違舊章之失。惟欲坐舊史以違舊章之失，故不得不以韓子所見者為周之舊典禮經。不知韓宣子來聘，在昭公二年。逆推而上，自昭公元年至平王四十九年，凡一百七十餘年之春秋，其藏之太史者，當韓子來聘時，魯豈皆秘之而不以相示乎。乃於韓子之所見者，則以為舊典禮經。於孔子之所本者，則以為多違舊章。前後矛盾，失考殊甚。竊意魯史舊文為聖經藍本，其記註必不至有甚差謬。但案而不斷，不足以垂教耳。杜氏只刊而正之一語，便見其受病之處。種種支蔓，由此而生。學者誠確然知聖人非為魯國修史，則其于《春秋》也思過半矣。

又《春秋究遺》卷二

冬十有二月丙午，齊侯衛侯鄭伯來戰于郎。傳，六年北戎伐齊，諸侯救之。鄭太子忽有功焉。齊人餼諸侯，使魯次之。魯以周班後鄭，鄭人怒，請師於齊，齊人以衛師助之。

按，左氏此説不足信。以周班後鄭，魯之所持者正。且其事甚小，鄭忽若遽以是請師，是自輸其不直矣。齊雖德鄭，亦安肯助此無名之舉哉。此殆魯人之飾辭，左氏誤信焉，而不之察耳。當春秋之初，齊僖具奸雄之才，有圖霸之志，故嘗與衛胥命於蒲。所謂胥命者，蓋相命以方伯連帥，得專征討之事也。當時有能舉方伯連帥之職者，征討之所加，孰有先於魯者。故三國來戰，必以鍾巫之事興問罪之師。蓋齊主兵，而衛與鄭從之。（衛與齊胥命於蒲，而石門之盟，鄭與齊之交本固，故皆從齊。）非鄭請師而齊以衛助之也。知其必以鍾巫之事興問罪之師者，以《春秋》來戰之文知之也。疆場之事，一彼一此。通春秋二百四十二年之中，書來戰者惟此一見。蓋春秋魯史，凡魯與外諸侯戰，皆主魯書及内之也。今魯有罪，而三國伐之。若仍書曰公及某某戰於郎，則是内有罪之魯，而三國仗義執言，反為聖經之所外，而與擅兵伐國者等。所為《春秋》成而亂賊懼者安在乎。故特以來戰書，而其序三國也，必以齊衛先鄭，而不以鄭主兵，其事之情實顯然可見。左氏乃誤信魯人之飾辭，後儒解經者從而和之。且謂鄭主兵而先齊，猶衛州吁主兵而先宋，真可謂之遁辭矣。宋之先衛，謂為誅亂賊之黨，猶之可也。齊不可謂亂賊之黨也明矣。乃鄭主兵而先之，何説乎。然則其遲至十年而後來討，何也。蓋鍾巫之事，其名也。而其所由以昏姻之國，而剪為仇讐者，則釁生於紀。蓋紀處齊肘腋之下，齊之狡焉，思啟其封疆而欲甘心於紀也，非一日矣。乃桓與之再會於郕。三年六年，紀又兩朝於魯。齊見公之與紀親也，而其怒已不可解。至八年，又為紀謀納女于王以為重。九年，紀季姜歸于京師。於是齊怒益甚，乃藉口於鍾巫之事，以加兵于魯。蓋假公以濟私，故遲至十年而後有此戰也。抑因是愈見左氏鄭太子忽請師之説不足信。蓋戍齊之事在六年，距此亦已五年矣。請師在五年前，來戰在五年後，有是理乎。

又卷四

冬，公子友如陳。

此内大夫出聘之始，報女叔之聘也。按，外臣来聘，即以来聘書。内臣出聘，則止書某人如某國。不書聘者，彼以禮来，誌之不可不詳。此以禮往，則以為常事而略之也。若不惟聘而已，即必書。如乞師告糴會葬致女之類是也。然皆不書公使。《春秋》為魯紀國事，非魯君一人之私也，故凡魯事皆不書公，不特内臣如不書公使而已。其如京師不書聘，亦以常事故從略。先儒或謂譏其聘而不朝，恐無此義。至魯君朝霸國奔喪會葬皆書如，蓋舊史恥而諱之，聖經亦仍之而已。

又卷五

冬，齊高子來盟。

按高子不書齊侯使者，胡氏謂權在高子，非也。齊桓既聽仲孫之謀，務寧魯難，而親之矣。至是閔公雖復被弑，而夫人孫慶父奔。天去其疾矣。桓雖欲取魯，其勢恐亦有所不能。故高子之來盟，公羊稱其將南陽之甲，立僖城魯。其與存恤邢衛之事，何以異。扶危定傾，此齊桓所以為五伯之盛也。豈如胡氏云云哉。其所以不書齊侯使者，蓋據國人以為文。故高子仲孫皆不以名見。使書齊侯使，則上下衡决，不成文理矣。所為聖人之情見乎辭，有欲贅一辭，而轉無以見其情者，安得以權在高子之説為解。

且合前後文觀之。元年秋，書公及齊侯盟于落姑。下即繼之曰季子來歸，則並季子之歸且以為職桓之由，况許人臣者必使臣，許人子者必使子，二子之大有造于魯者，夫孰非桓公為之。乃因其取魯一問，專文致其乘人之危以為利之罪，遂若存魯之功毫于桓公無涉，皆由昧于聖經所以不書齊侯使之故耳，豈不謬與。

又卷六

秋七月，禘于太廟，用致夫人。

夫人，左氏傳以為哀姜。然哀姜元年為齊所殺，何今日乃致。公羊以為脅于齊媵之先至者，不特僖公賢君不當受脅于齊，而齊桓霸主亦必無脅魯以媵為夫人之理。故穀梁以為成風，後儒皆宗之。按，致者，推而極之之謂。言自妾而推之為夫人，使之極母儀之尊也。聖經文義自明，解之者不察耳。不稱姓氏者，《穀梁傳》立妾之詞。其不言立者，子之于母不可以立言也。蓋有崇奉之義焉，故曰致。

又卷七

冬，會陳人蔡人楚人鄭人盟于齊。

傳，陳桓公請修好于諸侯，以無忘齊桓之德。冬盟于齊。杜註地于齊，齊亦與盟。按，此盟齊亦在列。而經不序齊者，蓋魯蔡陳鄭皆伯叔甥舅之國，受桓公之賜，沒世不忘，此固人情之所宜然者。至楚則召陵誓師，南風不競，雖滅弘滅黄，齊桓亦坐視而不能救，然終有所懼于齊。迨桓公死而莫予毒，楚之君臣可以彈冠相慶矣。乃以南北海之遥，亦不憚跋涉而來與此盟者。是時楚勢日強，因中國無伯，遂有乘間代興之志。而陳蔡與鄭皆近楚，而素服之者。故牽率而來，名為不忘齊德，實則専為楚謀。蓋楚方狡焉，思逞欲以此為主盟中夏之漸耳。

此時為齊孝者，惟當以楚氛益熾，亟亟焉思所以扼其吭而拊其背者，以卒桓公未竟之志。乃悦其甘言，竟與二三友邦同引入于國都之內而與之為好，若不知其有僭王之罪者。聖人以是為楚與諸侯會盟之始，而傷齊伯之不紹也。故列叙諸國，特沒齊不書，使語勢趨下，而大書其盟所之在齊。

聖人若曰，是固桓公用之以著一匡九合之烈者也，今乃與楚人刑牲歃血于其地乎。蓋楚之主盟中夏，聖心之所深惡者也。故推原禍始，而歸咎于齊。今第將此盟于齊三字重讀，而聖意自見。此與襄二十七年叔孫豹會諸侯之大夫盟于宋，會盟皆不序宋，其義正同。皆聖人之文，所為游夏不能贊一辭者也。

杜註地于齊，齊亦預盟，其意蓋謂聖經之所以不序齊者，從可知故耳。然僖二十七年公會齊侯盟于宋，其時宋方被圍，不預會盟審矣，而亦地于宋。則地于齊，何足以明齊亦預盟乎。公及大夫會盟，降等屈尊，不書，公例也。或謂諱與楚盟，亦非。

又卷一〇

秋，叔孫僑如如齊逆女。

按，内夫人書娶者五，桓莊文宣成也。餘不書，先儒或以合禮則不書。果如其説，則成夫人之娶，于禮並無不合者，而此以逆女書，何説乎。蓋大昏，萬世之嗣，其重與即位薨葬等，聖經必無不書之理。其不書者，如隱僖二公，大都娶在即位前。定哀不可考，若襄公即位纔四歲，其娶不書者，必以娶不成禮故耳。觀哀公以冕而親迎為問，則必魯至哀公時，親迎之禮久廢不行。故一聞子言，遂疑其已重。使當日此禮猶相沿不廢，哀公豈宜有是問哉。不親迎為不成禮，不成禮即不書娶，為其不成乎娶也。（如文夫人之逆不使卿，于娶夫人之禮未協，《春秋》即不書夫人，為不成乎娶夫人也，義與此同。而逆不使卿，非六禮不備也，故仍書娶。）今反以娶不成禮者為合禮，故不書，是徒知喪昏賤逆娶仇女，以及齊侯親送至魯境為非禮，而不知六禮之不可不備矣。蓋六禮不備，雖無喪婚賤逆娶仇女及親送至魯境之失，然謂其成乎娶不可也。六禮克備，雖有喪婚賤逆娶仇女及親送至魯境之失，然謂其不成乎娶亦不可也。而有喪婚賤逆娶仇女及親送至魯境之失，雖成乎娶，其失要不可掩，聖人豈以書娶不書娶為褒貶哉。襄夫人歸氏，非宋子齊姜比。因其為小國女而遂輕之，此其娶之所以不成禮也。定哀二夫人之不書娶，義當倣此。惟昭公娶吳女以結强援，未有不成禮者，而不書娶，以娶同姓諱之也。若以合禮則不書，如昭公者，豈得謂之合禮乎。

又卷一二

戊寅，大夫盟。

按會盟之見經者，多矣，從無諸侯會而大夫盟者。有之，自溴梁始。先儒謂政自大夫出，故《春秋》書此以示譏，其説非也。是時晉悼甫薨，平公繼立。傳稱羊舌肸為傅云云，是所用皆賢，猶未改其父之臣也。何嘗有尾大不掉之事，致聖人以此遍刺天下之大夫乎。彼其所以諸侯會而大夫盟者，晉原使諸大夫盟高厚。高厚，大夫也。故止使大夫盟之。迨高厚逃歸，諸大夫雖自相與盟，然因前未及盟，至是而乃卒其事，故諸侯仍不預也，豈政在大夫之故哉。然則聖人于此遂無譏乎。據三年及陳袁僑盟，二十七年盟于宋，皆主魯卿書及。且大夫皆冠之以諸侯，所以然者，會盟乃諸侯之事，大夫不過奉其君之命以相與為好，非大夫之自為會盟也。故不可單以大夫書此盟。叔孫豹亦在列，若《春秋》果無所譏，則當書曰，叔孫豹及諸侯之大夫盟于溴梁矣。乃不主叔孫豹書及，且單稱大夫，並不冠之以諸侯者，蓋晉之伯業衰於晉平，故即位之初，甫為此會，而諸侯即有異志，其時雖尚無尾大不掉之事，然諸侯會而大夫盟，自桓文創伯以來，未嘗聞此舉也。其後政令日弛，馴至公室卑而大夫擅權，所謂倒持太阿授人以柄者，其端實由此而啟，故聖經單以大夫盟書，並不冠之以諸侯，所以特著其為大夫，以正其盟之失也。此與莊元年書夫人孫于齊而不書姜氏，其義正同。彼義關乎夫人，故去其姜氏。此義關乎大夫，故不冠之以諸侯也。既不冠之以諸侯矣，則魯卿亦大夫也，故不主叔孫豹書及不地者，説詳僖五年盟于首止下。［略］

乙未，楚子昭卒。

胡氏安國曰，甲寅，天王崩。乙未，楚子昭卒。相距四十二日，則閏月之驗也。然不以閏書，見喪服之不數閏也。按，閏承前月而受其餘日，故閏月之日繫于前月之下，而不以閏書者，乃史文定例。胡氏以為見喪服之不數閏，聖經恐無此義。

又卷一六

十有四年春，西狩獲麟。

杜註，麟者，聖王之嘉瑞也。時無明王，出而遇獲。仲尼傷周道之不興，感嘉瑞之無應，故因魯春秋而修中興之教，絶筆于獲麟之一句。所感而作，固所以為終也。按，《春秋》書獲麟，則聖經之作，必在獲麟之後審矣。但杜氏謂感麟而作，其説恐不確。聖人既欲以此修中興之教，使無麟，遂不作乎。然彼之所以為是説者，蓋以編年之體，按年記事，至年終乃止。今忽終于十四年之春，起止之義必有所謂，故遂以感麟而作為經之所以終于是也。不知聖人之所以絶筆于此者，蓋春秋時，天下之亂已極，聖人欲為之撥亂反治，雖有其德而無其位，苦于無可藉手之處，于是因麟之出非其時，而傷吾道之所如不合，将終無所望于後也，故託之以終篇。夫亦猶是鳳鳥河圖之嘆云爾，豈絶筆于此者，必以此始之故乎。至文成致麟之説，其理更荒誕不足信。存而不論可也。

清毛奇齡《孝經問》

張燧（山陰人，係張南士先生之子，康熙庚辰進士。）問，《孝經》，孔子之書。班氏《漢書》志云，孔子為曾子傳孝道也。但不知果夫子所授曾子所述，且出於何時。宋人極疑其為偽，故朱元晦刪改之。至元吳澄又刪改之，得毋非聖經乎。[略]

獨是分之為經傳，而刪削而移易之，則萬萬無是理者。古人無聖經賢傳之說。《道德》名經，《易·繫》名傳，並是混稱。惟鄭康成註《毛詩》有云，《小雅》十六篇，《大雅》十八篇，謂之正經。而孔氏《正義》即云，凡書非正經者，皆謂之傳。是以仲長統有云，《周禮》，禮之經。《禮記》，禮之傳。而呂東萊謂《楚辭》惟《離騷》為經，而《九辨》以下皆可稱傳。然亦不過偶然言之，未嘗竟取而分之也。而朱氏于《大學》，于《孝經》，于《儀禮》《周禮》《禮記》則直取而分之。且即分之，亦不必遽為刪改。鄭氏未嘗刪二雅，仲長氏未嘗改三禮也。而朱氏則不止分之，直取而刪之改之移易之。（古文二十二章二千零七字，朱氏改作經一章傳十四章，刪存一千五百九十五字。今文十八章一千九百九十九字，吳氏改作經一章傳十二章，刪存一千五百八十二字。其兩家各顛倒移置，不可勝計。）註經者當如是乎。

二雅三禮，非一人之書，一時之言。或經或傳，尚可分劃。《大學》《孝經》則一人之書，一時之言也。《詩》《禮》為時人所作，未必果聖人之所授，賢人之所受。故稱經不為揚，稱傳不為抑。而《大學》則聖人授之，《孝經》則賢人受之者也。夫聖人所授，賢人所受，則但為區分，未嘗改易，猶為不可，而況乎刪之改之移易之，且從而詬厲之。經七章云，先王見教之可以化民也云云，既刪之矣，且云溫公改教為孝，乃得粗通。則不改者為精不通矣。又云前段文雖非，是理猶可通。則後段文既非是，且于理為萬無可通者矣。至其曰理之悖，曰非天下之通訓。徵色發聲，處處皆是。聖言至此，何止受侮。《孝經》十四章云，非聖人者無法，大亂之道也。不知此言通否，盍亦起朱吳二氏問之。

曰，聖言何可侮，但其所刪改與其所詬厲處，則原有可疑者。經云，夫孝，天之經也，地之義也，民之行也。天地之經，而民是則之。則天之明，因地之義。此數語與《左傳》昭二十五年子太叔論禮之文相同，第以禮字易孝字，且以甚哉禮之大也易孝之大也，則似乎全襲《左傳》以為文者，或者此非夫子之言，故刪之，因有微詞，此不可謂大無理也。

如所言，則何止于此。第十二章云，以順則逆，民無則焉。不在于善，而皆在于凶德。此即《左傳》太史克曰，以訓則昏，民無則焉。不度于善，而皆在于凶德。言思可道，行思可樂，德義可尊，作事可法，容止可觀，進退可度，以臨其民。此即《左傳》北宮文子曰，進退可度，周旋可則，容止可觀，作事可法，德行可象，以臨其下。皆直用左氏文以為言，而不少避者。《論語》亦然。克己復禮為仁，則直用《左傳》古也有志，克己復禮，仁也。出門如見大賓，使民如承大祭，則直用晉臼季曰，出門如賓，承事如祭，仁之則也。即彼哉彼哉用陽虎語，不學禮無以立用孟僖子語。不特記者如此，即手自為文亦然。贊《易・乾》卦，元者善之長也，亨者嘉之會也，利者義之和也，貞者事之幹也。君子體仁足以長人，嘉會足以合禮，利物足以和義，貞固足以幹事。則全襲魯穆姜曰，元，體之長也。亨，嘉之會也。利，義之和也。貞，事之幹也。體仁足以長人，嘉德足以合禮，利物足以和義，貞固足以幹事。此其文在襄九年，夫子未生之前，豈有穆姜襲夫子言者。然而游夏見之，不以為疑。七十子之徒聞之，不以為怪。漢唐至今，並無敢有一人焉起而刪之，詬厲之。若是者何也，則以夫子之言，原與《春秋》相表裏，而非有二也。《春秋》有簡書，有策書，夫子修簡書以為《春秋》之經，左丘明修策書以為《春秋》之傳，其二書皆朝夕講求，行著習察。師以之為教，弟以之為學，不問其為何人語，而其言足述，往往取之以垂訓。蓋夫子平居口授，原自如此，故其自為文，與門弟子所為文，皆彼此一轍，而並無嫌畏避忌于其間。人苟有學，則自多見少怪者。己則無學，而反謂聖經之有未通。此在他人猶不可，而況乎註經者也。[略]

然亦有可疑者。夫孝本天地之經，而民是則之，故其教不肅而成，其政不嚴而治。是成教者孝之效也。而曰先王見教之可以化民，則其所云不肅而成，不嚴而治者，非孝之效而教之效矣。故司馬光進《孝經》時，改作孝字。朱氏所云温公改教為孝是也，然則刪之豈過乎。

聖人之言，矢口成文，無邊無幅。非如近人陋腹可量其短長，而齊其參錯。《中庸》取人，以身取人者，修身之效也。既而曰，思修身不可以不知人。則取人又修身之功矣。故此章初言孝，繼言教。而其言教，則又雜出之以德義敬讓禮樂好惡諸名，與近人之腹不合，亦思《中庸》初言人存，繼言修身，而其言修身，則又雜出之以仁道義禮事親知人諸名。向使齊其參錯，而量其短長，則《中庸》不可刪乎。司馬光本無學之人，觀其定濮議，全不識禮，瀆亂千古，今又改此字，以啟後人改經之漸，總是宋人習氣，無足道者。雖其改此字，尚有可原，以唐宗作序中有聖人知孝之可以教人也，亦是孝字。但彼是行文，此是註經。彼非述經語，此則直換經字耳。往讀《孝經》，有謂示之以好惡，而民知禁。好惡何指，予妄應之曰，好者孝，惡者即不孝也。既見邢疏而悔之。古聖人之言，彼此相仍，並無杜撰。然皆連類推及，不分主客如此。德義敬讓，禮樂好惡八字，皆他經所有。《左傳》趙衰薦郤縠云，詩書，義之府也。禮樂，德之則也。德義，利之本也。此德義之説也。《鄉飲酒義》云，先禮而後財，則民作敬讓而不爭矣。此敬讓不爭之説也。《樂記》云，先王之制禮樂也，將以教民平好惡而反人道之正也。好惡著，則賢不肖別矣。此禮樂民和好惡知禁之説也。然而趙衰言詩書禮樂，而及禮，及好惡，今言孝而必不使其及德義禮樂敬讓好惡，是取孩孺學八比之法以律聖經，小人之腹也。

宋岳珂《九經三傳沿革例·字畫》

字學不講久矣。經文非古，訛以傳訛。魏晉以來，則又厭樸拙，嗜姿媚，隨意遷改，義訓混淆，漫不可考。重以避就名諱。如操之為摻，昭之為佋，此類不可勝舉。唐人統承西魏，尤為謬亂。至開元所書五經，往往以俗字易舊文。如以頗為陂，以平為便之類更多。五季而後，鏤版傳印，經籍之傳雖廣，而點畫義訓，訛舛自若。今所校，本之以許慎《說文》、張參《五經文字》、唐玄度《九經字樣》、顏魯公《干祿書》、郭忠恕《佩觿集》、吕忱《字林》、秦昌朝《韻略分毫補註字譜》，參以毛晃《增韻》及其子居正所著《六經正誤》，其有甚駭俗者，則通之以可識者（謂如冝之為宜，𣆑之為晉之類，皆取之石經遺文），非若近世眉山李肩吾從周所書古韻，及文公《孝經刋誤》等書純用古體也。凡此者，實與同志之精於字學者逐一探討折衷，不使分毫差誤。雖註字偏旁，點畫必校，庶幾聖經賢傳，不褻於俗學之陋。當為世所善矣。

宋黄仲元《四如講稿》卷二《孟子貢助徹章周官井田》

居今思古，常患久大之法不得行。引經據古，常患因革之意不獲明。唯其不行，所以諸儒傳其意愈不明也。使法之行常如成周盛時，則無廢壞無更改，何不明之有。奈去古浸遠，田制日壞。聖經厄於煨燼，厄於毀誣。諸儒隨經以生傳，鑿傳以附經，又取雜說以亂經，此三厄矣。然諸儒自晦不足晦經，而存乎經者，未嘗一日不明，但以經釋經斯可也。

又卷六《易書詩春秋》

經者載道之書，亦論世之書。讀經者不論其世，可乎。《儀禮》非完書，樂缺逸無傳。六典或疑為莽之事，歆之文。《禮記》又雜出漢儒之采綴。且以《易》《書》《詩》《春秋》言之。子曰，作易者其有憂患乎。此一句，是易中總腦處。乾姤坤復泰否既未，陰陽迴旋，民生與焉，這是世道大憂患。伏羲先天一圖，勘破於冥冥倚伏之中，但未有文字寫出。文王繫彖辭，便思所以處天下之憂患。明夷又自處一身之憂患。周公繫爻辭，有吉凶有悔吝，又一爻有一爻之憂患。夫子十翼，觀變玩占，又是教人處憂患。學者讀《易》，反身修德，思憂防患。於乾當恒易以知險，於坤當恒簡以知阻。乾之惕厲亢悔，坤之堅冰戰野，一一是處憂患。六十四卦，皆當如此看。盡觀六畫，默參人事。泰與既濟，把做堯舜禹湯文武成康時看。否與未濟，把做春秋戰國時看。乾之姤，把做晉與三十國與唐宋五代時看。坤之復，把做秦漢隋唐交接時看。方會得環中意。[略]

秋，又一時也。六十一年間，世道大變，而春秋亦異。論而至此，《易》不必說九六，說蓍衍，說象數，須曉得世運未有純陽而無陰之時，亦未有純陰而無陽之時。氣化相禪，豈人能測。《書》不必說制度，說禮樂，說政刑，須曉得商革夏周革商，是一大盛衰。三代中間凡幾變，故又是小小盛衰，此幾至可畏也。《詩》未便説比賦興，説鳥獸草木，且看如何是二南時詩，如何是變風時詩，如何是幽厲時詩。畢竟有箇大關涉處。《春秋》未便説夏時周月，説名氏地理，且看春秋有齊晉時如何，畢竟是一大斷案。合而觀之，天地中間，治日常少，亂日常多。人事得失，趨亂常易，趨治常難。《書》之《秦誓》，即《易》之未濟也。《詩》之王風，即《書》之文侯也。《春秋》之魯隱，又《詩》之自幽王以後也。天時迭為消長，聖經更為汙隆。時之既往，億千萬年。時之未来，億千萬年。聖經無一日而不在天地間，各有生長收藏，使有通乎四經者，古今之在天地間，只一旦莫。天地終乎終，安知天地不始乎始，亦可因斯文而觀世變矣。

明蔣悌生《五經蠡測》卷三《王風揚之水章彼其之子辯》

案，此篇彼其之子，朱傳釋之曰，戍人，指其室家而言也。今詳詩意，恐非指其室家，疑指當時畿外諸侯，或入為卿士。如衛侯鄭伯蘇公祭伯凡伯毛伯之類。當受命遠戍，而方命不行，故戍人怨之，其言如此。何以言之，詩人之意，以為天下之物莫强於水。川瀆之流，勢不可遏。雖萬斛之舟，亦順流而下，况束薪乎。亦猶王室之尊嚴可畏，令出惟行。五等邦君，雖征伐大故，敢不惟命是承，况出戍小事乎。今悠揚之水，柔緩無力。至於一束之薪，亦不能流，其弱甚矣。以喻王室既卑，威令不振，彼當出戍者反强倔不行，而使我不當出戍之人，代受其勞役，則王室衰微甚矣。詩意甚明，諷詠自見。

又以國風事類考之。言彼其之子凡五。其曰邦之司直，三百赤芾，碩大無朋，公行公路。皆指一時卿大夫之有權力者。若君子稱其室家，如《北門》之室人，《東門》之縞衣綦巾，《東山》之婦嘆于室，若是而已，未見其以此等語目其室家也。又况征戍之人，初無携其室家同行之理。無故而言不與戍申，甚無謂也。若曰出戍在外，懷其室家，而為是言，則凡國風之中道情思者，莫非婦人。以君子行役在外，而述其思念之情，而聖人録之。蓋以婦人從一而終，懷念君子，乃情性之正也。至於男子之行役，而有内顧之憂者，但曰憂我父母而已。若曰憂其室家，則其情義出於私昵淺陋，不可以訓，豈聖人垂戒之意乎。其不可也又明矣。

吾朱子訓釋聖經以惠後人，後學當遵守誦説之不暇，又奚敢評論於其間哉。然萬一之中竊有所見，亦不容不明辯之，容或朱子有未改正處，亦不可知也。夫大舜，聖人也。舍己從人。朱子，大賢人也。大賢之心，不必得為在己失為在人。如九原可作，質之朱夫子，或曰生之言然。

明朱睦㮮《五經稽疑》卷五

夏四月，四卜郊不從，乃免牲，猶三望。

記者曰，成王以周公有大勛勞於王室，命伯禽世世祀周公以天子禮樂。

按，《竹書紀年》，平王四十二年，魯惠公使宰讓請郊廟之禮，王使史角如魯諭止之。以此知郊之僭，自僖公始。故《魯頌》所述，皆僖公事，其不本於成王明矣。孔子曰，魯之郊禘，非禮也，周公其衰矣。衰者，壞也。言壞周公之法也。孰謂成王盛時而遽壞周公之法乎。蓋周季諸侯不遵法軌，豈特魯也。吳越徐楚，僭而稱王，皆可推矣。不然，入春秋已歷四公幾百年，而郊祀之事不一見，何也。《明堂位》所載，出於漢儒附會，安得舍聖經而從記者之説乎。先儒張元德趙企明金吉父皆謂魯之郊不自伯禽始，亦必有所據也。

明陳耀文《經典稽疑》卷下

西狩獲麟，或云感麟而作，故文止於所起。或曰文成而麟至，以為瑞應。夫《春秋》立百王之大法，撥亂世反之正，是萬代之綱常也，而何與於麟。若云感麟而作，則使麟終不出，《春秋》不作與。使麟出於哀公之前，在十一公之間，《春秋》固遂止此與。若曰文成而麟至，以為瑞應，則安知麟之所出，端為己與。且後世亦每有麟焉，豈亦皆聖經之應與。其終于獲麟者，是時孔子年已七十一矣，越歲而孔子没，則魯史之脩宜止於此。麟非常有之物，有之，即直書之而已，固非取義於麟也。

聖人不語怪神，夫豈以茫昧不可知者而符己之事，為若是誕乎。且麟一獸耳，與人理無與，亦何足為聖經輕重也。後人不知重聖人，而以聖人借重於麟。不知重聖人之《春秋》，而以《春秋》借重於麟至，亦惑矣。故謂經感於麟，是聖人經世之書，乃因一物而起，何視經之淺也。謂麟應於經，是術家者流，幻妄之説，何誣經之深也。其曰反袂拭面，曰吾道窮矣者，此又誣聖人之甚者也。夫聖人樂天知命而不憂者也。且道之不行，已知之矣。豈必俟獲麟始知而泣乎。(《正旨》)

清毛奇齡《經問》卷四

然古氏族亦不甚分。《春秋》無駭賜展氏，以其為公子展之孫也，此賜氏也。而《左傳》稱羽父為無駭請賜族，豈氏即族與。又王符作《潛夫論》有曰賜氏以字，孟孫叔孫是也。賜氏以謚，戴武宣穆是也。而朱元晦論氏法，以謚為字字之訛。古惟以王父之字為氏，未聞以謚也，其説何如。

氏與族原無分别。東門襄仲以仲為氏，以東門為族。而《春秋》呼襄仲之子為東門氏。則族亦稱氏。晉叔向曰，肸之宗十一族，惟羊舌氏在而已。夫叔向以叔為族，以羊舌為氏。今并羊舌而族之，則氏亦稱族，故古稱以王父之字為氏，亦有稱王父之字為族者。且王符論氏法，有賜氏以居，賜氏以官之例，而不知賜族亦然。柳下惠本氏展，而以居柳下為柳下族。則族亦以居也。桓魋本氏向，而以官司馬為司馬族，則族亦以官也。故賜氏以謚，不止如王符所云。[略]

向使公羊註經，苟一觀經文仲遂之卒，則必不疑嬰齊之氏仲。苟能通觀諸經之以身賜氏，以父字賜氏，則亦必不墨守王父之字為氏一語，以貽禍後世。乃以窮理格物如朱氏，以發凡起例，推詞比事如《春秋》諸家，而夫子聖經並不一觀，然後知讀書之果無人也。

然則公孫歸父有子乎，何以不使其子後而後嬰齊，何也。

善哉問也。夫嬰齊未嘗後歸父也。當共仲在宣公朝，季氏失國政，而政在仲氏。歸父嬰齊自當同時為大夫。仲氏死，而歸父自為卿，即嬰齊之卿，或在歸父見逐之後，然必非以後歸父為名者。故左氏傳策書，並無其文，而公羊獨有之。殊不知歸父自為卿，亦自有子。夫歸父之子，即子家羈也。子家羈以大夫從昭公出亡，周旋于亡君八年之間。及其反也，季氏欲卿之，而羈乃遁去。此固春秋之賢大夫，故傳稱子家懿伯，子家子。則嗣歸父之後者，子家子也，非嬰齊也。且其氏子家者何也，正父氏也。歸父曾字子家矣，歸父以東門襄仲之子，稱東門氏。子家羈以公孫，子家之子稱子家氏，正兩代皆氏父者。是以季孫行父逐歸父，曰逐東門氏。季孫意如欲使子家羈為卿，曰子家氏未有後。是歸父氏東門，子家氏歸父，而謂嬰齊不當氏襄仲，不可也。況季孫明曰，子家氏未有後，則嬰齊並不曾為歸父後，而必待子家羈為卿，而然後後之。策書甚明，是歸父自有子，子家自有後，嬰齊並不曾以歸父為父，歸父並不曾以嬰齊為後，已有明文。乃儼然兄弟，而欲造一故事，使千載以來忽有一兄弟為父子之一節，此非聖經之禍，人倫之禍也。

又卷六

王錫問，任戊謂宣十七年蔡侯申卒，哀四年盜殺蔡侯申，豈有祖孫前後可同名者，此有說乎。

曰，前蔡侯申者，蔡文侯也。後蔡侯申者，蔡昭侯也。孔氏《正義》謂昭侯是文侯玄孫，不宜與高祖同名。周人以諱事神，兩必有誤。是既經前人舉過，而無從正明，此固不足辨者。但《史記》世家文侯申子為景侯固，孫為靈侯般，而蔡為楚所滅。至楚平王復立蔡侯廬于蔡，則靈侯弟也。乃靈侯之孫東國攻平侯之子而代立，是為悼侯。悼侯卒，弟昭侯申立。則以世次計之，為高玄。而以廟次計之，則已六傳矣。六傳，在周制諸侯五廟之外。《正義》以為事神當諱，此固不識廟制者。然且高玄廟諱亦有偶犯，如晉惠公名夷吾，一傳懷公圉，再傳文公重耳，三傳襄公驩，四傳靈公夷臯，則正在高玄五廟之內。而夷吾夷臯前後相犯，其于事神何解焉。又魯祖伯禽為始封之君，而武公名敖，亦魯世不祧宗也。《明堂位》所云伯禽之廟為文世室，武公之廟為武世室。此固世世饗祀，歷傳不毀者。然而柳下惠名展禽，慶父之子名公孫敖。若全不知有廟諱，而一一犯之。若武王發為周人共祖，一代開國，而衛有公叔發，鄭有公子發。假欲據此而謂周制不諱，則又武斷之言。然但據事神以諱一語，而遽以此繩諸經，則不必也。所謂小人之腹，必不可以度聖經，此其一也。

又問，然沈已又謂昭十一年，楚子虔誘蔡侯般殺之于申。申為地名，則此所為盜殺蔡侯申者，亦是殺之于申，而經文偶脱于字，遂致兩誤。此則既非杜撰，而反于聖經前後得通，其説何如。

曰，此總不識聖經，而必求其誤，反欲改聖經以實己説，則更誤矣。夫《史記》世家並不襲《左傳》者。即襲《左傳》，亦並不襲《春秋》經者。世家原有兩蔡侯申，則非經誤可知也。乃又欲增一于字于申字之上，以為申本地名而非人名，似乎近理，而實大謬者。《春秋》凡弑君與君卒，無不書名者。即殺與盜殺亦然。如盜殺鄭公子騑，公子發，公孫輒。盜殺衛侯之兄縶類。此在大夫猶書名，若君，則雖左右賊殺，皆以例書。如閽殺吳子餘祭類，豈有公然以盜殺來告，而無君名者。況申是楚地，即申公巫臣之邑也。蔡靈侯為楚靈王所殺，故在楚地。今蔡昭侯畏楚而已，遷蔡于州來，則在哀三年已遷在吳地矣。至是昭侯將如吳，諸大夫懼其又遷也而盜殺之，則其所殺地在吳之州來，明見經文。而妄疑殺于申，此又不讀書人所言，何足道乎。

又卷一七

《日知録》又云，僖二十四年冬，晉侯夷吾卒。杜氏註，文公定位而後告。夫不告文公之入而告惠公之薨，以上年之事為今年之事，新君入國之日，反為舊君即世之年，非人情也。疑此經乃錯簡，當在二十三年之冬。傳曰，九月晉惠公卒。晉之九月，周之冬也。

如此，則經禍起矣。《春秋》恒例，但得書列國君卒，而不書列國立君。此在十二公，全經盡然。即或弑君討賊偶一書立，如隱三年衛人立晉，此是《春秋》開卷討弑君之賊，特一及之，他無有也。若謂新君入國在所必書，則惟莊九年小白之入，魯師以納糾書之。秦納重耳于魯，何與而必告而書，此非例也。至于踰年之告，則國亂多故，並從緩赴，而乃武斷曰錯簡，吾即以僖年事質之。僖八年冬十有二月丁未，天王崩。夫天王之崩實在七年十二月。傳書閏月惠王崩是也。以周時置閏，並在十二月故也。乃踰一年而始來赴告，故傳曰告緩，此未嘗有錯簡也。今以愚意測聖經，既不解經，又不識傳。一有不合，而即欲改經以從我。焚經之禍，從此其不可問矣。言至此，吾方惴惴之不暇，何暇與辨。嗟乎，讀《春秋》者，盍亦于經文加之意哉。

又卷一八

漢孔安國專治古文，降及東晉，有高士曰皇甫謐者，見孔安國書摧棄，人不省惜，造書二十五篇，大序及傳，冒稱安國古文，以授外弟梁柳。柳授臧曹，曹授梅賾，遂獻上施行焉。自吳先生《纂言》外，並無一人為聖經之忠臣義士，豈不痛哉。

據此，則是造偽書者皇甫謐也。予曰，此又一誤也。古文本不偽，而必求其僞，且必實求一僞造之人，而必不得，于是反僞造一人以實之，而僞生矣。夫欲攻人僞，而自坐以僞，此非誤乎。一誤豈堪再誤，君勿受人誤以自誤可也。據《晉·皇甫謐傳》云，謐從姑子外弟梁柳得《古文尚書》，故作《帝王世紀》中，多載及之。是梁柳授謐，謐不曾授梁柳也。《正義》引《晉書》云，晉太保鄭冲授扶風蘇愉，愉授天水梁柳，柳授城陽臧曹，曹授汝南梅賾。則授梁柳者是蘇愉，不是謐。為梁柳所授者是臧氏，不是皇甫氏也。夫皇甫氏則焉能越鄭冲蘇愉臧曹梅賾而別作僞書以授受之矣。說書須有據，況以聖經之重大，而憑空誣罔，寃古聖古賢，寃三王五帝君臣上下，而并以寃及數世之平民，此其罪在何等，恐叛經非聖，議所難免，而反以世無聖經之忠臣義士，抱此大痛。夫梅鷟自信為聖經之忠臣義士耶。

仲彬起揖謝。次日復過予，乞《尚書廣聽録》及《辨定大禮議》去。

或言甬東袁六符好攻古文，故見予《寃詞》，頗自沮，然時時來杭，道其鄉人通洋者，每得海外書，有日本《孝經》，是仲尼閒居曾子侍坐，有千文互異。八字有尚書，即豐氏世學本。惟新羅《尚書》無《大禹謨》《五子之歌》《旅獒》《君陳》四篇，而多《舜典》半篇，在慎徽五典之前，其餘句字多不同。吉安曾弘副使，在康熙甲辰年，得其書，未經入獻而即死，遂藏于家。今將詣吉安求之。其人曾介沈生士安謁子，不値而去。予急遣沈生告其所知，幸勿為僞自為僞以僞聖經，罪當加等。上有皇天，下有后土，勿謂此中可欺也。

君鄉人豐氏，世為僞書。在明嘉靖間，曾造海外書二本，名為《古書世學》。其一稱朝鮮本者，云箕子封于朝鮮，傳書古文。自帝典至微子止，而附《洪範》一篇于其末。其一稱徐市倭國本者，云市為秦博士，因李斯坑儒，託言入海，盡載古書，至島上立為倭國，即今日本是也。二國所譯書，其曾王父河南布政司使豐慶録得之，以藏于家，而豐熙述之。實則豐坊僞為也。幸其書不攻古文，故不為大害。然而作僞之惡，漸不可長。已為世唾詬，擯斥久矣。若曾弘副使，則本鄉人所不齒，即其人亦不知何等，而可與之語此等事乎。況海外無《尚書》，在列朝記載甚明。周顯德中，新羅獻《孝經》。宋咸平中，日本獻鄭註《孝經》，並言無《尚書》本。即元祐中，求高麗百篇《尚書》，亦並言無有。甚至外國史官載中國歷求《尚書》不得，是海外《尚書》絶無影響。後有出者，皆屬贋作。行僞之徒，其亦可以廢然矣。士君子生抱才質，苟知力學，亦何事不可為，而必出于此。夫必欲出此，吾亦無如何。然何苦乃爾。

清惠棟《九經古義》卷二

或問曰，子擅《易經》字數十餘條，不幾近于僭乎。答曰，某安敢塗改聖經。但據漢魏以来數十家傳易字異者而折衷焉。思以還聖經之舊，存什一于千百耳。

宋朱熹《大學章句序》

《大學》之書，古之大學所以教人之法也。蓋自天降生民，則既莫不與之以仁義禮智之性矣。然其氣質之禀或不能齊，是以不能皆有以知其性之所有而全之也。一有聰明睿智能盡其性者出於其閒，則天必命之以為億兆之君師，使之治而教之，以復其性。此伏羲神農黄帝堯舜所以繼天立極，而司徒之職典樂之官所由設也。

三代之隆，其法寖備。然後王宫國都以及閭巷，莫不有學。人生八歲，則自王公以下至於庶人之子弟，皆入小學，而教之以灑掃應對進退之節，禮樂射御書數之文。及其十有五年，則自天子之元子衆子，以至公卿大夫元士之適子，與凡民之俊秀，皆入大學，而教之以窮理正心脩己治人之道。此又學校之教大小之節所以分也。

夫以學校之設其廣如此，教之之術其次第節目之詳又如此，而其所以為教，則又皆本之人君躬行心得之餘，不待求之民生日用彝倫之外。是以當世之人無不學，其學焉者無不有以知其性分之所固有，職分之所當為，而各俛焉以盡其力。此古昔盛時所以治隆於上，俗美於下，而非後世之所能及也。

及周之衰，賢聖之君不作，學校之政不脩。教化陵夷，風俗頹敗。時則有若孔子之聖而不得君師之位以行其政教，於是獨取先王之法，誦而傳之，以詔後世。若《曲禮》《少儀》《内則》《弟子職》諸篇，固小學之支流餘裔。而此篇者，則因小學之成功，以著大學之明法。外有以極其規模之大，而内有以盡其節目之詳者也。三千之徒蓋莫不聞其説，而曾氏之傳獨得其宗，於是作為傳義，以發其意。及孟子沒，而其傳泯焉。則其書雖存，而知者鮮矣。自是以來，俗儒記誦詞章之習，其功倍於小學而無用。異端虚無寂滅之教，其高過於大學而無實。其他權謀術數，一切以就功名之説，與夫百家衆技之流，所以惑世誣民充塞仁義者，又紛然雜出乎其閒。使其君子不幸而不得聞大道之要，其小人不幸而不得蒙至治之澤。晦盲否塞，反覆沈痼。以及五季之衰，而壞亂極矣。

天運循環，無往不復。宋德隆盛，治教休明。於是河南程氏兩夫子出，而有以接乎孟氏之傳，實始尊信此篇而表章之。既又為之次其簡編，發其歸趣，然後古者大學教人之法，聖經賢傳之指，粲然復明於世。雖以熹之不敏，亦幸私淑而與有聞焉。顧其為書，猶頗放失，是以忘其固陋，采而輯之。閒亦竊附己意，補其闕略，以俟後之君子。極知僭踰無所逃罪，然於國家化民成俗之意，學者脩己治人之方，則未必無小補云。淳熙己酉二月甲子，新安朱熹序。

又《四書或問》卷二

又曰，物必有理，皆所當窮。若天地之所以高深，鬼神之所以幽顯是也。若曰，天，吾知其高而已矣。地，吾知其深而已矣。鬼神，吾知其幽且顯而已矣，則是已然之詞，又何理之可窮哉。又曰，如欲為孝，則當知所以為孝之道，如何而為奉養之宜，如何而為温凊之節，莫不窮究，然後能之，非獨守夫孝之一字而可得也。

或問，觀物察己者，豈因見物而反求諸己乎。

曰，不必然也。物我一理，纔明彼即曉此，此合内外之道也。語其大，天地之所以高厚。語其小，至一物之所以然，皆學者所宜致思也。

曰，然則先求之四端，可乎。

曰，求之情性固切於身，然一草一木亦皆有理，不可不察。又曰，致知之要，當知至善之所在。如父止於慈，子止於孝之類。若不務此，而徒欲汎然以觀萬物之理，則吾恐其如大軍之游騎，出太遠而無所歸也。又曰，格物莫若察之於身，其得之尤切。此九條者，皆言格物致知所當用力之地，與其次第工程也。又曰，格物窮理，但立誠意以格之，其遲速則在乎人之明暗耳。又曰，入道莫如敬，未有能致知而不在敬者。又曰，涵養須用敬，進學則在致知。又曰，致知在乎所養，養知莫過於寡欲。又曰，格物者，適道之始。思欲格物，則固已近道矣，是何也，以收其心而不放也。此五條者，又言涵養本原之功，所以為格物致知之本者也。凡程子之為説者，不過如此。其於格物致知之傳，詳矣。今也尋其義理，既無可疑。考其字義，亦皆有據。至以他書論之，則《文言》所謂學聚問辨，《中庸》所謂明善擇善，孟子所謂知性知天，又皆在乎固守力行之先，而可以驗夫《大學》始教之功，為有在乎此也。愚嘗反覆考之，而有以信其必然，是以竊取其意，以補傳文之闕。不然，則又安敢犯不韙之罪，為無證之言，以自託於聖經賢傳之間乎。

曰，然則吾子之意，亦可得而悉聞之乎。

曰，吾聞之也。天道流行，造化發育。凡有聲色貌象而盈於天地之間者，皆物也。既有是物，則其所以為是物者，莫不各有當然之則，而自不容已，是皆得於天之所賦，而非人之所能為也。

宋袁甫《蒙齋中庸講義》卷一

天命之謂性，率性之謂道，修道之謂教。道也者，不可須臾離也，可離非道也。是故君子戒慎乎其所不睹，恐懼乎其所不聞。莫見乎隱，莫顯乎微，故君子慎其獨也。喜怒哀樂之未發謂之中，發而皆中節謂之和。中也者，天下之大本也。和也者，天下之達道也。致中和，天地位焉，萬物育焉。

《中庸》一書，窮理盡性至命之書也。子思揭諸篇首曰，天命之謂性。性不離命，命不離性。性命不離中庸，知中庸則知性命矣，知性命則知中庸矣。載稽聖經，語命而性存焉，語性而命存焉。舜言敕天之命，湯言上帝降衷，若有恒性。制命自天，而敕命在我。若性在我，而降衷自天。格言大訓，流傳以至春秋。劉子曰，民受天地之中以生，所謂命也。

夫苟曰受中，則謂之性，宜也。而乃謂之命，何哉。命即性也。合而言之，一也。至於孟子之言性命，則亦曰形色，天性也。又曰，知其性，則知天矣。是故指耳目鼻口四肢之於色聲臭味安佚，而曰性也。又繼之曰，有命焉。蓋謂天命一定，凡所謂貴賤貧富生死壽夭，莫不各有定分。而色聲臭味安佚，雖人之所同欲，然有得焉，有不得焉，非命然耶。苟制於命矣，則不專於性也。性不可離命而言也，指仁義禮智天道之於父子君臣賓主，賢者聖人而曰命也，又繼之曰有性焉。蓋謂天性在我，則仁者必壽，大德者必受命。而所謂仁義禮智天道，乃吾性之所固有耳。既謂之性，則不專於命也。命不可離性而言也。孟子所以反覆言此者，誠以性不離命，則當聽其在天。命不離性，則當盡其在我。聽其在天者，即我也。盡其在我者，即天也。堯曰，咨爾舜，天之曆數在爾躬，允執其中。中豈在曆數之外哉。在爾躬者，豈非即其在天者哉。若曰惟聖人能然，而常人不能然，獨不思人人皆有天命之性，天與我同一太極也。元命自我作，哲命自我貽。天命自我度，天固在我也，豈蒼蒼者爲天耶。此性命之道也，此中庸之道也，此窮理盡性以至於命也，皆人所固有也，皆人所可爲也。率性之謂道，率，循也。循性而行，即中庸之道也。[略]

子曰，舜其大知也與。舜好問而好察邇言，隱惡而揚善。執其兩端，用其中於民，其斯以爲舜乎。

知上加一大字，舜心太虚也。太虚澄然，故聰明。舜心太虚，故大知。人誰肯下問於人，誰肯察淺近之言。舜則中心篤好，略無秋毫有我之私，非大知乎。大知照臨於上，惡固無所逃，舜則消伏融化，而泯然不見其迹。天下之善，孰加於舜。舜則樂取諸人，而惟恐推揚之不至，非大知乎。大知即中也。何以見其爲中。上章言，知者過之小，知故耳。大知無過，亦無不及。舜性之也，性即中也。問察隱揚，順乎天則。人己兩盡，善惡兩融。中可知矣。天下萬事皆有兩端。且以權衡言之，有輕有重，則有輕重之間。輕重之間，固中也。輕重兩端，亦各有中也。舜執兩端，用中於民，其執衡用權之謂乎。聖經互相發揮，堯舜言執厥中，得夫子執兩端之語而明，得孟子執中無權猶執一之語而尤明。舜不執一，所以爲大知也，所以猶太虚也。太虚無物，而陰陽互用，密莫加焉。大舜無爲，而審度兩端，精莫甚焉。惟精惟密，乃融乃一，是爲中庸，是謂天命之性。故夫子復贊美之曰，其斯以爲舜乎。

又卷四

唯天下至聖，爲能聰明睿知，足以有臨也。寬裕温柔，足以有容也。發强剛毅，足以有執也。齊莊中正，足以有敬也。文理密察，足以有別也。溥博淵泉而時出之。溥博如天，淵泉如淵。見而民莫不敬，言而民莫不信，行而民莫不説。是以聲名洋溢乎中國，施及蠻貊。舟車所至，人力所通，天之所覆，地之所載，日月所照，霜露所隊，凡有血氣者，莫不尊親，故曰配天。

此反覆贊詠聖人與天地爲一處。自古聖人者，首曰聰明，亦曰智勇，亦曰睿聖。臨莅天下，非聰明睿知，則何以照燭萬微，鼓舞羣動，此所謂生知天縱之資，非可以學而能也。故謂之至聖。腦頭上將一聖字貫下面數句，所謂有容有執有敬有別，皆從聖字來。寬裕温柔發强剛毅齊莊中正文理密察十六字，如何兼得，而聖人乃備於一身。聖人非於用柔之時，曰，吾不可不寬裕温柔也。於用剛之時，曰，吾不可不發强剛毅也。以至齊莊中正文理密察皆自然中節，非有意爲之。若使一毫有意，即不是中庸，即不是聖人。聖人所以不可及者，如一元之氣運行周流，春自然和，夏自然暑，秋自然涼，冬自然寒。正所謂錯行代明，正所謂並育並行。聖人之盛德，惟一時字可以形容。故孟子曰，孔子，聖之時者也。然所謂時者，豈有意爲之哉。天無意，聖人亦無意。其容也自然并包，其執也自然不動，其敬也自然安安，其別也自然井井。是四者循環無端，不可窺測。聖德至大，故謂之溥博。聖德至深，故謂之淵泉。聖德無所往而不在，故謂之時出之，此所謂聖之時也，此所謂中庸之妙也。學者不善讀書，但見齊莊中正有一中字，不知讀聖經者當領會言外之意。事事皆有中，微有間斷，則何緣能溥博淵泉而時出之。不至於聖之時，則何緣有臨矣而又有容，有容矣而又有執，有執矣而又有敬，有敬矣而又有別。源源乎如是其不窮耶。《易》所謂窮神知化，孟子所謂大而化之，此聖人之時也，此中庸之至也。

元陳天祥《四書辨疑》卷八

周有八士，伯達伯适仲突仲忽叔夜叔夏季隨季騧。

註，或曰成王時人，或曰宣王時人。蓋一母四乳，而生八子也。然不可考矣。

四乳之説，經中本無，今人又分兩説。有説四箇乳爲四乳者，有説四産子爲四乳者。一身四箇乳，四産生八子，事皆怪異，不當贅於聖經。成王時人，宣王時人，亦無實據。荒妄之傳，皆不可取。

元袁俊翁《四書疑節》卷五

經何以不曰平天下，而曰明明德於天下。

《大學》一書，先儒嘗以三綱領八條目釋之，章旨固昭如矣。然明明德一語，尤為此書一大統會。明明德者，固明在己之明德。新民者，所以明在人之明德。止至善者，又言明在己在人之明德，皆當止於至善也。八莭目之中，脩身以上，明在己之明德也。齊家以下，明在人之明德也。故經文首舉八莭目，謂古之欲明明德於天下者，正以見下文八莭目皆出於明明德之事，特其間不能不微有人己之間耳。先儒釋之曰，明明德於天下者，使天下之人皆有以明其明德，斯言蓋盡之矣。或者，疑此不曰平天下，而曰明明德於天下，明明德乃為己之學，於天下何與焉。吁，此本無足疑也。前言在明明德者，雖曰明在己之明德，而在人之明德亦在其中。此言明明德於天下者，正言明在人之明德也。豈特平天下為然哉。治國齊家，無非所以明在人之明德也，此乃聖人言外之意，自可以類推。己倘使天下之人皆有以明其明德，則人人親其親，長其長，而天下平矣。此雖不以平天下言，而平天下之道實出於此。故傳文嘗舉所謂平天下在治其國者，正所以經傳互相備也。雖然傳舉平天下者，特舉其致治之效。經言明明德於天下者，直舉其出治之本。舉出治之本者，其旨深。舉致治之效者，其旨淺。此其為聖人賢人之言與，不然，聖經先賢傳發之久矣。

又《四書疑節》卷七

君子之於物，愛之而弗仁。仁者愛之理，岐而二之，何耶。

此章大旨，重在於論君子行仁之有等差耳。章首自物而民以遡言之，由輕而之重。章末乃自親而民，民而物，以順言之，由近以及遠，無非所以論行仁之事也。先儒嘗謂統而言之，則皆仁。分而言之，則有序。斯言為得之矣。論者安可遽摭此一語而為之疑。要之，仁者，愛之理也。聖經賢傳，凡以仁專言者，仁固足以包愛。以愛專言者，愛亦足以見仁。其與仁愛相貫言者，仁為體而愛為用。此章乃以仁與愛次第言者，愛為淺而仁為深耳。謂其岐而二之，不可也。況此章，豈特曰愛曰仁之有淺深哉。於民也，仁之而弗親，則親又深於仁矣。合而言之，曰親，曰仁，曰愛。皆此仁也。論者但知親親為仁之本，則知仁民愛物皆仁之推。果可謂愛自愛，而仁自仁，徹上徹下即親親仁民愛物，三者一以貫之，斯可與言仁矣。

又《四書疑節》卷一〇

或問禘之說之於天下，如指諸掌。《中庸》又言郊社禘嘗，治國如示諸掌。則豈特於禘為然哉。

聖經賢傳之間，其有章旨同而事目異者，惟當究其理之同，而不必較其事之異也。

又《四書疑節》卷一一

狎大人藐大人同異。

聖經賢傳之論大人者有二。有以德言者，有以位言者。《魯論》所謂大人以德言，可也。以位言，亦可也。《孟子》所謂大人，專以位言，明矣。或謂夫子以狎大人為小人之事，而孟子乃曰說大人則藐之，何歟。吁，二大人之同耶，否耶，姑勿辨。止以狎與藐而辨之，則知君子小人之所異矣，何則狎者，玩之之謂。有心於陵之也。藐之，輕之之謂，特無心於懼之而已。是豈可以概論哉。彼小人者，以天命為不足畏，以王法為不足懼，以人言為不足恤。志悍氣驕，陵蔑公上，其狎玩也如此。鄉黨自好者不為，而謂賢者為之乎。此誠小人無忌憚者之所為也。至於藐之云者，不過樂其道而忘人之勢，彼富吾仁，彼爵吾義，吾何慊乎哉。當進言之頃，勿視其巍巍然，則庶乎志意舒展，而言語得盡，初豈誠若小人之狎哉。曰狎曰藐，旨自不同，正不必合二書而為之疑也。抑嘗論之，藐之為義，於小人之狎固不侮，然於君子之畏，得無異乎。吁，君子之畏大人者，平日守身之常法。說大人則藐之者，一時進言之達權，不說則不藐也。

又《四書疑節》卷一二

誠意誠身同否。

誠者，真實無妄之謂。凡聖經賢傳之所謂誠，同此道也。《大學》以意言，《中庸》以身言，特其工夫不免有淺深之間耳。何則，意者，心之所發也。自其心之所發，既主於誠，由是而正心，由是而脩身，然後可及於齊家，則誠意之工夫，其用力尚淺也。至於誠身云者，直指其身之所履而言，由是而順乎親，即所以齊其家。是則誠身之工夫，其用力較深也。然其用力淺深雖有淺深之間，而其成效則二者實相為之後先。世固未有意不誠而能誠其身者，亦未有身既誠而不誠其意者。要之誠身本自誠意入，誠意者，始條理也。誠身者，終條理也。誠身乃學者之極功，誠意乃學者之先務。且《大學》誠意自致知始，《中庸》誠身自明善始。明善蓋出於致知，致知即所以明善，其本一而已矣。究二書所以言誠者，慎獨乃其大要。此又學者不可不察。

元史伯璿《四書管窺》卷二

《集註》正欲發明曾子所見之真者以示人，故力以忠恕為聖人之忠恕耳。至於門人之所曉者，不過盡己推己之事。忠恕之正名正位，即《中庸》所謂違道不遠者是已。特一貫忠恕之似者，本非曾子所見聖人之忠恕，又何必於此言之乎。若以為《論語》之忠恕即《中庸》違道不遠之忠恕，則又只說得門人所曉之似者，曾子所見之真，何由而明哉。然則《遺書》之言，非歟。曰，觀程子引大本達道天道人道之言，皆不用《中庸》本文之旨，則此言又何可以辭害意乎。況朱子於程子之言，有足其所未備者，有缺其所未安者，大抵務欲不失聖經之旨而已，固未嘗泥也。雙峰謂其於前人語意猶看得未盡，為高明精密之累者，愚謂其只欲學者尊己，不肯為朱子下，此之謂也。其實《集註》欲發明曾子所見以示人，則《遺書》此語豈容於不刪哉。[略]

事父母幾諫章，《發明》引張氏說，以幾諫為諫。於未著，又引饒氏說，以不違為且順父母意思，不可與之違逆。《發明》自謂，南軒雙峰，不妨自為一說。

按二說皆語録之所不取，《發明》又引之，何耶。大凡說經貴得其旨，得其旨，則一說足矣。兼存異說，衹惑人耳。若以為有補於世教而取之，則當自為書，不必附在聖經之後也。

又卷五

饒氏又謂《集註》不曾把思做立其大者，却謂有以立之，則事無不思如此，則又先要做立底工夫，又做敬上去了。然此章在思而不在敬。箴中敬字，是范氏意，非孟子意。

雙峰惟以此天之所以與我一句不須合三者說，故如此見爾。殊不思《集註》之意，不過以為不從耳目而從心，便是立其大者。立其大者，便是事無不思。孟子之意雖在思不在敬，然能思，則敬在其中。《集註》亦只順孟子之意釋之耳。蓋非敬則不能思，孟子雖不說，學者則不可不知也。范氏之意，又豈有悖於孟子之意者哉。愚按雙峰之說，止於此篇觀其於四書中所見不同於朱子者，十居其九，豈朱子十無一得，雙峰十無一失。如是其懸絶耶。不過雙峰平日務欲自立門户，不肯為朱子下，故其門人承其風旨，往往皆逢其師之私心，以求《集註》之瑕疵，以啟雙峰之立異。雙峰亦是騎虎之勢，不肯默然自謂無説，所以雖無可説處，亦千方百計尋一異説以高於朱子，其意亦未必自謂可以取信於來世，不過但得門人一時尊己過於朱子足矣。但其門人率皆無見，不能辨别，惟有翕然尊信，輯而録之，以傳於後。遂為聖經賢傳無窮之窒礙，誠可痛也。愚每於其似是而非之所在，雖不能洞見而盡識，然亦有灼然知其不然者，未嘗不為朱子憤悒而不能自已也。是以不顧僭妄，而時與之辨白。知我罪我，未暇顧也，惟同志其裁正之。

明吕柟《四書因問》卷一

蘄嘗與諸友以《大學》聖經請教於先生，先生曰，此孔門切實之學，於學者極有力。諸生宜心驗身體，庶其有得。蘄佩服之，每於日用切己處觀省，真有渙然如醉之得醒者。而二三士友尚不免有疑，或舊有所執着，甚至窮辨，蘄遂述先生教言，以與二三友共紬繹焉。

夫《大學》之道，雖有三言，實重於明明德。蓋新民，亦明德以新之也。止於至善，則明德以新民之極也。知止而後有定，至則近道矣。特舉兩知字為言者，明學以知為先也。古之欲明明德於天下至國治而後天下平，則詳其中之條件，示學者以用力之地，惟在先知明德之至善也。觀明明德於天下一言，可見其格物云者，格，窮至也。物，事理也。程子所謂至，其理也。即日用間身之所值，事之所接，念慮之所到，切思其理而不為泛焉之思，則凡物之理，皆會於吾心之良知，知其有不致乎。其有以正訓格，謂正其不正以歸於正，似矣。獨不可以言正心矣乎。

明趙南星《學庸正説》卷上

《康誥》曰克明德章。

《大學》傳之首章，釋明明德意，謂道有統會，學有淵源。聖經首言明德，非始於孔氏也。《康誥》曰，克明德。蓋人之所得乎天而無少不明者，德也。人皆有之，但氣稟拘之於前，物欲蔽之於後，而不能無所昏焉。惟此文王緝熙敬止，能明其德，而有以全其本然也。《太甲》曰，顧諟天之明命。蓋天之所以與我，而我之所以為德者，明命也。人皆得之，但靜焉不知存養，動焉不知省察，而不能無所失焉。惟此成湯日新又新顧此明命，而不離於須臾也。至於帝典又曰，克明峻德。蓋德之在人，本至高大也。人皆有之，惟昏於物誘，衹見其卑小耳。惟帝堯也，欽明文思，允恭克讓，不以一毫私欲自蔽，故廣大高明，適得吾體也。觀於《書》之所言是由近，而我周之文王遡之而成湯，又遡之而帝堯，同得此明德，以為我則同明此明德，以成其為我。就其所本有者，而不使之汨。即其所本明者，而不使之昏。帝之所以稱聖，王之所以稱明，務之為學術，衍之為道脈，皆不過自明其德耳。世代綿邈，若其親相授受，豈非萬古此明德，千聖此自明哉。

清《日講四書解義》卷一《大學》

所謂脩身在正其心者，身有所忿懥，則不得其正。有所恐懼，則不得其正。有所好樂，則不得其正。有所憂患，則不得其正。心不在焉，視而不見，聽而不聞，食而不知其味，此謂脩身在正其心。

此一章書，是釋經文正心脩身之義。曾子曰，聖經所謂脩身在正其心者，蓋言身以心為主宰。身之不脩，皆由於心之不正也。心當未感之先，湛然無物，原無不正。一有所著，則失湛然之初，而不得其正矣。如心著於怒而有所忿懥，則此心為忿懥所動，而不得其正。如著於畏而有所恐懼，則此心為恐懼所移，而不得其正。如著於喜而有所好樂，則此心溺於好樂而不得其正。如著於憂而有所憂患，則此心苦於憂患而不得其正。蓋忿懥恐懼好樂憂患，皆人心之用所不能無，若事來順應，而不失其當然之則，是心雖嘗用而未嘗不正也。但一有所則欲動而任其所之，情勝而莫能自主，故曰不得其正，心不正，而身豈有能脩者乎。故心者，身之主也。必常存於內，不使外馳，而後衆體奉職，無有弗當。若心有所著，便為牽引而去，是心不在矣。心既不在，即尋常日用之間，俱茫昧而無主。故目雖視也而不見其色，耳雖聽也而不聞其聲，口雖食也而不知其味。蓋視聽與食，身為之也。見聞知味，則心主之也。心一不在，而一身之中，即其至切至近者而已各失其職如此，則欲身之脩，豈可得乎。是知不能正心者，斷不能脩身，經文所謂欲脩其身先正其心者，正以此也。蓋心本虛明，而為物欲所引，遂莫能自主，以此而欲表建儀型，裁决庶務，烏乎可哉。故有天下國家者，欲正心脩身以為出治之本，則靜而存養，動而省察，殆時時無容自寬者矣。

又卷二〇《孟子》

孟子曰，王者之迹熄而詩亡，詩亡然後《春秋》作。晉之乘，楚之檮杌，魯之春秋，一也。其事則齊桓晉文，其文則史。孔子曰，其義，則丘竊取之矣。

此一章書，見君父大義宜明，而《春秋》聖經當重也。孟子曰，道統之傳，禹湯文武周公，而後其孔子乎。孔子之功，莫大於《春秋》。《春秋》何為而作也，蓋自周室東遷，政教號令不及於天下。王者之迹熄矣。王迹熄，而禮樂征伐不自天子出，於是《天保》以上，《采薇》以下，諸詩俱亡。詩亡，而邪説暴行熾然於天下。孔子懼，《春秋》乃作焉。其先，晉之史曰乘，取載當時行事也。楚之史曰檮杌，取記惡懲戒也。魯之史曰春秋。春秋者，史官記事必表年以首事。年有四時，故錯舉以為所記之名也。未經聖筆，春秋亦乘與檮杌之類而已。其為記事之書，一也。蓋其事則齊桓晉文等會盟征伐之事，其文則當日史官記事之文。若夫因史官之文加以筆削，使君臣父子之大倫昭如日月，而亂臣賊子莫不懼而自返，遏人欲於横流，存天理於既滅，此則《春秋》之義也。孔子曰，其義則丘竊取而裁定之矣。孔子非君非相，當禹湯文武周公之後，而續道統之傳，其勢尤難，其功尤偉。匹夫而為萬世師，豈偶然哉。按，孔子於六經，或刪或贊，皆述也。惟《春秋》言作，為史外傳心之典。而後世乃有詆為斷爛朝報，經筵不以進講者，其得罪聖門可知已。

清胡渭《大學翼真·凡例》

《翼真》一書，本非欲為講義而作，蓋以古本出自《禮記》，多有錯簡。明道伊川並有改本，尚未有定論。自朱子章句成立於學官，始為不刊之書，而後人猶或非之。則以《大學》本無闕文，又不應作補傳也。於是有崇信古本以為不分經傳者，於本經亦無害。至有割聖經知止二節，合聽訟章為格致傳者。又有移淇澳章置誠意章之前，以明格致之義者。使《大學》之書如廬山之横看成嶺側看成峰，遠近高低所見各異。而《大學》之真面目幾不可識矣。

是書之作，欲為《大學》重開生面也。所更定者，唯合《康誥》《盤銘》為一章，標格致義於邦畿章内安頓，此謂知本二句於止於信之下，如是而已。然而向之疑為衍疑為闕，因而割裂推移者，今已頭不欠尾不剩，渾然天成，毫髮無恨矣。是書之作，實由於此。至誠意章後，不過博採諸家，折中朱子，以成此書。非作書本意所重。

又《大學翼真》卷三

朱子改本。

今立於學官，人皆習之，故不復具列。按朱子更定古文之錯簡，三移而已。移此謂知本，此謂知之至也二句，於聽訟節後，一也。移詩云瞻彼以下二百九十九字，上接聖經，二也。移之中又有移焉。以淇澳烈文二節移在止於信之下子曰聽訟之上，三也。必誠其意，接所謂修身至終篇，悉依古本。即二程所定之治平章，亦皆不從。千古卓識，更無可議。較之二程改本，亦可謂不涉安排，漸近自然矣。唯補傳為昔人之所疑，而此謂知本二句安頓，尚未得所。輒敢以管見相參耳。

又卷四

觀《章句》物格知至則知所止矣云云，則此節為申知止節，了無可疑。自近世有從饒氏之說者，以此節為順推功效。有宗《或問》之說者，以此節為覆解上文。而《章句》之本旨晦矣。於是有移知止物有二節以為格致之傳者，決裂聖經，為害非小。唯雨蒼說得分明，不但董氏之改本可以永廢，即朱子之補傳亦可不用。蓋格物致知與止至善一滚，釋在邦畿章内，元無闕文，無待於補也。

清陸隴其《松陽講義》卷一

《章句》解至善，只云事物當然之理，是就萬殊處説，未嘗就一本處説。不過明新皆要無過不及，到恰好處而已。《大全》玉溪盧氏乃曰，至善乃太極之異名，而明德之本體，得之於天，而有本然一定之則者。至善之體，乃吾心統體之太極，見於日用之間，而各有本然一定之則者。至善之用，乃事事物物各具之太極也。此解得太深，非聖經指點初學之意，與朱註乖違。

又《或問》以至善為明德新民之標的，是以準的言，不是以究竟言。故李敬子問至善，乃萬理明盡，各造其極，然後為至。朱子答曰，至善是自然的道理，如此説不得，見於《文集》。《淺説》乃曰，以之為標的，以之為歸宿。曰歸宿，則是要其極至者而言，看作《中庸》不顯篤恭《孟子》大而化之境界矣，亦與朱註乖違。至若王陽明謂至善是心之本體，又曰至善只求諸心，心即理也，指心為善，更屬亂道，不足論矣。[略]

《康誥》曰克明德章。

這一章釋經文明明德。曰德，曰天之明命，曰峻德，即是經文明德二字。曰克明，曰顧諟，即是經文上一箇明字。論明明德工夫，只經文上一箇明字足了。《康誥》帝典，卻加一箇克字，可見此德是人所同得。然能明者常少，必如聖人一毫不為氣稟所拘，一毫不為人欲所蔽，方纔能明，一點因循不得。《太甲》又換一箇顧字，可見此德是不可須臾離的。必心常主敬，立則見其參於前，在輿則見其倚於衡，方纔能明，一點放肆不得。至於《太甲》變明德為天之明命，以見此德之原於天。帝典變明為峻，以見此德之極其大，而總之是不可不明的文。湯堯，是有治天下國家之責者也。具所稟之資不同，所遭之遇不同，所行之事不同，而皆汲汲於自明其德，與經文之言若合符節。然則明明德，其可或緩哉。未有德不明而可以講經濟講事業者也。但有一説，這箇明德要看得他尊重，又要看得他平常。這箇德，不是杳冥昏默的物事，只在日用動靜語默之間。仁敬孝慈信，是此德之名目。身心意知物，是此德之所寓。格致誠正修，是此德之所以明。看聖經賢傳，説得何等切實。後來子思更説得好，將這箇明德改作《中庸》二字，其發明《大學》之意，尤為明白。真是得曾子之傳者，學者切不可因聖賢尊之曰明曰峻，便認作一件奇奇怪怪不可捉摸的東西。所可怕者，只是氣稟人欲這兩箇關最難打破。能破得此二關，直做到大聖大賢極明極峻的地位，也不是難事。

又《松陽講義》卷四

子貢曰，貧而無諂章。

這一章重在義理無窮之意。子貢偶因論貧富而及之，夫子不覺有味乎其言，而極口贊嘆，記者因取而記之，以鼓厲天下之學者。大抵人之學問不進，都因矜而自足，怠而自止，不知義理之無窮，而安於小成。所以入室登岸之人，不能多。覯子貢一日與夫子偶論貧富，子貢之意，以為天下之貧者，常易諂，氣歉而為卑屈也，而有無諂者焉，則貧不至於濫矣。天下之富者，常易驕，氣盈而為矜肆也，而有無驕者焉，則富不至於溢矣。若而人者，豈非不囿於流俗，不汩於勢利者乎。士如是，可謂賢矣。夫子則以為貧而無諂，猶知有貧也，豈若忘其貧而但見其樂者乎。富而無驕，猶知有富也，豈若忘其富而但見其好禮者乎。樂非因貧而始生也，不以貧而改其樂。禮非富而始好也，不以富而易其好。加於無諂無驕者一等矣。此但就貧富上見其淺深之分如此耳。子貢因想，人之學問皆如此，不特貧富一端也。遂恍然於《淇澳》之詩，所謂如切如磋如琢如磨者，人之學問如治骨角玉石一般，有切磋之境焉。初入門下手工夫也，有琢磨之境焉。已精而益致其精也，由淺而深，由生而熟，愈進而愈妙，皆如此處貧富矣。子貢於此蓋見義理之無窮，而有欲罷不能之意，故其一生不敢自怠，不敢自足。聞文章矣，又進於性與天道。多學而識矣，又進於一貫。其皆得力於此。與夫子之由志學以至從心，孟子之由善信以至聖神，皆是這個光景。子路升堂而未入室，不忮不求，而終身誦之，皆由不知此。夫子所以深喜其言，而不覺贊嘆之曰，賜也，始可與言詩已矣。告諸往而知來者。處貧富之道，是所已言者也，往者也。切磋琢磨，是所未言者也，來者也。告往知來，觸類旁通，如此，其於詩也何有。是雖贊其善，悟其實，則深有味乎切磋琢磨之一言。猶曰雍之言然云耳。

通一章觀之，前言處貧富之道似是一事，中言義理無窮似是一事，末言讀書能擴充而用之，不止泥文求義，又似是一事。然義理無窮，一意是一章之主，記者特恐學者忽之，而詳記其前後之語耳。他日曾子傳《大學》，亦取以釋經文。止至善，蓋是聖門相傳切要之語。學者所當反覆玩味也。今日吾輩當思聖賢所謂切琢是何等工夫，所謂磋磨是何等工夫。若不將聖經賢傳熟讀精思，身體力行，循序漸進。止將一生精神用在幾句濫時文上，是未曾切琢，何論磋磨。在聖賢，只要用得磋磨工夫，尚且憤忘食樂忘憂，吾輩方從切琢做起，不是人一已百人十己千，安能長進。須要弩力，切勿將聖賢一段喫緊為人之意，作閒話看過了。

清毛奇齡《論語稽求篇》卷一

包註，德者無為。此漢儒攙和黃老之言，然尚有馬鄭向歆輩以師承儒術挽回其間。至魏晉而浸淫矣。何晏異學，本習講老氏，援儒入道，況出其意見以作《集解》，固宜獨據包説，專主無為。而程朱二氏，自命醇儒，乃亦從而和之，豈洛閩諸儒，果壽涯麻衣華山道者之徒與。

按《晉書》武帝作耕藉詔有云，朕思與萬國以無為為政。此一語，實當時儒臣變亂儒説，參易聖經，大啟惠帝荒政及清談虛無神州陸沉之漸。今就經解經，絶無參易，又何可使西晉異學，復肆變亂。如此為政以德，正是有為。夫子明下一為字，則縱有無為之治，此節斷不可用矣。況為政，則尤以無為為戒者。《禮記》哀公問為政，孔子曰，政者，正也。君為政，則百姓從政矣。君之所為，百姓之所從也。君所不為，百姓何從。則此一為政明曰必有為，明曰必不可無為。夫子此言，若預知後世必有以無為解為政者，故不憚諄諄告誡，重言叠語，而註其書者必從而盡反之，何也。《論語》與《禮記》，皆夫子没後，七十子之徒所作。故《大學》《中庸》出自《禮記》，若《坊記》《表記》《儒行》《哀公問》諸篇，則實與《論語》相表裏者，乃聖門弟子所記如此，晉宋諸儒所註如彼，孰是孰非，必有能辨之者。

又卷三

又按，桓帝時使蔡邕書十三經刻石立鴻都門，觀者日車以數千輛，而左氏在焉。假使當代偽書，誰甘尊之與聖經同列如此。至唐開元二十五年，敕舉進士者試大經。註曰，唐以《左傳》為大經，三言為一帖。夫既名之為經，而又曰大，則《左傳》在唐時已尊過他經。即有談氏趙氏之疑，亦祇謂作經者與《論語》所引人時世不類，或是二人。非謂《左傳》非經，且非謂《左傳》非左丘氏作也。

若其所舉秦官秦臘，以斷其為秦後之書，則大不然。秦自非子受國，在周孝王朝，傳世十餘君，而入春秋。然則未有春秋時，已先有秦矣。人第知秦孝公時始有不更庶長之號，惠王十二年始有臘名，遂謂虞不臘矣。秦師敗績，獲不更女父以至秦庶長鮑庶長武帥師。及晉戰于櫟，皆為秦後之書之案。則試問，秦之稱臘，稱不更，稱庶長，畢竟創于何公，起于何世，更制于何年何人之論與議，而茫然無據。但以所見之日為始，則安知其所立名不更先于所見者，而以是為斷，是殷助始《孟子》，太宰司敗始《論語》也。

又卷五

子騫，閔損字，夫子似不宜以字呼弟子，故近説書家有謂孝哉閔子騫一句，正是人言，而夫子述之。謂孝哉一言，人與其父母昆弟俱無間然。初聞之甚以為當，且呼字亦有謂。但人不間言謂是父母兄弟稱其孝友，而人無異詞，此係朱註新説，從來不如此。以朱子新説而又襲之解首句呼字之意，則新之又新，反于聖經嘉嘆門弟子大旨，涉于佻巧，恐未必然。

按，不間句有二説。後漢陳羣係陳仲弓之孫，其釋此有云，閔子行孝，動靜盡善。人于其父母昆弟間所言，無可非間。此言閔子言善，人自服之。此一説也。又范升九歲能通《論語》，其奏記王邑有曰，升聞，子以人不間於其父母兄弟為孝，臣以下不非其君上為忠。劉昭註，此謂閔子行孝，父母昆弟皆化之，故人無毀言，此又一説也。據《韓詩外傳》稱閔子後母曾虐視閔子，父欲出母，而閔子留之。其于父母昆弟間，不無可議。故舊解如此，陳氏數世孝友，范升一代儒術，其兩説雖不盡同，然俱有義理。不然，只一言字，亦知其所言何事，而曰無異詞，是必加以稱其孝友四字，則又添出矣。從來人無間言，皆作非間解，無作間異解者。善無異詞，惡亦可曰無異詞，是必上文先有善惡大意，而後可以無異承之。若空言無間，則假如禹無間然，可曰無異然乎。今人熟于朱註，急難理辨。試平心探討，未有不呀然驚廢然返者。此不可有先見存也。故細繹《集註》，或庶如俗説以孝哉一句屬之人言，則下無異詞，不必添出，特佻巧耳。

又《四書賸言》卷四

解經最忌添出，添出則反竄聖經而曲就己説。古所稱抄詞，有明戒矣。且經有添字而反不通者，如司馬牛問仁章。為之難，言之得無訒。本言為仁極難，無暇言説，原自了了。且此難字，正與仁者先難可以為仁矣，可以為難矣，俱有關會。解者添曰，必存心故行事難，行事難故言不妄發。則以為字作行事解，已叵通矣。且本文兩句祇以難行釋訒言之故，而解者必添以存心釋難行之故，使兩句一層，忽改而作四句兩層。致為之難一句題學使試蕭山童子，滿場千餘卷，既似為仁，又似為事。既似存心難，又似為事難。既須以為事應存心，又當以存心起言訒，心事糾纏，存難轇轕，欲求一字之通，難矣。

清閻若璩《四書釋地又續》卷上

余因有感黄楚望之經學，以積思自悟為主，以自然的當不可移易為則。其言曰，聖經興廢，上關天運。苟有悟，輒自以為天開其愚，神啟其祕者。此誠願與天下士交勉之哉。

又卷下

臧武仲以防節。

黃蘊生以防求為後於魯一節文，起講云，昔魯之臣有得罪以死，而仍為之立後者，叔牙是也。有得罪以奔，而亦為之立後者，臧紇是也。是兩者皆成於季氏，而武仲之事則尤有可論焉。可謂能自斷案。

然按，公孫敖以淫奔，而魯人立文伯。文伯者名穀，敖之長子也。猶可解曰此成於襄仲也。若叔孫僑如出奔齊，召叔孫豹於齊而立之，非季文子乎。臧昭伯從公伐季氏，不克而出奔，乃立臧會，非季平子乎。祇緣起講尺幅狹，不容如《春秋》之屬辭比事，歷歷陳之，故僅取上二事。

黃蘊生郊社之禮二句文中，比云郊之禮有二。正月行之為祈穀，十一月行之為報本。按仲夏之月大雩帝，非又一祈乎。季秋之月大饗帝，非又一報乎。不皆於郊行之乎。參以陳用之言，古歲祭天者四。《詩序》曰，春夏祈穀於上帝。又曰，豐年秋冬報，則春祈穀。左氏所謂啓蟄而郊，是夏祈穀。所謂龍見而雩，是秋報。《月令》所謂季秋大饗帝，是冬報。《周禮》所謂冬日至於地上之圜丘，是凡此正祭也，二為蘊生之所及，二為余之所補。

對云，社之禮亦有二。后土之祭在北郊，社稷之祭在國中。按，王為羣姓立社曰大社，王自為立社曰王社。王社所在，先儒或謂在大社之西，或謂在籍田。參以陳用之言，王與諸侯之社皆三。其二社所以盡祈報之誠，其勝國之社所以示鑒戒之理。是社亦有四，二為蘊生所遺。想當日蘊生博雅，寧不記憶及此。祇緣中比尺幅有限，故只得各以二事立義，其體使之然也。善乎魏冰叔有言，八股之法，病在於排比有定式。夫題之義理，有博衍數十端，然後足以盡者。有舉其一端，扼要而無遺者。今必勒為排比，則是多端者不可盡，而得其一說而畢者，必將强為一說以對之。其對之又必摹其出比之語，斤斤然櫛句比字，而不敢或亂。以之而譯聖經賢傳，其陋可知。故愚嘗發憤嘆息，時文之法不變，而謂其不枉人之材，壞人之學者，吾不信也。

宋陳暘《樂書》卷一一〇

荀卿言，縣一鐘。《大戴禮》言編縣，一言特縣。鐘磬如此，則編鐘編磬亦可知。豈非金石以動之，常相待以爲用乎。由是觀之，鐘磬編縣，各不過十二，古之制也。漢之服虔，以十二鐘當十二辰，更加七律，一縣爲十九鐘。隋之牛洪論後周鐘磬之縣，長孫紹援《國語》《書傳》七律七始之制，合正倍爲十四。梁武帝又加濁倍三七爲二十一。後魏公孫崇又參縣之合正倍爲二十四。至唐，分大小二調，兼用十六二十四枚之法，皆本二變四清言之也。蔽於二變者，不過溺於《國語》《書傳》。蔽於四清者，不過溺於樂緯，皆非聖經之意也。惟聖朝李照范鎮廢四清用十二律之議，何其智識之明，而遠過於諸子乎。

又卷一一四

後周樂縣。

後周長孫紹遠謂樂以八為數。時裴正上書，以為大舜欲聞七始，周武爰創七音，特林鍾作黄鍾以為正調之首。詔與紹遠詳議，遂定以八數焉。後武帝讀史書，見武王克商而作七始，又欲廢八縣七，并除黄鍾正宫，用林鍾為調首。紹遠復奏曰，天子縣八，肇自先民，詳諸經義，又無廢八之典。且黄鍾為君，天子正位，今欲廢之，未見其可。後帝終廢七音，屬紹遠遘疾，慮有司遽損樂器，乃與樂部齊植言之。要之廢八縣七，非也。廢七縣八，亦非也。折之聖經，惟縣十二為合古制矣。

又卷一九一

求福莫大於寧神，寧神莫大於宫廟高禖。宫廟自古有之。臣謹按，《周禮》大司樂奏夷則，歌小吕，舞大濩，以享先妣。奏無射，歌夾鍾，舞大武，以享先祖。先妣序先祖之上，則姜嫄先祖所自出。後世時祀，以為禖神。故周之七廟，而守祧八人，則兼守姜嫄宫故也。魯公亦立閟宫於前，僖公新其廟於後。故其詩頌《閟宫》，有侐終之以新廟奕奕。《月令》仲春之月，玄鳥至之日，禮，天子所御，带以弓韣，授以弓矢，于高禖之前。鄭康成以為禮之於庭。蓋有廟必有庭，未有庭而不廟者也。康成在漢，去周未遠。其傳聞尤詳。則享高禖姜嫄之神，天子親往。后帥九嬪御，宜在交覆重闈之中。備禮樂以祠之，然後其神安樂，而兆嘉祥矣。漢魏以來，雖祠于城南，禮以特牲，樂以升歌，類皆暴露於郊野壇壝，未嘗立宫廟焉。是違聖經先王之制，非所以安神靈求福應之道也。

今朝廷法度脩明，中外綏服。功成治定，美瑞薦臻。講廟制，調雅樂，所以粉澤治具，褒揚先烈，將以被後世，垂無窮，真太平之盛舉矣。然禖神宫廟之制，尤務之先急。未聞建議，誠闕典也。推而行之，實在聖時矣。（漢隋以來，使有司攝事。其樂章禮儀，並准祀青帝樽器。神座如勾芒，惟受福不飲酒，廻受中人為異。寶元初，詔為皇太子降誕，報祠高禖，不設弓矢弓韣。康定中著為常祀，遣兩制行禮攝事。）

清李塨《李氏學樂録》卷二

前五聲歌訣諸圖議，雖從樂録悟入，然不敢自信也。次歲庚辰，寄郵筒走三千里，問河右先生。先生廻札，極其奬借，乃鈔為一卷。方及半，忽思《虞書》之律和聲，孟子之以六律正五音，乃聖經言樂關鍵，向未剖析。且七調由黄鍾以至蕤賓，得毋以七律正五音乎。于六律既多其一，而十二律又缺其五，矧大舜言六律，《周禮》始有六律六同之説。則六律，聖言也。六同，何以稱焉。思之不得

其旨，夜寢躊躇，比曉似有所解者。乃再四調諧，而為圖議，以俟就正有道云。恕谷李塨識。[略]

夫子路，升堂之賢也。即尚勇不中，亦只以行行之氣播之樂耳，烏有愛紂靡淫之聲，而寫之者乎，誣哉。況世傳黃帝始命伶倫造十二律，而周人所習六樂，以黃帝雲門為首。黃帝居山後涿鹿，正北鄙也。聖經言樂始于舜。舜生諸馮，亦北地。繼而正樂者，禹湯文武孔子，皆北人也，則中聲不在北耶。乃曰流入于南，不歸于北，何也。

清張照謹《爾雅註疏考證跋語》

尚書臣張照謹言，《爾雅》一書，凡將倉林之流其厠於聖經列於學官者，以所訓詁，皆先聖先賢之語也。韓愈云，凡爲文須略識字。字既今古不同，文亦後先迴異。苟非述古以開今，曷由發蒙而契聖。此《爾雅》所以爲重，而不徒以辨豹鼠注蟲魚遂足當識字之目也。皇上稽古右文，稱先啓後，重刊經史，被于辟廱，以逮四海。臣忝禁直，校讐亥豕，土風鄉語，今古攸殊。典册無徵，難以臆斷。惟就前賢辨論之語，與郭邢岐趨者，有可採備，即著于篇間。或出其螢爝，塵點汗靑，旣沐聖俞，並列簡末。臣謹識。

清毛奇齡《古今通韻》卷一

總之，唐人輕律韻。四韻六韻，不得已而遵功令。然往往潰逸，如腐檻之制猿，浮埲之障水。口憎筆訾，無所不有。今不識律韻所自始，而妄以三鍾四江之目，上繩聖經，反謂《周易》《毛詩》尚有俗韻，皆由仰遵律韻之太過，故致此也。

又《易韻》卷一

近吳門顧氏錢塘毛氏，且有誤認《陸詞》《切韻》一書，以為東冬支脂諸部，必三古韻學之所始。妄以隋代陋儒一時杜撰之作，反繩檢聖經。謂鄉音謂土音謂非正韻，則罪大惡極，不可道矣。此皆宋學解經陋習，不可不大聲疾呼，以救正之者。因復著《易韻》，以袪世惑。若東晉尚書郎李軌，太子前率徐邈等作《周易音》，則并音諸字，不止韻底。然其書亦亡焉。

又卷二

此兩合之例，其詞法亦與師卦師衆也貞正也同。朱子《本義》疑比吉也三字為衍，則不惟失韻，并失詞義矣。固知聖經未易議也。

又卷三

此則可與中二句中宮連作一韻。然而末句之無附如故也。乃又曰，又與第一章首四句隔合，則是隔兩章合矣。試問自三古至唐五代，有如此押例否，有引証否。明明《詩》《易》《離騷》諸子百氏大通之韻，且又千見萬見不止一見，而堅執邪說，妄繩聖經，致錢唐毛氏晚年猶不曉三聲。

又卷四

此東冬七韻兩界之合，與前爻辭六韻兩界正復相對。文王夫子其各出一韻如此，誰謂聖人為文非有意也。首韻未失正，明晉王所出《易》本作未失止，是失韻矣。若朱氏《本義》不曉東庚之通，且不曉三聲，妄謂以中正也正字羨文，當以中字作韻。而其後姚氏本竟改作正中以就韻。夫祗不識韻，而至妄改聖經，韻學之不可不講如此。

史部說

《魏書·禮志三》

高祖曰，王孫士安皆誨子以儉送終之事，及其遵也，豈異今日改父之道者。蓋謂慢孝忘禮，肆情違度。今梓宮之儉，玄房之約，明器幃帳一無所陳。如斯之事，卿等所悉。衰服之告，乃至聖心卑己申下之意，寧可苟順沖約之旨，而頓絶創巨之痛。縱有所涉，甘受後代之譏，未忍今日之請。又表稱《春秋》蒸嘗，事難廢闕。朕聞諸夫子，吾不與祭，如不祭。自先朝以来，有司行事，不必躬親。比之聖言，於事殆闕。賴蒙慈訓之恩，自行致敬之禮。今昊天降罰，殃禍上延。人神喪恃，幽顯同切。想宗廟之靈，亦輟歆祀。脱行饗薦，恐乖冥旨。仰思成訓，倍增痛絶。豈忍身襲衮冕，親行吉事。高閭對曰，古者郊天，越紼行事。宗廟之重，次於郊祀。今山陵已畢，不可久廢廟饗。高祖曰，祭祀之典，事由聖經。未忍之心，具如前告。脱至廟庭，號慕自纏。終恐廢禮。公卿如能獨行，事在言外。

《新唐書·藝文志》

自六經焚於秦而復出於漢，其師傳之道中絶，而簡編脱亂訛闕，學者莫得其本真，於是諸儒章句之學興焉。其後傳註箋解義疏之流，轉相講述，而聖道粗明。然其為説，固已不勝其繁矣。至於上古三皇五帝以来世次，國家興滅，終始僭竊僞亂，史官備矣。而傳記小説，外暨方言地理職官氏族，皆出於史官之流也。自孔子在時，方修明聖經，以絀繆異，而老子著書論道德。接乎周衰，戰國遊談放蕩之士，田駢慎到列莊之徒，各極其辯，而孟軻荀卿始專修孔氏，以折異端。然諸子之論，各成一家。自前世皆存而不絶也。

《宋史·京鏜傳》

金人遣使来弔，鏜為報謝，使金人。故事，南使至汴京，則賜宴。鏜請免宴。郊勞使康元弼等不從。鏜謂，必不免宴，則請徹樂。遺之書曰，鏜聞鄰喪者，春不相。里殯者，不巷歌。今鏜銜命而来，繄北朝之惠弔，是荷是謝。北朝勤其遠而憫其勞，遣郊勞之使，錫式宴之儀，德莫厚焉。外臣受賜，敢不重拜。若曰而必聽樂，是於聖經為悖理，於臣節為悖義。豈惟貽本朝之羞，亦豈昭北朝之懿哉。

相持甚久，鏜即館，相禮者趣就席。鏜曰，若不徹樂，不敢即席。金人迫之，鏜弗為動。徐曰，吾頭可取，樂不可聞也，乃帥其屬出館門。甲士露刃向鏜，鏜叱退之。金人知鏜不可奪，馳白其主。主嘆曰，南朝直臣也。特命免樂。自是恒去樂而後宴鐙。孝宗聞之，喜謂輔臣曰，士大夫平居，孰不以節士自許。有能臨危不變如鐙者乎。

又《朱熹傳》

父松病亟，嘗屬熹曰，籍溪胡原仲，白水劉致中，屏山劉彦沖三人，學有淵源，吾所敬畏。吾即死，汝往事之，而惟其言之聽。三人，謂胡憲，劉勉之，劉子翬也。故熹之學既博，求之經傳，復徧交當世有識之士。延平李侗老矣，嘗學於羅從彦。熹歸自同安，不遠數百里，徒步往從之。其為學，大抵窮理以致其知，反躬以踐其實。而以居敬為主。嘗謂聖賢道統之傳，散在方冊。聖經之旨不明，而道統之傳始晦。於是竭其精力，以研窮聖賢之經訓。

又《胡安國傳》

安國嘗謂雖諸葛復生，為今日計，不能易此論也。居旬日再見，以疾懇求去。高宗曰，聞卿深於《春秋》，方欲講論。遂以《左氏傳》付安國點句正音。安國奏，《春秋》經世大典，見諸行事，非空言比。今方思濟艱難，左氏繁碎，不宜虛費光陰，耽玩文采。莫若潛心聖經。高宗稱善。尋除安國兼侍讀，專講《春秋》。

《金史·世宗本紀下》

丙寅，上謂侍臣曰，唐太子承乾所為多非度，太宗縱而弗檢，遂至于廢。如早為禁止，當不至是。朕於聖經不能深解，至於史傳，開卷輒有所益。每見善人不忘忠孝，檢身廉潔，皆出天性。至于常人，多喜為非。有天下者，苟無以懲之，何由致治。孔子為政七日而誅少正卯。聖人尚爾，況餘人乎。

《元史·祭祀志六·宋五賢從祀》

至正十九年十一月，江浙行省據杭州路申備本路經歷司呈准提控案牘兼照磨承發架閣胡瑜牒，嘗謂文治興隆，宜舉行於曠典。儒先褒美，期激勵於將來。凡在聞知，詎容緘默。蓋國家化民成俗，莫先於學校。而學校之設，必崇先聖先師之祀者，所以報功而示勸也。

我朝崇儒重道之意，度越前古。既已加封先聖大成之號，又追崇宋儒周敦頤等封爵，俾從祀廟庭。報功示勸之道，可謂至矣。然有司討論未盡，尚遺先儒楊時等五人，未列從祀。遂使盛明之世，猶有闕典。惟故宋龍圖閣直學士謚文靖龜山先生楊時，親得程門道統之傳，排王氏經義之謬。南渡後，朱張吕氏之學，其源委脈絡，皆出於時者也。故宋處士延平先生李侗，傳河洛之學以授朱熹。凡《集註》所引師説，即其講論之旨也。故宋中書舍人謚文定胡安國，聞道伊洛，志在《春秋》，纂為集傳，羽翼正經。明天理而扶世教，有功於聖人之門者也。故宋處士贈太師榮國公謚文正九峯先生蔡沈，從學朱子，親承指授。著《書集傳》發明先儒之所未及，深有功於聖經者也。故宋翰林學士衾知政事謚文忠西山先生真德秀，博學窮經，踐履篤實。當時立偽學之禁，以錮善類。德秀晚出，獨以斯文為己任，講習躬行。黨禁解而正學明。此五人者，學問接道統之傳，著述發儒先之祕，其功甚大。況科舉取士，已將胡安國《春秋》，蔡沈《尚書集傳》，表章而尊用之。真德秀《大學衍義》，亦備經筵講讀，是皆有補於國家之治道者矣。各人出處，詳見《宋史》本傳，俱應追錫名爵，從祀先聖廟廷。可以敦厚儒風，激勸後學。

又《陳顥傳》

陳顥字仲明，其先居盧龍有名山者，仕金為穆昆監軍。太祖得之，以為平陽等路軍民都元帥。子孫徙清州，遂為清州人。顥幼穎悟，日記誦千百言。稍長遊京師，登翰林承旨王磐安藏之門。磐熟金典章，安藏通諸國語。顥兼習之。安藏乃薦顥入宿衛，尋為仁宗潛邸説書。於是仁宗奉母后出居懷慶，顥從行。日開陳以古聖賢居艱貞之道。會成宗崩，仁宗入定内難，以迎武宗，顥皆預謀。及仁宗即位，以推戴舊勳，特拜集賢大學士榮禄大夫，仍宿衛禁中。政事無不與聞。科舉之行，顥贊助之力尤多。顥時伺帝燕閒，輒取聖經所載大經大法，有切治體者陳之，每見嘉納。

又《虞集傳》

集方省墓吳，中使至，受命趍朝，則拜珠不及見矣。泰定初，考試禮部，言於同列曰，國家科目之法，諸經傳注各有所主者，將以一道德，同風俗，非欲使學者專門擅業，如近代五經學究之固陋也。聖經深遠，非一人之見可盡。試藝之文，推其高者取之，不必先有主意。若先定主意，則求賢之心狹，而差自此始矣。後再為考官，率持是説，故所取，每稱得人。

又《儒學傳・黄澤》

黄澤字楚望，其先長安人。[略] 其於禮學，則謂鄭氏深而未完，王肅明而實淺，作《禮經復古正言》。如王肅混郊丘，廢五天帝，併崑崙神州為一。趙伯循言王者禘其始祖之所自出以始祖配之，而不及羣廟之主。胡宏家學不信《周禮》，以社為祭地之類，皆引經以證其非。其辯釋諸經要旨，則有《六經補註》。詆排百家異義，則取杜牧不當言而言之義，作《翼經罪言》。近代覃思之學，推澤為第一。吳證嘗觀其書，以為平生所見明經士，未有能及之者。謂人曰，能言拒楊墨者，聖人之徒也，楚望真其人乎。

然澤雅自慎重，未嘗輕與人言。李泂使過九江，請北面稱弟子，授一經，且將經紀其家。澤謝曰，以君之才，何經不可明，然亦不過筆授其義而已。若余，則於艱苦之餘，乃能有見。吾非卲子，不敢以二十年林下期君也。泂嘆息而去。或問澤自閟如此，寧無不傳之懼。澤曰，聖經興廢，上關天運。子以為區區人力所致耶。

又《隱逸傳·張特立》

張特立，字文舉，東明人。初名永，避金衛紹王諱，易今名。中泰和進士，為偃師主簿。改宣德州司候。[略] 特立通程氏易，晚教授諸生。東平嚴實每加禮焉。歲丙午，世祖在潛邸受王印，首傳旨諭特立曰，前監察御史張特立，養素丘園，易代如一。今年幾七十，研究聖經，宜錫嘉名，以光潛德。可特賜號曰中庸先生。

《明史·席書傳》

席書字文同，遂寧人，弘治三年進士，授郯城知縣，入為工部主事，移户部進員外郎。[略] 臣書臣璁臣蕚臣獻夫及文武諸臣皆議曰，世無二道，人無二本。孝宗皇帝，伯也，宜稱皇伯考。昭聖皇太后，伯母也，宜稱皇伯母。獻皇帝，父也，宜稱皇考。章聖皇太后，母也，宜稱聖母。武宗仍稱皇兄，莊肅皇后宜稱皇嫂。尤願陛下仰遵孝宗仁聖之德，念昭聖擁翊之功。孝敬益隆，始終無間。大倫大統，兩有歸矣。奉神主而別立禰室，於至親不廢。隆尊號而不入太廟，於正統無干。尊親兩不悖矣。一尊祖訓，允合聖經。復三代數千年未明之典禮，洗漢宋悖經違禮之陋習。非聖人，其孰能之。議上，詔布告天下，尊稱遂定。

宋胡宏《皇王大紀》卷一八

論曰，樂舞所以象德也，故必於其人，必於其事，必於其時。不於其人，不於其事，不於其時，則為無義。人心不厭，鬼神不饗也。劉歆奈何牽合《周禮》之文，乃曰黄帝之雲門以祀天神，堯之咸池以祀地示，舜之韶以祀四望，禹之大夏以祀山川，成湯之大濩以祀先妣。夫以雲門祭天，猶可言也。地示烏知堯之咸池，四望烏知舜之韶，山川烏知禹之大夏。而周之先妣，烏能知商湯之大濩也哉。設禮作樂而不知其義，則何以為禮樂也。彼劉歆者，叛父背君，不祥之人也。是烏知禮樂。世儒瞢瞢然推尊其書，使與聖經並，此愚之所以拊膺太息，論之而不能自已者也。

又卷六八

論曰，子貢在聖門，列於言語之科。今觀其遺言，理暢義明。使雖甚愚人，亦曉然知利害之所在，此聖人之所貴也。若夫縱横捭闔，不顧理義，一出而存魯亂齊破吳强晉霸越，則子貢之所甚惡也。嗚呼，以文王武王之將聖，司馬太史尚信以為陰修德政以傾商，不宅大憂而干紂，又况聖門諸子哉。愚惡夫棄聖經而祖述司馬太史以為實録者，是以論之，使後學無惑焉。

宋熊克《中興小紀》卷三一

時秦檜用事久，職臺諫者多其耳目。每薦進，必先諭以己意。檜嘗謂秘書郎張闡曰，君久次，欲以臺中相處，如何。闡曰，丞相苟見知，老死秘書幸矣。檜默然。先是席益為潭師，嘗辟闡置之幕下，而檜初罷相，益蓋有力，故深憾之。至是殿中侍御史汪勃論闡借助附益。冬十月戊寅朔，宰執奏其事，有詔罷闡。檜因言近臣學者多説《春秋》，乃不知孔子作經本意，在尊王而已。蓋盛則周召佐之，衰則桓文扶之。使桓文不僭，與周召何異。上曰，《春秋》蓋為諸侯之僭也，學者明其綱領，方達聖經之旨。若泛然無主，徒誦其文，何益哉。

宋李燾《續資治通鑑長編》卷一九八

侍御史吕誨上疏曰，陛下踐祚，於今累月。哀慕日深，摧毀過禮。聖躬違豫，久而未平。萬幾滯留，皆期英斷。法宫嚴閟，不覩清光。臣子之心，若為啟處。傳聞太醫所上湯劑，鮮用服餌。臣居外，罔知其然。陛下必以方術無狀，當更選上醫精加調護。若謂勿藥有喜，計日可待，則臣恐宣節失宜，五行二氣浸淫汨戾，邪得干正，非所以保聖躬，為宗社計也。且居喪之禮，毀不滅性。聖經深戒，士人承家，猶曰弗克，况萬乘之重耶。

宋李心傳《建炎以来繫年要録》卷一〇四

辛丑選人，文旦循二資進士，崔岩補上州文學，岩，子方子也。先是上遣中使持子方《春秋解》命學士朱震校正，而中書以旦所上《春秋要義》付震看詳。震言，旦博採衆説，以明聖經，非篤志此學，積之歲月，不能成書。子方一時名儒，獨抱聖經，閉門講學，專意著述，自成一家。非特立獨行之士，不能如此。子方雖沒，其後尚存。望賜旌褒，以勸来者。故有是命。

又卷一五二

丙子，祕書郎兼益王府教授兼國史院檢討官張闡罷。時秦檜用事久，每除臺諫，必以其耳目。知闡久次，喜論事。一日，微諷闡，謂當入臺。闡曰，丞相苟見知，老死祕書足矣。檜默然。先是闡嘗為席益辟客。檜初罷相，益嘗有力，故深憾之。殿中侍御史汪勃，因劾闡往時託跡益門，朝廷置而不問，而乃罔有悛心，愈為不靖。每以為用之不盡，憤然見於言色。由是罷去。後二日，檜進呈，因曰，近世學者多言《春秋》，乃不知孔子作經本意。《漢書》云，盛則周召相其治，致刑措。衰則五霸扶其弱，與共守。周召糾合戮力，以夾輔周室，即桓文之勤王是也。使桓文不僭，亦與周召何異。孔子作經本意，為尊周而已。上曰，《春秋》蓋為諸侯僭天子，學者得其綱領，方達聖經之旨。若泛然無所主，徒誦其文，何益哉。

又卷一五四

丁酉，進呈太學博士王之望面對，乞倣端拱咸平故事，悉取近郡所開羣經義疏及經典釋文，令國子監印千百帙，俾郡縣各市一本，置之於學。上曰，古人讀書，須親師友。雖未必盡得聖經妙旨，然亦自淵源。今士大夫未有自得處，便為註説，以為人師，此何理也。

宋《靖康要録》卷五

左諫議大夫馮澥奏，臣聞天下有公論，有中道。公論者，天下之所同。而中道，則萬世而不易。熙寧元豐及元祐以來，人無公論，治失中道。不偏於此，則偏於彼。天下弊於變更，士夫困於遷謫。五六十年之間，是非相攻，禍福相軋，紛争擾攘，至於前日大亂而後已。陛下龍興，以英資睿斷，誅鋤奸凶，剗除蠹弊。曠然大變，與天下更始。宜於此時明大公至正之道於天下，合天下之公論，垂萬世而不易。而臣竊聽近日朝廷議論，觀士大夫之趨向，駸駸復偏於元祐，鼓唱應和，漸不可解。則義理又將不得其中，而政治又將不得其平矣。

臣聞治貴適中，法則隨時。祖宗之法，至於今百有餘年，蓋有可行者，亦有不可行者。今但擇其可行者行之，不可行者去之，則已矣。何必祖宗之是，而熙豐之非哉。傳註之説，千有餘年。其於聖經，不為無補。然要之公論，豈有淺漏未盡之處。王安石以名世之學，發明要妙，著為新經，鏤板太學。頒之天下，學者翕然宗仰。然要之公論，亦有穿鑿太過之弊。今但令學者擇其善而從之，其不善者而改之則已矣，何必傳註之是，而新經之非哉。

《宋史全文》卷二一中《宋高宗十四》

丁酉進呈太學博士王之望面對，乞倣端拱咸平故事，悉取近郡所開群經義疏及經典釋文令國子監印千百秩，俾郡縣各市一本，置之於學。上曰，古人讀書，須親師友。雖未必盡得聖經妙旨，然亦有淵源。今士大夫未有自得處，便為註説，以為人師，此何理也。

又卷三一《宋理宗一》

丁亥詔曰，朕猥以眇躬，誕膺駿命。祖宗千百世之業，傳緒在予。中外億萬人之心，望治伊始。賴慈闈之擁佑，慙涼德之菲沖。粤自纂圖，率遵垂憲。欽惟大寶之重，守必以仁。兆民之寧，賴于有慶。肆掇聖經之旨，肇頒年紀之新。綿景祚於延洪，與羣生而康乂。更資中外之彦輔，成本始之規。興起治功，允孚德意。其以明年為寶慶元年。

又卷三三《宋理宗三》

太學生黄愷伯金九萬孫翼鳳等百四十四人上書曰，臣等恭覩御筆，起復右丞相史嵩之，令學士院擇日降制。臣等有以見陛下念時事之多艱，重大臣之去也。臣等竊謂君親等天地，忠孝無古今。事親孝，故忠可移於君。自古求忠臣，必於孝子之門。未有不孝而可望其忠也。宰我問三年之喪於夫子，而曰期可已矣。其意欲以期年之近，而易三年之喪。夫子曰，予之不仁也。子生三年，然後免於父母之懷。夫三年之喪，天下之通喪也。予也有三年之愛於父母乎。夫宰予期年之請，夫子猶以不仁斥之，未聞有聞父母垂亡之病而不之問，聞父母已亡之訃而不之奔，有人心天理者，固如是乎，是不特無三年之愛於其父母，且無一日之愛於其父母矣。宰予得罪於聖門，而若人者則又宰予之罪人也。此天地所不覆載，日月所不照臨，鬼神之所共殛，天下萬世公論之所共誅，其與禽獸相去不遠矣。

且起復之説，聖經所無。而權宜變禮，衰世始有之。我朝大臣若富弼，一身佩社稷安危，進退係天下重輕。所謂國家重臣，不可一日無者也。起復之詔，凡五遣使。弼以金革變禮，不可用於平世，卒不從命。天下至今稱焉。

明王褘《大事記續編》卷四一

甲子，梁除金贖罪之科。（以《通鑑》修）十二月己亥，魏議定律令。（以《魏紀》修）（梁高祖武皇帝天監四年，魏世祖宣武皇帝正始二年）春正月癸卯朔，梁置五經博士，開五經館。（以《本紀》修）

解題曰，按《儒林傳序》，江左草創，日不暇給。迄于宋齊，國學時或開置，而勸課未博。建之不及十年，廢之多歷世祀。高祖詔求碩學，治五禮，定六律。天監四年，置五經博士，廣開館宇，招内後進。於是以平原明山賓，吴國沈峻，建平嚴植之，會稽賀瑒補博士。各主一館，館有數百生。其射策通明者，即除為吏。十數月間，懷經負笈者雲會。又選學生如會稽，受業於何胤。分遣博士祭酒到州郡立學。七年，又詔大啓庠教，博延胄子。命皇太子皇子宗室王侯就業。高祖親釋奠於先師先聖，申之以讌語，勞之以束帛。濟濟焉，洋洋焉。大道之行也如是。蓋武帝孜孜學問，博通經術，故於庠序知所崇尚。然其於聖經，豈真有所得哉。不然，何委身釋氏，竟以亡天下也。餘見《通鑑》。

清《清開國方略》卷二四

丁酉，添設八旗議政大臣。

諭之曰，向來議政大臣，或出征或在家，有事諮商，人員甚少。偶遇各處差遣，則朕之左右及王貝勒之前，竟無議事之人矣。議政雖云乏人，而朕不欲輕令干預者，以卑微之人參議國家大政，勢必隨事唯諾，取悦其主，其貽誤國計民生者不小，國家安用此諂諛之輩為也。今特加選擇，以爾等為賢，置于議政之列。

爾等殫心為國，匡輔其主。當以民生休戚為念，務使困窮之人有懷，得以上達。新附之人撫養，毋致失所。朕時玏軫念者，惟有此耳。爾等凡有應奏之事，不可越職遽奏。如某事應施行，某事應入告，當先與管旗大臣公議，然後奏聞。無知之輩，往往以進言者謂之讒人。夫善則曰善，惡則曰惡，何所忌諱而不言。若植黨營私，傾害善人，指以為惡，乃所謂讒。否則明知其人之惡而不以告，是欺其主也。聖經云，欲齊其家，先修其身。修身齊家，而後國治。爾等若謹好惡之施，審接物之道，御下以義，交友以信，如此則身修矣。孝其親，敬其長，恩惠及其子孫親戚，如此則家齊矣。身修家齊，而國有不治者乎。

宋蕭常《續後漢書·進續後漢書表》

臣常言，名義至重，信古今之不渝。書法匪輕，雖毫釐之必計。理不可易，事固當然。竊觀魯史之文，仰識宣尼之志。盟會所列，敢辱天子之尊。王人雖微，必敘諸侯之上。僭如吳楚，爵不過子。盛若威文，號止稱侯。蓋天常尊，地常卑，轉移不可。譬履雖新，冠雖敝，顛倒弗容。載惟聖經筆削之言，深疾史氏抑揚之謬。彼妄肆一時之意，蓋莫如三國之書。既紀曹而傳劉，復貶漢而為蜀。以鬼蜮之雄，而接東京正統。以高文之胄，而與孫權並稱。徒知崇偽而黜真，寧識尊王而賤伯。不可以訓，莫甚于斯。

明薛虞畿《春秋别典》卷一《春秋别典叙》

昔仲尼作經，口授弟子。左丘明懼其妄意失真，迺推論本事，作內傳。復採諸國名物，作外傳。蓋侈哉博乎，其紀事也已。《觀周篇》嘗載孔子將作《春秋》，與丘明乘如周，觀書於周史，歸而作經，丘明作傳，若是乎。[略] 荀悦有言曰，立典有五志焉。一曰達道義，二曰彰法式，三曰通古今，四曰著功勛，五曰表賢能。嗚呼，典無當於五志，奚取於典也哉。或者曰，拾金者汰沙，掇珠者捐蚌。三氏有作，皆鏐銑也，夜光也，子何用矻矻沙蚌是營哉。且也無關於聖經，何必《春秋》耶。不佞謂不然。匠石不遺輪囷，醫師不棄溲勃，為取用者衆也。

明王世貞《弇山堂别集》卷八二

御史周易言，録文裁改聖經，且失體。邦奇降南京太僕寺丞，鵬奪俸四月。

清世祖福臨《世祖聖訓》卷五《興文教》

順治十二年乙未正月丙午，御製《資政要覽》，親為序曰，朕惟帝王為政，賢哲修身，莫不本於德而成於學。如大匠以規矩而定方圓，樂師以六律而正五音。凡古人嘉言善行，載於典籍者，皆修己治人之方，可施於今者也。朕孜孜圖治，學于古訓。覽四書五經通鑑等編，得其梗概。推之十三經二十一史及諸子之不悖於聖經者，莫不蘊涵事理，成一家言。但卷帙浩繁，若以之教人，恐未能一時盡解其義，亦未能一時盡得其書。因思夫記事宜提其要，纂言當鈎其玄，乃採集諸書中之關於政事者為三十篇。

又慮其渙而無統，於是每篇貫以大義，聯其文辭。於忠臣孝子賢人廉吏，畧舉事迹。其姦貪不肖悖亂者，亦載其內。使法戒炯然。加之訓詁，詳其證據。譬之萃衆白以為裘，範六金而成鼎。旨約而易明，文簡而易閱。名曰《資政要覽》。觀是書者，熟思而體之，可以為篤行之善人。推類而廣之，可以為明理之君子。毋徒求之語言文字之間，則朕諄諄教諭之心，庶乎其不虛矣。

清聖祖玄燁《聖祖聖訓》卷一二《文教》

己卯，上過曲阜，將詣闕里，先命國子監祭酒阿禮瑚致祭於啟聖公祠。黎明，上御輦，設鹵簿，進曲阜南門，詣聖廟。至奎文閣前下輦，由甬道旁行，至大成殿，行三跪九叩首禮。四配十哲兩廡，從官分獻。樂舞間作禮畢，上幸詩禮堂。衍聖公孔毓圻等行禮畢，監生孔尚任進講《大學》聖經首節。舉人孔尚鉝進講《易經·繫辭》首節。講畢，上命大學士王熙宣諭衍聖公孔毓圻等曰，至聖之道，與日月並行，與天地同運。萬世帝王，咸所師法。下逮公卿士庶，罔不率由。爾等遠承聖澤，世守家傳，務期型仁講義，履中蹈和。存忠恕以立心，敦孝弟以修行。斯須弗去，以奉先訓，以稱朕懷。其祇遵勿替。

清世宗胤禛《世宗聖訓》卷一〇《文教》

三月乙亥，上諭禮部等衙門，治天下之要，以崇師重道廣勵澤宮為先務。朕親詣太學，釋奠先師孔子。禮畢，進諸生於彝倫堂，講經論學。凡以明道術，崇化源，非徒飾圜橋之觀聽也。維孔子道高德厚，萬世奉為師表。其袝享廟庭諸賢，皆有羽翼聖經，扶持名教之功。然歷朝進退不一，而賢儒代不乏人。或有先罷而今宜復，有舊缺而今宜增。其從祀崇聖祠諸賢，周程朱蔡外，孰應升堂袝享者，並先賢先儒之後孰當增置五經博士以昭崇報，均關大典。九卿翰林國子監詹事科道，會同詳考，定議以聞。

又卷三二《崇祀典》

八月甲午，禮部等衙門遵旨，再議從祀孔廟先賢先儒。宜復祀者六人，林放、蘧瑗、秦冉、顏何、鄭康成、范寧。宜增祀者二十人，縣亶、牧皮、樂正子、公都子、萬章、公孫丑、諸葛亮、尹焞、魏了翁、黄幹、陳淳、何基、王栢、趙復、金履祥、許謙、陳澔、羅欽順、蔡清、陸隴其。入崇聖祠者一人，張廸。宜增置博士者四人，冉雍、冉伯牛、子張、有若。

上諭曰，朕念先賢先儒，扶持名教，羽翼聖經，有關學術人心。爰命九卿詳議。今諸臣參考周詳，評論公正，甚合朕心，著依議行。

又《世宗上諭內閣》卷一七

雍正二年三月上諭十五道。

初一日，諭禮部等衙門及國學諸生，治天下之要，以崇師重道廣厲澤宮為先務。朕親詣太學，釋奠先師，禮畢，進諸生於彝倫堂，講經論學，凡以明道術，崇化源，非徒飾圜橋之觀聽也。維孔子道高德厚，萬世奉為師表，其附享廟庭諸賢，皆有羽翼聖經扶持名教之功，然歷朝進退不一，而賢儒代不乏人。或有先罷而今宜復，有舊缺而今宜增。其從祀崇聖祠諸賢，周程朱蔡外，孰應升堂附享者，並先賢先儒之後孰當增置五經博士以昭崇報，均關大典。九卿翰林國子監詹事科道，會同詳考，定議以聞。

元蘇天爵《元名臣事畧》卷一二

內翰王文康公。公名鶚，字百一，開州東明人。金正大初中進士第，累擢中書省右司員外郎。金亡，居保定。歲甲辰，召居王邸。中統元年，拜翰林學士承旨，奏立翰林國史院，詔從其請。［略］上之在潛邸也，好訪問前代帝王事迹。聞唐文皇為秦王時，廣延文學四方之士，講論治道，終始太平，喜而慕焉。甲辰，遣故平章政事趙璧，今禮部尚書許國相，首聘公于保州，從人望也。公自以亡國纍臣，義不可再仕，辭疾者久之。已而就道。既至，上一見喜甚，賜之坐，呼狀元而不名。朝夕接見，問對非一。凡聖經所謂修身齊家治國平天下之道，無不陳于前。上為聳動，嘗諭公曰，我今雖未能即行，安知他日不行之耶。（墓碑）

明宋濂撰《浦陽人物記》卷下《文學篇》

文學之事，自古及今，以之自任者衆矣。然當以聖人之文為宗。文之立言簡奇莫如《易》，又莫如《春秋》。序事精嚴莫如《儀禮》，又莫如《檀弓》，又莫如《書》。《書》之中，又莫如《禹貢》，又莫如《顧命》。論議浩浩而不見其涯，又莫如《易》之大傳。陳情托物，莫如《詩》。《詩》之中，反覆咏嘆，又莫如國風。鋪張王政，又莫如二雅。推美盛德，又莫如三頌。有闔有開，有變有化，脈絡之流通，首尾之相應，莫如《中庸》，又莫如《孟子》。《孟子》之中，又莫如養氣好辨等章。

嗚呼，濂之所言者，略爾。以其所言，推其所不言，蓋可知矣。人能致力於斯，得之深者，固與天地相始終。得其淺者，亦能震盪翕張，與諸子較所長於一世。

雖然，此特論為文之體然耳。若原其本，則未也。其本者何也，天地之間至大至剛，而吾藉之以生者，非氣也耶。必能養之而後道明，道明而後氣充，氣充而後文雄，文雄而後追配乎聖經。不若是，不足謂之文也。何也，文之所存，道之所存也。文不繫道，不作焉可也。苟繫於道，則萬世在前不謂其久。吾不言焉，言則與之合也。萬世在後不謂其遠，吾不言焉，言則與之合也。是故無小無大，無外無内，無古無今，非文不足以宣，非文不足以行，非文不足以傳，其可以無本而致之哉。

明鄭楷《學士承旨潛溪宋公行狀》（徐紘《明名臣琬琰録》卷八）

先生諱濂，字景濂，世為婺之金華人。[略] 先生踵武而起，遂以文章家名海内矣。至正己丑，用大臣薦，擢將仕佐郎，翰林國史院編修官。自布衣入史館，為太史氏，儒者之特選。先生以親老不敢遠違，固辭。會世亂，益韜閟不事表顯。乃與弟子入龍門山，著書二十四篇，曰《龍門凝道記》。及著《考經新説》《周禮集註》等書。初，宋南渡後，新安朱文公，東莱吕成公，並時而作，皆以斯道為己任。婺實吕氏倡道之邦，而其學不大傳。朱氏一再傳為何簹氏，王栢氏，又傳之金履祥氏，許謙氏，皆婺人。而其傳遂為朱氏之學適。先生既間因許氏門人而究其説，獨念吕氏之傳且墜，奮然思繼其絶學。每與人言而深慨之。識者又以知其志之所存，蓋本於聖賢之學，其自任者益重矣。先生於天下之書無不讀，而析理精微，百氏之説，悉得其旨。要至於佛老之學，亦所研究，用其義趣，裁為經論，類其語言，寘諸其書中，無辯也。誠意伯劉君基，謂其主聖經而奴百氏，馳騁之餘，取佛老語以資戲劇，辟猶飫粱肉而茹茶飲茗汁耳。

清黄宗羲《明儒學案》卷一三

尚書黄久庵先生綰。

黄綰字叔賢，號久庵，台之黄巖人，以祖蔭入官，授後軍都事。告病歸，家居十年，以薦起南京都察院經歷，同張璁桂萼上疏，主大禮，陞南京工部員外郎。累疏乞休。尚書席書纂修《明倫大典》，薦先生與之同事。起光禄寺少卿，轉大理寺，改少詹事，兼侍講學士，充講官。《大典》成，陞詹事，兼侍讀學士，出為南京禮部右侍郎，轉禮部左侍郎。[略] 次序《詩》，以南雅頌合樂者，次第於先，退十三國於後。去國風之名，謂之列國。魯之有頌，僭也，亦降之為歷國。《春秋》則痛掃諸儒義例之鑿，一皆以聖經明文為據。禮經則以身事為三重，凡言身者以身為類（容貌之類），凡言事者以事為類（冠婚之類），凡言世者以世為類（朝聘之類）。《書》則正其錯簡而已。此皆師心自用，顛倒聖經，而其尤害理者。

又卷一五

都督萬鹿園先生表。

萬表字民望，號鹿園，寧波衛世襲指揮僉事。年十七襲職，讀書學古，不失儒生本分。[略] 倭冦之亂，先生身親陷陣，肩中流矢。其所籌畫，亦多掣肘。故忠憤至死不忘。先生之學，多得之龍溪念菴緒山荆川，而究竟於禪學。其時東南講會甚盛，先生不喜干與，以為此輩未曾發心為道，不過依傍門戶。雖終日與之言，徒費精神，彼此何益。譬礪石之齒頑鐵，縱使少有漸磨，自家所損亦多矣。

先生嘗言，聖賢切要工夫，莫先於格物。蓋吾心本來具足。格物者，格吾心之物也。為情欲意見所蔽，本體始晦。必掃蕩一切，獨觀吾心。格之又格，愈研愈精。本體之物，始得呈露。是為格物。格物則知自致也。龍溪謂古人格物之説，是千聖經綸之實學。良知之感應謂之物，是從良知凝聚出來。格物是致知實下手處，不離倫物。感應而證真修，離格物則知無從而致矣。吾儒與二氏，毫釐不同，正在於此。

又卷一九

郎中陳明水先生九川。

陳九川字惟濬，號明水，臨川人也。母夢吞星而娠，年十九為李空同所知。正德甲戌進士，請告三年，授太常博士。[略] 自謂此是聖門絶四正派，應悟入先師致知宗旨矣。及後入越，就正龍溪，始覺見悟成象，怳然自失。歸而求之，畢見差謬。却將誠意看作效驗，與格物分作兩截。反若欲誠其意者在先正其心，與師訓聖經矛盾，倒亂應酬，知解兩不湊泊。始自愧心汗背，盡掃平日一種精思妙解之見，從獨知幾微處嚴謹。緝熙工夫，纔得實落。

清孫奇逢《中州人物考》卷一

許莊敏誥。

誥字廷綸，靈寶人，襄毅公進次子。生而岐嶷不羣，十歲能屬文，弘治乙卯，與弟讃同舉于鄉。己未成進士，授户科給事中。奉命清理延綏倉場。有苗中官者，督三邊，貪縱罔法，誥即劾其狀，邊人懷之。正德初，以舊德遺老起。父進為大司馬，誥例宜避言路，改翰林院檢討。逆瑾欲納交，誥與之絶，瑾大怒，矯詔黜進，籍罰邊儲三百石。竄誥廣西全州判官，欲置之死。歷險冒瘴，與魑魅伍，挺挺無戚容。會奔父喪，服除，即絶意仕宦，遯覽潛脩，受徒講道，若將終身焉。久之，當路交薦，以誥探賾研微見道淵邃，可備顧問。時有詔，守正不阿，為逆瑾所斥者，録之起。誥為尚寶丞，復疏病還里，居十餘年。

世廟改元，復起南京通政司參議。時講學者北稱函谷，南稱陽明。誥入南都，咸就席問難。輔臣薦誥，宜充經幄，改侍講學士，為經筵講官。上緝熙聖學四事，一曰則圖書以明道原，二曰主聖經以求道是，三曰辯諸儒以祛道惑，四曰屏雜説以防道害。其于進講，多所剴切。古昔興衰，治忽之際，如指諸掌。帝皆虚懷聽納，益加眷注。尋擢太常卿，掌國子監祭酒事。

清沈佳《明儒言行録》卷一

趙汸東山先生。

字子常，南直休寧人，洪武初徵士，始就外傅。受四書，即多疑問。師答以初學毋過求，意殊不釋。夜歸別室，取朱子《大全集》《語類》等書讀之，如是者

數年，覺所疑漸解，慨然有負笈四方之意。[略]

嘗往淳安質諸教授夏某，夏殊不謂然。乃為言其先人安正先生為學本末甚悉。久之，先生復念，澤高年，平生精力所到，一旦不傳，可惜也。復如九江，澤乃授以學《春秋》之要。居二歲，請受《易》，得口授六十四卦卦辭大義。後夏某教授洪都先生再往見焉。夏問《易》象《春秋》書法如何，先生以所聞對。夏猶以枉用心力為戒，特出其夏氏先天易書曰，此羲易一大象也。又曰，吾先人遺書，當悉付子矣。先生敬起謝之。然於二經舊說，訪求考索，未嘗少後也。遂如臨川，見學士虞集。集與黃澤有世契，一見遂問澤起居。先生間日為言澤著書大意，與夏某所以不然者。時江西憲私試請題，虞即擬策問江右先賢名節文章經學及朱陸二氏立教所以異同，先生識其意，即具對。卒言劉侍讀有功聖經，及舉朱子去短集長之說。虞大善之，授館於家，以所藏書資其玩索。

又卷四

王恕介菴先生端毅公。

字宗貫，陝西三原人，正統戊辰進士。仕至吏部尚書，改翰林院庶吉士。翰林業治古文辭，而恕不喜為古文辭，務期以明體適用，本之經術，博極經濟，以是不得留。出為大理評事，知揚州府，屢辨疑獄。歲饑，發廩不待報，且給醫藥，多所全活。作資政書院，教羣弟子。天順四年，以考最遷江西右布政使。[略]

公在南京，崑山人有李元壽者，工書，嘗書諸經四書小本，楷法精善，公見而愛之，呼為李生。召使侍舟中。無事，輒令生琅誦《大禹謨》《臯陶篇》，斂衽而聽之。

在吏部，少子承裕為舉人。公令開門納客，具得人才文武之概，退叩所聞，用多稱職。有賢士大夫至部堂者，延之後堂，禮以賓禮，命坐留茶。人人謂公能傾心好賢也。在留都時，嘗出，有狂夫向公騎呼萬歲，公入部，延咨僚屬。婁性曰，昔張忠定行軍時，有故事。公曰，止勿言，待我自思。比曉，得數策，還語性，性皆不答。因問當時忠定所以處者，喟然嘆息，謂古人之不可及。家居，作《石渠意見》，取先儒傳註稍悖聖經者，與諸生商訂可否，務剗俗學，以求合不傳之旨。蓋晚又號《石渠云意見》者，乃意度之見耳，未敢自以為是也。徧集歷代名臣諫議録一百二十四卷。先生年八十四，而著《意見》，八十六為《拾遺》，八十八為《補缺》，其耄而好學如此。

又《明儒言行録續編》卷二

王道。

字純甫，山東武城人，正德辛未進士，仕至吏部右侍郎，選庶吉士。時山東盜起，將奉祖母避地江南，疏改應天教授，召為吏部主事，歷文選郎中。大學士方獻夫薦其學行醇正，可任宮僚。擢春坊左諭德，引疾固辭曰，朝廷以名器為重，不輕假人以不次之官。人臣惟義分是安，當致謹於非分之獲。凡三疏，始得旨以病歸，而聲望益重。居一歲，遷國子祭酒，拜吏部右侍郎。僅閱月，疾卒。

公英敏絶人，精擇強記。于書靡不究其要指，已由博返約。紬繹聖經，不欲標門戶自表著。久之神解，涣然自信。所著有《易、詩、書、春秋、大學億》，持論多前儒所未及。兩掌胄監，端軌申約，六館諸生，翕然向風。人比之宋仲敏，贈禮部尚書，謚文定。

清朱軾《史傳三編》卷七

熊禾。

熊禾字去非，號勿軒，又號退齋，建陽人。自幼有志於學，師事朱子高第輔氏，講貫聖經賢傳，沈潛天人道德之藴。登度宗咸淳進士，授寧武州司户參軍。時四方繹騷，道梗不赴。宋亡，退修初服，束書入山。築洪源書室，聚徒講習。四方來學者雲集。糲食澗飲，日以孔孟之道相磨礲。於朱子之書，是信是行。閲十二年，歸故山，復創鼇峯書院，益肆其力於六經。

謂朱子平生精力在《易》《四書》。《詩》僅完稿，《書》開端而未及竟。三禮惟有通解，缺尚多。《春秋》僅發大義而已。又謂《周官》六典原不缺，當復其舊。《儀禮》十七篇，當附以《禮記》傳義。《春秋》傚《綱目》，例以左氏書實其事，以公穀程胡諸家之説足其義。乃於《易》《詩》《書》《春秋》皆為之集疏。每經取一家之説為主，而裒衆説以疏之。復著《小學、四書集疏》，以為之階梯。其他農禮兵刑，皆有撰。还感世俗葬祭者多為異端所蠱，一正以聖道，勒成一帙，解其惑。晚年更修《三禮通解》。將脱稿，以疾卒。著述多阨兵火，獨《四書》《詩》《易》《小學》數種有傳於世。其論孔廟祀典，後世多行其言。

當宋社之既屋也，疊山謝枋得聞禾名，遠涉訪之，相抱痛哭，不忍卒別。相與講學者數月。新安胡一桂挾其道詣武夷訪禾，及退，自知不及，頻年就之講論，而一桂之學益以明。禾嘗修考亭書院，而為之記。及後有求《考亭書院記》於翰林學士吳澄者，澄負一時重望，聞禾所作，遂拱手閣筆云。

論曰，禾與許衡出處不同，一則抱採薇之孤志，一則際從龍之盛遇。然禾謂衡倡明文公之學，啟沃君心，栽培相業，以開治平之原。而衡序禾遺集，有立綱常，闢世教，紹統緒之稱。蓋其心同，其道同。易地則皆然也。殆孟子所謂其趨一者是耶。

清李清馥《閩中理學淵源考》卷二四

孫和卿先生調。

孫調字和卿，福寧人。其學得朱子之傳，以排擯佛老，推明聖經為本。著有《策府》五十卷，《易、詩、書解》《中庸發題》共五十卷，《浩齋稿》三卷，學者稱龍坡先生。

《江南餘載》卷下

秘書郎刁侃文安郡公（按文安郡公徐遊，知誨子也。初名景遊，避元宗諱，去景字。）之愛婿，姻連戚里，第宅瀟洒。一日，侃弟妹於庭下，忽見兩人沿古槐而上。以瓦擊中之，應手墮地，四體雖具，長纔二寸許，狀如世所畫夜义然。瘞之。是夕，侃家堂室之間，鬼怪無數。或見大手，或呈巨顙，如是者三夕餘。設醮謝之，猶不已也。

是時周維簡講《易》於侃別院，獨無變恠。於是盡徙焉。維簡方說泰卦，倦而假寐。恍惚中，見冠裳者數百人前揖，自言昔自南岳來，寄居古槐，歲月已久。今刁侃弟妹皆無道，横害二子，悲嘆不堪，適當索償。既匿先生之舍，且先生方講聖經，非某措手之時。願聞談義，容觧脫之矣。維簡驚覺，為之齋沐。旬日終篇，鬼怪乃絶。

《朝鮮史畧》卷一二

王御經筵，謂侍講官曰，予年齒已暮，雖讀聖經，恐無益也。朴宜中引師曠秉燭之喻，反復陳勸，王嘉納。

晉平公謂師曠曰，吾年七十七，欲學，恐年老矣。對曰，何不秉燭乎。公以為戲己，怒之。對曰，盲者安敢戲君。少而學之，如初出之陽。壯而好學，如日中之光。老而好學，如秉燭之明。孰與昧行，公然之。

宋周應合《景定建康志》卷三四

夫東晉之初，其強弱，何如三國之吳蜀。當時有志之士，尚能欲自強而不肯休。諸葛亮諸葛恪之語最著。然亦知其一而不知其二也。亮之言曰，先帝知臣伐賊，材弱敵強。然不伐賊，王業亦亡，惟坐而待亡，孰與伐之。孔明之治蜀，可謂有政。蜀之任孔明，可謂得人。然未有可乘之時。恪之言曰，今所以敵曹氏者，以操兵衆。于今適盡，司馬懿已死，其子幼弱，未能用智計之士，今伐之，是其厄會。恪之言，知可乘之時，而不知所脩之政，而自量其材，與夫所用之人也。是故孔明無成，而恪卒以敗。觀蔡謨王羲之與諸葛亮恪之論，正相反，而各得一偏也。今人好興作者，必以孔明元遜之言為先，而安偷惰者必以蔡謨王羲之之言為是。酌厥中而論之，藏器於身，待時而動。内脩政而外攘夷狄。聖經之言，不可易也。

元馮福京等《昌國州圖志前序》

史所以傳信。傳而不信，不如亡史。故作史者必擅三者之長，曰學曰識曰才，而後能傳信於天下。蓋非學無以通古今之世變，非識無以明事理之精微，非才無以措褒貶之筆削。三者闕一，不敢登此職焉。然而有天子之史，有諸侯之史。晉之乘，楚之檮杌，魯之春秋，是諸侯之史也。後世因之，郡各有志。所以備天子史官之採録，亦豈可易為哉。若昔素王刑賞，二百四十二年，列國之君臣，游夏且不能贊一辭。司馬氏以良史才而作《史記》，議者猶謂《十二諸侯年表》為殽亂於聖經。然則侯邦之志，亦以記事纂言也，而可易為哉。

明董斯張《吴興備志》卷五

謝夢生字性之，永嘉人。少力學，與陳埴葉味道為同志友。聖經賢傳，靡不研究。由是所得，沛然有餘。下筆亹亹不休，名重當時。趙善得亟稱之，以女妻焉。登嘉定癸未第，歷樞密院編修官，兼都官郎，出知安吉州。召為宗正丞，兼户部郎，改秘書丞，知汀州，以疾致仕，卒。弟挺之同登第，終通判安吉州。(《永嘉縣志》)

清高宗弘曆《欽定日下舊聞考》卷六六

臣等謹按，彝倫堂東廊為繩愆厅，為鼓房。有率性誠心崇志三堂。西廊為博士厅，為鐘房。有脩道正義廣業三堂。彝倫堂額及壁間聖經石刻，皆聖祖御書。又堂額曰，文行忠信。前列訓辭曰，學者文行並重，尤以忠信為本。故孔子垂為四教，成均造士之法，無踰於此。

清高宗弘曆《欽定盛京通志》卷一一三《釣魚臺祠記》

凡有功於人者，祀報之義也。醫閭先生教化鄉閭者四十年，異端之教不行焉。鄉人為祠祀之，不謂義乎。先生姓賀諱欽，字克恭，家醫巫閭山，因號焉。天性高明，幼學即有志於古。及見性理羣書，朝夕玩索而有得，乃益自信古聖經書，本教躬行，不可徒自從説已也。乃益厭俗學。

舉進士，為給事。思盡厥職，有犯無隱。成化戊子春，京師災，乃上疏。大畧謂，應天以實不以文，不報。遂自劾，又不報。乃告病歸。築室圃中，取古聖賢書，以漸幽討。非弔喪問疾不出，如是者數年，大有所得，乃教鄉人。鄉人故事，重佛老，及諸不經之神。先生乃製祀外神文，俾祀而悉焚之。上下翕然從之，無梗焉者。於是趨門牆者日益衆，學者始至，必詢其奉先祀事父兄之節。苟簡，則亟命改之曰，學者學何事也，而可緩於是耶。每謂朱子《白鹿洞規》為經書機要，《小學》書為日用準則。自修教人，一本於是，故異端之説無自以入，而義州之俗獨美。

清《畿輔通志》卷一一《學校》

國子監在安定門内文廟之西南。按，監之中為彝倫堂，聖祖御書賜額。又有世祖聖祖臨雍諸勅諭。聖祖御書《大學》聖經石刻。皇上御書文行忠信匾額。堂左為繩愆廳，右為博士廳。兩廡有率性脩道誠心正義崇志廣業六堂，為諸生肄業之所。後有東西兩廂，為祭酒司業休憩之地。門曰集賢門，街曰成賢街。

明張國維《吳中水利全書》卷一九《王同祖三江考》

《禹貢》曰，淮海惟揚州，三江既入，震澤底定。三江震澤，皆在今蘇州境。昔大禹治水東南，見于經者，止此兩言。而東南水利之源，古今治水之法，悉寓于此。然三江之說，漢唐以來考究論辨互異。或諸儒未嘗親歷其地，沿訪其跡，但據書傳所記，附以臆說，遂使聖經微旨，舛而不明。三江故道，混而莫辨。

清《河源紀畧・辨訛》

後之談河源者，好為異同。或信吐蕃而疑西域，或信西域而疑吐蕃。此說之所以不一也。蓋自周秦以降，載籍難免于傳訛，聲教不通於殊域。談天志怪，多有其書。別國方言，不流中土。此向來考古之士所以昧於裁取者也。所賴者，聖經猶存《禹貢》之篇，班史尚留西域之傳。

清孫廷銓《顏山雜記》卷四

且夫漢儒之為功於經也，烈矣。自秦火熄，挾書令除。然三代舊篇，淹沒淪喪。高堂北平顏芝伏勝后蒼費直毛萇向歆父子孔安國之徒，口授筆録，網羅放失。發塚壁之藏，編煨燼之跡。逮東京魏晉，馬融鄭玄服虔王弼何休趙岐王肅杜預郭璞范寧鄭衆諸賢，咸孜詳異同，辨正得失，鑽厲遺言，窮年白首。迄乎六朝，雲擾南北，中分章句。好尚互有偏執。南人簡約，得其精華。北學深蕪，窮其枝葉。以至正義辨於貞觀，二禮詳於永徽。端拱咸平，復加較正。經傳註疏，始成全帙。蓋桃弧棘矢，篳路藍縷，以啓山林，莫喻其勞。而典章名物，草木鳥獸，字析句比，雖纅人治絲，鍼人治組，天官之九野三垣，建章之千門萬户，莫喻其詳且密也。而士苟志在稽古正學，則舍此何適焉。然學士或白首不見全書，即辟雍之籍，蠹老塵封，齋受誦讀，卒業者闕焉。又或偽謬相衍，牴牾不保，讀之如含瓦石。毛生茲刻，獨為完善。于以羽翼聖經，有功於王者表章之事者也。

宋周必大《玉堂雜記》卷上

己亥三月丁卯，詔今歲郊祀，以例約束省費，旋有旨未令行出，下禮部太常寺議明堂大禮。初，李仁父主此說於前，郊嘗經集議。會近習揚言，燾博極羣書，却不曾讀《孝經》，乃不果行。至是，予以禮部尚書兼翰林學士與諸儒議曰，周公雖攝政而主祭，則成王王方幼冲，故周公參稽古制，蕆事於明堂。其曰嚴父者，指周公能推本武王之志，追尊文王之功，非謂自主其祭祀也。衆以為然。遂奏。

臣等竊觀傳載黃帝拜祀上帝於明堂，唐虞祀五帝於五府，歷時既久，其詳莫得而聞。至《禮記》始載《明堂位》一篇，言天子負斧依，南鄉而立。內之公侯伯子男，外之侯甸要荒，以序而立。故曰明堂也者，明諸侯之尊卑也。孟子亦曰，明堂者，王者之堂也。《周禮・大司樂》有冬至圜丘之樂，夏至方丘之樂，宗廟九變之樂。三者皆大祭祀，惟不及明堂。豈非明堂者，布政會朝之地，成王時嘗於此歌《我將》之頌，宗祀其祖文王乎。後暨漢唐，雖有沿革，至於祀帝而配以祖宗，多由義起，未始執一。本朝仁宗皇祐中，破諸儒異同之論，即大慶殿行親享之禮，並侑祖宗，從以百神。前期朝獻景靈宮，享太廟，一如郊祀之制。太上皇帝中興，斟酌家法，舉行於紹興之初，亦在殿庭，蓋得聖經之遺意。且國家大祀有四，春祈穀，夏雩祀，秋明堂，冬郊祀是也。陛下即位以來，固嘗一講祈穀，四躬冬祀，惟合宮雩壇之禮，猶未親行。今若特舉秋享，於義為允。臣等謹據已行典禮，及將前代賀循，本朝名儒李泰伯范鎮明堂嚴祖説，并治平中吕誨司馬光等集議，近歲李燾奏劄，具録以聞。

乙亥，有旨，從之。

明俞汝楫《禮部志稿》卷二《却封禪之訓》

永樂十四年四月，禮部祠祭清吏司郎中周訥上言，今天下太平，四夷賓服。民物阜豐，請禪泰山，刻石紀功德，垂之萬世。尚書吕震亦言，皇德神功，昭格上下，宜如訥請。上謂震曰，今天下雖無事，然水旱疾疫亦間有之。朕每聞郡縣上奏，未嘗不惕然於心。豈敢自謂太平之世。且聖經未嘗言封禪。唐太宗亦不謂封禪。魏徵每以堯舜之事望太宗，爾亦處朕於太宗之下，亦異乎徵之愛君矣。爾當以古人自勉，庶幾不愧宗伯之任。

又四六《釐正從祀稱號疏》

正德元年，兵部郎中何孟春言，陛下紀元開治之初，舉幸學崇儒之典，顧先聖稱號未極尊崇，諸賢從祀有當釐正者，宜下所司詳議。[略]

一，儒先從祀孔廟，起唐太宗，以左丘明等二十二人，代用其書，垂于國胄，故于太學祀之。卜子夏聖門高弟，此不暇論。左丘明公羊高穀梁赤，有傳經之功，非世儒可擬。若高唐生而下一十八人，其所述作，不越掇輯訓詁而已，而俱在侑食。蓋當時所取者在是，故漢有醇儒如董仲舒，而不及焉。子書公孫尼子，漢志以為七十子之弟子，隋志以為孔子弟子。《史記》云，《樂記》，公孫尼子次撰。李善《文選注》載沈約云，《樂記》取公孫尼子。馬總《意林》引劉瓛曰，《緇衣》，公孫尼子所作。其言可補六藝之文，有功於聖經，蓋不啻公穀比，而親授業於孔子之門人。唐宋封爵，俱不及者，失之不詳考耳。然視戴聖之徒，相去遠甚。忽立言之人弗祀，而祀諸傳録訓解其言之人，事理不倒置乎。董仲舒，至我太祖始加封，從祀。英宗朝，胡安國蔡沉真德秀吴澄之祀旅舉焉，則懸亶公孫尼子之封祀，亦宜有行於今日也。下其章於禮部。

又卷五四《尚書余繼登》

余繼登，字世用，直隸交河人，嘉靖甲子以《詩》舉京兆。萬歷丁丑成進士，選庶吉士，授檢討。［略］ 明年九月，太白經天。狄道山崩，湧出山五。復上言，方今星躔失度，水旱為沴。鑿山開礦，地藏空虛。不能固脉，山崩川竭，陵谷變遷，閭閻窮困，郡邑蕭條。戾氣凝而不散，怨毒結而成形，甚可憂也。臣子不能動君父，言愈數愈厭。陛下為天之子，天以非常譴告，尚可恬然。數日不報。

繼登見士習文體日趨浮詭，深用為憂。上言，今俗不遵聖經，倡為異說。竊佛氏諸言，熗亂耳目。謂經籍傳註皆為糟粕，倫理法度皆為虛幻。惟一了此心，則踰閑蕩檢，無害性真，後學小生，轉相崇尚。雜入制義，名為新說。甚悖理傷化，宜絕其端。勿使進。

奉旨，挈為功令，下學官釐正焉。

明《太常續考》卷五

初亦有議，尊孔子以帝號者，事未行。是年諫官請罷况融弼雄從祀，進祀禮部侍郎兼翰林學士薛瑄。下禮官集議，言雄已黜於洪武時，瑄無著述，况等皆有羽翼聖經之功，遂已。

宋李攸《宋朝事實》卷三

上嘗謂近臣曰，古人多言禱神可以延福，未必如此。能行好事，神必福之。如《禮記・世子篇》註云，文王以憂勤損壽，武王以快樂延年。其聖經之旨，必不如此。蓋註皆不思之甚也。文王焦思勞神，以憂天下，豈得減壽。夏禹焦勞，有錫圭之瑞，而享國永年。大約帝王能憂人之憂，不自暇逸，豈無感應。鄭康成註此，頗不近理，安足為之鑒戒。朕嘗與邢昺論之，昺無以對。

元馬端臨《文獻通考自序》

昔秦燔經籍，而獨存醫藥卜筮種樹之書，學者抱恨終古。然以今考之，《易》與《春秋》二經，首末俱存。《詩》亡其六篇，或以為笙詩，元無其辭。是詩亦未嘗亡也。禮本無成書，戴記雜出漢儒所編。《儀禮》十七篇及六典最晚出。六典僅亡冬官，然其書純駁相半，其存亡未足為經之疵也。獨虞夏商周之書，亡其四十六篇耳。然則秦所燔，除書之外，俱未嘗亡也。若醫藥卜筮種樹之書，當時雖未嘗廢錮，而並無一卷流傳至今者。以此見聖經賢傳，終古不朽，而小道異端，雖存必亡。初不以世主之好惡為之興廢也。

元馬端臨《文獻通考》卷一八二

按班固《七略》無史門，故以古来及秦漢之史附於《春秋》之末。後世史書漸多，故志藝文者以史自為一部，難以厠之聖經之後矣。故今析班志《春秋略》內《世本》十五篇至漢《大年記》五篇入史門，凡削九家四百一十一篇云。[略]

按，此即獻帝時應劭所上仲舒《春秋斷獄》，以為幾焚棄於董卓蕩覆王室之時者也。仲舒通經醇儒，三策中所謂任德不任刑之説，正心之説，皆本《春秋》以為言。至引正誼不謀利，明道不計功，以折江都王，尤為深得聖經賢傳之旨趣。獨灾異之對，引兩觀桓僖亳社火灾，妄釋經意，而導武帝以果於誅殺，與素論大相反。西山真公論之詳矣。決事比之書，與張湯相授受，度亦灾異對之類耳。帝之馭下，以深刻為明。湯之決獄，以慘酷為忠。而仲舒乃以經術附會之。王何以老莊宗旨釋經，昔人猶謂其罪深於桀紂，况以聖經為緣飾淫刑之具，道人主以多殺乎，其罪又深於王何矣。

又卷一八四

按，齊論多於魯論二篇。曰，《問王》《知道》，史稱為張禹所刪，以此遂無傳。且夫子之言，禹何人而敢刪之。然古《論語》與《古文尚書》同自孔壁出者，章句與《魯論》不異，唯分《堯曰》《子張問》以下為一篇，共二十一篇。則《問王》《知道》二篇，亦孔壁中所無。度必後儒依倣而作，非聖經之本真，此所以不傳，非禹所能刪也。

清高宗弘曆《欽定大清會典則例》卷六九

又覆準舊例，儒童正考時，四書文二篇。覆試，則四書文一篇，小學論一篇。今按，《小學》乃朱子纂輯，雖於幼童有裨，究不如聖經言簡意該，廣大悉備。應令學臣嗣後覆試儒童，將論題《小學》改作《孝經》。

又《欽定續文獻通考》卷一五一

臣等謹案，庭椿是書，邱葵謂朱子一見，以為冬官不亡，考索甚當。鄭賈以來，皆當退舍。而明陳深徐常吉痛駁之，具載朱彝尊《經義考》。深謂先王設五職以存其體，而虛其一以待用。司空有官而無職，自唐虞已然。因引禹以司空總百揆，召公以太保營洛，仲山甫以冢宰而城齊，召穆公平淮而亦以營謝諸經傳為證其説。以冬官為有官無職，固未必然。然庭椿鑿空臆斷，竄亂聖經，實為妄人之尤。邱葵所述，殆非朱子之言。葵即著《周禮全書》者。或以其書與己意合，託之朱子以自護焉耳。

又卷一九八

臣等謹案，周文歸刪節三禮《爾雅》《家語》《楚詞》《逸周書》共為一編，刋削聖經，其妄已甚。宋文多樸實，而惺以佻薄語評之，其去取之不當，更無論矣。又名媛詩歸舊本，題鍾惺編。王士禎云，坊間偽託之本，然亦足見竟陵流弊。

又卷二一五

臣等謹按，朱彝尊《經義考》云，毛氏説《春秋》，分二十二門。曰改元、即位、生子、立君、朝聘、盟會、侵伐、遷滅、昏覯、享唁、喪葬、祭祀、蒐狩、興作、甲兵、田賦、豐凶、災祥、出國、入國、盜弑、刑戮，而總括以四例，曰禮例，謂前二十二門，皆典禮也。曰事例，則以二十二門一千八百餘條，無非事也。曰文例，則史文之法也。曰義例，則貫乎禮與事與文之間。其《簡書刊誤》一編，取三傳異文詳為辨證，大率多取左氏，而仍執其傳據策書經據簡書之説。故以簡書為名，屬辭比事。記四卷，仿沈棐趙汸之例，以經文分隸二十二門，然僅得七門。蓋其未完之書。《條貫篇》，則奇齡分校禮闈時，監試官謂《春秋》雙題必以胡傳條貫。奇齡謂惟經始可以條貫。歸田後，既為傳三十六卷，復於聖經中檢其事之有緒屬者，或一條一屬，或數條一屬，而為是編也。

又《皇朝文獻通考》卷二一六

臣等謹按，永修督學湖廣時，輯是編，與《小學》合刊，名之曰《孝經小學集解大全》。然兩書合為一編，是取聖經與宋儒雜纂之本相比倫矣，於義殊有未協，故仍析為二焉。

清《廟學典禮》卷六《憲司舉明學校規式》

浙東海右道肅政廉訪司大德三年四月牒照，得立按察司欽奉聖旨條畫内一欵節，該所至之處，勸課農桑，問民疾苦，勉勵學校，宣明教化。又欽奉聖旨節，該今後應在籍秀才，做買賣納商税，種田地納地税，其餘一切差役，並行蠲免。又欽奉詔書内一欵節，該學校之設，所以作成人材，仰各處正官教官，欽依先皇帝已降聖旨，主領敦勸，嚴加訓誨，務要成材，以備擢用，欽此。

除欽遵外，竊以學校乃風化之源，人材所出之地。凡在學者，正當勉勵業術，講明道藝，仰副朝廷崇重之隆。近日以來一等儒人，不守元規，惟知户役之優免，遽忘聖經之閫奥。朔望拜謁，尚有闕禮。坐齋肄業，安有盡心。近於三月朔日，司官詣婺州路學，為見本學職員數少，署行點視，其不到者八十人。及至講説，有不通者十餘輩。此蓋教官教誨之無方，抑亦儒生怠慢之所至。

清《幸魯盛典》卷一一

康熙二十三年甲子十一月，命以孔尚任孔尚鈜為國子監博士。

吏部題，爲欽奉上諭事。康熙二十三年十一月十八日奉上諭。舉人孔尚鈜監生孔尚任，既經講書，應給官職。著交與吏部議奏，欽此。

欽遵，查定例内，舉人會試，三科不中式，情願就教職者，以州學正縣教諭用。如五科不中式者，揀選以知縣用。監生期滿之日考試，以州同州判縣丞等缺，挨次録用等語。該臣等議得，恭遇皇上法駕時巡，躬詣闕里，致祭先師孔子廟。大禮告成，命講經義，闡揚聖教，振起儒宗，誠曠古之希逢，爲盛朝之鉅典。而舉人孔尚鉝，監生孔尚任，陳書講説，克副聖衷。應將伊等不拘定例，俱從優額，外授爲國子監博士。查定例内例監未經保舉者，不准陞轉正途。今監生孔尚任，因講繹聖經，既不拘定例，即從優陞授國子監博士。陞轉時，應停其保舉，照常陞轉可也。

附録

朱熹字元晦，一字仲晦，徽州婺源人。少依父友劉子羽寓建之崇安，徙建陽，歿即葬焉。登第五十年，仕於外僅九，考立朝僅四十日。官至煥章閣待制奉祠，謚曰文，追封徽國公。初，父松病亟，屬熹於胡憲劉勉之及子羽，熹皆從之游。延平李侗，嘗學於羅從素，熹罷同安主簿歸，不遠數百里，徒步往從之。其為學大抵主敬以立其本，窮理以致其知。反躬以踐其實，而敬又貫乎三者之間，所以成始而成終也。

嘗謂聖賢道統之傳，散在方策，聖經之旨不明，而道統之傳始晦。於是竭其精力，以研窮聖賢之經訓。所著有《易本義、啓蒙》《蓍卦考誤》《詩集傳》《大學、中庸章句、或問》《論語、孟子集註》《太極圖、通書、西銘解》《楚辭集註、辨證》《韓文考異》。所編次，有《論孟集議》《孟子指要》《中庸輯畧》《孝經［刊誤］》《小學書》《通鑑綱目》《宋名臣言行録》《家禮》《近思録》《河南程氏遺書》《伊洛淵源録》。又有《儀禮經傳通解》，未脱藁，亦在學宫。平生為文一百卷，生徒問答八十卷，别録十卷。淳祐元年，理宗視學，手詔以張周二程及熹從祀孔子廟。黄幹曰，道之正統，待人而後傳。自周以來，任傳道之責者，不過數人。而能使斯道章章較著者，一二人而止耳。由孔子而後，曾子子思繼其微，至孟子而始著。由孟子而後，周程張子繼其絶，至熹而始著。識者以為知言。

臣按，朱熹集宋代諸儒之大成，上繼孔孟不傳之道統。其所撰集，皆足以羽翼聖經，闡明正學，有大醇而無小疵。魏了翁稱其功不在孟子下，信矣。自宋理宗時，即已追封從祀，而遺墓在閩，其長子塾之裔世守焉。明景泰時，得博士世職，在徽派博士之先。承襲至之僑，而明祚忽諸。迨八閩道通，之僑將請朝命，未行而卒。嫡子早世，孤孫方乳，遂以奉祠生主邕書院且四十年，赴訴大吏，莫為陳請。幸遇吾皇上親祭闕里，頒賜御書學達性天匾于紫陽書院。儒裔朱瀠始備陳顛末，撫臣再四查覈，據以請命。此皆仰沐皇上崇儒右文之德化，始能觀感奮興，舉此曠典。而先儒子孫，復得叨命服之榮，以奉其祠墓。九曲巖壑增榮益觀，直與尼防鄒嶧同沐恩光，遥相輝映。猗歟盛哉。

又卷二三《上幸闕里記》

康熙二十有三年甲子，遇易之乾。溯軒黄製干支前，蓋歷九百六十年者，五之終，六之始也。子輿氏所謂千歲日至，十五曆元，求可坐致者，蓋實指是。考唐開元十二年乾甲子至二十七年，為先師封王之始。從西牖，正南面位。迄今康熙二十六年建表先師碑，亦九百六十餘年，非偶然也。又考乾道壬辰，宋先賢朱熹倣聖經作綱目年，計今歲在丁卯，殆五百歲有奇。御書學達性天扁額，於宋六賢周張二程邵朱書院，亦儒學明晦之一驗也。

天生聖人，應運而起。使吾道昌明，在此時矣。讀碑文首曰，道原於天，弘之者聖。上自伏羲一畫，虞廷一中，孔門一貫，皆不出此二言。夫原天之心者何，好生是也。好生，仁也。先師上承羲堯，下與顔曾諸賢終日講求，無非此志此物。且指明萬世儒者，曰存誠，曰主敬，曰窮理，曰致知，以至尊德性也，道問學也。又原頭在是，道岸亦在是。豈非四千年所未發之旨，盡開明於今日耶。

况作君作師，其道無兩。我皇上以天有四府，聖有四府之訓，昭示諸臣。乃知贊删作定六經者，上備元亨利貞之天德，中集皇帝王霸之治統，下包生長收藏天下萬世之民物，又不止以《易》《詩》《書》《春秋》禮樂六經，法天而已也。所以俎豆億萬斯年未艾者，至今日愈著。總之，我皇上之尊聖也，旌賢也，崇儒也，皆所以明道於前古後今也。九百六十年甲子，又乾之際會。天道於此再中，聖學於此重光。幸魯一舉，其所關豈淺鮮哉。

又卷二五《皇帝釋奠於闕里詩序》

蓋聞羲畫禹疇，遠開道統。洙源泗水，直接心傳。唯聖人為百世之師。若孔子，則生民未有。運丁百六，身固戹於當時。業授三千，道實亨於奕禩。是以漢高過魯，祭用太牢。孔吉紹殷，封延苗裔。越考延光之歲，祀徧諸賢。載稽廣順之年，分頒御器。開元則詩裁五字，至道則書布六經。列戟八雙，詔增門外。御香一合，留置廟中。然而史載尊師，唯遣羣工攝事。代誇重道，止聞再拜登堂。惟我皇上，紹精一之傳，建中和之極。聖本天縱，尚集笙墳珠典之奇。德協大成，還羅甲觀酉山之秘。輯車書於四表，同軌同文。訖聲教於萬方，是行是訓。

爾迺一元開泰，六御乘乾。當歲在於閼逢，正日躔夫析木。翠華南指，河嶽效靈。鸞馭東廻，海天徧德。乃於省方巡岳之日，獨勵崇儒講學之風。謂前此景，道岸於千尋久矣。瞻尼望魯，今且見宫牆於數仞，豈徒釋菜臨雍。於是駐輦升堂，宫懸非舊。陳牲獻爵，俎豆維新。屈萬乘之尊，師臣者帝。折九重之節，為道而卑。秩典既成，講堂斯御。啓圖書於魯壁，聖經可佐治平。集觀聽於圜橋，《周易》實參理數。

既乃流觀邃宇，遐矚高墳。源遠流長，井華不改。本深木茂，檜幹依然。特賁天章，森成奎畫。五言賦就吟來，寶玉琳瑯。八體書工望去，慶雲糺縵。且也華芝繡傘，賜撤仗前。曲蓋流蘇，香飄座右。家蒙爵賞，羣依天子之光。邑免租庸，共沐聖人之澤。擴幽宫之邊幅，永斷樵蘇。設守廟之官司，常供灑掃。肇弘模於不世，軼隆古而無前。陋彼曩規，徒借觀兵而登曲阜。遠踰方策，豈因封岱以過稷門。至治馨香，斯文佑啓。

洎乎廻鑾告止，端拱凝神。聽政餘閒，齊居思道。濡帝鴻之硯，文搆豐碑。揮秋兔之毫，書懸芝牓。鸞停鵠峙，縱横於駐蹕亭邊。緑字赤文，焜燿於杏壇門外。唯君道克光師道，斯王言允叶聖言。況乎祀秩元公，遞及於顔曾思孟。恩推至聖，不遺夫濂洛關閩。休哉道洽化成，允矣禮明樂備。

清高宗弘曆《欽定康濟録》卷四上

明太祖曰，朕嘗取鏡自照，多失其真。冶工曰模型不正故也。朕聞之惕然。人主一心為天下，型一不正，百度乖矣，可不慎乎。

謹案，模型正矣，使用人不明，理財未善，舛錯其政，亦難致一道同風之盛。此聖經於二者所以特舉之而並重也。明太祖以鏡自勵，握其要道，克慎克勤，範我黎民，非致治之主耶。

宋陳振孫《直齋書録解題》卷一四《音樂類》

劉歆班固雖以禮樂著之《六藝畧》，要皆非孔氏之舊也。然三禮至今行於世，猶是先秦舊傳。而所謂樂六家者，影響不復存矣。竇公之《大司樂》章，既已見於《周禮》，河間獻王之《樂記》，亦已録於小戴。則古樂已不復有書，而前志相承，迺取樂府教坊琵琶羯鼓之類，以充樂類，與聖經並列，不亦悖乎。晚得鄭子敬氏書目，獨不然。其為説曰，儀註編年，各自為類，不得附於《禮》、《春秋》。則後之樂書，固不得列於六藝。今從之，而著於子録雜藝之前。

宋吕中《宋大事記講義》卷二〇《小人借經之説以欺君》

元祐二年，張商英上書言，三年無改於父之道。公著不悦。

聖經之義不明，而奸臣往往竊其説以誤國者，多矣。當熙寧變舊法之時，則惠卿借《周禮》讀法之文，以蓋其紛更之實。及元祐改新法之則，章蔡商英之徒，竊三年無改之説，以唱紹述之論。

宋錢時《两漢筆記》卷四

元封二年，上以旱為憂。公孫卿曰，黄帝時封則天旱。乾封三年，上乃下詔曰，天旱，意乾封乎。

黄帝，古聖人也。通變宜民，垂衣裳而天下。治舟車門柝臼杵弧矢之利，所以取象於易者，無非生民日用之常，豈迂僻幻怪遊方之外者哉。孔子定《書》，討論墳典。高辛而上皆在所略，非以其怪誕而略之也。墳言大道，典言常道。古聖相傳，初無異旨。特以上世洪荒，垂世立教者未備。孔子將取之以示百王之標準，萬世不刊之鵠的，故斷自唐虞以還，下訖於周耳。《周禮》，周公之大訓也。儻涉怪誕，則三皇五帝之書，曷為而掌之外史乎。戰國縱横，異端蝟起。凡託黄帝以名書者，如道如名如陰陽如小説如醫卜神仙之類，不一而足。至若封禪登天，恍蕩不根之論，漢之方士，往往率類聚而歸焉，是何誣黄帝之甚也。使古聖而行封禪，則二帝三王行之矣。血祭五嶽，聖經具在，不聞封禪之名。況又有所謂乾封者乎。君能以旱為憂，此正恐懼修省之端。羣臣所宜盡忠儆告，使之改過進德，以弭天變。公孫卿何人，而敢為誣妄如許。欺君欺天以欺天下，而帝亦安受其詐言之不怍。吁，抑愚矣哉。

又卷五

聖人作經，以垂世詔後，非空言也。所以明大義，示萬世人道之標準也。自昔聖賢從容一堂之上，斷大事決大疑定大難，如辨白黑，如數一二，瞭然而不惑者，無他，明於義而已。義者，人心之公，天則之不可渝者，非外襲而取之也。人惟汩於利欲，亂其清明，中無權衡，外物用事。是非顛倒，首尾衡決，趨利乘便，奪攘矯虔，以至三綱淪，九法斁，人道泯泯，與夷狄禽獸無異者，大義不明故也。是故不可以不學焉。學以聖經為的，學聖經以明義為的。世固有號通經術而不適於用，無補於治亂興亡之變者，是腐儒也。實未嘗知義也。雖學，猶不學也。

又卷七

匡衡雖未足道，而所陳數事，則可為大臣告嗣天子之要論矣。三代盛時，不聞女禍。喜妲褒姒，乃始出而喪邦。無他，先王擇配，必稱其德。後世惟欲是從，惟聲色是奉。淫姣邪僻，湛溺荒迷，而婦言用矣。嗚呼，家人一卦，利在女正。男女正，天地之大義也。此豈閨門燮褻之事乎。大哉乾元，萬物資始。至哉坤元，萬物資生。元者，乾坤之所以合德也。后之於君，即坤之於乾，不得乎元，何以配天行健，母儀天下乎。雖然，真知聖經之旨，不悖其本性，則事親自孝，奉天自敬，臨下自莊，無非吾本性所自，有非由外鑠我也。殆不止於配偶而已。然則聖經何以能明，曰，在擇師。

又卷一〇

章句之徒，破壞大體，此聖經之巨蠹，楊終言之，是矣。獨不知漢儒之所謂大體果安所指乎。温柔敦厚而不愚，《詩》之教也。疏通知遠而不誣，《書》之教也。廣博易良而不奢，樂之教也。潔靜精微而不賊，《易》之教也。恭儉莊敬而不煩，屬辭比事而不亂，禮與《春秋》之教也。知其為教，則知大體矣。抑猶未也。天有四時，春秋冬夏，風雨霜露，無非教也。地載神氣，神氣風霆，風霆流形，庶物露生，無非教也。知其為教，則知大體矣。六經之旨，不必外吾心而他求矣。

自孔子没，孟軻氏又没，而此旨寥寥，寂然不聞有傳，豈特遭厄於秦火而已哉。漢興，收拾殘編於煨燼之餘，雖加之表章，校其同異，而當時傳授，不過傳註，以為學聖經大體，人知其有未明也。然在楊終尚有是言，後世以時文取士，殆又不止於章句之言而已。爭奇競麗，惟恐破之不巧，無以新有司之耳目。上下安之，以為當然。曾未有出一言為大體慮者，豈不甚可嘆哉。所幸人心之靈未嘗泯滅，聖經具在，可證不誣。如珠在泥，如金在沙。燦然錯落，光照天地。自有時而發露，坐見聖心於千載之上耳。乾道變化，各正性命，首出庶物，萬國咸寧。愚敢謂正人心息邪説，續聖學昌斯文，當以講明文體為第一要務。

宋王應麟《通鑑答問》卷三《張蒼為丞相》

或問，張蒼好書博聞，以文吏為相，非絳灌比也。而不聞興起儒者之學，何歟。曰，儒者不用於世久矣。劉向《别録》云，虞卿以《春秋》授荀卿，荀卿授張蒼。然則蒼所學者，《春秋》。所師者，荀卿也。漢初，《左氏傳》出蒼家，則蒼之學不止律曆也。明《春秋》之義，以佐其君。正綱常，辨名分，決大事，斷大疑，經綸天下之大經，嘉以《春秋》為本德。則漢可以為帝王之治。攷之於傳，不過推漢為水德，推律調音以定法令程品而已，而未嘗以《春秋》之學施之政事。淮南王長之罪，蒼嘗議之，而輒論如法之奏，不能全兄弟之恩也。肉刑之除，蒼又議之。而外有輕刑之名，内實殺人，不能廣欽恤之仁也。蒼自秦時為柱下御史，止於明習圖書計籍。賈生所謂大臣，特以簿書期會為大故者，安能以聖人之遺經措之相業哉。其後公孫弘以《春秋》之義治臣下，取漢相，是以聖經為司空城旦書也。夫子制《春秋》以俟後聖，其終不行矣夫。

又卷五《侍御史嚴延年劾奏太將軍光擅廢立》

或問，呂成公謂大哉，延年之奏也。夷齊之後，一人而已。然則霍光非歟。曰，君臣之典，叙於天。萬世不可易也。伊尹放太甲，而孟子謂有伊尹之志則可。霍光廢昌邑，君子亦曰有霍光之志則可。無伊霍之志，則凡置君不如奕棋者，肆其罔極，君臣之大倫斁矣。光以大臣黜昏立明，公於天下，非私意也。忠於社稷，無篡志也。延年猶言其罪，而朝廷加肅。大將軍之威，屈於一御史，立萬世名義之大閑，亦夷齊扣馬之心焉。權臣反易天常，若魏司馬師廢齊王，吳孫綝廢會稽王，蓋以光為口實。而范粲桓彝守死無二，正君臣之分，以明《春秋》之法。亂臣賊子，庶有懼乎。以此坊民，王彪之於海西之廢，乃取《霍光傳》，定禮儀以黨賊。温聞粲彝之風，亦少愧哉。沙隨程氏曰，延年女羅紨為昌邑王賀妻，生子女持轡。漢人風俗之厚，故不以為嫌。然此不足以疵延年也。延年之弟彭祖，學《春秋》，延年為古人之所難，其講聞聖經之義歟。

子 部 說

隋王通《中說》卷二《天地篇》

子謂陳壽有志於史，依大義而削異端。謂范寧有志於《春秋》，徵聖經而詰衆傳。子曰，使陳壽不美於史遷，固之罪也。使范寧不盡美於《春秋》，歆向之罪也。裴晞曰，何謂也。子曰，史之失，自遷固始也，記繁而志寡。《春秋》之失，自歆向始也，棄經而任傳。

朱熹《朱子語類》卷一一

聖經字若個主人，解者猶若奴僕。今人不識主人，且因奴僕通名，方識得主人，畢竟不如經字也。（泳）

又卷一五

世間之物，無不有理，皆須格過。古人自幼便識其具。且如事親事君之禮，鐘鼓鏗鏘之節，進退揖遜之儀，皆目熟其事，躬親其禮。及其長也，不過只是窮此理，因而漸及於天地鬼神，日月陰陽，草木鳥獸之理，所以用工也易。今人皆無此等禮數可以講習，只靠先聖遺經自去推究，所以要人格物主敬，便將此心去體會古人道理，循而行之。如事親孝，自家既知所以孝，便將此孝心依古禮而行之。事君敬，便將此敬心依聖經所説之禮而行之。一一須要窮過，自然浹洽貫通。如《論語》一書，當時門人弟子記聖人言行，動容周旋，揖遜進退，至為纖悉。如《鄉黨》一篇，可見當時此等禮數皆在。至孟子時，則漸已放棄。如《孟子》一書，其説已寬，亦有但論其大理而已。（僩）

又卷八三

今之做《春秋》義，都是一般巧説，專是計較利害。将聖人之經，做一箇權謀機變之書。如此不是聖經，却成一箇百将傳。因説前輩做《春秋》義，言辭雖麄率，却説得聖人大意出。年來一味巧曲，但将孟子何以利吾國句，説盡一部《春秋》。這文字不是今時方恁地，自秦師垣主和議，一時去趨媚他，《春秋》義才出。會夷狄處，此最是《春秋》誅絶底事，人却都做好説。看來此書自将來做文字不得。才説出，便有忌諱。常勸人不必做此經，他經皆可做，何必去做《春秋》這處也。是世變如二程未出時，便有胡安定孫泰山石徂徠他們説經。雖是甚有疏畧處，觀其推明治道，直是凛凛然可畏。《春秋》本是嚴底文字。聖人此書之作，遏人欲於橫流，遂以二百四十二年行事，寓其褒貶。恰如大辟罪人事，在欵司極是嚴緊，一字不敢胡亂下。使聖人作經有今人巧曲意思，聖人亦不解作得。

因問文定《春秋》。曰，某相識中，多有不取其說者。正其義不謀其利，明其道不計其功。《春秋》大法正是如此。今人却不正其義而謀其利，不明其道而計其功。不知聖人將死，作一部書如此。感麟涕泣，雨淚沾襟，這般意思，是豈徒然。

問，《春秋繁露》如何，曰，尤延之以此書為偽，某看來，不是董子書。又言吕舍人《春秋》却好，白直説去，卷首與末梢又好，中間不似伯恭，以為此書只粧點為說。

又卷八五

河間獻王得古禮五十六篇，想必有可觀。但當時君臣間有所不曉，遂至無傳。故先儒謂聖經不亡於秦火，而壞於漢儒，其說亦好。温公論景帝，太子既亡，當時若立獻王為嗣，則漢之禮樂制度，必有可觀。又致堂謂武帝若使董仲舒為相，汲黯為御史大夫，則漢治必盛。某常謂若如此差除，那裏得來。（廣）

又卷一〇四

問，必有事焉而勿正。心勿忘，勿助長。曰，此亦只是為公孫丑不識浩然之氣，故教之養氣工夫緩急。云不必太急，不要忘了。亦非教人於無著摸處用工也。某舊日理會道理，亦有此病。後來李先生說令去聖經中求義。某後刻意經學，推見實理，始信前日諸人之誤也。（大雅）

又卷一〇五

傳至叔言，伊洛諸公文字，説得不恁分曉。至先生而後大明。先生曰，他一時間都是英才，故撥著便轉。便只須恁地說。然某於文字，却只是依本分解註。大抵前聖說話，雖後面便生一箇聖人，有未必盡曉他說者。蓋他那前聖是一時間，或因事而言，或主一見而立此說。後來人却未見他當時之事，故不解得一一與之合。且如伊川解經，是據他一時所見道理，恁地說，未必便是聖經本旨。要之，他那箇說却亦是好說。且如《易》之元亨利貞，本來只是大亨而利於正。雖有亨，若不正，則那亨亦使不得了。當時文王之意，秪是為卜筮設，故秪有元亨，更無有不元亨。秪有利貞，更無不利貞。後來夫子於《彖》，既以元亨利貞為四德，又於《文言》復以為言，故後人秪以為四德，更不做大亨利貞說了。

《易》只是為卜筮而作，故《周禮》分明言太卜掌三易連山歸藏周易。古人於卜筮之官，立之凡數人。秦去古未遠，故《周易》亦以卜筮得不焚。今人纔說《易》是卜筮之書，便以為辱累了《易》。見夫子說許多道理，便以為《易》只是說道理。殊不知其言吉凶悔吝皆有理，而其教人之意，無不在也。夫子見文王所謂元亨利貞者，把來作四箇說。道理亦自好，故恁地說。但文王當時未有此意。今若以元者善之長，亨者嘉之會，利者義之和，貞者事之幹，與來卜筮者言，豈不大糊塗了他。要之，文王者自不妨孔子之説，孔子者自不害文王之説。然孔子却不是曉文王意不得，但他又自要説一樣道理也。（道夫）

又卷一二〇

鄭昭先景紹請教曰，今人却是倒置古人學而後仕，今人却反仕而後學。其未仕也，非不讀書，但心有所溺，聖賢意思都不能見。科舉也是奪志。今既舉，亦須汲汲於學。為學之道，聖經賢傳所以告人者，已竭盡而無餘，不過欲人存此一心，使自家身有主宰。今人馳騖紛擾，一箇心都不在軀殼裏。孟子曰，學問之道無他，求其放心而已。又曰，存其心養其性，所以事天也。學者須要識此。（道夫）

宋陳埴《木鍾集》卷三

文中子曰，詩書盛而秦世滅，非尼父之罪也。虛無長而晉室壞，非老莊之罪也。齋戒修而梁國亡，非釋迦之罪也。

詩書盛而秦世滅，恐不可以下文例論。謂秦焚滅六國耳。王氏崇獎異教，至與吾道同科。學術之疵，正不足論。但其區區之意，猶曰非師之本教然也，學之者誤耳。如釋老之誤，固不足道。只六國處士横議，與今世虛文浮靡，皆有禍聖經之理，乃孔氏之罪人，非師之本教然也。

宋真德秀《大學衍義》卷三

倪寬見武帝語經學。上曰，吾始以《尚書》為樸學，弗好。及聞寬語可觀，乃從寬問一篇。

臣按，典謨訓誥誓命之文，凡百篇，皆人主之軌範也。武帝初以為樸學弗好，既失之矣。及聞寬説可觀，又止從問一篇，則是其弗好如故也。然聖經之藴無窮，隨其所入，皆必有獲。百篇之書，無所不備。使帝于其一篇果嘗深玩而服膺焉，修己治人亦有餘用，而帝之行事未見有一與書合者，是亦徒問而已，果何益哉。

又《西山讀書記》卷九

愚按，孔子之言，雖為臧文仲而發。然即其所謂不仁不知者，則仁知之義可知矣。蓋舍其所當用之人，而使澤不得以及民。爭其所不當爭之利，而使民不得以自養。此文仲之不仁也。後之人欲反其失，則居顯位者，其可不以舉賢揚善為事乎。食厚禄者，其可不以捐利予民為心乎。去其不仁者，則仁可幾矣。龜所以卜，而居之以華侈之室而不知其亡益。躋後君於先君之上，而不知其非禮。海鳥而祀之以盛樂，而不知其不能享。此文仲之不知也。後之人欲反其失，則凡求媚於鬼神，要福於寘漠，而不循其禮之正，不察其理之有無者，其可不戒之乎。去其不知者，則知可幾矣。若徒知文仲之失，而無自反自克之功，則雖終日誦聖經之訓言，銖較古人之失得，終於亡補而已。

宋項安世《項氏家説》卷四《詩音》

吳氏《詩補音》，學者多疑之。但據陸氏《釋文》，謂古人韻廣，遂不究吳氏之説。然《釋文》中稱協韻處亦不為少。則雖陸氏，固不敢自信其韻廣之説也。且雜用衆韻謂之韻廣可也，今止用一韻但與今韻不同，安得便以為廣。凡《詩》中東字皆協蒸字韻，南字皆協侵字韻。下字馬字皆協補字韻，母字有字皆協止字韻。英字明字皆協唐字韻，華字皆協模字韻。為字皆協戈字韻，服字皆協德字韻，天字皆協真字韻。其所通韻，皆有定音，非泛然雜用而無別者。于此可見古人呼字，其聲之高下，與今不同。又有一字而兩呼者，古人本皆兼用之。後世小學字既皆定為一聲，則古之聲韻遂失其傳，而天下之言字者，於是不復知有本聲矣。

雖然，求之方俗之故言，參之制字之初聲，尚可攷也。如烏謂之鴉，姑謂之家，潭之字為沈，庵之字為陰，明都之明為望，不羮之羮為郎。甄官之後音真，陳常之後為田，莆之為葡，馮之為憑。凡此，皆方俗之故言也。而攷之於《詩》而合焉。痏洧從有而音偉，宄軌從九而音鬼，婪惏皆從林聲而讀如藍，鱏鐔皆從覃聲而讀如尋。英之聲從央，盲之聲從亡，顛填之聲從真，福輻之聲從畐，為孤苽者爪聲，為波頗者皮聲。凡此皆制字之初聲也。而攷之於《詩》而又合焉。

夫字之本聲，不出於方俗之言，則出於制字者之説。舍是二者，無所得聲矣。今參之二者以讀聖經，既無不合矣，而世之儒生獨以今禮部韻略不許通用，而遂以為詩人用韻皆泛濫無準，而不信其為自然之本聲也，不亦陋乎。

宋黃震《黃氏日抄》卷七《讀春秋一》

孔子曰，吾志在《春秋》。孟子曰，《春秋》，天子之事，孔子作《春秋》而亂臣賊子懼。蓋方是時，王綱解紐，簒奪相尋。孔子不得其位以行其權，於是約史記而修《春秋》，隨事直書。亂臣賊子無所逃其罪，而一王之法以明。所謂撥亂世而反之正，此其為志，此其為天子之事。故《春秋》無出於夫子之所自道及孟子所以論《春秋》者矣。

自褒貶凡例之説興，讀《春秋》者往往穿鑿聖經，以求合其所謂凡例。又變移凡例，以遷就其所謂褒貶。如國各有稱號，書之所以別也。今必曰以某事也故國以罪之，及有不合，則又遁其辭。人必有姓氏，書之所以別也。今必曰以某事也故名以誅之，及有不合，則又遁其辭。事必有月日，至必有地。所此記事之常否，則闕文也。今必曰以某事也故致以危之，故不月以外之，故不日以畧之，及有不合，則又為之遁其辭。是則非以義理求聖經，反以聖經釋凡例也。聖人豈先有凡例而後作經乎。何乃一一以經而求合凡例耶。

又卷八二《臨汝書堂癸酉歲旦講義》

子曰，參乎，吾道一以貫之。曾子曰，唯。子出，門人問曰，何謂也。曾子曰，夫子之道，忠恕而已矣。

謹按，聖門之指示，要領在此一章。異端之竊證空談，亦在此一章。故學者讀此章，最不可不審。[略] 然得志於當世者，其禍雖烈，而禍猶止於一時。不得志於當世者，其説雖高，而禍乃及於萬世。凡今之削髮緇衣喝佛罵祖者，自以為深於禪學，而不知皆戰國之士不得志於當世者戲劇之餘談也。凡今之流於高虚求異一世者，自以為善談聖經，而不知此即禪學，亦戰國之士不得志於當世者展轉之流毒也。天生夫子不於他時，而獨於春秋之世，正使於衆説淆亂之際，立大中至正之極，明日用常行之道，為天下萬世之師。

又卷八七《廣德軍重建藏書閣記》

書果何從而始者哉。其殆造化自然之文有不能不為文者乎。夫自兩儀既判，一氣交錯，在天成象，則日月星辰文於天。在地成形，則山川草木文於地。此猶其文之章於人者，凡有血氣，舉能飛揚晶粲於拱挹之不可具述，故林林總總充塞乎天地之間，何莫非造化自然之文乎。民之生也，惟聖人之獨得其全者，夫孰能與於斯。[略] 屹若天成，焕如日星。上崇聖經，次下乃列子史，其旁乃置朱文公及古今名儒註解著述能行吾聖經者，以增比而附益之。道德性命無所遺，可謂盛哉。君之舉也，皆非庸常可以比擬，又豈但藏書於閣而已乎。

又《撫州新建增差教授廳記》

仁義禮智之性具在人心，所以開而明之者，則存乎教。詩書禮樂之教，具在方册。所以講而行之者，則繫乎師。故師必明聖經，而後可以淑人心。必淑人心，而後可以轉移風俗，上為聖天子躋世太平之助。

又卷九一《跋臨川王氏繫辭解》

《易》示吉凶。所以吉所以凶，則有理存焉。自晉人以《老》《易》並言，遂矯誣聖經，以證虚無之學。至吾伊川始言理以究其精微，晦庵始言吉凶以復其本義。繼此言易者紛紛，匪贅則鑿，否則淪於虚無者。

宋陳淳《北溪字義》卷下《鬼神（魂魄附）》

鬼神一節，説話甚長，當以聖經説鬼神本意作一項論，又以古人祭祀作一項論，又以後世淫祀作一項論，又以後世妖怪作一項論。

明薛瑄《讀書續録》卷二

四書滿天下。聖經賢傳妙旨無窮，讀者果能真知其理而實踐之乎。

明丘濬《進大學衍義補表》

國子監掌監事禮部右侍郎臣丘濬誠惶誠懼稽首頓首上言，伏以持世立教在六經，而撮其要於《大學》。明德新民有八目，而收其功於治平。舉德義而措之於事為，酌古道而施之於今政。衍先儒之餘義，補聖治之極功，惟知罄獻芹之誠，罔暇顧續貂之誚。原夫一經十傳，乃聖人全體大用之書。分為三綱八條，實學者修己治人之要。章句既有以大明聖蘊，衍義又所以上格君心。書雖成於前朝，道則行於今代。惟太祖之建極，嘗大書於殿壁之間。暨列聖之紹基，屢聽講於經筵之上。既已致夫雍熙太和之治，一皆本乎躬行心得之餘。善推所為者固無俟乎盡言，欲全其功者亦須補其闕畧。[略]

悉準於前書楷範，用垂於後學。稽聖經，訂賢傳，剟取無遺。紀善行，述嘉言，蒐求罔棄。附以管中之所見，覬於日下之可行。俯竭涓塵之微，仰裨海嶽之大。玆蓋伏遇皇帝陛下，睿智有臨，剛明不惑。學古訓而獲大道，慎儉德以懷永圖。蚤毓德於青宮，服膺大訓。時潛心於黄卷，玩味聖經。開導盡忠益之言，體驗極擴充之力。每躬行而實踐，恒日就以月將。仁孝之德孚於宫闈，元良之聲播於函夏。一旦承天而踐阼，萬邦仰德以歸心。大志夙成，適符漢宣登極之歲。小毖求助，肇周成訪落之心。首深究於大猷，亟恢弘於至治。凡新政之大有建置，皆舊學之素所講明。廣充格致誠正之功，用臻脩齊治平之效。太平之治端，可計日而待也。

又《大學衍義補》卷九

祖宗時其所試題目，皆摘取經書中大道理大制度，關係人倫治道者，然後出以為題。當時題目無甚多，故士子專用心於其大且要者，其用功有倫序，又得以餘力，旁及於他經及諸子史，主司亦易於考校，非三場匀稱者不取。近年以來，典文者設心欲窘舉子，以所不知，用顯已能。其初場出經書題，往往深求隱僻，强截句讀，破碎經文。於所不當連而連，不當斷而斷，遂使學者無所據依，施功於所不必施之地。顧其綱領體要處，反忽略焉。以此科場題目數倍於前學者，竭精神窮目力，有所不能給，故於策場所謂古今制度，前代治蹟，當世要務，有不暇致力焉者。甚至登名前列者，亦或有不知史冊名目朝代前後字書偏旁者，可嘆也已。然以科額有定數，不得不取以足之。以此士子倣效成風，策學殆廢。間有一二有策學者，又以前場不稱，畧不經目。人才所以不及前者，豈不以是哉。

其録出以為程文者，又多萎薾粗淺，拘泥纏繞，不厭士心。録一出，議論紛然。其所謂主意之説，尤為乖繆。凡其所命之題，專主一説，謂之主意。殊不知聖經深遠，非一人之見所能盡。理苟通焉，斯在所取矣，何必惟己之同哉。士子志於必得，謂非合主司之意不可以取中，往往將聖經賢傳之旨，旁求曲說，牽綴遷就，以合主司所主之意。此非獨壞士習，其為聖經之蠹也，甚矣。

又卷五一

臣按，人道之大者，在彝倫。彝倫之大者，在於親親尊尊長長男女之別焉。是以方其生也，親者親之，尊者尊之，長者長之，當別者別之，一皆出於天性，本於人心。凡其所以恭敬愛慕而嚴憚之者，是乃人道之當然自然而然者也。及其不幸死亡而至於終天永訣，雖欲親之尊之長之別之，不可得已。是以聖人制為服制，以寓其親親尊尊長長別別之義於冠絰衰裳之間。服制精粗，必合法制。歲月久近，必遵聖經。非但以寄其悲哀之情痛疾之意而已也。其親疏之殺，尊卑之等，長幼之序，内外之辨，一毫不敢有所違悖僭差於其間。是豈無故而然哉，蓋人道當如此也。彼昧於禮者，或加隆於私親，或借吉於凶喪。知有母而不知有父，知有慾而不知有理，蓋不知人道者也。人而不知人道，尚可謂之人哉。

又卷六六

臣按有國家者，以先儒從祀孔子廟庭，非但以崇德，蓋以報功也。夫太上固以立德為貴。然德之在人者，不可以一槩論。使其仁如堯，孝如舜，文王以文治，武王以武功，固無得而可議矣。然堯舜文武之祀，止於朝廷一廟，及其陵寢而已，不天下徧祀也。況於儒者之道，佩仁服義，尊德樂道，固其性命之所固有，職分之所當為。苟有德者即祀之，則亦不勝其祀矣。是以在宋，言者屢以歐陽脩蘇軾孫復胡瑗為請，而近日亦往往有以楊時羅從彦李侗為言。事下儒臣議，議者皆不之從，以其無功於經也。其已列從祀者，若荀况戴聖馬融王弼杜預之輩，屢有建請革去其祀者，至今猶列在祀典，豈不以弼等雖於德行有虧，然弼有功於《易》，預有功於《春秋》，聖有功於禮。有其舉之，莫敢廢也。

臣考禮止釋奠于先聖先師，而無從祀之説。從祀之説始于唐太宗時，以左丘明等二十二人配食先師也。自是之後，益以荀况揚雄韓愈。宋南渡後，始加以周程張朱邵馬及張栻吕祖謙。元人又加以董仲舒許衡，皇朝又加以此四人者，蓋安國傳《春秋》，沈註《書》，德秀著《大學衍義》，澂著諸經纂言，是皆有功於聖門者也。已祀而黜者，惟揚雄一人。若孔孟以後之儒，有功於聖經者無不祀矣。惟楊時者從學於二程，載道而南。使無時焉，則無朱熹矣。何也，在宋金分裂之時，程學行於南，蘇學行於北。雖伊洛之間，不復知有程氏之學。則時載二程之道而南，使堯舜禹湯文武周公孔子之道大明於斯世者，其功不可泯也。乃不得如言性惡之荀况，宗旨莊老之王弼，附會讖緯之賈逵，並祀于孔子廟庭，以從於二程之後，朱吕之前，豈非闕典歟。

又卷七八

臣按秦漢以來之六經所以至于今日者，實賴孔穎達之《正義》。其刻板尚存於福州府學。世之學經者，因得以考見古人之訓詁義例，而知其名物度數之詳。雖其間多駁雜詭異之言，如歐陽氏所言者。然朱子謂漢魏諸儒正音讀，通訓詁，考制度，辨名物，學者苟不先涉其流，則亦何以用功於此。則其書亦世之不可無者也。第欲中心有主，而知所擇耳。

夫自有宋九儒講明經旨，一洗漢唐之陋，六經之文如日中天，六經之道如水行地。三尺童子皆知性之本善，而有荀況揚雄之所不及者。然揆其所至，出口入耳者，不過傳習之言。而因心考義者，雖若有差，終有的然之見。此古之聖賢，其教人，皆引而不發，舉一隅不以三隅反，則不復者，有由然也。今五經四書，先儒訓釋，明白無疑矣。學者口誦而心解，不復致疑於其間。然所謂無疑者，豈真無疑哉。朱子謂今之學子能言，真如鸚䳇。蓋鸚䳇之言，效人聲耳，其心未必有所解也。宋元之間，草澤之儒，紛然雜出於所謂五經四書者，又各加訓解。大意主於立說，而不盡以解經。其間可取者不過數家，其餘皆欲炫奇鬬勝耳。解經而炫奇鬬勝，其視漢人之專門名家，則又益卑矣。宜俾學經者專究心於聖經，然後及於宋儒之傳，一以是為主，然後博考漢魏諸儒之訓詁制度名物焉。有餘力，則旁及於近世諸人之訓說可也。乞勑儒學之臣，精加考擇，以示學者。并示以讀經之法，必先經而後傳，而後及乎諸說。則心有定見，不為異說之所惑亂矣。是乃一道德之門徑也。

又卷八〇

臣按，自禮經有釋奠于先聖先師之説，唐貞觀中始以左丘明等二十二人有功於聖經以為先師，從祀先聖廟庭。至宋神宗，進荀況揚雄韓愈于從祀。此三人者，其功又不專於一經。其後徽宗，以王安石配享及祀王雱。雖是羣姦私意，然亦以其有作三經義之功。理宗崇尚理學，列周惇頤等七大儒于從祀後，又兼秩司馬光邵雍，蓋以此九儒者重明聖道，俾大明于世也。夫自唐人列祀諸儒，如荀況之性惡，揚雄之詘身，王弼之虛無，賈逵之讖緯，戴聖之貪殘，馬融之荒鄙，杜預之短喪，多得罪聖門者。其間純正如董仲舒者，顧不得侑食。至于元天曆中，始秩祀焉。我聖祖開國之初，首去揚雄之祀。正統改元，用言者從祀吳澂後，又以胡安國蔡沈真德秀列在從祀。此數儒者，皆於經有發明之功，故特祀之。夫從祀於孔子之廟堂者，必其人於孔子之道有所合而無所愧，然後可以與焉。不輕與之，所以重其事。重其事，所以重其道也。（以上言褒祀先儒）

又卷八九

臣按，人臣託經義以欺其君，是愚其君也。其君聽其言而從之，是自愚其身也。彼臣而愚其君，是欲以求其利也。君而自愚，豈非快其所欲哉。臣之愚君，得罪於君，不臣者也。君之自愚，則得罪於天，得罪於聖經，得罪於師父之教，其不君也哉。

又卷一〇五

臣按，贖刑乃帝王之法。孔子修書，載在聖經。蓋惟用之學校，以寬鞭扑之刑，所以養士大夫之廉恥也。後世乃一槩用之，以為常法。遇有邊防之警，則俾之納粟於邊。遇有帑藏之乏，則俾之納金於官。此猶不得已而為之，是以職金納金貨於司兵之意也。若當夫無事之時，而定以為常制，則是幸民之犯以為國之利，可乎。然此猶為國也。今之藩臬州邑，往往假以繕造公宇，修理學校為名，随意輕重而取之，名雖為公，實則為己。朝廷雖有明禁，公然為之，恬無所畏。乞敕法司，申明舊比。再有犯者，坐以枉法，終身不齒，庶幾姦弊少息乎。（以上贖罪）

又卷一〇八

臣按，《舜典》此二言，萬世讞刑之權度也。蓋無心失理為過，眚災是也。人之有過誤，或不幸而入於罪者，讞之知其非故也。當五刑者，則減而流。當鞭朴者，則減而贖。知其無心而誤犯也，非故也。有心失理為惡，怙終是也。人之有所恃而又再犯者，讞之知其非過也，當典刑者則坐以典刑，當鞭扑者則坐以鞭扑，知其有心而故犯也，非過也。世之讞刑者，以聖經二言為權度，則讞獄道盡，而所處無不當之罪，而人自以為不寃矣。

明羅欽順《困知記序》

余才微而質魯，志復凡近。早嘗從事章句，不過爲利禄謀爾。年幾四十，始慨然有志於道。雖已晚，然自謂苟能粗見大意，亦庶幾無負此生。而官守拘牽，加之多病，工夫難得專一。間嘗若有所見矣。旣旬月或踰時，又疑而未定如此者，蓋二十餘年。其於鑽研體究之功，亦可謂盡心焉耳矣。近年以來，乃爲有以自信。所以自信者何，蓋此理之在心目間，由本而之末，萬象紛紜而不亂。自末而歸本，一眞湛寂而無餘。惟其無餘，是以至約，乃知聖經所謂道心惟微者，其本體誠如是也。故人心道心之辨明，然後大本可得而立。大本誠立，醻酢固當沛然，是之謂易簡而天下之理得。

又《困知記》卷下

《春秋》殊未易讀。程子嘗言，以傳考經之事迹，以經別傳之眞僞。如歐陽文忠所論魯隱趙盾許止三事，可謂篤信聖經，而不惑於三傳者矣。及胡文定作傳，則多用三傳之説，而不從歐公。人之所見，何若是之不同邪。夫聖筆之妙如化工，固不容以淺近窺測。然求之太過，或反失其正意。惟虛心易氣，反覆潛玩，勿以衆説汩之，自嘗有得也。三傳所長，固不容掩。然或失之誣，或失之鑿，安可盡以為據乎。竊謂歐公之論，恐未可忽。舍程子两言，亦無以讀《春秋》矣。[略]

《春秋》事迹，莫詳於《左傳》。左氏於聖人筆削意義，雖無甚發明，然後之學《春秋》者，得其事迹為據，而聖經意義所在，因可測識，其功亦不少矣。[略]

朱陸之異同，雖非後學所敢輕議，然置而弗辨，將莫知所適從。於辨宜有不容已者辨之，弗明而弗措焉。必有時而明矣，豈可避輕議先儒之咎，含胡兩可，以厚誣天下後世之人哉。夫斯道之弗明於天下，凡以禪學混之也。其初不過毫釐之差，其究奚啻千萬里之遠。然為禪學者既安於其陋，了不知吾道之為何物。為道學者，或未嘗通乎禪學之本末，亦無由真知其所以異於吾道者果何在也。嘗考兩程子張子朱子，早歲皆嘗學禪，亦皆能究其底蘊。及於吾道有得，始大悟禪學之非，而盡棄之。非徒棄之而已，力排痛闢，閔閔焉惟恐人之陷溺於其中而莫能自振，以重為吾道之累。凡其排闢之語，皆有以洞見其肺腑，而深中其膏肓之病，初非出於揣摩臆度之私也。故朱子目象山為禪學，蓋其見之審矣。豈嘗有所嫌忌，必欲文致其罪而故加之以是名哉。

愚自受學以來，知有聖賢之訓而已，初不知所謂禪者何也。及官京師，偶逢一老僧，漫問何由成佛，渠亦漫舉禪語為答。云佛在庭前栢樹子。愚意其必有所謂，為之精思達旦，攬衣將起，則恍然而悟，不覺流汗通體。既而得禪家《證道歌》一編，讀之如合符節。自以為至奇至妙，天下之理莫或加焉。後官南雍，則聖賢之書未嘗一日去手，潛玩久之，漸覺就實，始知前所見者，乃此心虚靈之妙，而非性之理也。自此研磨體認，日復一日，積數十年，用心甚苦。年垂六十，始了然有見乎心性之真，而確乎有以自信。朱陸之學，於是乎僅能辨之，良亦鈍矣。

蓋嘗徧閱象山之書，大抵皆明心之説。其自謂所學因讀《孟子》而自得之。時有議之者云，除了先立乎其大者一句，全無伎倆，其亦以為誠然。然愚觀孟子之言，與象山之學自别。於此而不能辨，非惟不識象山，亦不識孟子矣。孟子云，耳目之官不思，而蔽於物。物交物，則引之而已矣。心之官則思，思則得之，不思則不得也。此天之所以與我者。先立乎其大者，則其小者不能奪也。一段言語，甚是分明。所貴乎先立其大者何，以其能思也。能思者心，所思而得者，性之理也。是則孟子喫緊為人處，不出乎思之一言。故他日又云，仁義禮智，非由外鑠我也，我固有之也，弗思耳矣。而象山之教，學者顧以為此心但存，則此理自明。當惻隱處自惻隱，當羞惡處自羞惡，當辭遜處自辭遜，是非在前自能辨之。又云，當寬裕温柔自寬裕温柔，當發强剛毅自發强剛毅。若然，則無所用乎思矣。非孟子先立乎其大者之本旨也。夫不思而得，乃聖人分上事，所謂生而知之者，而豈學者之所及哉。苟學而不思，此理終無由而得。凡其當如此自如此者，雖或有出於靈覺之妙，而輕重長短，類皆無所取中。非過焉，斯不及矣。遂乃執靈覺以為至道，謂非禪學而何。

蓋心性至為難明，象山之誤，正在於此。故其發明心要，動輒數十百言，亹亹不倦，而言及於性者絶少。間因學者有問，不得已而言之，止是枝梧籠罩過，並無實落，良由所見不的，是以不得於言也。嘗考其言，有云心即理也。然則性果何物邪。又云在天者為性，在人者為心。然則性果不在人邪。既不知性之為性，舍靈覺即無以為道矣。謂之禪學，夫復何疑。

然或者見象山所與王順伯書，未必不以為禪學非其所取，殊不知象山陽避其名，而陰用其實也。何以明之，蓋書中但言兩家之教所從起者不同，初未嘗顯言其道之有異，豈非以儒佛無二道，惟其主於經世，則遂為公為義為儒者之學乎。所謂陰用其實者，此也。或者又見象山亦嘗言致思，亦嘗言格物，亦嘗言窮理，未必不以為無背於聖門之訓。殊不知言雖是，而所指則非。如云格物致知者，格此物致此知也。窮理者，窮此理也。思則得之，得此者也。先立乎其大者，立此者也。固皆本之經傳。然以立此者也一語證之，則凡所謂此者，皆指心而言也。聖經之所謂格物窮理，果指心乎。故其廣引博證，無非以曲成其明心之説。求之聖賢本旨，竟乖戾而不合也。

或猶不以為然，請復實之以事，有楊簡者，象山之高第弟子也。嘗發本心之問，遂於象山言下忽省此心之清明，忽省此心之無始末，忽省此心之無所不通。有詹阜民者，從游象山，安坐瞑目，用力操存，如此者半月。一日下樓，忽覺此心已復澄瑩，象山目逆而視之曰，此理已顯也。蓋惟禪家有此機軸。試觀孔曾思孟之相授受，曾有一言似此否乎。其證佐之分明，脉路之端的，雖有善辨，殆不能為之出脱矣。蓋二子者之所見，即愚往年所見之光景。愚是以能知其誤而究言之，不敢為含胡兩可之詞也。

嗟夫，象山以英邁絶人之資，遇高明正直之友，使能虚心易氣，舍短取長，以求歸於至當，即其所至，何可當也。顧乃眩於光景之奇特，而忽於義理之精微。向道雖勤，而朔南莫辨。至於没齒，曾莫知其所以生者，不亦可哀也夫。其説之傳，至於今未泯。尊崇而信奉之者，時復有見於天下。杜牧之有云，亦使後人而復哀後人也。愚惕然有感乎斯言，是故不容於不辨。

又《困知記續録》卷上

元之大儒稱許魯齋吳草廬二人。魯齋始終尊信朱子，其學行皆平正篤實，遭逢世祖，致位通顯，雖未得盡行其志，然當其時，而儒者之道不廢。虞伯生謂魯齋實啟之，可謂有功於斯文矣。草廬初年篤信朱子，其進甚鋭。晚年所見，乃與陸象山合。其出處一節，自難例之魯齋。若夫一生惓惓焉羽翼聖經，終老不倦，其志亦可尚矣。

又《困知記續録》卷下

癸巳春，偶得慈湖遺書閲之，累日有不勝其嘅嘆者。痛哉，禪學之誤人也，一至此乎。慈湖頓悟之機，實自陸象山發之。其自言忽省此心之清明，忽省此心之無始末，忽省此心之無所不通，即釋迦所謂自覺聖智境界也。書中千言萬語，徹頭徹尾，無非此箇見解。而意氣之横逸，辭説之猖狂，比之象山尤甚。象山平日據其偏見，横説竪説，直是果敢。然於聖贊明訓，有所未合，猶且支吾籠罩過，未敢公然叛之。慈湖上自五經，旁及諸子，皆有論説，但與其所見合者，則以為是。與其所見不合者，雖明出於孔子，輒以為非孔子之言。而《大學》一書，工夫節次其詳如此，頓悟之説更無隙可投，故其詆之尤力。至凡孔子之微言大訓，又往往肆其邪説以亂之。剗實為虚，揉直作曲，多方牽合，一例安排。惟其偏見是就，務令學者改視易聽，貪新忘舊，日漸月漬，以深入乎其心。其敢於侮聖言叛聖經，貽誤後學如此，不謂之聖門之罪人，不可也。世之君子，曾未聞有能鳴鼓而攻之者，反從而為之役，果何見哉。

又《困知記附録·附允恕原簡》

承示劄記，反覆數過，詞意俱到。心性理氣諸説，鄙見皆同。獨象山條下，終未盡合。心性雖微有分，原只一理。象山想是合下心地清明，故所見過高，不再細究，遂謂心即理也。又云格此物，窮此理。此字，皆指心言。人誠能窮得此心之理，亦何性不了。記云聖經格物窮理，果指心乎。然則物理果皆非心乎。當惻隱處自惻隱等語，此良心發見處，恐亦無待乎思。又《與王順伯書》言，儒者以人生與天理並，而為三極。不盡人道，不足與天地並。釋氏止見生死事大，此即其道之有異爾。

明吕柟《涇野子内篇》卷一六

先生謂諸生曰，近日講《大學》，亦有得處否。一生曰，聖經一章，先生説得血脉貫通。先生曰，不要説我説得貫通，須是要汝自家尋得箇下手處，方是貫通。不然，是猶以言語文字聽我説話，未免扞格不貫通也。

明劉宗周《劉子遺書》卷四《學言三》

古本聖經而後首傳誠意，前不及先致知，後不及欲正心，直是單提直指，以一義總攝諸義。至末又云，故君子必誠其意，何等鄭重。故陽明古本序曰，《大學》之道，誠意而已矣。豈非言誠意而格致包舉其中，言誠意而正心以下更無餘事乎。乃陽明婉轉歸到致良知，為《大學》宗旨，大抵以誠意為主意，以致良知為工夫之則，蓋曰誠意無工夫，工夫只在致知，以合於明善是誠身工夫，博文是約禮工夫，惟精是惟一工夫之説，豈不直截簡要。

清聖祖玄燁《御定孝經衍義》卷五八

臣按，自漢世諸儒講論五經同異，而尊優師傅，隆禮更老，親屈萬乘之尊，各極一時之盛。唐太宗明皇之世，亦選經術之士，更日迭直，則顔師古孔穎達之徒為註疏，以羽翼聖經。斯亦人主之好尚有以啓之矣。而於大人之學，明德新民止至善之大道，未之能發明。漢世雖有侍講之號，而未以講讀名官。開元十三年，置集賢院侍講學士侍讀直學士，而經筵之名亦未起也。宋太宗始用著作佐郎吕文仲為侍讀，未有侍講也。延平初，始兼置侍讀侍講矣。慶曆初，孫復以善《春秋》徵為國子直講矣。景祐中，始置崇政殿説書矣。然則真宗仁宗之際，尊經尚賢如此，所以開濂洛關閩之先，而基五星聚奎之祥者乎。趙師民之言善矣，臣愚亦以為先王之遺經，戡亂致治之本事也。古史之成敗，即今日之法戒也。既嘗體玩於無事之時，尤當考究於有為之日，誠非迂緩而不切于事情也。

又卷八五

臣按，熹在孝光寧三朝，疏凡數十上，切劘時政，不忌諱屈撓，而其旨要在於格君心，不徒人適政間也。平生所學，惟正心誠意，即孟子所謂非堯舜之道不陳也。熹嘗謂聖賢道統之傳散在方冊，聖經之旨不明，而道統之傳始晦。於是竭其精力，以研窮聖賢之經訓。蓋自漢之馬鄭，唐之賈孔之徒，各以其師説解經，而未粹然一歸於正。周惇頤始為《太極圖》《通書》以言《易》，程頤於《易》《詩》《書》《春秋》，有傳有説。至熹則尤詳。《易》有本義，有啟蒙。《書》有説，有書古經及序。《詩集傳》有《詩序辨説》，禮有《經傳通解》集傳、集註，有《大學、中庸章句、或問》《論語、孟子集註》集義、指要，《中庸輯畧》《孝經刊誤》，蓋先王之法言，自此大顯，而後世其永賴之矣。

清傅以漸纂《御定内則衍義》卷五

謹按，理學而下，其次莫如文章。然非有益於國家，可傳於後代，則不是貴。宋之蘇軾，元之虞集，所著章疏之類，多關切政務，通達治體。其他文辭，並有法度，後學皆誦述之。然史稱蘇母讀史，虞母通經，所得於慈幃之訓者，豈淺鮮哉。至蘇母勵其子以學先賢，如范滂之蒙難而勿顧。虞母當干戈擾攘，不誨其子以苟且之學，而必以聖經賢傳授之，是皆卓然有丈夫之識。若二子立朝，終稱名臣，亦可謂能顯親揚名者矣。

清聖祖玄燁《御纂性理精義・凡例》

一，周子《太極圖説》《通書》，張子《西銘》，乃有宋理學之宗祖，誠為《學》《庸》《語》《孟》以後僅見之書，竝悉載全文，附以朱子解説，使學者知道理之根源，學問之樞要。若張子《正蒙》，邵子《觀物》，亦皆窮極天地萬物之理。上贊聖經，有裨學者。然程子謂横渠之言誠有過者，又謂堯夫之説之流，未免有弊，則二書在學者固當精别明辨，存其大醇，庶幾不謬前賢之意。朱子《近思録》不及《觀物》，所采《正蒙》亦止三十餘條耳。今兼采二書，不下二百餘條。較之《近思録》則已多，而以視全書則甚約。欲其便學者之講誦，不誤學者之心思。要其言之精且至者，不外乎此也。

清《御覽經史講義》卷一〇

《書經》安汝止，惟幾惟康。（給事中程鍾彦）

臣謹按，人君繼天立極，咸熙者在庶績，密持者惟一心。故養之於夙夜之先，而心之寂然不動者，不失其静虚之體。審之於事物之交，而心之感而遂通者，適如其動直之用。則内外交修，顯微無間，而古帝王養心之要端，不易此矣。夫本於天而為衷，具於人而有心。萬理於以畢備，萬事於以受裁。湛然中存，全體無乎不具，大用無所不周。天下之大，事物之繁，何一不待治於人主之一心。必也，不以紛華而動，不以嗜好而馳，天理渾然，人欲退聽。則操持有主，而天君常泰，此禹所云安汝止之旨也。由是至静而涵至動之機，至虚而妙至實之用。事至能揆，物來能應。審於念慮方動之時，惟幾而有以善其發。省於事為將成之際，惟康而有以善其成。則處事之道得，而安止之功密。夫人心道心，傳自虞廷。而大禹陳謨，又以安止為養心之要。誠哉，上以接虞帝之心傳，而下即以開歷聖之心法矣。彼仲虺之告湯曰，以義制事，以禮制心，則執持有要，而物欲不擾。傅説之告高宗曰，惟厥攸居，政事惟醇。則宅衷有本，而措施咸宜。若文王之緝熙敬止，武王之敬勝義勝，總以治心為兢兢，而聖經以正心為修身之要者，豈無本哉。

又卷一三

《書經》一，五行。一曰水，二曰火，三曰木，四曰金，五曰土。水曰潤下，火曰炎上，木曰曲直，金曰從革，土爰稼穡。（編修儲麟趾）

臣謹按，箕疇一書，與河圖實相表裏。其初一曰五行，曰水曰火曰木曰金曰土，即河圖八卦之全位也。一曰水，在卦為坎。二曰火，在卦為離。三曰木，在卦為震巽。四曰金，在卦為乾兑。五曰土，在卦為艮坤。天地者，五行之本。始五行者，天地之功用。以本始言之，水火木金包絡其外，而土宅中央。以功用言之，木火金水各居正位，而土奠四隅。五行一天地，猶之八卦一陰陽。善乎濂溪周子之言曰，五行一陰陽也，陰陽一太極也。五行質具於地，氣行於天。水以太陰司冬，上肖輕清之體，而下流於地，故居天一之奇，而地六成之。火以太陽司夏，下乘顯著之形，而上升於天，故居地二之偶，而天七成之。天氣旁達，為條暢之木。木以少陽司春，故參天三之數，而地八成之。地質内凝，為堅重之金。金以少陰司秋，故居地四之數，而天九成之。至於陰陽之冲氣，燥濕之凝結，位乎中央，包乎四氣，符乎天五之數，而謂之土，則其體為至大焉。凡此陽變陰合，皆自然之生序。其曰微著為漸，蓋即人身五事之用取譬得之，而亦確有其理也。

水流濕，故性潤下，於濫觴可以驗之。火就燥，故性炎上，於傳薪可以觀之。惟木從繩，曲而又直，則性類炎上，而散為枝葉。惟金在鎔，從而又革，則性似潤下，而止於模范。獨土寄旺於四時，故無成位。高原下隰，燥濕異宜，故無成性。至於播之五穀，則芃芃彧彧，萬民之所資養，其功蓋莫大焉，故曰土爰稼穡。稼穡不可以性言，獨云德者，殆直指其功效言之耳。若夫五行喜忌之説，多起於後世術數之家，而其理有難曉者。即如土克水矣，然水依防而宅。水克火矣，然火得膏而輝。火克金矣，然金迎冶而鍊。金克木矣，然木就斤而材。木克土矣，然土待耕犁而產禾稼。相克乃轉以相成，殆有造化不言之妙用，而非術數之所能盡也。

宋儒司馬光著《潛虛》，以五行為樞紐，謂水有原委。原為天一，而委為地六。火有熒焱。熒為地二，而焱為天七。木有本末。本為天三，而末為地八。金有卝刃。卝為地四，而刃為天九。土有基冢。基為天五，而冢為地十。於以推衍五行之體用，亦足與蔡氏孔氏註疏相為發明。至於求其大醇，則斷以堯夫氏濂溪氏河圖八卦之説為明白無疵，足以發聖經之蘊，垂示萬世而無窮也。

又卷二〇

《春秋》夏五。（桓公十有四年）（監察御史張漢）

臣謹按，孔子曰，吾猶及史之闕文也。甚矣，夫史之當慎也，夫人即聰明勝古人，亦何必與古人爭勝，况聰明又不逮古人，乃以所見異詞，所聞異詞，所傳聞異詞者，妄出臆見以增之。是雖補亡訂誤，欲成信史以釋後世之疑，而反不足取後世之信。使後世不得見古人之真，則亦未聞聖人之訓也。即如《春秋》桓公十有四年書曰夏五，豈非經之疑有闕文者乎。夫以時冠月，聖人所以因時而建正也。乃夏而僅繼之以五，不成其月也。以數冠月，聖人所以計次而加閏也。乃五而不繼以月，又併不成乎數也。吾夫子以作者之聖，自居述者之明，亦何難援筆而增益之，使人涣然盡釋乎其疑，而不致滋人以擬議。而夫子于闕文，必因之以存疑，此何為乎。蓋天下事，有吾見聞所不逮者。書闕有間，不必今人之是，而古人之非。古人所不必爭與不能爭者，則亦聽其為斷簡，而必不可妄增之以亂聖經，而欺後世。豈非所以致慎乎。

清世宗胤禛《聖祖庭訓格言》

訓曰，《易》云天在山中，大畜。君子以多識前言往行，以畜其德。夫多識前言往行，要在讀書。天人之蘊奥在《易》，帝王之政事在《書》，性情之理在《詩》，節文之詳在禮。聖人之褒貶在《春秋》。至於傳記子史，皆所以羽翼聖經，記載往蹟，展卷誦讀，則日聞所未聞，智識精明，涵養深厚，故謂之畜德。非徒博聞强記，誇多鬬靡已也。學者各隨分量所及，審其先後而致功焉。其蕪穢不經之書，淺陋之文，非徒無益，而反有損，勿令入目，以誤聰明可也。

清陸世儀《思辨録輯要》卷五

童試雖小事，然亦是士人進身之始。命題必須正大，所以端其志趣。國初皆是如此。慶曆之際，始競為小題。或枯或空，或縮脚，窮工極巧，務極其勝。止取儇慧，不顧義理。不知祖宗取士之意何在。所以慶曆之末，人尚虚誇，士習大壞。亦是世代一大升降處。至後而又變為巧搭，破壞聖經，割裂文義。害義傷教，莫此為甚。後生小子，都教壞心術。而不知者，尤以為巧。有司以之衡文，督學以之課士。習久成俗，漫然不知，甚可嘆也。仲尼曰，始作俑者，其無後乎。有聖人起，必為析言破律之誅無疑，不能不追咎慶曆諸公也。

又卷三三

友人有言古本《大學》之妙者，予曰，儀于《大學》，只讀得聖經。于聖經只讀得三節。在明明德一節，明明德于天下一節，修身為本一節。三節中，又只讀得在明明德一節，今本古本，尚未暇辨。

清王宏《正學隅見述》

宏撰曰，格物之説，古今聚訟。細思之，終當以朱子之説為正。今不煩辨，但有一問而已。夫聖經二百五字，全學也。凡為學之事，無不備矣。如將格物不作即物窮理解，則《大學》中所謂博文之功安在。聖賢所言學問思辨多聞多見博學詳説諸語不一而足，於《大學》當何屬，不幾闕乎。學者平心静氣讀朱子所補傳，久之當自知其不可易矣。[略]

楊慈湖謂格物不可以窮理訓，云吾心本無物。忽有物焉，格去之可也。物格，則吾心自瑩。塵去，則鑑自明。滓去，則水自清矣。此全是禪宗。又疑《大學》之文支離破碎，謂非孔子所作。不知其何所根據。乃欲申其邪説，至排聖經而不顧，孰謂慈湖之罪隱而難知哉。又嘗謂聖人之教一而已矣，四教之説，必記者之誤。此則執固不通，可發一笑者也。[略]

清周召《雙橋隨筆》卷四

自揚雄撰《太玄》，務為險要之語以示奇，後人尤而效之，而先聖之道為之愈晦。迨宋儒疊起，日朗天清矣。乃朱陸之異又以德性問學别户分門，而王陽明專主良知，亦不免於偽學之議。要其羽翼聖經之心，固未嘗或異也。惟隆萬以後，諸公喜談玄妙，遂使二氏之毒中於膏肓。在朝在野，俱無實學問實經濟之人。浸淫至于人心國是大壞，不可復救而後已。當是時，亦有歸咎于講學之無用者，此非講學者之罪，而講學而騖於虚無浮誕毫無實際者之罪也。

清李光地《榕村語録》卷二〇

漢時六經皆有緯書，光武因劉秀為天子一言，便尊為聖經。桓譚言其不足信，輒罪其非聖。直至隋文帝始燒除之。聖人極數知來，不過推之以理。如寒往暑來，乃感應之必然者。癡人以為聖人于後世某一箇人姓張姓李名甲名乙皆知之，不直一噱。聖人之訓曰，將興致祥，将亡致孽，確然實理實事。遇灾異則恐懼修省。不此之務，而耑以禳報為事，至終日在吉凶上作無益算計，勢必為鬼物所愚，有當凶而反致祥者矣。

宋邵雍《皇極經世書》卷一二《觀物篇五十九》

春夏秋冬者，昊天之時也。《易》《書》《詩》《春秋》者，聖人之經也。天時不差則歲功成矣，聖經不忒則君德成矣。天有常時，聖有常經。行之正則正矣，行之邪則邪矣。邪正之間，有道在焉。行之正則謂之正道，行之邪則謂之邪道。邪正之由人乎，由天乎。

明祝泌《觀物篇解》卷五

康節觀物首篇，極言天地之造化，與易相配，而不及聖人。到此篇，遂言聖經之造化，與天相合而平易。此聖人得一以為天下正也。[略]

《易》經三古而翼於春秋之世，故曰皇帝王伯易之體。次而《書》《詩》《春秋》，可無辯矣。夫《易》該皇帝王伯，《書》不及皇而該帝王伯，《詩》不及皇帝而該王伯，《春秋》不及皇帝王而止於五伯，則聖人之四府，亦有等差矣。以四經為體，以意言象數仁禮義智性情形體聖賢才術，為四經之用，是聖經之精神也。精神者，心術之微也。時君者，心術之精神所自出。[略]

清王植《皇極經世書解》卷五

天之能盡物則謂之曰昊天，人之能盡民則謂之曰聖人。謂昊天能異乎萬物則非所以謂之昊天也，謂聖人能異乎萬民則非所以謂之聖人也。萬民與萬物同，則聖人固不異乎昊天者矣，然則聖人與昊天為一道也。聖人與昊天為一道，則萬民與萬物亦可以為一道也。一世之萬民與一世之萬物既可以為一道，則萬世之萬民與萬世之萬物亦可以為一道也明矣。

> 邵氏伯溫曰，天之於物無不發生，故能盡物。聖人之於民也無不仁愛，故能盡人。昊天之與萬物同乎一道，故不異乎萬物。聖人之與萬民同乎一道，故不異乎萬民。萬民與萬物同乎一道，則聖人與昊天亦同乎一道矣。一世之萬民與一世之萬物同乎一道，則萬世之萬民與萬世之萬物亦同乎一道矣。故古之聖人以一心而推萬心，以一物而觀萬物，以一世而知萬世者，蓋由斯道也。
>
> 愚按，此承上文而以天與聖並言，重在萬民與萬物同，正見此篇之為觀

萬物也。昊天之不能異於萬物，聖人之不能異於萬民者，一道故也。萬民與萬物一道，聖人與昊天一道，萬世之萬民與萬世之萬物無非一道，此道之所以貫乎天與聖人與物，而天時以行，聖經以作也。蓋觀萬物者，非但觀之而已，必有所以盡之，此觀萬物之實際與其究竟也。

夫昊天之盡物，聖人之盡民，皆有四府焉。昊天之四府者，春夏秋冬之謂也，陰陽升降於其間矣。聖人之四府者，《易》《書》《詩》《春秋》之謂也，禮樂污隆於其間矣。春為生物之府，夏為長物之府，秋為收物之府，冬為藏物之府。號物之庶謂之萬。雖曰萬之又萬，其庶能出此昊天之四府者乎。《易》為生民之府，《書》為長民之府，《詩》為收民之府，《春秋》為藏民之府。號民之庶謂之萬。雖曰萬之又萬，其庶能出此聖人之四府者乎。昊天之四府者，時也。聖人之四府者，經也。昊天以時授人，聖人以經法天。天人之事，當如何哉。

邵氏伯溫曰，天之四府，時也。聖人之四府，經也。天時聖經，相因而成。天時則陰陽升降而為春夏秋冬，聖經則禮樂污隆而為《易》《書》《詩》《春秋》。春夏秋冬《易》《書》《詩》《春秋》皆有生長收藏之道，其道更相為消長污隆，萬物萬民盡於其間矣。故皆謂之曰四府。[略]

《易》之《易》者，生生之謂也。《易》之《書》者，生長之謂也。《易》之《詩》者，生收之謂也。《易》之《春秋》者，生藏之謂也。《書》之《易》者，長生之謂也。《書》之《書》者，長長之謂也。《書》之《詩》者，長收之謂也。《書》之《春秋》者，長藏之謂也。《詩》之《易》者，收生之謂也。《詩》之《書》者，收長之謂也。《詩》之《詩》者，收收之謂也。《詩》之《春秋》者，收藏之謂也。《春秋》之《易》者，藏生之謂也。《春秋》之《書》者，藏長之謂也。《春秋》之《詩》者，藏收之謂也。《春秋》之《春秋》者，藏藏之謂也。

邵氏伯温曰，天時遞為消長，聖經更為污隆，其道如此，可以意會，不可以言求也。

黄氏畿曰，言聖經造化，與天相配。

愚按，此從聖經看出生長收藏，蓋以天時聖經比合生義。邵伯子謂可意會不可言求，固是。然每一經中皆兼有各經之義。如胡氏《春秋傳·序》謂公好惡則發乎《詩》之情，酌古今則貫乎《書》之事，著權制則盡乎《易》之變。而小註又各舉其事與文以實之。則邵子之為此言，亦非但取意而已也。

又卷六《觀物内篇之五》

善化天下者，止於盡道而已。善教天下者，止於盡德而已。善勸天下者，止於盡功而已。善率天下者，止於盡力而已。以道德功力為化者，乃謂之皇矣。以道德功力為教者，乃謂之帝矣。以道德功力為勸者，乃謂之王矣。以道德功力為率者，乃謂之伯矣。以化教勸率為道者，乃謂之《易》矣。以化教勸率為德者，乃謂之《書》矣。以化教勸率為功者，乃謂之《詩》矣，以化教勸率為力者，乃謂之《春秋》矣。此四者，天地始則始焉，天地終則終焉，始終隨乎天地者也。

邵氏伯温曰，化教勸率，道德功力，皇帝王伯之事也。時異則人異，人異則事異，故不同如此。皇帝王伯，時也。《易》《書》《詩》《春秋》，經也。天時聖經，相為表裏，皆相因而成也。

黄氏畿曰，止者，止於至善之謂。

愚按，此篇言觀古今也，承前篇皇帝王伯道德功力化教勸率歸到聖人之經。聖經之垂，如日月經天，江河行地，故與天地始終。天地始終，即下文古今之謂也。

夫古今者，在天地之間，猶旦暮也。以今觀今，則謂之今矣。以後觀今，則今亦謂之古矣。以今觀古，則謂之古矣。以古自觀，則古亦謂之今矣。是知古亦未必為古，今亦未必為今，皆自我而觀之也。安知千古之前，萬古之後，其人不自我而觀之也。[略]

愚按，此以古今一道起下文。古今聖人，天時聖經，消長因革之義，於文祇作中間一過。然古今猶旦暮一語，已包括元會運世三篇，而所謂觀古觀今，自我而觀之者，實此篇之正旨。蓋於因革損益之中，合古今而觀焉者也。

若然，則皇帝王伯者，聖人之時也。《易》《書》《詩》《春秋》者，聖人之經也。時有消長，經有因革。時有消長，否泰盡之矣。經有因革，損益盡之矣。否泰盡而體用分，損益盡而心迹判。體與用分，心以迹判，聖人之事業於是乎備矣。

邵氏伯温曰，天時聖經不異，惟聖人為能知時作經，以為民極。時有消長，故有否泰。經有因革，故有損益。時有否泰之異，故體用於是乎分。事有損益之異，故心迹於是乎判。聖人之事業，在乎體用心迹之間。蓋體用心迹之間，有權與變存焉。知權與變，然後能盡體用心迹。體用心迹，一也。因時而有所分判，然未嘗分判也，卒歸乎一而已矣。

又《觀物内篇之六》

孔子贊《易》，自羲軒而下。序《書》，自堯舜而下。删《詩》，自文武而下。脩《春秋》，自桓文而下。自羲軒而下，祖三皇也。自堯舜而下，宗五帝也。自文武而下，子三王也。自桓文而下，孫五伯也。祖三皇，尚賢也。尚五帝，亦尚賢也。三皇尚賢以道，五帝尚賢以德。子三王，尚親也。孫五伯，亦尚親也。三王尚親以功，五伯尚親以力。嗚呼，時之既往，億千萬年。時之未來，亦億千萬年。仲尼中間生而為人，何祖宗之寡，而子孫之多耶。所以重贊堯舜，至禹則曰，吾

無間然矣。[略]

愚按，此亦歷觀古今，論各代興亡之由，而先言孔子贊脩刪定之事，明己脩《經世書》之所自來也。但前篇於歷代渾言之，此則歷舉春秋時王侯及戰國秦漢以後之君，敘述間以議論。蓋聖經之後，繼以諸史，為下三篇張本。外篇之九云，《易》始於三皇，《書》始於五帝，《詩》始於三王，《春秋》始於五伯。即首四句之意。尚賢謂賢之也，尚親謂親之也。舊說未是。祖宗子孫之云，由《中庸》祖述字生出。蓋論道統，非論宗系也。黃氏謂孔子既從周，自不敢子厥先王，亦過為曲說矣。曰，時之既往億千萬年，時之未來亦億千萬年，明其為觀古今之意。時有古今，皇帝不再出，而賢君亦間作，故曰祖宗寡而子孫多。下重贊堯舜，而於禹不無軒輊，正應上意。邵伯子之解未允。

又卷七

春夏秋冬者，昊天之時也。《易》《書》《詩》《春秋》者，聖人之經也。天時不差則歲功成矣，聖經不忒則君德成矣。天有常時，聖有常經。行之正則正矣，行之邪則邪矣。邪正之間，有道在焉。行之正則謂之正道，行之邪則謂之邪道。邪正之由人乎，由天乎。

邵氏伯溫曰，天時聖經，其道一也。歲功君德，由此而成也。君子則正，小人則邪。邪正在人，而所以使邪正之得行，則在天，故曰由人乎，由天乎。然君子小人正道邪道，猶天之有消息盈虛。消息盈虛莫非天也，雖曰天，亦由乎人也。故聖人獨責於人，盡人事而後可以言天也。苟一切歸之於天，則人事廢矣。

黃氏畿曰，張氏行成曰，夫道一而已矣。天以一主四時，陽以統陰，則無不正。道二，仁與不仁而已矣。地以二主四維。陰不從陽，則不仁而不正，此道所以有邪正也。為邪人行邪道，誰之過歟。曰，人也，非天也。致中和，則內陽而外陰，內君子而外小人。世道日升，而禮樂日以隆。不中不和，則內陰而外陽，內小人而外君子，世道日降，而禮樂日以汚。由此言之，果人也，非天也。

愚按，天時聖經，見第三篇。時在天，經在聖。而行之則皆在人。行有邪正，而道之邪正分焉。此道如孔子曰道二之道，猶言有此兩路，一正一邪。曰由人乎，由天乎，謂由人也。

又卷一三

《春秋》三傳之外，陸淳啖助可以兼治。

補註，梁氏寅曰，自漢以來，三傳優劣之論，何紛紛而莫之一乎。要之根據國史，考事精詳，此左氏之所長也。然博而不知義，奢而不求實，此未免於誣矣。發明書法，義理頗正。此公羊穀梁之可取也。然以日月為義例，一字為褒貶，又且黜周而王魯，則誤謬亦甚矣。至唐趙匡啖助陸淳，始辨三傳之非，而專求聖經之義。雖未能盡善，而其開示後人者，其功已多。

宋范成大《樂菴語録後跋》

孔子曰，朝聞道，夕死可矣。是理也，載於《易・繫辭》，雜出於《禮經》。三代時，佛教未入中國，儒者於啓手足之際，往往不亂，此理素明也。及漢晉之後，釋教始行，乃謂欲達生死之理，非潛心釋氏不可，故好之者心溺，攻之者辭費，盍亦反求其本而已。

予與樂菴李彥平，既親且舊，知其非逃儒而入釋者。臨終超然自在如此，殆聞道乎。其子嗣宗等，屢求一言，發明遺訓，敬題其後。平園周必大題，樂菴先生，少年豪放任俠，抵掌功名之場。及其獨抱聖經，坐進此道，遂知死生之説。於去來起滅之際，逍遥如此。蓋所謂未有天地，自古固存者。先生既自得之，彼去來生滅，特旁觀所見云爾，何足以闚先生之具，况諄諄遺令之細耶。石湖范成大書。

宋葉適《習學記言》卷一一

漢儒以左氏為不傳《春秋》，劉歆緣此移書責讓。以其書考之以理，揆之史文，與國始終者也。今傳獨起惠公元妃以為書之始，自孔子卒後，畢哀公以為書之終。其始終不以史文，而以《春秋》，則此書固為春秋而作耳。謂之不傳《春秋》者，漢儒守師説之陋也。[略] 彼公穀之妄為區區，烏在乎較是非而角勝負哉。曰，必如子之言，孔子不作經，而左氏不為傳，則《春秋》將焉用之。是何言也。自有文字以来，凡不經孔氏者，皆息滅矣。雖堯舜猶賴之，而况衰周之蕑焉。今將家至而日見之也，豈非孔氏之力歟。若夫托孔孟以駕浮説，倚聖經以售私義，窮思極慮，而無當於道。使孔氏之所以教者，猶鬱而未伸，則余所甚懼也。故於其終復具論之。

宋洪邁《容齋三筆》卷一四《政和文忌》

蔡京顓國，以學校科舉箝制多士，而為之鷹犬者又從而羽翼之。士子程文，一言一字，稍涉疑忌，必暗黜之。有鮑輝卿者言，今州縣學攷試，未挍文學精弱，先問時忌有無。苟語涉時忌，雖甚工不敢取。若曰休兵以息民，節用以豐財，罷不急之役，清入仕之流。諸如此語，熙豐紹聖間試者共用，不以為忌，今悉絀之。所宜禁止。詔可。

政和三年，臣僚又言，比者試文，有以聖經之言輒為時忌而避之者。如曰大哉堯之為君，君哉舜也，與夫制治于未亂，保邦于未危。吉凶悔吝生乎動，吉凶與民同患。以為哉音與灾同，而危亂凶悔非人樂聞，皆避。今當不諱之朝，豈宜有此。詔禁之。以二者之言考之，知當時試文，無辜而坐黜者多矣。其事載於《四朝志》。

又《容齋四筆》卷四《王荆公上書并詩》

王荆公議論高奇，果於自用。嘉祐初，為度支判官，上萬言書。以為今天下財力日以困窮，風俗日以衰壞，患在不知法度，不法先王之政故也。法先王之政者，法其意而已。法其意，則吾所改易更革，不至乎傾駭天下之耳目，而固已合矣。因天下之力以生天下之財，取天下之財以供天下之費，自古治世未嘗以不足為公患也，患在治財無其道爾。[略]

當時富韓二公在相位，讀之不樂。知其得志必生事。後安石當國，其所注措大抵皆祖此書，又不忍貧民，而深疾富民。志欲破富以惠貧，嘗賦兼并詩一篇曰，三代子百姓，公私無異財。人主擅操柄，如天持斗魁。賦予皆自我，兼并乃姦回。姦回法有誅，勢亦無自來。後世始倒持，黔首遂難裁。秦王不知此，更築懷清臺。禮義日已媮，聖經久堙埃。法尚有存者，欲言時所咍。俗吏不知方，掊克乃為才。俗儒不知變，兼并可無摧。利孔至百出，小人司闔開。有司與之爭，民愈可憐哉。

宋王應麟《困學紀聞》卷七

臣不討賊，非臣也。子不復讐，非子也。讐者，無時焉可與通。此三言者，君臣父子天典民彝係焉。公羊子大有功於聖經。[略]

文中子謂范寧有志於《春秋》，徵聖經而詰衆傳。蓋杜預屈經以申傳，何休引緯以汩經，惟寧之學最善。

明楊慎《丹鉛續録》卷二《噬嗑解》

《易》噬嗑九四，噬乾胏得金矢。王弼註，金，剛也。矢，直也。程子傳云，金取剛，矢取直，以九四陽德也。朱子《本義》乃引《周禮》，古之訟者，先入鈞金束矢，而後聽之。黄東發云，《周禮》出於王莽之世，未必盡皆周公之制。若先取其金而後聽其訟，周興來俊臣之所不為，况成周之世哉。蓋劉歆逢王莽之惡，為聚財之囮，旋激天下之亂，而不果施行。又可以誣聖經乎。其説卓而正矣。

慎案《淮南子》，齊桓公將欲征伐，甲兵不足，乃令輕罪者贖以金刀，訟不勝者出一束箭。百姓皆悦，乃矯箭為矢，鑄金而為刃，遂霸天下。歆之附會《周禮》，實本於此。慎又以為此説乃六國陰謀，托之齊桓。今觀管仲内政，何等規模。决不為此也。嗚呼，歆既誣聖經以欺一時，而餘禍猶及後世。使大儒如朱子，猶售其欺。學術害人，慘於洪水猛獸，信哉。

又《儀禮逸經》

《一統志》載，劉有年，沅州人。洪武中為監察御史。永樂中，上《儀禮》逸經十有八篇。若然，則《儀禮》之亡者全矣。不知有年何從得之。意者聖經在世，如日月，終不可掩耶。然當時廟堂諸公，不聞有表章傳布之請。今求內閣，亦不見其書。出非其時，亦此書之不幸。今之大言，動笑漢唐。漢唐求逸書，賞之以官，購之以金焉。有見此奇書而付之漠然者乎。噫。

明張萱《疑耀》卷一

但舜葬蒼梧，又見《禮經》，與秦博士合。夫《尚書》，聖經也。《禮經》，則出漢儒之手。秦始皇時，《尚書》猶在孔壁中，秦博士未之見也。豈其時始皇巡狩遍天下，百姓疲勞，而博士輩託言舜以巡遊溺死，警悟君心耶。抑《尚書》未出，而讖緯百家熒惑耳目，博士亦妄言傅會，故傳禮者又傅會博士耶。［略］

記禮者或傅會竹書，與竹書之或傅會禮文，皆不可知也。余謂考古者，當以聖經為正。信漢儒不如信吾孟軻氏，故舜既葬鳴條，則雖南巡矣，斷非崩于蒼梧。二妃一葬于渭，一葬于商，或葬于蒲。洞庭湘妃，豈得云舜之二妃。《楚辭》所稱湘君湘夫人，信如景純所核，斷非舜妃，亦非舜女。近代撰《楚通志》者，皆博古君子也，亦未及詳考，而是正之。故不得不為之辯。

明徐𤊹《徐氏筆精》卷三《沈韻》

屠緯真云，天下事有最僥倖而不可解者，沈約《韻書》是也。一東與二冬，六魚與七虞之屬，前此諸韻並通，孔子作經，及漢魏古詩，班班可考。豈盡譌謬。至約始改正耶。約，吳興人，局於方言蠻俗，不審宮羽，而敢背越聖賢，變亂千古。後世遵之如聖經，百代而不敢易，此甚不可曉也。約本齊臣，更事梁武。禪代之詔出約手。後夢齊和帝引刀斷舌，乃上章于天，謂禪代之事不由己出。天可欺乎，古文人最濫得名者，此人也。

清顧炎武《日知録》卷二《豐熙偽尚書》

夫天子失官，學在四裔。使果有殘編斷簡可以裨經文而助聖道，固君子之所求之而惟恐不得者也。若乃無益於經而徒為異以惑人，則其於學也，亦謂之異端而已。愚因嘆夫昔之君子遵守經文，雖章句先後之間，猶不敢輒改。故元行冲奉明皇之旨，用魏徵所注《類禮》撰為疏義成書上進，而為張説所駁。謂章句隔絶，有乖舊本，竟不得立於學官。夫《禮記》二戴所録，非夫子所刪，況其篇目之次，元無深義。而魏徵所注，則又本之孫炎。（字叔然，漢末人。）以累代名儒之作，申之以詔旨，而不能奪經生之所守，蓋唐人之於經傳，其嚴也如此。故啖助之於《春秋》，卓越三家，多有獨得，而史氏猶譏其一本所承，自用名學。謂後生詭辯，為助所階。

乃近代之人，其於讀經鹵莽滅裂，不及昔人遠甚，又無先儒為之據依，而師心妄作，刊傳記未已也，進而議聖經矣。更章句未已也，進而改文字矣。此陸游所致慨於宋人，（陸務觀曰，唐及國初學者，不敢議孔安國鄭康成，況聖人乎。自慶歷後，諸儒發明經旨，非前人所及。然排《繫辭》，毀《周禮》，疑《孟子》，譏《書》之《胤征》《顧命》。不難於議經，況傳註乎。趙汝談至謂《洪範》非箕子之作。）而今且彌甚。徐防有言，今不依章句，妄生穿鑿，以遵師為非義，意說為得理。輕侮道術，寖以成俗。嗚呼，此學者所宜深戒。若豐熙之徒，又不足論也。

又卷一四《嘉靖更定從祀》

成化四年，彭時奏，謂漢晉之時，道統無傳。所幸有專門之師，講誦聖經，以詔學者。斯文賴以不墜。此馬融范寧諸人，雖學行未純，亦不得而廢。

又卷一六《試文格式》

試録文字之體，首行曰第一場頂格寫，次行曰四書，下一格。次行題目，又下一格。五經及二三場皆然。至試文，則不能再下，仍提起頂格。此題目所以下二格也。若歲考之卷，則首行曰四書，頂格寫。次行題目，止下一格，經論亦然。（須知自古以來書籍文字，首行無不頂格寫者。）後來學政苟且成風，士子試卷省卻四書各經字，竟從題目寫起，依大場之式，概下二格。聖經反下，自作反高。於理為不通。然日用而不知，亦已久矣。又其異者。沿此之例，不論古今詩文，概以下二格為題。萬曆以後，坊刻盛行。每題之文，必註其人之名於下，而刻古書者，亦化而同之。如題曰《周鄭交質》，下二格，其行末書左丘明。題曰《伯夷列傳》，下二格，其行末書司馬遷。變歷代相傳之古書，以肖時文之面貌，使古人見之，當為絶倒。

又卷一八《科場禁約》

萬曆三十一年（闕）月，禮部尚書馮琦上言，頃者皇上納都給事中張問達之言，正李贄惑世誣民之罪，盡焚其所著書，其崇正闢邪，甚盛舉也。

臣竊惟國家以經術取士，自五經四書二十一史通鑑性理諸書而外，不列於學官。而經書傳註，又以宋儒所訂者為準，此即古人罷黜百家，獨尊孔氏之旨。自人文向盛，士習寖漓，始而厭薄平常，稍趨纖靡。纖靡不已，漸騖新奇。新奇不已，漸趨詭僻。始猶附諸子以立幟，今且尊二氏以操戈。背棄孔孟，非毀朱程。惟南華西竺之語是宗是競，以實為空，以空為實。以名教為桎梏，以紀綱為贅疣。以放言高論為神奇，以蕩軼規矩掃滅是非廉恥為廣大。取佛書言心言性略相近者竄入聖言，取聖經有空字無字者强同於禪教。語道既為踳駮，論文又不成章。世道潰於狂瀾，經學幾為榛莽。臣請坊間一切新説曲議，令地方官雜燒之。生員有引用佛書一句者，廩生停廩一月，增附不許幇補。三句以上，降黜。中式墨卷引用佛書一句者，勒停一科，不許會試。多者黜革。（二十八年，禮科摘湖廣舉人董以修四書義有無去無住出世住世語，罰停五科。）伏乞天語申飭，斷在必行。

自古有仙佛之世，聖學必不明，世運必不盛。即能實詣其極，亦與國家無益，何況襲咳唾之餘，以自蓋其名利之跡者乎。夫道術之分久矣。自西晉以來，於吾道之外，别為二氏。自南宋以來，於吾道之中，自分兩岐。又其後則取釋氏之精蘊，而陰附於吾道之内。又其後則尊釋氏之名法，而顯出於吾道之外。非聖主執中建極，羣工一德同風，世運之流，未知所届。

上曰，祖宗維世立教，尊尚孔子。明經取士，表章宋儒。近日學者不但非毁宋儒，漸至詆譏孔子，埽滅是非，蕩棄行檢。復安得節義忠孝之士，為朝廷用。覽卿等奏，深於世教有裨，可開列條欵奏來。仙佛原是異術，宜在山林獨修，有好尚者任其解官自便，自此稍為釐正。然而舊染既深，不能盡滌。又在位之人，多以護惜士子科名為陰德，亦不甚摘發也。至於末年，詭僻彌甚。

清閻若璩《潛邱劄記》卷一

崑山吳喬論八比時文曰，自六經以至詩，餘皆是自説己意，未有代他人説話者也。惟元人就古事作雜劇，始代他人説話。八比時文，雖闡發聖經，非註非疏。代他人説話亦然。我故曰，俗體也。

又卷六《又與劉超宗書》

連百忙中又細讀虞書數過，見《舜典》本為《堯典》，而一典兼叙堯舜事，舜則分登庸在位兩截，判然不亂。承教云，禹作司空，往平水土，豈待格文祖後耶。愚謂何待言，蔡傳自明。平水土者，録其舊績。兼百揆者，免其新功。即稷播穀，契敷教，臯陶明刑，亦申命其舊職而已，（亦合《孟子》舜敷治一段）非至此為是官也。蔡傳精確者，已萬不可易，况聖經乎。死罪死罪。

記稱朱干玉戚以舞大夏。夏字自誤。若《公羊》昭二十五年傳，朱干玉戚以舞大夏，八佾以舞大武，此皆天子之禮也，又竟是大夏，亦不誤。此愚之所以欲博極羣書也。既思干戚是武舞，豈容揖遜得天下者有之。公羊説不可信。不特公羊也，鄭康成註《禮記·内則》二十舞大夏曰，大夏，樂之文，武備者也。其説亦不可從。晚好自破其説如此。舞是樂之終，則是辭之決，妙妙，敬受教矣。

清徐文靖《管城碩記》卷一二

按北平黃老師崑圃《周禮節訓序》曰，聞之三代而下，禮為治天下之一端。三代而上，禮為治天下之統會。韓宣子見易象與魯春秋，而曰周禮盡在魯，是《易》《春秋》亦禮也。設官分職，以為民極，而統名為周禮。殷因於夏禮，周因於殷禮。

禮之外，更無他事矣。《周禮》其大綱，《儀禮》其節目，《禮記》為義疏。義疏設科，而大綱與節目不與。聖經之興廢，其亦有時乎。竊惟前人於《周禮》之書，良多異論。朱子則以為周家法度廣大精密，又云周公從廣大心中流出，是《周禮》固無可議也。

又卷一八

按《前漢書·儒林傳》，夏侯勝從始昌受《尚書》及《洪範五行傳》，當時五行休咎之説，學者靡然宗之矣。据《公孫弘傳·贊》曰，孝宣承統，招選茂異。而蕭望之梁丘賀夏侯勝韋玄成嚴彭祖尹更始以儒術進，劉向王褒以文章顯。向至成帝初河平三年，見王氏權位太盛，始作《洪範五行傳》，因事納忠，譏切時政。而夏侯於宣帝時已從始昌受《尚書》及《洪範五行傳》，是洪範五行之説，前此已有，而以福極分配者，乃始於劉向耳。瓊山丘氏曰，後世推五行休咎之説，其端始於董仲舒，而盛著於劉向此書。《研北雜録》曰，劉向《洪範五行傳》之作，借經文以規切時事，其不能一一與聖經比附，無怪其然。

宋李如篪《東園叢説》卷上《黜周王魯》

《春秋》書成，周宣榭火。《公羊傳》曰，新周也。黜周王魯之説，蓋啟於此。新周者，蓋謂王者必存二王之後。周有天下，則宋杞為二王之後。今王魯，則以周宋備二王之後，是新周而故宋也。其説從此濫觴。又見《黍離》之詩列於國風，而魯僖之頌又繼《周頌》之後，王魯之説遂得援以為證。惟深識之士，則知聖經之作，皆自有意義也。

宋孫奕《示兒編》卷一《六經無真字》

六經之中無真字，非無真字也。夫人而不偽也。是故仙之一字，聖經所不著，聖人所不言。以至於佛若僧若禪，聖人尤不筆之於書。蓋其衛道之嚴也。故佛之敢入中國者，乃在於經籍焚滅之久，禮義衰微之末，二百餘年而後始至也。則六經之有功於人也，大矣。

又《五行先後不同》

五行一也，《大禹謨》則曰，水火金木土穀惟修。《洪範》則曰，一水二火三木四金五土。《月令》則曰，春木夏火中央土秋金冬水。其言先後不同，何也。曰，聖經之言，各有攸主。《大禹謨》之所主者，養民之政，故以五行之相剋者言之。剋下為財故也。《洪範》之所主者，自然之數，故以五行之生數言之。舉生數則成數可知矣。《月令》之所主者，四時之令，故以五行相生之序言之，是以不同也。

又卷二《兼弱攻昧》

《仲虺之誥》曰，兼弱攻昧，取亂侮亡，推亡固存，邦乃其昌。載之於《書》，不過如此。襄公十四年中行獻子曰，仲虺有言曰，亡者侮之，亂者取之。推亡固存，國之道也。又三十年，子皮曰，仲虺之志云，亂者取之，亡者侮之。推亡固存，國之利也。此言一唱，其汩亂聖經為甚。孔安國從而和之曰，弱則兼之，闇則攻之。亂則取之，有亡形則侮之，有亡道則推之，有存道則輔而固之。嗚呼，信斯言也，則仲虺是誠何心哉。幸災樂禍之人也，焉有佐克仁之君，可出是言乎。竊謂兼人則自弱，攻人則自昧，取人則自亂，侮人則自亡，推人則益自亡。惟能保固人，則所以自存。德至於此，國乃昌盛也。不然，引君於非道，豈告戒之辭哉。

又卷四《子之哭也壹》

孔子過泰山側，有婦人哭於墓者而哀。夫子式而聽之，使子路問之曰，子之哭也壹，似重有憂者。而曰，然。讀禮者當以哭也壹為句，似重有憂者宜屬下句。按下文曰，昔者吾舅死於虎，吾夫又死焉。今吾子又死焉，是死者三人，其哭之聲壹而不雜，聖人所以問之，蓋知其憂之甚也。

今洪慶善註昌黎《元和聖德詩》云，一似堯禹，輒引《禮記》一似重有憂者為釋。且謂退之作文，老杜作詩，無一字無來處，誠是也。而以此一似字指為黃魯直之所取在是，吾恐聖經不如是之膚淺也。

元俞琰《書齋夜話》卷四

桓譚少好文，見揚子雲工賦頌，欲從學。子雲曰，能讀千賦，則善之矣。董遇曰，讀書百遍，其意自見。愚謂少年時果能如董遇所云，則聖經之義何患乎不通。果能如揚子雲所云，則為文何患乎不工。

宋周密《齊東野語》卷七《鴟夷子見黜》

吳江三高亭祠鴟夷子皮張季鷹陸魯望，而議者以為子皮為吳大仇，法不當祀。前輩有詩云，可笑吳癡忘越憾，却誇范蠡作三高。又云，千年家國無窮恨，只合江邊祀子胥。蓋深非之。後有戲作文彈之者云，匿怨友其人，丘明所恥。非其鬼而祭，聖經是誅。今有竊高人之名，處衆惡之所。有識之士，莫不共憤。無知之魂，豈當久居。

元白珽《湛淵靜語》卷一

文之繁簡係乎人，亦係乎代。如春秋隕石於宋五，公羊雖因經作傳，而曰聞其磌然，視之則石，察之則五。多經七字，而義猶有未盡。《論語》君子之德風，小人之德草。草上之風必偃。至孟子答滕文公，已多二也字。而劉向載泄冶之言曰，夫上之化下，猶風靡草。東風則草靡而西，西風則草靡而東，在風所由而草為之靡。多《論語》之半，而意始顯。及觀《書》有曰，爾惟風，下民惟草。復減《論語》九言，而意亦顯。劉向載楚莊王之言曰，其君，賢君也，而又有師者王。其君，下君也，而羣臣又莫君若者亡。而《書》曰，能自得師者王，謂人莫己若者亡。語意繁簡不如是，何以別聖經賢傳。

明曹安《讕言長語》

近年所刋之書，多不關世教。以予取之，宋胡致堂《崇正辨》一書，蓋因僧仁贊之所論，按其事而折之，燎然明白，佛之徒無以逃其妄。今刋本在南陽府。元張養浩《衛聖編》，謂老莊申韓揚氏之書，與吾聖經黑白較然。惟左氏荀子秦漢以来諸儒，濁亂聖人之言，則為之申別。毘陵謝蘭取聖賢問答之語闢異端者為書，名曰《辨惑編》。經書子史，先儒扶正抑邪之言備載。合而觀之，真可以正人心。

明徐伯齡《蟫精雋》卷一《永樂大典》

皇明太宗文皇帝命儒臣姚廣孝王洪胡廣胡儼陳濟等率羣儒作《永樂大典》，書成，凡二萬二千九百三十七卷，勒為一萬一千九十五本，藏之秘閣。其經進表文云，伏以皇明之治大一統，車書昭聲教之隆。聖人之道貫百王，制作備典章之盛。丕顯太平之鴻業，永為經世之宏規。臣聞泰運肇開，人文乃著。卦爻始畫，書契遂興。故羲禹開天，河洛闡圖書之瑞。成康致治，豐鎬宣雅頌之音。道具載於聖經，事實關於氣運。

恭惟皇帝陛下，聰明睿知，神聖武文，受天命而主百神，坐明堂而朝萬國。九疇時序，庶績咸熙。治定功成，禮明樂備。爰懋昭於聖學，遂大播於綸音。是以堯舜之道，載諸典謨。文武之政，布在方策。前聖遠而微言隱，諸子出而衆議興。簡編浩山海之繁，經制異質文之尚。欲觀會通而行典禮，必合古今而集大成。勑遣使臣博採四方之籍，禮招儒彥廣紬中祕之儲。事跡務在於周詳，義例必令其明白。

又《彈范蠡文》

有人作《彈范蠡文》云，匿怨友人，左丘明恥之。非其鬼祭，聖經是誅。今有竊高人之名，處衆惡之所。有識之士，莫不共憤。無知之魂，豈當久居。可不雪讐恥於千載之前，正禮義於萬世之下。吳江三高，即越之范蠡晉張季鷹唐陸魯望也。考之世代，相去甚遠。揆之名節，乃大不同。切見范蠡，越則謀臣，吳為敵國。以利誘太宰嚭而脱彼勾踐，以利誘公孫雄而滅我夫差。既遂厥謀，反疑其主。鄙君如烏喙，累大夫種以伏誅。目己曰鴟夷，載西子而潛遁。且古之隱者，自稱草野。《易》稱高尚不事王侯。如蠡者，致産累數千萬，而變姓名於齊陶。轉位逐什一利，而詭蹤跡於江海。語其高節則未可，謂之智術則有餘。

明王鏊《震澤長語》卷上《經傳》

漢初六經皆出秦火煨燼之末，孔壁剥蝕之餘。然去古未遠，尚遺孔門之舊。公羊穀梁，蓋傳子夏氏之學。《儀禮》有子夏傳，《易》有子夏傳而亡之。《詩序》相傳，亦云子夏作。《易》傳於商瞿，《書》傳於伏生之口。孔安國又得於孔壁所藏。劉向《别録》云，虞卿作抄撮九卷授荀卿，卿授張蒼。然則蒼師荀卿者也。《左傳》出蒼家，蒼亦有功於斯文矣。浮邱伯亦荀卿門人，申公事之，是爲魯詩。根牟子傳荀卿子，荀卿子傳大毛公，是爲毛詩。是時諸儒掇拾補葺，專門名家，各守其師之説。其後鄭玄之徒，箋註訓釋，不遺餘力。雖未盡得聖經微旨，而其功不可誣也。宋儒性理之學行，漢儒之説盡廢。然其間有不可得而廢者，今猶見於《十三經註疏》。幸閩中尚有其板，好古者不可不考也。使閩板或亡，則漢儒之學幾乎熄矣。

明鄭瑗《井觀瑣言》卷二

楊子雲擬《論語》作《法言》，未須論其意義深淺，但考其辭語，亦足見其故為險難，痕跡不可掩矣。《論語》無意為文，而自粲然成文，故不厭語助字之多。如女得人焉耳乎，六字為一句，而助字處其半。夫子之求之也，其諸異乎人之求之與。十五字為二句，而助字處其九。而《法言》乖離諸子圖徽蠢迪檢押弸中彪外雉噫等語，至不可屬讀。《論語》云請問其目，而《法言》但云請條。《論語》或問子産，問子西，問管仲，三問字繁而不殺。自是文理當如此。而《法言》中或問霍光王翦竇嬰灌夫聶政荆軻，但曰霍，曰翦，曰竇灌，曰政也軻也，豈復成文理哉。此類不可勝數。識者觀之，不獨《太玄》可覆瓿矣。其言曰，聖人之經不可使易知，其意以為聖經亦只是欲使人難知耳。殊不知聖經明白易簡，初豈有意為艱深之辭哉。其不易解者，特古今文體有不同耳。雄説陋矣。

又卷三

凡經傳之文有錯簡者，須有顯證方可移易。如《大學》傳文有經文可證，乃可更定。《周書・武成》有月日事理可推，乃可更定。後之儒者，率以己意所便輒欲變移經文。如王魯齋只憑《漢・藝文志・中庸説》二篇一辭，欲析《中庸》為二篇，移易其文，使各以類相從。且魯齋最不信《家語》，謂朱子不當據《家語》以正《中庸》，似矣。班氏《漢志》獨可據以正《中庸》乎。況其所謂二篇者，本指其註説，非指其正文也。又據《孟子》以戎狄是膺，荆舒是懲，為周公之事，而欲移《魯頌》泰山巖巖保有鳧繹兩章於土田附庸之下，而以俾爾昌而熾一段接於亦其福女之後。殊不知古人引經，只是斷章見意，不如後世之拘也。如曰憂心悄悄愠于羣小，孔子也。肆不殄厥愠，亦不隕厥問，文王也。雖魯齋其能强為移易，以遷就其説乎。又欲以二雅中不合於正雅者，皆歸之王風。又欲以豳風七詩分入變雅。豫章熊與可本吳材老之説，以《洪範》歲月日時無易等言為四五紀疇文，斂時五福等言為九五福疇文。雖剪截破碎，惑亂後學，然猶勉强可通。至於移惟辟作福等言為六極疇文，於義何所取乎。凡此皆進退無據，而輕改聖經之舊，治經者所當深戒也。

清孫承澤《春明夢餘録》卷一二《文淵閣》

永樂中，命儒臣集宋儒五經四書傳註纂修之。其諸儒論説於傳註互發足其所未備者，分註其下，不合者不取。《周官》《儀禮》不課士置科，不列。書成，賜名《四書五經大全書》。諸儒語録足羽翼聖經者，彙為一編，賜名《性理大全書》。

又卷二二《宋丞相文信國祠》

及宋禮部侍郎謝枋得登科對策，力詆權奸，發策漕司，極攻時政。受任於運去祚移之後，抗敵於兵罷民散之餘。力已盡而不支，志有為而不果。後元臣程文海等交章累薦，恥仕二姓，懇辭不屈。參政魏天祐強逼北行，誓死不食。終於燕京。著為文章，高邁奇絶。發明道學，羽翼聖經。其清論無愧於先賢，有功於後學。

又卷三三《附記》

《黄少詹道周召對紀》。

崇禎戊寅五月，詹事府少詹事黄道周具二疏，其一疏言方一藻撫賞事與諳達不同。其一疏言不必起復陳新甲為宣大總督。如無人肯任，己願為之。二疏繕録既成，使班役赴會極門投進。班役以黄方在枚卜，不欲其上疏。乃駕言會極門内監需索銀八兩以窘之，黄不能應。未幾，楊嗣昌入閣。黄復具一疏，言楊嗣昌不當奪情入閣。［略］

上曰，你説了多時候，輔臣纔奏。

嗣昌奏，臣為綱常名教不容，不剖陳。

上曰，卿才猷敏練，原為時事多艱，屢旨敦趣，誠非得已。這疏也不為奪情。古時人情多無所為，近日人情各有所為。孟子欲正人心，息邪説。古人邪説，别是一般。今人邪説，直附於聖經賢傳之中。關係世道人心更大。

道周奏，臣生平恥言人過。聞人之過如聞父母之名，今日在上前與嗣昌角口，亦非體。臣知為天下後世留此綱常名教天理人心而已。

又卷四〇《禮部二・正士習》

宗伯馮琦疏，頃者皇上納都給事中張問達之言，正李贄惑世誣民之罪，盡焚其所著書，其於崇正闢邪，甚盛舉也。臣竊惟《春秋》大一統。統者，統於一也。統於聖真，則百家諸子無敢抗焉。統於王制，則卿大夫士庶無敢異焉。國家以經術取士，自五經四書性鑑正史而外，不列於學宫，不用以課士，而經書傳註，又以宋儒所訂者為準，蓋即古人罷黜百家獨遵孔氏之旨。此所謂聖眞，此所謂王制也。

自人文向盛，士習寖漓，始而厭薄平常，稍趨纖靡。纖靡不已，漸騖新奇。新奇不已，漸趨詭僻。始猶附諸子以立幟，今且尊二氏以操戈。背棄孔孟，非毀程朱。惟南華西竺之語是宗是競，以實為空，以空為實。以名教為桎梏，以紀綱為贅疣。以放言恣論為神奇，以蕩棄行檢掃滅是非廉恥為廣大。取佛經言心言性略相近者竄入於聖言，取聖言有空字無字者强同於禪教。嗟乎，聖經如此解乎。

士子制義，以聖人口氣，傳聖人之神耳。聖人之世，曾有此語意否乎。夫學宮所列至詳。童而習之，白首未必能窮。世閒寧有經史不能讀，而於經史之外博極羣書之理。棄本業之精髓，拾異教之殘膏。譬如以中華之音，雜魋結之語。語道既為踳駁，論文又不成章。世道潰於狂瀾，經學幾為榛莽。部科交列其弊，明旨申飭再三，而竟未能廓然一大變其習者，何也。解書或用註疏，或不用註疏，則趨向不一也。

清王士禎《居易録》卷三四

隋末割據諸姦雄，皆羣盜。獨夏王竇建德有帝王之度。觀其舉措，不在太宗之下。楊廉夫樂府云，觀建德行事，不忍以劇賊目之。在鄉里時，解所耕牛與貧無以為喪者。起兵日，滑州刺史王軌為奴所殺，以首來。建德曰，殺主，大逆也。内之敗教。遂誅奴，反軌首。此舉暗合聖經不納三叛，以懲不義之旨。光武有慙德矣。推是心也，豈不可以有天下云云。論甚嚴正。

明章潢《圖書編》卷一《原圖説》

天生神物，聖人則之，固不獨蓍為然。而則之以畫象示人，亦不獨河圖為然也。洛之書，其即河之圖，莫非造物之秘，莫非聖人之精乎。前圖謂之古洛書者，龜出于洛，其龜身之坼文，皆直如字之畫也。後圖亦謂聖人則之者，取則龜身之坼文而書之，即所謂戴九履一左三右七，二四為肩六八為足，而五居中。以五奇數統四偶數，而各居其所是也。書取其直，圖取其圓。圖書之名異，而圖書之畫象亦有不可混焉者矣。後儒乃謂大禹則洛書以叙疇，今即九疇之傳于世者觀之，其位數雖于洛書未嘗那移。然考之聖經，亦無可據也。

又卷六《大衍總論》

或謂河圖數原在大衍後，而減五，以合五十之數。既有所據矣，然而不免於疑，何也。蓋疑者，疑五十與五十五數，不免有所增損以強合之故也。況天數五以下，原在大衍後。而今則在乎大衍之前矣。天一地二以下，原在第十章之首，而今則在乎天數五之首矣。豈不以舊文錯簡，故從而更易之也。又安知大衍與河圖數不有所混，而不必合之為一章邪。後學於聖經當信以傳信，疑以傳疑。愚於河圖大衍之數，姑存其疑，以請正云。

又卷九《總論》

聖學不明不行，豈有他哉。亂之於二氏虛寂之見者，其弊雖隱而易見。亂之於諸家支離之説者，其弊愈雜而難明。欲其大明而大行也，亦豈有他哉，聖門經典，當一以孔子為宗。[略] 惜乎諸家之留心經書也，非不竭精思殫歲月，章分句析，極其繭絲牛毛之精。然而於各經首篇大要所關，反支離沉晦，又何怪高明者甘心虛寂之説，而自以為玄解也。然則舍五穀以求飽於百菓之異品者，固昧乎飲食之正。而彼之執稊稗為稻粱者，恐亦以五十步笑百步耳。聖學不明不行，豈可專罪夫異端之徒哉。要之各執己見以自售，不能一以孔子為之宗焉故也。志聖學者，固宜就正於聖經。而志窮經者，必於孔子首經之旨，精義入神焉，其庶幾矣。

又《學易敘》

易之為道屢遷。羲文周孔之易，一而已矣，非强一之也，各隨其周流六虛者，惟變所適。[略] 然則學《周易》者，即當以《周易》為主。學孔子者，即當以孔子之十翼為宗。由孔子以求之文周，由文周以求之伏羲，易學其庶幾乎。果能心解神悟，謂之畫前原有易可也。或別有發明，以羽翼乎《周易》，亦可也。學《周易》於有畫之後，宗文周孔子於有言之餘，而以己意參和分裂之，是悖孔子，侮聖經也。奚可哉。

又《乾知》

《大學》曰致知，孟子曰良知，陽明先生合而言之。既以啟人之惑矣，予復揭言乾知，則人之惑也不滋甚哉。蓋儒學本天，先儒已有格言。乾知大始，《易・繫》確有聖訓。玆揭而言之，不過緣人以遡之天耳，匪為致良知之説解紛争也。昔有詰予者曰，乾知之知，主也。子遂認為德性之知，何歟。曰，果如所言，乾主大始，乾以易主即易，則易主乎。抑知之義，尚未能悉其蘊乎。詰者笑而解。此緣近世競良知之辨者，以別白是非為真明，以曉了現在為大悟。且摭釋氏靈明圓覺以為印證，蓋罪在致知之失真，匪良知之罪也。[略]

苟體用一分，則明暗異象。後先既判，則有無各時。故落頑空者，謂之無記。尚默照者，謂之鬼聚。彼釋氏且呵之矣，孰謂聖學可以有知無知分顯隱邪。且《大學》知止，自然定静，何必不知然後為至善也。孩提良知，原自不慮。何必不知然後為德性也。知之為知之，不知為不知，是知也。孔子豈欺我哉。今之從事致知之學者，正由不能沉潛聖經，反躬默會，未免各執意識，或信了徹為性靈，而喜任圓機。或認顢蒙為自性，而貪守虛寂。聖學一貫之旨，愈久愈晦，職此故耳。

又卷一〇《人心道心》

故當今之學，非流連光景玩弄精魂，便墮體出聰歸虛入寂，夾雜二氏。援聖經改立名義，以自逞其神奇。或有矯流弊者，又以此心神明知覺皆不足據，一切掃除，別立宗旨，以標榜門户。亦不免舉一而廢百也。多説紛紛，于何而折衷之哉。噫，予過矣，予過矣。既謂感寂兩心者，悖虞廷孔門之本旨。又謂直指本心者，畧精一操存之真功。予何敢執己見論先輩耶。嘗稽諸古訓矣，文王之心，本自順帝則也。小心翼翼，昭事上帝，何為哉。武王之心，本自配帝命也。上帝臨汝，無二爾心，何為哉。

又《朔易》

天人生機，本有定在也。若徒明其理，而不識天地生化之原，欲反諸己，養德養身，與天地合其化生之機也，難矣。［略］ 曰，坎位天地之中，化機之根源也。惟日月合璧于朔，故相推明生，萬古常新。四時之温凉寒暑，萬物之生長收藏，悉本乎此。易之生生，取諸日月之相疊也，至顯明矣。《繫辭》謂陰陽之義配日月，懸象著明莫大乎日月，孰非朔易之義乎。則是朔也易也，聖經不過即天地造化之自然以示人，而東作南訛西成，皆天地之自然者耳。

又《禹貢疑議》

仲尼删書，止存百篇。皆存其可信，且可為後世法也。《禹貢》載在聖經，傳來舊矣。信聖經者，宜據古考今，不宜因今之異同以疑古也。［略］ 故曰，信聖經者宜據古以考今，不宜因今之異同以疑古也。至云《禹貢》錯誤，云十三字衍文當刪，則吾豈敢。

又《祖甲帝乙》

經以載道，史以記事。前人有定論矣。然道外無事，事外無道，經史可以事與道分言之哉。《春秋》，魯史也。其事齊桓晉文，其文則史，一經聖人筆削，遂成性命之書。此其事之所在，即道之所在，可傳可信，為萬世紀事之宗也。尚論三代以前，經有殘缺，考諸史，史有誣雜。折諸經，可也。玆于祖甲帝乙，深病史之不可憑矣。幸而有經存焉。蓋《書》乃聖經，所以道政事者也。

又《穆王三書》

穆王，周賢君也。後儒信雜説而不信聖經，乃誣之以耄荒，何哉。昔孔子定書，自周成康之後，獨存穆王作《君牙》《伯冏》《吕刑》三書，用人訓刑，俱不墜文武成康之風烈。謂之為賢君也，諒非溢辭矣。及觀韓退之作《徐偃王遺碑》，乃曰，偃王凡君國子民，待四方一出于仁義。時周穆王無道，意不在天下，得八龍騎之西遊，宴王母于瑤池，歌謡忘歸，四方諸侯之争辯者，無所質正，咸賓祭于徐。執三帛二生之物于徐之庭者，二十六國。穆王方且復命，造父御，長驅而歸，伐徐偃王北走。嗚呼，如退之之説，則夫子所存三書，皆可廢矣。孰知是説也，倡之者，列子。和之者，左氏。信雜説而不信聖經，退之不得逭其責也。[略]至謂宏敷五典，式和民則，爾身克正，罔敢弗正。民心罔中，惟爾之中。誦斯言也，穆王之命誥，與吾夫子垂訓之意，昭然如日星也。後人徒信雜説而不信聖經，何哉。

又卷一一《稷契》

聖人亦人也。聖人之生也，天或縱其聰明睿智之資，以宏其開物成務之績。生有自也，出有為也，此理之必然者。若以奇怪論聖人降生之異，窮理君子當聞言而即決之矣。子不語怪。雖有之，且不語也，况取奇怪之事，垂訓萬世，而謂之經乎。一有不決，遂至誣天誣聖誣經，以誣後人之耳目，非孔子删述意也。[略]儒者當惟理是從，况有經文可據。既不能據經以熄邪説，而反引邪説以誣聖經，即此事理，與經文至顯明者，且繆妄若此。則凡依違近似，以己意傅會穿鑿，又何可勝言。

又卷一二《春秋四傳》

孔子修《春秋》，不過因舊史文而筆削之，取其足為世道之勸懲者存之云爾。苟足以維世道正人心，則事何取于不可窮詰，何取于不可測識哉。[略]以王不稱天為貶周，以桓不書王為歸罪天子，是孔子以匹夫而黜天王也。滕本侯爵，因其黨惡來朝，故貶而稱子，是孔子假魯史用五刑奉天討，故得以擅黜陟諸侯之爵位也。夫聖人本欲懼亂賊正人心，而身為亂賊之尤，有是理哉。况其釋經者十之三，而釋傳者十之七。昔人謂胡氏《春秋傳》有牽強處，又有謂其以義理穿鑿，豈欺我哉。嗚呼，傳愈多而經愈晦，又何以傳為也。予嘗聞，《春秋》，名分之書也。《春秋》，性命之書也。知《春秋》為名分之書，而貶周黜王，何有於名分之正。知《春秋》為性命之書，而載事比例，何有於性命之精。安得讀《春秋》者惟知尊信聖經，而不為後儒見聞所牿，則其義固已瞭然於經文中也。嗚呼，人皆輕於叛經，而重於叛傳，何哉。

又《春秋大旨》

玩聖人經典，須先提揭大綱，得聖人作經本旨，則萬目犁然具舉，而大義自不容掩。况《春秋》尤經聖人手筆，而為萬世提綱書法也。惡可各以一人意見，牽扯義理，以相穿鑿傅會。匪特聖人筆削大義不得昭明於天下，而反使聖人得罪名教，咸矇然莫之覺焉。吁，可痛哉。蓋後儒欲尊孔子，不曰聖人以天自處，則曰聖人以天子之權與魯。夫孔子亦人也，止曰天生德於予，曰知我其天，何為便以天自處乎。[略]

是聖經本簡，諸傳必欲求諸繁。聖經本易，諸傳必欲求之難。且緣飾以聖賢之義理，綱維以帝王之法度，附和以儀秦之智術，參錯以孫吴之兵機。斷案以申商之法律，推究愈精，愈深，而去經愈遠。雖其間多言而中，或有得其情者，要亦鰓鰓然指摘推尋於一字之間，而不知大義，未免放飯流歠而問無齒決，均於大綱無當也。

又卷一三《禮記大旨》

嘗玩《易・繫》天尊地卑乾坤定矣，卑高以陳貴賤位矣。此禮之所自來，而先聖法天以制禮乎。故臯陶謂五禮為天秩中庸，謂親親尊賢之等殺，禮所生也。［略］然各篇匪出一人，雖本聖人之意，實皆漢儒之文。見有淺深，故理有通塞。筆有工拙，故辭有純疵。況敷衍波瀾太多，未免華而失實。可盡律以聖門之記述哉。雖然，聖經久湮，蝌蚪殘缺，得似經者，皆經也。況其傳流各有自來也。但師門各守章句，或古禮中雜以時制，而莫之察。或古文參以今文，而莫之辨。傳久失真，豈一朝一夕之故哉。二戴雖明禮，然匪深於聖人之學者，或刪述間雜以己意，亦不可知。愚謂篇章皆漢儒之組織，禮制必先聖之流傳。依今文求古禮，得意忘言，何必訛舛之盡袪，而後深於禮哉。

又《周禮總論》

自漢惠除挾書之律，孝武建藏書之策。齊魯諸儒，執經競進。傳《儀禮》者始於高堂生，傳《大戴禮》者始於瑕丘蕭奮。《周禮》之書未出也。［略］是昔之《周禮》亡其一，而今之《周禮》亡其六。聖經之不明，吾不知其所終矣。

又卷一四《知止》

宇宙間凡人與物，莫不有歸宿之地，而後能遂其生也。否則，食息起居，行藏進退，貿貿焉莫知所之，求一日安定不可得矣。此歸宿之地，乃人與物之所必有者，而學可知矣。《大學》所謂知止，指歸宿言也。［略］所以《大學》之道，雖只提止至善一語，亦足矣。必自明明德親民說來者，豈無意而云然哉。正恐離親民以明明德者，斷情慾以證圓覺，亦近似矣。何與於君臣父子之倫。離明德以新民者，肅法制以致小康，亦其止念息機之談，以為密秘寶藏，肆言以傅會聖經，陋亦甚矣。胡不即《大學》上下全文，以會通其立言之旨哉。

又《格物》

天高地下，萬物散殊。雖一物不知，乃其所耻。俗學執而不化，所以滯于有也。萬物生于有，有生于無。吾有一物，無頭尾背面名字。異學蕩而無歸，所以淪于無也。蓋由見之偏而未會其全，故有無分而二其物矣。［略］或曰，傳註與《傳習録》果不相通歟。曰，學者欲觀其會通，須合二先生之書以會其全焉。晦翁先生辯蘇黄門《老子解》有云道，兵器之名雖異，其實一物也。故曰，吾道一以貫之。陽明先生詩云，良知衹用安排得，此物由來自渾成。于此得意忘言，二先生潛孚默契，蓋可想矣。

或曰，格物之旨，合內外虛實有無隱顯而一之，然矣。然必以脩身為本，未他有所證歟。曰，哀公問，何謂成身。孔子對曰，不過乎物。又曰，仁人不過乎物，孝子不過乎物，是故仁人之事親也如事天，孝子之事天也如事親。是故孝子成身。夫成身在不過乎物，非孔子從心所欲不踰矩，其孰能之。雖然，求物于散殊者，其失也支離。滯固物而不化，人易識也。異教則單提虛寂為宗，云恍兮惚兮其中有物，云有物先天地，無形本寂寥。祖其説者，反援聖經無聲無臭寂然不動諸説以證之，使高明超脱之士，咸溺志于無物之歸。俾《大學》之道愈晦而塞格，故不得不於《大學》格物詳辯之也。噫，乾知坤作，不貳不測，萬物皆備，有物有則。致知格物，辯物自知。天人性教，一以貫之。顧人之自信何如耳。

又《修身為本》

嘗讀程子全書，謂人於外物奉身者，事事要好。只自家一身與心，却不要好。以此泛觀世間，其人人之通病乎。夫以一身處覆載中，不啻滄溟一浮漚耳。倏起倏滅，于滄溟無增損也。其自待之小，甘為外物驅役困苦，豈上天厥付不均，而分各有限制耶。及讀《大學》，謂自天子至庶人，壹是皆以修身為本，乃知吾人原合天下國家身心意知為一物。就物之本末觀之，乃知身為物本。天子庶人，分為崇卑，身無大小。真知修身為本者，此謂知本，此謂知之至也。人可自小其身哉。學有大小，而人之小大因之耳。然《大學》之道，其旨意若未易窮詰，而揭其要，修身為本一語，足以括之矣。[略]

或又曰，子前取證成身，不過在物。則本，即物有本末之本矣。有謂此本不對末言者，非歟。曰，天之生物也，使之一本。正言無二本也。况本亂則末不治，聖經已有明訓，何必取證天上天下惟我獨尊，必欲脱離四大之幻身，求所謂法身化身報身，而身外有身，始為真知本來面目哉。噫，不求明格物而及竊禪宗止義以深言其本也，抑末矣。

又一八

故日月再會而重受其精，以相生於無窮也。《易》云，剛柔相摩又相推明生。聖經豈妄語哉。莊子謂日火外影，金水內影，即此義也。又問，子以合朔乃互藏其精為相推明生，其常也。而以日月之食為變，果非日月之常道歟。曰，日月運行，本有常度。而乖其常度，是以相食。《詩·小雅·十月之交》章有云，日月告凶，不用其行。謂非乖其行度之常而何。衆言淆亂，折衷于聖經云耳。張子謂朔望之際，精魄反交，則光為之食。亦有見于斯歟。然昔人火鏡圓珠，與夫借日為光之説，亦具録於《天道編》，以俟精達造化之君子云。

又卷二一《天文總論》

聖經闡天地之道，是故衆言無可信，折諸經。天地妙太極之精，是故聖經無可考，折諸理。夫太極者，動靜之源也。陰陽者，法象之本也。陽以陰為基，陰以陽為唱。是故闔闢互為其根，體用互藏其宅也。

又卷七六《性道總論》

性道一也。人所固有，亦人人所各足，本不俟外求而後明。以其所固有各足者，證諸聖經，亦非無徵而不信。是故有先言道而後性者，有先言性而後道者。究其立言本旨，各有攸當也。後世乃岐性道而二之。老氏云，道自虛無生一氣。佛氏云，性覺真空，性空真覺。言道不言性可也，而道則一歸諸虛。言性不言道亦可也，而性則一歸諸空。諸儒每兼言之，未免認氣質為性，指方法作用為道。此所以性道愈晦，無怪學術多岐，人人得逞一見，横一説，標立宗旨，俾志士莫知適從，貿貿焉各任意識馳騖而失彌遠也。

又卷七八《三皇五帝辨》

至于五帝之名，亦不見于聖經，而其實則有可求者。《易・繫》曰，古者包犧氏之王天下也，始畫八卦，以通神明之德，類萬物之情。包犧氏没，神農氏作。神農氏没，黄帝堯舜氏作。之五帝者，或先天以開人，或因時以立政。是故以作書契以闡易奥，以衍精一之傳，以濬危微之旨。而萬世之師道立矣。以作輿服宫室，以開耒耜醫藥，以明嫁娶音樂，以分土建官，以齊政授時，以明刑秩祀，而萬世之君道立矣。神功駿業，極天蟠地，故仲尼于《易・繫》蓋亟稱焉，此言五帝者之準的也。

又卷九九《禘祫總叙》

所以孔子謂魯之郊禘非禮，其僭用大禘明矣。况《春秋》所書禘，又不於太廟，而於莊公之宫，正所謂失禮之中又失禮也。或又曰，祫祭通行於侯國。文公二年大事於太廟，大事，祫也，《春秋》又何譏耶。曰，僖公之喪未畢而行大祫，且以躋僖公焉。明年春，又禘於太廟，是《春秋》所譏有在，非謂祫也。後代遂緣此謂禘祫相承，派定歲月，尤為無據。雖然，古禮經無明文，已不能考其詳，而又不析其義，莫若禮以義起。凡王者之祀，五年禘其祖之所自出，配以太祖。三年祫於太祖之廟，合享毁廟之主。四時或祫烝祫嘗合享，未毁之主皆可也。否則，牽扯文義，反悖聖經，謂之古禮，可乎。

宋釋文瑩《玉壺野史》卷三

柳仲塗開知潤州，胡旦祕監為淮漕。二人者俱喜以名驚於時。旦造《漢春秋編年》，立五始先經後發明凡例之類，竊侔聖作。書甫畢，邀開於金山觀之，頗以述作自矜。開從其招而赴焉。方拂案開編，未暇展閱。開拔劍叱之曰，小子亂常，名教之罪人也。生民以来，未有如夫子者。至若丘明而下，公穀鄒夾數子，止取傳述而已。汝何輩，輒敢竊聖經之名冠於編首。今日聊贈一劍，以為後世狂斐之戒。語訖，勇逐，旦濶步攝衣，急投舊艦，鋒幾及身。賴舟人擁入，參差才免，猶斫數劍於舷，聊以快憤。

宋王暐《道山清話》

李覯字泰伯，盱江人，賢而有文章。蘇子瞻諸公極推重之。素不喜佛，不喜《孟子》。好飲酒作文，古文彌佳。一日，有達官送酒數斗，泰伯家釀亦熟。然性介僻，不與人往還。一士人知其富有酒，然無計得飲，乃作詩數首罵《孟子》，其一云，完廪捐階未可知，孟軻深信亦還癡。丈人尚自為天子，女壻如何弟殺之。李見詩大喜，留連數日，所與談，莫非罵《孟子》也。無何酒盡，乃辭去。既而，又有寄酒者，士人聞之，再往作《仁義正論》三篇，大率皆詆釋氏。李覽之，笑云，公文采甚奇，但前次被公喫了酒後，極索寞。今次不敢相留，留此酒以自遣懷。聞者莫不絶倒。

泰伯一日與處士陳烈同赴蔡君謨飯，時正春時，營妓皆在後圃賣酒，相與至筵前聲喏。君謨留以佐酒，烈已不樂。酒行，衆妓方歌，烈併酒擲於案上，作皇懼之狀，踰墻攀木而遁。時泰伯坐上賦詩云，七閩山水掌中窺，乘興登臨對落暉。誰在畫樓酤酒處，幾多鳴艣送潮歸。晴来海色依稀見，醉後鄉心積漸微。山鳥不知紅粉樂，一聲檀板便驚飛。既而烈聞之，遂投牒云，李覯本無士行，輙篋賓筵，詆釋氏為邪教，指孟軻為非聖。按吾聖經云，非聖人者無法，合依名教，肆誅市朝。君謨覽牒笑，謂來者云，傳語先生，今後不使弟子也。君謨後每會客，必以示坐上，以供一笑云。

宋周密《癸辛雜識前集・真西山入朝詩》

真文忠負一時重望，端平更化，人徯其來，若元祐之涑水翁也。是時楮輕物貴，民生頗艱。意謂真儒一用，必有建明。轉移之間，立可致治。於是民間爲之語曰，若欲百物賤，直待真直院。及童馬入朝，敷陳之際，首以尊崇道學正心誠意爲一義，繼而復以《大學衍義》進。愚民無知，乃以其所言爲不切於時務，復以俚語足前句云，喫了西湖水，打作一鍋麵。市井小兒囂然誦之。士有投公詩云，先生紹道統，輔翼聖經，爲天地立心，爲生民立命。愚民無知，乃欲以瑣瑣俗吏之事望公。雖然，負天下之名者，必負天下之責。楮幣極壞之際，豈一儒者所可挽迴哉。責望者不亦過乎。公居文昌幾一歲，洎除政府，不及拜而薨。

集 部 説

韓愈《答殷侍郎書》（《别本韓文考異》卷一八）

某月日，愈頓首。辱賜書，周覽累日，竦然增敬，蹙然汗出以慙。愈以進士中，粗為知讀經書者。一來應舉，事隨日生。雖欲加功，竟無其暇。遊從之類，相熟相同，不教不學，悶然不見己缺，日失月亡，以至於老，所謂無以自别於常人者。每逢學士真儒，嘆息踧踖，愧生於中，顔變於外，不復自比於人。

前者蒙示新註《公羊春秋》，又聞口授指略，私心喜幸，恨遭逢之晚，願盡傳其學。職事羈纏，未得繼請。怠惰因循，不能自彊。此宜在擯而不教者，今反謂少知根本，其辭章近古，可令敘所註書。惠出非望，承命反側，善誘不倦，斯為多方。敢不喻所指。八月益涼，時得休假。倘矜其拘綴，不得走請，務道之傳，而賜辱臨。執經座下，獲卒所聞，是為大幸。況近世公羊學幾絶，何氏註外，不見他書。聖經賢傳，屏而不省。要妙之義，無自而尋。非先生好之樂之，味於衆人之所不味，務張而明之，其孰能勤勤綣綣，若此之至。固鄙心之所最急者，如遂蒙開釋，章分句斷，其心曉然，直使序所註，挂名經端，自託不腐，其又奚辭。將惟先生所以命，愈再拜。

宋石介《與士建中秀才書》（《徂徠集》卷一四）

四月四日，徂徠石介謹致書士君茂才足下。［略］ 文中子以太平之策十有三篇，干隋文帝不遇，退居河汾之間，續詩書，正禮樂，修元經，讚易道。九年而六經大就。佛老之教蠹於中國千百年矣，韓愈憤然於千百年下，孤力排毁，不避其死。論佛骨，貶潮州八千里，而志彌愨，守益堅。斯四賢者，亦以勤矣，亦以勞矣。然而卒不憚者，亦以息民患也，行聖道也。蓋古聖賢，方其天下未寧，生人未安，聖道未明，以為職在於己，不敢安其居也。方今正道缺壞，聖經隳離，淫文繁聲放於天下，佛老妖怪誕妄之教，楊墨汗漫不經之言，肆行於天地間，天子不禁，周公孔子之道，孟軻揚雄之文，危若綴旒之幾絶。先生不救，吾徒豈得而安居乎。雖不逮古聖賢遠矣，亦當窮精畢力而後已，庶幾其道由吾徒而粗存，猶愈於不為也。

宋强至《將仕郎守杭州文學參軍陸先生墓誌銘》（《祠部集》卷三五）

嘉祐六年夏四月丁巳，先生陸氏卒。其子求古章革覃有方逢休，將以某年十月己酉合其母夫人蔡氏履泰鄉龍井村之封以葬。六孝子者聚泣以議，吾父蓄道淳德，生七十有六年，其蘊不得久施於時，死矣。獨世之大夫與鄉人之口有傳焉。且吾父誼應銘。其習予父子間而應以文字銘吾父者，宜莫如强君。以書來求銘。某因得次以銘。

先生諱滋，字元象，歲方童，已自如成人。通毛鄭二《詩》《易》《春秋》。既冠，以文辭試鄉舉，一鬻其業而售有司，母且病不行。後三年，復在選察。母面有難別色。先生亦絶口不忍出别語。已而自訣，夫仕不獨為時，亦為親。苟慼吾親而去得仕，如勿仕。吾何為行哉。時故相陳公堯佐使兩浙，雅待先生厚，手十餘書以遺之曰，行矣，持此足以遊公卿。先生謝不受，公亦不能强。自是頽然自得，顧天地間無足介吾慮者，惟一肆其意於書，不復言進取。凡聖經賢史，九流百家，僻異衹説，無不讀。或引以答客問，必章解句析，卒不差一字，問者退輒服，以為終年讀書，不如與陸先生一日語。

宋陳舜俞《賀樞密侍郎啟》(《都官集》卷一一)

某啟。伏審某官榮膺綈誥，入輔樞庭。勲業所鍾，華夷同慶。恭惟某官秀含辰緯，學粹師閎。身為儒宗，早提衡於鴻筆。自結明主，徐步武於青雲。素風常激於士倫，大誼交裨於國論。玉堂制作，雅追二典之淳。金鼎調和，久著羣生之望。聊分宥密，以究經綸。黜陟有聲，可陋魏相之在漢。將明賦政，未推山甫之興周。即正師瞻，以如輿議。某素叨長育，竊慶亨嘉。惟是歡悰，實殊彝等。更祈上符眷託，順講聖經。

宋鄭獬《進鮑極註周易狀》(《鄖溪集》卷一二)

易與天地俱出，而隱於視聽之表。伏羲始鈎而得之，象之以卦。經文王孔子，然後其道益完以顯。故其為書最古，最為宏衍幽深魁卓而不可窮。後世學者雖終身窮攷，而欲究其奥極，常患不至。故其註釋者比他經為最多。如康成之博學，其所解經，莫不傳於世。至於註《易》，則學者所不齒。晚乃有王弼者，自弼而降，有陸希聲劉牧，此最可稱道。然弼為義多老莊無用之説，希聲削文王孔子繫象而著以己説。玆非罪人耶。然其註差勝弼。牧之註，本沿蹈於希聲，而又益以茫昧荒虚不可究之象數。玆數子者，俱不免於詆訾。則宜説者之不息也。

臣伏見某官强力積學，深於《易》義。致思十年，别為註解。斥諸家之浮雜，抗聖經而獨騖。包羅大義，横穿直貫。其有高處，超然出於學者之意外。臣實惜其堙鬱，而未能光明於世。輒令繕寫，編成五册，共一十卷。謹隨狀進呈，乞下儒臣看詳，特賜施行。庶幾傳經之士，有所聞益矣。

宋韋驤《問候僕射王相公啓》(《錢塘集》卷九)

右某啓。歛塵迹之微，累跧淮海。望台光之重，久闊門闌。豈無犬馬之情，第恨雲泥之隔。故尺牘不通于左右，寸誠不達于高明。在朝夕以拳拳，歷歲時而苒苒。恭惟僕射相公，材尊命世，功極代天。智變若神，卷舒由道。以稷禹自任于己，非堯舜不陳于君。發聖經之義，而學者知原。贊皇極之猷，而人心歸厚。事可圖而必立，何憚艱難。政可革而必更，孰為沿襲。獨蓍龜于機務，絶蔕芥于浮言。追還治古之風，增重熙朝之業。績既成于久大，身遂退于優游。印綬乞還，即舊邦而偃息。節麾懇避，領仙觀之清閒。雖鉅賢進退之心，固安于義。然四海瞻依之素，未足于情。某自省顓蒙，嘗陶教育。悵縻蹤于末宦，阻伏謁于高牙。願聽衮衣之歸，早充輿誦之欲。伏望上為宗社，精調寢興。

又《代人謝舉學官啟》

右某啟。伏聞剡奏舉某，堪充内外學官者。明詔搜才，獨繫禁近。公言薦士，誤及蕞微。感恩則深，揣己唯愧。竊以國家閒暇，朝廷清明。道德教化之淳，典章法度之備。陶冶萬類，煇華太平。登廊廟者，襲迹咎夔。列藩翰者，比肩申召。政事有龔黄之匹，文章或班馬之儔。抱忠履信，而濟濟何多。應變適時，而人人自若。膏澤充於四海，精神會于一時。歷攷陳編之文，莫踰今日之盛。然猶慮崇學之未至，患育材之未完。近繇膠庠，遠追郡國。必謹師儒之選，以顓教導之功。在于昌辰，玆實先務。涣若丁寧之令，發于淵嘿之嚴。付慎舉于邇臣，蘄兼收于羣儁。自非鋭于博習，固以力行，造道逢原，弸中彪外，傑然而模範正，沛然而聞識强，則何以上副睿訓揀求之詳，下當鉅賢論薦之重。如某者生而樸野，學不該通。心無自得之明，性近困知之陋。窮聖經之深遠，僅涉其流。慕賢業之光輝，徒堅其志。偶玷儒科之等，初塵仕籍之聯。方將刻意以進修，豈足誨人而誘掖。遽蒙翦拂，俾應選掄。循省非宜，悸慙尤甚。

宋范祖禹《又留司慰表》（《范太史集》卷一一）

徽音如在，追仙馭以無從。中制有期，遵聖經而俯就。伏惟皇帝陛下，典禮象乎天地，至行格乎神明。哀慕廓然，孝誠顒若。日月遄邁，驚歲律之再周。霜露荐臻，惻宸哀而增感。臣等限以官守，不獲奔詣闕廷，無任云云。

宋徐積《代崔刑部與劉先生》（《節孝集》卷三〇）

先生閣下，六經皆聖人書，而宜所先急者，其《春秋》乎。有議《春秋》之所好惡而敢為非議者，否也。《春秋》之義，失之久矣。仲尼據魯史筆削，一字正褒貶之大法。左丘明作傳，固宜附其源奥，與聖經相為表裏，不當詭意蔓辭，汨亂聖人之文，以為富豔之具。公穀二氏，雖矯此弊，而悖聖人亦多矣。杜預作註，又摭左氏説，附贅經下，其意欲專守左氏，簡去二傳，其不憚煩，已甚矣。何休范寧自謂有志於《春秋》，而休之學怪妄，不經特甚。王仲淹以為《春秋》之失，自歆向。何必自歆向，自丘明始之也。噫，《春秋》者，賞罰之權衡也。仲尼之志，盡在《春秋》，不宜使之昧昧如此，必有張而明之者，非先生而誰。願先生發憤一道，使諸生執經座下以就其學，是先生之道與天下共之也。不識能之否乎。謹伺命唯。

宋歐陽修《武成王廟問進士策》（《文忠集》卷四八）

問，學者言三統之義備矣。然自孔子刪修六經，與其弟子論辨堯舜三代之際甚詳。而於正朔，獨無明文見於經者。三正，王者所以正一統，蓋大法也，豈宜略而不言歟，抑隱其義以寓見諸書歟。或者經籍散缺而失之歟。自漢以来，學者多增三統之說，以附六經之文。今所見者，特因漢儒之說爾。當漢承秦焚書，聖經未備，而百家異說，不合於理者衆。則其言果可信歟。夫衆辭淆亂，質諸聖。今考於六經，孔子所筆，何說可以驗其信然歟。不然，商周未嘗有改歟。豈其不足為法，聖人非之而不言歟。請稽三王之舊典，考六經之明文，以袪厥疑，敢俟来對。

又《易童子問》第三（《文忠集》卷七八）

童子問曰，《繫辭》非聖人之作乎。

曰，何獨《繫辭》焉，《文言》《說卦》而下，皆非聖人之作。而衆說淆亂，亦非一人之言也。昔之學易者雜取以資其講說，而說非一家，是以或同或異，或是或非。其擇而不精，至使害經而惑世也。然有附託聖經，其傳已久，莫得究其所從來而覆其真偽。故雖有明智之士，或貪其雜博之辯，溺其富麗之辭，或以為辯疑，是正君子所慎，是以未始措意於其閒。若余者，可謂不量力矣。邈然遠出諸儒之後，而學無師授之傳，其勇於敢為，而決於不疑者，以聖人之經尚在，可以質也。

宋王安石《兼并》（《臨川文集》卷四）

三代子百姓，公私無異財。人主擅操柄，如天持斗魁。賦予皆自我，兼并乃姦回。姦回法有誅，勢亦無自來。後世始倒持，黔首遂難裁。秦王不知此，更築懷清臺。禮義日已偷，聖經久堙埃。法尚有存者，欲言時所咍。俗吏不知方，掊克乃為材，俗儒不知變，兼并可無摧。

宋劉安上《謝釋褐》（《給事集》卷三）

黌舍養賢，叨塵上選，明庭賜第，得預丙科。獲寵若驚，撫躬增愧。竊以自三代教養之法廢，而兩漢薦舉之制興。時雖射策以決科，士蓋專門而受業。尊崇傳術，擯斥異端。沉酣六藝之文，網羅百家之說。于時則有晁董公孫之輩，歆向揚雄之流，率皆肆筆而成書，亦或傳經而供事。僅尋遺緒，莫究大全。豈如盛治之朝，大闡聖經之學。斥蟲篆而屏聲律，先根底而後辭華。博選師儒，招徠俊乂。

立三舍以示勸奬，訓五經以開蔽蒙。法度復新，風流大變。學者去積年之弊，儒生欣千載之逢。

宋李綱《易傳内篇序》（《梁谿集》卷一三四）

六經皆所以載道，而《易》以道陰陽。故剛柔相推而生變化，天道備矣。聖人繫辭焉而明吉凶，以盡人事。所以和同天人之際，而使之無間也。［略］ 余以罪謫海上，端憂多暇，取《易》讀之，屏去衆説，獨以心會，即象數之幽眇，究理義之精微。于以窺聖人之制作，燦然如據璣衡以觀天日月星辰。經緯昭回之文，吉凶妖祥之理，皆可歷數而周知。喟然嘆曰，不學《易》而涉世，其蹈禍固宜。罪大不死，乃得窮聖經于荒絶之鄉，心醉神開，恍若有授之者，豈非幸耶。

宋葛勝仲《大司成謝上表》（《丹陽集》卷二）

伏以兼三代之學以明人倫，同四海之風，而暨聲教大申孝弟之義，交獻賢能之書。歷年滋多，明效灼見。小子有造，預鼓篋者千人。海邦率從，来執經者萬里。惟時教法特軫淵衷，責古人大全，則薦降德音。示聖經奥旨，則親為訓傳。蓋躬教立道之君，處上則育材。首善之臣，至難方廣詢求，以專屬任。而臣學非得已，才不加人。行誼不足為世之範模，文藻不能作經之鼓吹。偶自朝廷興學之始，首叨方郡分教之官。玷禮曹郎屬者四年，預胄席師儒者三等。所能何有，每遷益高。雖賓賢養士之規模，粗知本末。顧成德遠材之績効，蔑有毫釐。不悟異恩，就躋邇列。此蓋伏遇皇帝陛下誕敷文德，適圖康功，久於道而化成，不忘樂育。主其心而慎治，更務能官。察臣所守之靡他，貸臣已試之無驗。猥加曲澤，使勉後圖。誓畢微生，仰酬洪造。

宋張擴《韋淵守昭慶軍節度使開府儀同三司平樂郡王致仕制》（《東窗集》卷六）

勑。富貴弗離其身，天道著虧盈之戒。筋力不以為禮，聖經存告老之文。眷予元舅之長，深佩前賢之訓。屢形引疾之悃，敢稽從欲之章。具官某誠信存心，齋莊秉則。謙以自牧，而鋤驕矜之色。寛以有容，而敦婣睦之仁。卓然肺腑之英，服在公侯之列。蟬貂被飾，儀已視於上台。茅土啟封，爵復王於異姓。久奉朝請，蔚為國華。顧暫染於微痾，乃力祈於謝事。朕念東朝慈儉為寶，方懲外家車馬之奢。而渭陽抑退自高，頗慕古人忠孝之美。勉狥由衷之懇，以成知止之名。尚資寢膳之調，益介壽祺之永。往祗涣渥，毋怠欽承。

又《羅汝楫除御史中丞制》（《東窗集》卷九）

勑。御史府寄朝綱之嚴，任責惟重。中執法居風憲之長，得人尤艱。儻非耆髦，曷副遴選。具官某天資直諒，德宇靖深。談聖經立言之微，初無牴牾。論治世為政之要，皆可施行。自膺獻納之聮，益著彌縫之效。淵衷簡在，公議攸歸。每嘉疾惡好善之誠，豈復吐剛茹柔之失。其輟諫垣之峻，往陞專席之崇。夫猛獸在山，何憂藜藿之採。積陰閉歲，愈知松栢之堅。方倚老成，奚俟多訓。

宋劉一止《祭族兄無言修撰文》（《苕溪集》卷二九）

嗚呼，天之生才，豈曰無意。既授之以能為之質，必處之以可為之地。苟異於是者，其必有謂矣。夫天地之秀，在人為賢才，在物為山嶽。彼山嶽者，亦貴夫為羣物之利，是故丹砂金玉之寶，楩楠栝栢之材，取之而不窮，用之而不匱。至於奇峯峭壁，無所依而獨峙，不借土以發生。則世不求其用，而以為瑰偉絶特之觀。蓋造物者之戲也。嗚呼，公之生也，自其少時，有不可抑之氣。既沈涵乎六籍，又均陶夫百氏。其雄辭妙思，裂金石而感鬼神。風雅離騷，配聖經而發鼓吹。當其抵掌而劇談，操筆而論著。老師宿儒，引避太息。而後輩初學，袖手屏息而側睨。使其從容夜半，奉宣室之問，曾何有夫賈生。

又《祭張参政文》

岳岳惟公，至德内充。擇乎中庸，靡介靡通。論議設施，孰復利疚。不為今妍，不襲往陋。惟活其心，以觀物宜。用能泛應，不久其持。惟下其心，由古於學。聖經沈酣，百氏揚搉。氣涵清夷，識洞緬邈。發為文章，豐潤偉卓。粤從妙齡，擢秀上第。旋中異科，聲絶倫類。不卑小官，以淬以礪。建炎之初，始為御史。造膝所陳，惟理是詣。

又《張燾權吏部尚書》

勑。天官位六卿之長，尚書揔三銓之政。資格既定，古法寖亡。而辨流品，專予奪，抑貪冒，進賢能，無所與焉。朕思得端亮之臣，冠於法從。俾激濁揚清之旨，見於論議舉措之間。而百吏凛然向風，知所畏慕。則銓綜之妙，有不待法而存者，顧不偉哉。具官某宅心高明，養氣剛大。文足以起俗習之陋，學足以探聖經之微。閔時艱難，引義忼慨。有言必盡，遇事不辭。念裨益之居多，亦迴翔之既久。攝居常伯，兹用序遷。尚體訓辭，益思砥礪。惟爾得盡忠之譽，則予有知人之明。

宋王洋《策問》（《東牟集》卷一〇）

問，僖公固魯之賢君也。今考之於《詩・頌》，僖公復周公之宇，推本姜嫄后稷，至於太王文武之功，然後及魯侯之德。其鋪張之美，則言公車千乘，公徒三萬。膺戎狄，懲荆舒。至於海邦，淮夷南夷蠻貊，莫不率從。如是，則魯侯之功，雖周公不過也。使有是功，則宜大書於《春秋》。今考之經傳，殆無是焉。豈詩人之賦，文勝之過乎。孟子曰，説詩者不以文害辭，不以辭害義。以意逆志，是謂得之。夫辭志可以意得也。今所稱述，皆聖經之有跡者，果可以意逆而遂信乎。戎狄是膺，荆舒是懲，孟子嘗以是為周公之功。如是，則《泮水》果僖公之詩乎，夫詩三百篇，皆經孔子之手，學者安得而議。然《春秋》亦聖人作也。不然，傳誦者誤矣。盍試稽諸麟經，按僖公之事，而決其疑焉。

宋李流謙《得通鑑一綱目一發明管見各一歡忭而書》(《澹齋集》卷一八)

文章雖有義理，苟無綱紀條貫，終不免錯雜厖亂，讀之使人厭倦茫昧，卒不見夫正道大路之歸向京師都會之止泊。何謂綱紀條貫。《易》《詩》《書》《春秋》是也。失聖經不刊之旨，錯雜厖亂者，自司馬遷始。後世踵訛習陋，莫之能改。司馬温公復《春秋》編年之法，井井貫貫，正羣史之綱紀，削羣史之冗長。統之有宗，會之有元。不重出，不互見。不參不紊，提綱挈領，而衆目襟幅，昭布森列。一代之始終治亂安危，一君之得失美惡，羣臣之邪正，是非民俗風化之醇疵厚薄，卷帙既終，不必互相參考，歷歷有章。麟經之後，無出此書之右者。

宋綦崇禮《上中書張侍郎啓懿》(《北海集》卷三〇)

某聞不願萬户侯，欲識荆州之重，徒見二千石，莫如逢掖之賢。事有相須，理宜共濟。豈獨風流之慕，實惟聲氣之求。故下之資上也，若絲蘿之附長松，必因高而借勢。而上之與下也，如鳳凰之將衆羽，必引類而逢辰。泛觀昔人，盡由此道。書勤三上，情可見于退之。善取一言，賢愈稱於叔向。敢陳固陋，上瀆高明。

恭惟某官，嶽降炳靈，天鍾間氣。僊風道骨，高丹臺紫府之名。贍智宏材，偉清廟明堂之具。映儒林而絶類，邃經術以無雙。[略] 方帝念於元勲，屬位虚於次輔。考慎其相，登庸將在於真儒。訓廸厥官，師表莫先於鉅德。佇聞顯冊，下慰輿情。富貴難能，黑髪遂登於鼎鉉。恩榮可羨，彩衣長奉於庭闈。惟福禄之甚崇，保謙冲而克荷。不掩絲毫之善，務收尺寸之長。安國推賢，悉舉知名之士。當時好客，陰加有味之言。期博盡於人材，用增光於相業。高風所暨，多士同歸。伏念某天與惷冥，地資寒素。愚耽古道，罔通世務之宜。學守陳言，未覩聖經之奥。早襲箕裘之業，久從庠序之遊。蹭蹬十年，淹留累上。壯志潛消於螢雪，亨期望絶於風雲。三釜何爲，覬有及親之喜。一經孰授，難忘遺子之勤。猥幸奏篇，叨榮賜第。洎待年於太學，嘗分隸於西廱。接武英躔，謂中師儒之選。失身銓調，乃沉俗吏之卑。

宋王蘋《寅冬上殿劄子·一》(《王著作集》卷二)

臣聞《書》曰，天視自我民視，天聽自我民聽。故民之所欲，天必從之。孟子謂得乎丘民而為天子。凡以上之所為，視民之所向而已。比者淮甸有警，陛下決意親征。詔下之日，民情欣悦。此無他，當於人心而已。夫民離而聽之則愚，合而聽之則聖。古語謂謀從衆，則合天心。謂其衆心之所同，有至公之理存焉。臣願陛下推是心以見於用人，則用人皆慰人望。推是心以施於政事，則政事不咈於人情。三王之治，不過於得人心而已。

又《寅冬上殿劄子·二》

臣竊謂人主好惡，其猶天斅。天之所發生肅殺，固無容心於其間。是以人主法天而為治，賞善罰惡，惟才是用，曾何適莫焉。其於臣下也，愛而知其惡，憎而知其善，然後用人不失其宜矣。苟知其人之善矣，雖或憎焉，未嘗廢也。知其人之惡矣，雖或愛之，未嘗蔽也。昔汲黯之戇，嘗面折人主。漢武每惡其妄發。及與嚴助論之，必以黯為社稷臣。宇文士及之佞也，唐文皇嘗愛之，延入閤語，每至夜分。及稱佳木，文皇必以佞人目之。二君之不蔽於好惡之私，故能盡其臣下之能否。陛下憂勤庶政，急於為治，然百執事之列，每患於乏才焉。臣願陛下察臣下之忠佞，捨短取長，隨才器使各當其職，乃無乏才之患矣。

又《寅冬上殿劄子·三》

臣聞孔子曰，吾志在《春秋》。孟子曰，《春秋》天子之事也。則《春秋》者，誠經世之大法也。然諸儒棄經任傳，使聖經之旨闇而不彰，鬱而不發，故王通謂三傳作而《春秋》散，豈不信然。側聞陛下萬幾之暇，留意《春秋》，誠得進德之要矣。然臣竊謂帝王之學，與世儒之學異。蓋世儒之學，從事於章句之末，解析文義而已。至於聖人經世大法，往往莫之察也。而帝王之學，在得其至，措諸事業，此其所以異也。昔九方臯之相馬也，物色牝牡有所不察，而卒能得天下馬。蓋視其所視，而遺其所不視也。臣愚竊謂此言雖小，可以喻大。《春秋》之學，有類於是。伏望陛下深求作經之旨，自得於言意之表，而不惑於先儒之偏見，則《春秋》之旨昭然矣。

宋蘇籀《初論經解劄子》(《雙溪集》卷九)

臣聞聖經賢傳，唐虞三代所遺。闕里之業，王者樂道尊儒。内自九重，化流寰海。金華露門，咨訪紬繹。辟雍東觀，羣能感奮。俾天下品類，回心嚮正。政孚教洽，三代之盛，漢唐之隆，及吾祖宗聖功休烈，六籍之效著矣。鴻惟陛下生而知之，孳孳舜善。聽朝之隙，横經疇咨。宵旰睿覽，研幾簡編。建立太學，首善之始。崇道辯惑，渥恩養士。臣等遭際作興，帶經負笈。陶沐亭育，紳笏周行。峩弁就列，跂望睟穆之儀。而又昧死輪對軒陛，當得言之秋。非有涓塵稱塞右文，以謂不足以為士矣。

宋楊萬里《胡忠簡公銓神道碑》(《澹菴文集·附録》)

武王一戎衣而定天下，應天順人之舉也。義士猶或非之。孔孟奚取焉，為萬世計也。紹興和戎，高皇有不得已者矣。兩宮未歸，母后春秋已高，故與大臣決策從權，中外議論雖洶洶，顧無敢直陳於上前者。獨樞密院編修官胡銓上書數百言。[略]

公性孝友，在海南聞母喪慟絶，水漿不入口。一昔鬚髮盡白。當任子，先禄兄之子。歲時會聚宗族，恩意周備。收恤貧弱，不計家之有無。與朋友交，情文兩盡。田父野老，蕘兒牧夫，亦接以禮，得其歡心。奉身儉約，非賓祭，食不重味。問被君賜，可辭則辭。不可辭則以賙人。先疇外，寸地無所增，識者嘆服。公聰明既絶人，又能堅忍勤苦。聖經賢傳，晝夜繹思。古文奇字，悉力研究。發為文章，雄深雅健，清新藻麗。下筆輒數百言，尤刻意詩騷。用事深遠，措詞奇崛。後生投贄，率次韻以酬，多至百韻數十篇。愈出愈工，字畫端勁，兼通篆隸。碑版一出，人争傳玩。邃於禮學，能躬行之。冠婚喪祭，必遵古訓。釋老異端，一切屏棄。親舊慶弔，寒暑不輟。自壯至老，始終如一。在新興名室曰澹，晚號澹菴老人。遂以名其集，總一百卷。[略] 淳熙七年九月日，門人朝奉郎提舉廣南東路常平茶鹽公事楊萬里狀。

宋胡宏《周禮禮樂》(《五峯集》卷四)

天命之謂性。王者受命於天，宰制天下，其所以祭天地者，盡其心以成吾性耳，非有天地神祇在吾度外，有形體狀貌可得見而承事之也。劉歆《周禮》曰，樂六變而天神降，八變而地祇出，此豈君子知禮之言，類如巫祝造怪之辭也。則又以為神降祇出，然後可得而禮矣。不知樂所以導和，禮所以為節。作樂乃所以行禮禮神也，豈待神降祇出然後行禮哉。夫天地之道，一往一來，否泰相應，變化無方。人日用而不窮，不可以智慮測度，不可以才能作為者，謂之鬼神。鬼神者，特以往來言之。道固一體不可分也。先儒多以神屬之天，鬼屬之人，我知其不知鬼神之情狀矣。故《易》《詩》《書》《春秋》皆無如《周禮》之文者，然則劉歆之偽妄，可不闢乎。

舞所以象德也，故必於其人，必於其事，必於其時。不於其人，不於其事，不於其時，則為無義。人心不厭，鬼神不享也。劉歆牽合《周禮》之文，乃曰黄帝之雲門以祀天神，堯之咸池以祀地祇，舜之韶以祀四望，禹之大夏以祀山川，成湯之大濩以享先妣。夫以雲門祭天，猶可言也。地祇烏知堯之咸池，四望烏知舜之韶，山川烏知禹之大夏。且周之先妣，烏能知商之大濩也哉。設禮作樂而不知其義，則無以為禮樂矣，彼劉歆者，叛父背君，不祥之人也，是烏知禮樂。世儒懵懵然推尊其書，使與聖經並，此愚之所以拊膺太息，論之而不能自已者也。

又《子貢見太宰嚭》

子貢在言語之科，觀其遺言，理義明暢。雖使甚愚人，亦曉然知利害之所在，此聖人之所貴也。若夫縱横捭闔，不顧理義，一出而存魯亂齊破吳强晉霸越，則子貢之所甚惡也。嗚呼，以文王武王之將聖，司馬太史尚信以為陰修德政而傾商，不宅大憂而伐紂，又況聖門諸子哉。愚惡夫棄聖經而祖述司馬太史以為實録者，是以論之，使後學毋惑焉。

宋胡寅《追廢王安石配饗詔（奉旨撰）》（《斐然集》卷一四）

仰惟神祖英睿之資，勵精圖治，將以阜安宇内，威服四夷，甚盛德也。王安石首被眷求，進秉國政。所當致君堯舜，措俗成康，以副委屬之重。而乃文飾姦説，附會聖經。名師帝王，實慕非鞅。以聚斂為仁術，以法律為德政。排擯故老，汲引憸人。變亂舊章，戕毁根本。高言大論，詆訾名節。歷事五代者，謂之知道。劇秦美新者，謂之合變。逮其流弊之極，賢人伏處，天地閉塞。禍亂相踵，率獸食人。三綱五常，寖以堙滅。而習俗既久，猶未以為安石罪，朕甚懼焉。

昔者世衰道微，暴行有作。孔子撥亂反正，寓王法于《春秋》，以俟後世。朕臨政願治，表章斯文，將以正人心，息邪説，使不淪胥于異學。荆舒禍本，可不懲乎。安石廢絶《春秋》，實與亂賊造始。今其父子從祀孔廟，禮文失秩。當議黜之。夫安石之學不息，則孔子之道不著。子大夫體朕至意，倡率于下。塞源拔本，無俾世迷。庶幾于抑水膺戎，驅猛距詖，崇夫子之事，為聖人之徒。則予一人有辭于永世。惟子大夫之休烈，尚明聽之哉。

又《先公行狀》（《斐然集》卷二五）

本朝自嘉祐以來，西都有邵雍程顥及其弟頤，關中有張載，皆以道學德行名於當世。公卿大夫之所欽慕，而師尊之者也。會王安石當路，重以蔡京得政，曲加排抑，其道不行，深可惜也。願下禮官討論故事，以此四人加之封號，載在祀典，比諸荀揚韓氏。仍詔館閣搜集其遺書，委官校正，取旨施行。便於學者傳習，羽翼聖經。使邪説者不得乘間而作，而天下之道術定，豈曰小補之哉。

宋張九成《春秋講義·門人陶與諧録》（《横浦集》卷一四）

先生講畢，拱手服膺曰，竊惟《春秋》之書，乃性命之文史外傳，心之要典。游夏當年英俊，親見夫子，尚不能贊一辭，况如某學術空虚，智識淺陋，何足以發明聖心之毫末。既辭不獲命，乃敢升堂正坐，取笑旁觀，有靦面目。然某昔嘗從大人君子，粗聞其略矣。今日試為諸君言之。[略]

况吾夫子，以帝王之道，天地之德，日月之明，四時之運，盡發之於《春秋》，果可以凡心窺之乎。儻於一字之間，上識聖心之鑪冶，則陽開陰闔，雲徂雨流，皆吾夫子之《春秋》也。以修身，以齊家，以治國，以平天下，無不可者。惟諸君之所用。瀆亂聖經，喧煩衆聽，不勝惶恐之至。

宋汪應辰《回諸郡賀正》（《文定集》卷一八）

伏以首四序以為正，聖經所重。内三陽而成泰，賢德其亨。恭惟某官學識造微，材猷經遠。出臨名郡，已凝治最之優。茂對熙辰，宜協彙征之慶。進膺寵渥，以愜公言。念修問之未遑，辱移書之先及。其為感愧，罔既敷陳。

宋黄公度《代謝御書表》（《知稼翁集》卷下）

聖經惇史，炳若丹青。寶翰宸章，刻之金石。出九重之副本，為列郡之珍藏。跽誦再三，欣榮倍萬。恭惟皇帝陛下，日新盛德。天縱多能，粹然洪深。敏達之資，輔以緝熙光明之學，寰區底定，烜赫帝王之極功。廣内燕閒，游息藝文之餘事。心筆俱正，古今所稀。豈宋武之足多，畧文皇而不數。兼八體以遒勁，述四書而發揮。非惟為儒者之榮，於以見聖人之意。臣幸生盛旦，假守偏州。識無魚魯之分，躬被龍光之賜。在天成象，粲奎壁以相輝。與世作程，等乾坤而不朽。

宋范浚《荅徐提幹書》（《香溪集》卷一八）

浚昨者拜狀過蒙報貺，華翰慰誨勤勤。見所以眷知甚厚，欽佩至意，感何可言。浚愚無知，於世事都不通解。竊獨有志于學，嘗以為士生叔世，去聖人千數百歲，雖不復見聖人之儀形，而即遺經所傳，以求所不傳之妙，尚可以見聖人之心。又以為《論語》一書，記孔門格言善行，最為本真。誠使夫子復生，且有喜問者進乎前，而夫子一二詔告之，亦不越乎《論語》所記。故拳拳服膺，妄意窺測。聖賢旨意，譬諸幽蔀。窮人穿隙覩天，雖或有見，亦已微矣。然時時取臆説為朋友言之，以求是正其失。不料輒塵聽覽，且蒙曲賜推與，皇愧不敢當。然心知左右愛之，而欲其至於是也。銘激之餘，竊有感焉。

蓋自《大學》之道不傳，士狃習尚，以好修取譽為極。致以辭章記誦為要務。語以聖經性命道德之説，能知而不嘸然陽應者，鮮矣。以為是而洒然入焉者，又加鮮。至若可與談微究要，領會於言意之表者，殆得一二於千百焉。是非此道之難知也，由此道而知之者為難得也。

宋林之奇《乞崇儒術黜異端》（《拙齋文集》卷五）

臣聞儒者之學，異於諸子百家者，惟其六藝所載，莫非帝王致治之成法。其舉而措之，則確然有益於世，而非無用之空言。所以歷萬世而無弊也。至於老氏莊列之書，雖推原道德，窮高極遠，蓋有出乎孔孟之上者，然空言無實，蔑棄人倫，而不適於用。使學之者如捕風係影，終日茫然而無一得，則徒能竊取其離世絶俗而不事事者以為自便之計耳。魏晉之際，崇尚虚無之習。賤教化，薄名檢，至使清談廢務，以憂勤為末節，以匪懈為徒勞。風俗寖失，不可復振者，由不知有六藝之學，而異端得以乘間而入故也。

仰惟皇帝陛下，焦勞圖治，所以立道設教，移風易俗者，粹然一槩諸聖。肆以萬機餘暇，躬灑宸翰，徧書六藝遺文，刻石上庠，以啓廸學者，此其為崇尚儒術，表章聖經之意明矣。而累歲科舉取士，有司或不能推明上意，而所出試題，間以老莊之語，學者惑焉。則於六藝之學，未必能定于一也。臣竊聞元祐中，吕公著建請，兼用經義詩賦取士，以盡其能。而戒有司，毋以莊老書出題。故一時所得，類多端良質厚之士，此良法美意也。今之取士，既以兩科兼用，合乎元祐之制矣。臣願申勑中外學校貢舉考官，所試題目，亦毋出於老氏莊列之書，以排擯浮偽無實之空言，而使世之儒者一意於孔孟六經之習，實名教之幸，取進止。

宋周紫芝《大宋中興頌序》（《太倉稊米集》卷四三）

竊惟毛詩一經，三百六篇。其間詠盛德而贊成功者，殆居其半。聖經所載，寧有愧辭。將上以昭格於神靈，下以垂芳於奕世。俾誦其言者信其事，為萬世之龜鑑，豈曰小補之哉。粤維炎宋，國步中艱，篤生聖神，克紹遠烈。尊用元臣，以扶昌運。寢兵以來，海内清平。文章華焕，攷之《詩》《書》，皆所未有。夫舜有大功，不過二十而止。神禹丕績，唯聞九叙之歌。今皇帝殄攘浮議，剪剔姦雄。和附乖離，敉寧區夏。至於迎母后於遐方，禮天神於圜陛，拜原廟之衣冠，納春朝之圖籍。以至靈臺歌辟廱之樂，載芟草藉田之頌。凡一禮一樂，有所未備。必蒐訂遺文，以補罅漏。自其纖悉，馴致大功。方之舜禹，未或遠過。顧惟寒生均與斯民蒙被聖澤。敢作頌詩，以申歌詠。雖記問空疏，文辭淺纇，不能遠追王褒樂職之詩，近配宗元淮西之雅，猶足曳履行歌，為太平之幸民。亦庶幾採詩之官，尚或有取。

宋廖剛《辭免兼侍講》（《高峯文集》卷七）

臣伏准四月九日尚書省劄子，奉聖旨，兼侍講《春秋》者。竊惟侍講之職，蓋將發明聖經淵奥之旨，以上裨緝熙光明之學。自古非博洽洪儒，著名當世者，不以充選。如臣凡庸，初乏術業，且復年齡垂暮，昔所涉獵，遺忘殆盡。乃使接跡諸儒，侍經帷幄，期以爝火之微，助日月之光輝，詎克勝其任哉。

宋朱熹《講義·經筵講義》（《晦菴集》卷一五）

此謂知本，（程子曰，衍文也。）此謂知之至也。（臣熹曰，此句之上當有闕文。）

蓋萬物各具一理，而萬物同出一原，此所以可推而無不通也。至於論其所以用力之本，則其言又曰，學道以知為先，致知以敬為本。又曰，涵養須是敬，進學則在致知。又曰，致知在乎所養，養知莫過於寡欲。論其所以為敬之方，則其言又曰，主一之謂敬，無適之謂一。又曰，但莊整齊肅，則心便一，一則自無非僻之干。存之久而天理明矣。至其門人謝良佐之言，則曰敬是常惺惺法。尹焞之言則曰，人能收斂其心，不容一物，則可以謂之敬矣。

此皆切至之言，深得聖經之旨。傳文雖亡，然於此可以得其梗槩矣。故臣又拾遺意而論之曰，天道流行，造化發育，凡有聲色貌象而盈於天地之間者，皆物也。既有是物，則其所以為是物者，莫不各有當然之則，具於人心，而自不容已，是皆得於天之所賦，而非人之所能為也。［略］

若其用力之方，則或考之事為之著。或察之念慮之微，或求之文字之中，或索之講論之際，使於身心性情之德，人倫日用之常，以至天地鬼神之變，鳥獸草木之宜，莫不有以見其所當然而自不容已者。而又從容反覆，而日從事于其間，以至於一日脱然而貫通焉，則於天下之理，皆有以究其表裏精粗之所極，而吾之聰明睿知，亦皆有以極其心之本體而無不盡矣。凡此推演，雖出管窺。然實皆聖經賢傳之意，造道入德之方也。

又《答趙佐卿》（《晦菴集》卷四三）

所示《易》説，足見玩意之深，不勝嘆服。此經舊亦嘗伏讀，然每病其未有入處。乃承見喻，使反復其論。蓋久不知其所以對也。顧厚意不可以終辭，姑以己意畧疏其後，未知當否，惟高明裁之。復有以誨警之，則幸甚。大抵聖經，惟《論》《孟》文詞平易，而切於日用。讀之疑少而益多。若《易》《春秋》，則尤為隱奥而難知者。是以平日畏之，而不敢輕讀也。

又《與陳伯堅》（《晦菴集》卷五三）

沙縣寄到新刻責沈文，字畫精神，非桂本之比。此書流傳，足使世之聾盲者有所警覺，稍知觸淨，非小補也。但恐木本或不耐久耳。《瓊學記》文鄙拙，不足有所發明，亦緣韓兄將滿方遣人來，恐其代去，匆匆草成，不能滿意耳。垂喻舊書云云，深愧率爾。當時之言，蓋亦有爲而發。以今觀之，學者但當深窮聖經，使其反之於心而安，攷之於經而合，驗之於外而可行，即彼之妄言，一覽便破矣。若未到此，遽欲窮之，恐如河南夫子所謂，未必能窮，而已化爲釋氏矣。愚見如此，不審尊意以爲如何。胡季隨近到此數日，明敏有志，甚可喜也。

又《雜著・尚書》（《晦庵集》卷六五）

今按，漢儒以伏生之書為今文，而謂安國之書為古文。以今考之，則今文多艱澀，而古文反平易。或者以為今文自伏生女子口授鼂錯時失之，則先秦古書所引之文，皆已如此，恐其未必然也。或者以為記録之實語難工，而潤色之雅詞易好，故訓誥誓命有難易之不同，此為近之。然伏生倍文暗誦，乃偏得其所難。而安國考定於科斗古書錯亂磨滅之餘，反專得其所易，則又有不可曉者。至於諸序之文，或頗與經不合，而安國之序，又絶不類西京文字。亦皆可疑。獨諸序之本不先經，則賴安國之序而可見。故今别定此本，壹以諸篇本文為經，而復合序篇於後，使覽者得見聖經之舊，而不亂乎諸儒之説。又論其所以不可知者如此，使學者姑務沈潜，反復乎其所易，而不必穿鑿傅會於其難者云。

又《書臨漳所刊四經後·書》（《晦庵集》卷八二）

世傳孔安國《尚書序》言伏生口傳書二十八篇，《堯典》《皋陶謨》《禹貢》《甘誓》《湯誓》《盤庚》《高宗肜日》《西伯戡黎》《微子》《牧誓》《洪範》《金縢》《大誥》《康誥》《酒誥》《梓材》《召誥》《洛誥》《多士》《無逸》《君奭》《多方》《立政》《顧命》《吕刑》《文侯之命》《費誓》《秦誓》。孔氏壁中書增多二十五篇，《大禹謨》《五子之歌》《胤征》《仲虺之誥》《湯誥》《伊訓》《太甲上》《太甲中》《太甲下》《咸有一德》《説命上》《説命中》《説命下》《泰誓上》《泰誓中》《泰誓下》《武成》《旅獒》《微子之命》《蔡仲之命》《周官》《君陳》《畢命》《君牙》《冏命》，分伏生書中四篇為九篇，又增多五篇，《舜典》《益稷》《盤庚中》《盤庚下》《康王之誥》，并序一篇，合之凡五十九篇。及安國作傳，遂引序以冠其篇首，而定為五十八篇。今世所行公私版本是也。

然漢儒以伏生之書為今文，而謂安國之書為古文。以今考之，則今文多艱澀，而古文反平易。或者以為今文自伏生女子口授鼂錯時失之，則先秦古書所引之文皆已如此。或者以為記録之實語難工，而潤色之雅詞易好。則暗誦者不應偏得所難，而考文者反專得其所易，是皆有不可知者。至諸序之文，或頗與經不合。如《康誥》《酒誥》《梓材》之類。而安國之序又絶不類西京文字，亦皆可疑。獨諸序之本不先經，則賴安國之序而可見。故今别定此本，一以諸篇本文為經，而復合序篇於後，使覽者得見聖經之舊，而不亂乎諸儒之説。又論其所以不可知者如此，使讀者姑務沈潛反復乎其所易，而不必穿鑿傅會於其所難者云。紹熙庚戌十月壬辰，新安朱熹識。

宋周必大《陳樞誠之頌德》（《文忠集》卷二一）

某官温良而剛毅，廣博而粹純。任專總於樞機，望兼隆於夷夏。起千年之絶學，羽翼聖經。振一代之修名，範模士類。有如固陋，亦預作成。重念孤踪，實深榮遇。稱韓門之弟子，昔已玷於品題。用魯國之真儒，今復歸於陶冶。某敢不仰銜恩施，增激慉衷。

又《賀王德言除工侍啟》

伏審擢登起部，仍直鑾坡。閶闔晨趨，班冠二卿之玉笋。絲綸夜草，燭搖内相之金蓮。增王度之光華，聳儒流之觀聽。恭惟某官，性誠明而守之正，氣剛大而養以和。學有師承，何止八索九邱之徧讀。詞皆己出，故雖六戎五狄以争傳。比開大道之公，肯奉正衙之對。内外獨司於帝制，緝熙兼助於皇猷。詰屈聱牙，備周誥商盤之體。條貫義例，發聖經賢傳之端。洗萬古而空之，擅一時之作者。咸徯槐庭之直上，云何蘭省之斜飛。俯酌輿言，仰窺睿意。蓋南臺清切，昔已莪于豸冠。而兩禁深嚴，茲久儀於鳳沼。惟是丹屏六曹之職，實基文昌萬化之源。

又《謝到任啟》

文場被選，已慚崔氏之美庄。黌舍充員，復近鄭公之道德。星言命駕，晨也入官。欲陳一介之愚，盍致小夫之牘。伏念某最為魯鈍，加以惰慵。孔思周情，大固莫窺於聖域。班香宋艷，小猶未造於詞林。安能繼舊學以承家，但欲誦陳言而干祿。豈謂甫紆青綬，遽麗丹書。念顛頓之如斯，悵功名之安在。家同楊子，乏擔石之儲而晏如。貧甚莊周，得升斗之水而活耳。敢期推轂，力與嘘枯。假留都訓導之官，食聖世優閒之俸。駑馬力殫於十駕，何千里之敢思。鷦鷯自託於深林，顧一枝而甚足。茲蓋伏遇某官，溫良而剛毅，廣博而粹純。羽翼聖經，起千年之絶學。範模士類，振一代之修名。徊翔姑挈於荷囊，調燮即參於槐路。以推匹夫納溝中為深恥，以哀王孫出胯下為仁心。遂致鯫生，亦濡鮒轍。某謹當感深知而次骨，省厚幸以捫心。鐘响豐山，何止効喬潭之賦。舟浮渭水，更當陳白傅之辭。過此以還，未知所措。

又《答詹狀元騤啟（淳熙二年）》（《文忠集》卷二五）

六事咨詢，方求殫洽。一言寤合，遂冠倫魁。喜動天顏，歡傳士類。竊以得人衆寡，關世盛衰。方試藝于廣廷，初莫分其賢否。逮收科于異等，乃舉集于英髦。觀蘇氏之遺書，嘆仁皇之多士。其在鼎甲者垂四十，不為公卿者纔五人。惟其獲助于皇天，是以生才于王國。厥今盛際，與昔同條。某官學足以窺聖經，材足以應時用。平日著鄉閭之望，一朝居俊造之先。事業文章，其誰不信。功名富貴，夫豈易量。某甫趨龍尾之階，適際鰲頭之選。方將賛喜，已辱飛文。佩謙柄之相先，激感悰而無斁。

又《胡忠簡公神道碑（紹興三年）》（《文忠集》卷三〇）

公聰明既絶人，又能堅忍勤苦，聖經賢傳，晝夜繹思。古文奇字，悉力研究。發為文章，雄深雅健，清新藻麗。下筆輒數百言，尤刻意詩騷。用事深遠，措詞奇崛。後生投贄，率次韻以酬，多至百韻數十篇，愈出愈工。字畫端勁，兼通篆隸。碑版一出，人争傳玩。邃于禮樂，能躬行之。冠婚喪祭，必遵古訓。釋老異端，一切屏棄。

又《王公葆墓誌銘（代閣直學士張震，乾道三年）》（《文忠集》卷九〇）

教子弟姪甥甚至，登第薦名無虛榜，吴中論儒，素稱王氏。公平居恂恂寡言，臨事毅然不可奪。天資精明，善總理庶務，然不自以為能也。[略] 素所蘊蓄，百未究一。汩汩以老，公亦自知不偶。益留意經學，而尤邃于《春秋》。嘗讀《孟子》彼善於此之句，悟聖人作經深旨，以謂當時名卿，有功而賢者，莫如管仲子産晏子。三人姓名畧不概見，其他可類推矣。又曰聖經如化工之造物，有自然法象，蓋昔人所未嘗及者。用心三十年，乃成集傳十五卷。去取是非，不措一毫私意於其間。書成，嘆吾精力盡於此，後當有知我者。嗚呼，如彦光，庶幾無愧于古之儒矣。銘曰，

我觀萬物，皆備于書。古之用才，有不在儒。懷以功利，假以朱愚。人自妄耳，匪書之辜。有美王公，秀出三吳。學耻空言，志儒之初。事君不欺，臨政不迂。忠純是遵，仁義是趍。用罔盡才，而譽有餘。平生所得，《春秋》賞誅。書成而歿，公不為殂。銘以昭之，尚後之孚。

又《唐石經贊》(《文忠集》卷九二)

杏壇榛蕪，而六經之道或息。竹簡煨燼，而六經之文寖訛。有唐文宗皇帝之在御也，儲精經籍，有意復古。而緗素繆盭，三篋幾亡。博士陋淺，五車莫富。時惟鄭覃，體上之意，而憫道之衰也，慨然有請於朝，願與鉅學鴻儒，協力讎校。準漢舊事，鏤石太學，帝欣然可之。於是周墀崔球張次宗孔温業等，咸預其選。羣經淵博，是正無遺。炳乎如丹青既闇而復彰，浩乎如江河既塞而復通。觀者鼎來，副墨四達。視漢熹平，蓋無愧焉，敢竭謏聞，為之贊曰：

魯麟筆絶，秦簡烜揚。漢既纂緒，經惟濫觴。孔堂雖壞，汲冢未發。補苴罅漏，或訛或闕。下逮熹平，漆書竊更。蔡邕憫之，請刊石經。古文篆隸，三體兼備。萬國摹寫，諸儒競視。歲月遠矣，暨於有唐。大和開成，留心表章。顧瞻學宫，博士充位。魚魯莫辨，根銀或盭。時惟鄭覃，號稱儒宗。願正謬訛，庶幾繼邕。天子曰然，碩學畢詔。茫茫墜緒，旁搜遠紹。詩書禮樂，易象春秋。爰究爰咨，以校以讎。坡陀終南，有盤彼石。是斸是斵，載礲載飭，乃命鴻生。書之以丹，乃命國工，重之以鐫。材良器攻，不日竢事。峩峩成均，琬琰中峙。冠帶億萬，橋門畢環。副墨四達，聖經不刋。昔者之晦，維今晰矣。昔者之非，維今是矣。周宣中興，石鼓刻歌。千載寥寥，今猶不磨。矧惟玆經，我唐盛典。傳之無窮，永正訛舛。

又《漢白虎議奏序》(《文忠集》卷九三)

《白虎議奏》，漢肅宗章皇帝時所作也。帝撫運熙洽，左右藝文。懼五經之道熄，而異同之説熾。粤建初紀號之四年，下太常，將大夫博士議郎郎官及諸生諸儒會白虎觀，究其淵奥而發明之，條其當否而揚榷之。於是五官中郎將魏應，侍中淳于恭，或以所疑問於下，或以所陳復於上。帝親稱制臨决，紛紛籍籍之論，得以折衷。蓋一代之盛典，不可無傳也。謹為序曰：

經籍待治世而後興，議論待聖王而後定。何也，至治之世，以兵則寢，以刑

則措。人至無為，優遊巖廊。思所以尊廣道藝，化民成俗，則必旁求儒雅，闡廸大猷。使申韓楊墨，屏不得肆。此經籍所繇興也。雖然，習非勝是，古今未免。黨同伐異，儒者通患。故五鹿騁其辯而折角，劉歆犯衆怒而移書。殊聞異見，矜愚護短，其來尚矣。學以聚之，問以辯之。必賴聖王而清亂折衷焉。此議論所繇定也。維漢承暴秦絶學之餘，褒顯儒術，置五經博士。學者雖曰承師，亦別名家。中宗宣皇帝當華夷之綏靖，憫衆說之紛紜，爰即石渠，大輯諸儒之奏。五經奥旨，剖判無遺。聖道之復明，緊中宗是賴。自時厥後，異端間作。議減章句，則有中元之詔。共正經義，則有永平之奏。逮章帝紹休繼烈，人富憲平。内則儒館獻歌，外則戎亭虚候。石渠故事，固宜復行於斯時也。黼扆天臨，簪弁星拱。旁搜遠覽，博問而約取之。明昔人所未明，析是非之不一。方之甘露，抑同符而增光焉。及其成說昭著，聯為大編。既已上諸蘭臺，藏諸東觀，而副墨之子，洛誦之孫，又且流布於四方。萬里之遠，家藏此書。人究此義，庶幾道德明而風俗一，見聞博而心術正，豈曰小補之哉。

先是蜀人楊終首發其端，帝命班固撰集其事，又命史臣著為通義，精微奥賾，粲然畢陳。後之人欲究聖經之旨者，當自兹始。按白虎，北宮之觀闕也。往在西都，嘗以名殿。杜欽谷永，皆於此對六經之問。兩都相望，襲其名而不廢，豈非漢家右文之地歟。敢具列之，冠於篇首，用告觀者，謹序。

又《禮部大常寺議明堂大禮狀》（《文忠集》卷一四二）

臣等竊觀傳載黄帝拜祀上帝於明堂，唐虞祀五帝於五府。歷時既久，其詳莫得而聞。至《禮記》始載《明堂位》一篇，言天子負斧依，南鄉而立。内之公侯伯子男，外之蠻夷戎狄，以序而立，故曰明堂也者，明諸侯之尊卑也。孟子亦曰，明堂者，王者之堂也。《周禮・大司樂》有冬至圜丘之樂，夏至方丘之樂，宗廟九變之樂。三者皆大祭祀，惟不及明堂。豈非明堂者，布政會朝之地，周成王時嘗於此歌《我將》之頌，宗祀其祖文王乎。

後暨漢唐，雖有沿革。至於祀帝而配以宗祖，多由義起，未始執一。本朝仁宗皇祐中，破諸儒異仝之論，即大慶殿行親享之禮。並侑祖宗，從以百神。前期朝獻景靈宫享太廟，一如郊祀之制。太上皇帝中興，斟酌家法，舉行於紹興之初，亦在殿庭。蓋得聖經之遺意。且國家大祀有四，春祈穀，夏雩祀，秋明堂，冬郊祀是也。陛下即位以來，固嘗一講祈穀，四躬冬祀。惟合宫雩壇之禮，猶未親行。今若特舉秋享，於義為允。臣等謹據已行典禮，及將仁宗時名儒李泰伯《明堂嚴祖說》并治平中吕誨司馬光等集議，近歲李燾奏劄，具録在前，謹録奏聞，伏候勅旨。（三月十七日，三省樞密院同奉聖旨，依禮部太常寺詳議到事理施行。）

宋王十朋《荅毛唐卿虞卿借昌黎集》（《梅溪前集》卷一）

予少不知學古難，學古直欲學到韓。奈何韓實不易學，恒覺晝夜心力殫。茫然故步亦已失，有類壽陵學邯鄲。雖然予心未肯已，尚欲勉强求其端。跬步不休效駑馬，千里未至空長嘆。羡君兄弟俱早慧，家學豈止傳柔翰。聖經賢傳飫已久，百家諸子皆蠹殘。學文要須學韓子，此外衆説徒曼曼。韓子皇皇慕仁義，力排佛老迴狂瀾。三百年來道益貴，太山北斗世仰觀。我生于今望之遠，時時開卷相欣懽。豈惟廬陵惜舊本，我亦惜此秖自看。子今欲假敢違命，願子寶之同琅玕。

又《興化軍林氏重修旌表門閭記》(《梅溪後集》卷二六)

乾道五年春三月，直秘閣新福建路轉運副使林公孝澤，自莆陽移書于清源守永嘉王某曰，孝澤八世祖攢有至性。唐正元間，居母喪哀毁，甚自運甓以葬，廬于墓，有白烏甘露之祥。時則有歐陽四門詹黄處士璞述之以文。德宗詔立闕，旌其先世，大其門以侈之。嘉祐紹興間，因敝而修，時則有紫微吕公夏卿，今丞相陳公，實為之記。逮今二星餘，不治且圮。孝澤大懼，衰瘁不克震耀其先，而無以為子孫訓。太守鍾離公松，賢而樂善，不待請，慨然出公帑二十萬，葺而新之，因其舊而稍加焉。莆陽故清源屬邑也，孝澤之子棨，猶子虙，皆君門下士，幸為我記之。某辭蕪陋未獲，既而虙來請益堅。屬病未果，夏六月，又走書以督之。某曰，孝子之事，傳于史，文于二三大手筆矣，奚俟乎鄙文。若夫孝感之異，天報之厚，守臣風化之敦，與公之顯揚爾祖者，則宜有歌詩以發揚之。詩曰：

大哉孝為百行先，通乎神明光普天。聖經千有八百年，亦以應感形諸篇。李唐中葉貞元年，有林孝子家莆田。喪親五日食不咽，手開坎室土自肩。葬廬其傍護隧埏，恨不殞身赴重泉。天聽匪高應昭然，瑞氣非雲亦非烟。異香馥郁非蘭荃，飴蜜匪甘珠匪圓。暘中不晞明且堅，靈烏皓質來翩翩。耳驚目駭觀肩駢，使者來廉迹其阡。露隨哭聲洒雲邊，詔旌門閭繇賦蠲。名書史册光厥傳，年垂四百家聲緜。雲來滿門業青編，世登桂籍香名聯。八葉有孫壽而賢，移以事君忠孝全。黄堂主人職承宣，鼎新雙闕光厥前。宋唐四傑雄文鐫，奚止照耀莆山川。要令四海皆參騫，孰非人子宜勉旃。

宋王炎《讀易筆記序》(《雙溪類槀》卷二五)

未有書契之初，羲皇首畫八卦，文字生焉。則《易》之有書，由有畫也。畫以數起，數之用於占者，世雖未之能學，至其本元河圖，起於天一地二，而變於九六七八，天一之畫奇，其數以太陽之九。地二之畫耦，其數以太陰之六。蓍之用，衍以少陽之七七。卦之重，定於少陰之八八，此學《易》者所通知也。[略]易象反是。以奇耦之畫，摹寫天地萬物之形似，而寄於六十四卦之中。一卦六畫，畫有此象，聖人即著之於辭。畫無此象，不泛然旁引曲取也。豈得執《詩》《書》比諭為例哉。前輩嘗有疑其不然者，故於象數求之加詳。然掇拾先儒舊説，嚼糟粕之餘，失甘香之味。其所發明，無幾耳。

炎讀《易》三十年，不得其門而入。歲在辛亥，始脱為縣之厄。明年歸自中都，僑寓古艾。杜門却掃，尋繹舊學。久之若有所悟，譬猶往來熟習於山海之間，雖未能手探其玉，然寶氣所在，或望而見之。因釋然笑曰，觀六畫之象，而未合於爻彖之辭，是未得其象也。玩爻彖之辭，而未合於六畫之象，是未得其辭也。象與辭未能融會，而曰得聖人之意，其中否特未定也。管蠡之見，何足以窺測高深。本之於畫，驗之以辭，對觀互考，二者如合符契。則筆記之，其未達者闕焉。以為聖經不可易知，固不可强通也。

宋陸九淵《與李省幹》(《象山集》卷一)

某試吏于此，頗益自信。此學之不可須臾離也。有朋自遠方來，乃所大願。承有意相與切磋乎此，敬延跂俟之。平甫舊相從，恨其端緒未明，未知所以用力。今此又交一臂而去，每為平甫不滿。此學之不明，千有五百餘年矣。異端充塞，聖經榛蕪。質美志篤者，尤為可惜。何時共講，以快此懷。未相見間，儻有所疑，以片紙寓諸郵筒可也。

又《與詹子南》(《象山集》卷七)

得書開讀甚慰，為學有本末先後，其進有序，不容躐等。夫子天縱之聖，自志學十五年而後立，立十年而後不惑，又十年而後知天命，其未五十也，曰加我數年，五十以學《易》，可以無大過矣。又十年而耳順，又十年而從心所欲不逾矩。今人天資，去聖人固遠，輒欲以口耳剽竊，場屋之餘習，妄論聖經，多見其不知量也。

宋袁燮《禮儀》(《絜齋集》卷六)

問昔有虞氏命伯夷典三禮，時巡四岳，五禮是修。説者曰，三禮，天地人之禮也。五禮，吉凶軍賓嘉也。及觀成周大宗伯之職，掌天神地祇人鬼之禮，而五禮條目無一不具，斯有虞之遺法也。成周天神地祇人鬼之禮，其虞氏之三禮歟。然曰神曰祇曰鬼，此不過祭祀之禮而已。以吉禮事邦國之鬼神祇，此一語已該括無餘。虞氏之三禮，其亦祭祀而已乎。此學者所當深攷也。

周監二代，經禮三百，曲禮三千。周公制作，見于《周官》者，既纖悉矣，而太宰六典之建，復有所謂禮典者，何書歟。將經秦火而遂泯滅歟，抑儀禮之行于今者，即禮典歟。禮之有儀，猶木之有枝葉也。而春秋之際，判而為二。自郊勞至于贈賄，無違者可謂難矣。而曰是儀也，不可謂禮。問揖遜周旋之禮，亦曰，是儀也，非禮也。儀不足以為禮，則枝葉不足為木歟。韓宣子適魯，見易象與魯春秋曰，周禮盡在魯矣。説者曰，宣子所見，蓋周之舊典禮經也。由今觀之，《春秋》辨名分，别嫌疑，謂之周禮則可。易象何為而亦謂之禮乎。揖遜周旋，郊勞贈賄，不可謂禮。而以易象為禮，是特不可解也。

漢興，叔孫通立一王之儀，魯兩生非之曰，禮樂積德百年而後可興也，招之而不能致。通所為不合古，亦可知矣。施諸當時，能使羣臣肅然無譁，高祖知皇帝之為貴，其明效若是，何耶。專務德化之君，以為繁禮飾貌，無益于治而罷去有司之欲定禮儀者，當時禮教，宜若盡廢。而乃有興于禮義之俗，豈得禮之本者，果不在于飾貌之末歟。終西京之世，學者不能昭見，但推士禮以及天子。中興以後，章帝以羣僚拘攣，獨使曹褒盡心集作，乃依舊典，撰次冠昏吉凶終始制度，而議者以破亂經術非之。漢禮于是不行。一代大典曠廢若此，顧何所憑藉以為國歟。

唐太宗欲興禮樂，賢輔佐不能答，不知所謂《貞觀禮》者，果善乎否也。厥後有《顯慶禮》，有《開元禮》，又有《郊祀録》《禮閣新儀》《續曲臺》諸禮，唐之禮書明備，似非前代所及。果合于先王乎，否也。夫制禮而不合于先王，與無禮同。其攷秦漢魏晉宋齊梁陳隋唐以來制作，合于先王者，何事。倍于聖經者，何説。悉著于篇，以觀所學。

又《經生家學》

問，漢東西再有天下經生學士，班班見于史冊，亦可謂盛矣。然其列于儒林者，大抵專門名家，黨同伐異，豈有得于學問之大原哉。今取而細觀之，乃有戒公孫子以務正學，無阿世者。有以為治不在多言，箴武帝之失者。有為人精悍處事分明，董仲舒不能難者。有謂當修行先王之道，不可委曲從俗者。有父子稱盲不仕莽朝者，有施諸政事能使反風滅火虎北渡河者。皆聞于當時，表于後世。此豈可以專門少之哉。以專門之學，真有得于聖經之精微歟。發揮隱奥，宜可行遠，然存于今者，幾何人哉。《書》惟孔安國，《詩》惟毛鄭，禮惟戴氏而已。餘皆散亡磨滅，百不二三存焉。專門之不足貴，蓋如此。而當西漢時，大師傳授，多至千人。中興以後著録者，數千人，有至萬人者。蓋嘗疑之。以夫子之聖，從其游者，三千人而止。漢儒豈能賢于孔子乎，何其生徒若是之多也。唐史之傳儒學，猶漢儒林爾。三百年之久，以儒稱者甚衆，而不聞專門名家講經授業，如漢儒之盛。乃亦有以炫耀聰明規戒其君者，有裒次經史百氏帝王所以興衰而獻其君者，有陳陰盛陽微而排姚崇太廟屋壞之對者。其他博古通今著聞于世者，類多有之。問其師承，果何所自，而恥學于師，乃有如韓退之之説，不知當時學問淵源，果何自而來也。其併陳之。

又《何夫人宣氏墓誌銘》(《絜齋集》卷二一)

《詩》稱無非無儀，惟酒食是議。此言婦人之職，不過乎中饋而止，非若偉丈夫經營于外，以才能自表見也。嗚呼，是則然矣。不曰釐爾女士乎。蓋所謂女士者，女子而有賢士之行也。其識高，其慮遠，其于義理甚精，而不移于流俗。閨閫楷模，于是乎在。豈獨惟中饋是供乎。此詩所以反復此義，而余于宣氏夫人所以深有取也。夫人諱希真，[略]年二十歸于同郡何公懋之，不及養舅姑，而奉伯兄夫婦與舅姑等。叔有童丱者，姑有未適人者，皆依于夫人，躬任其責，彌縫順適，成立而後止。二子能言，授以《論語》《孟子》。及長，徙居城中，擇精于教導者，俾師事焉。歸必叩其學業，而待其師，禮敬甚備。又以《曲禮》《内則》《中庸》《大學》《冠》《婚》《鄉飲》諸篇，時時為兒輩諷誦而開警之。生理素微，而賓祭惟謹。喜周人之急。有告以寒不可耐者，家止二衾，輟其一以畀之。盜入其室，篋胠無餘。有司以責里正，不堪嚴急，請代之輸。何公以為非義，質諸夫人，夫人曰，如此則非我遭寇，乃里正遭寇爾。何公然之，遂不復訴。科舉之士，有得隽場屋，又兼人以獲厚貲者，頗自矜衒。夫人曰，士子當砥礪廉隅，今嗜利無恥，而不知其非，又自以為能。他日苟得一官，豈不重為民害乎。聞者深愧之。衣冠之裔出贅，既有子矣，而厥婦亡。夫黨以為未廟見也，或尼其歸葬。夫人曰，納采問名，已告其先矣。婦之資裝，夫必得之矣。矧又有子乎。申告于廟，以義起禮，于我乎葬可也。卒如其説。中年晨興，誦道釋書，一日慨然曰，虛無之言，誦之何益。孰若吾聖經，修身齊家之道，具在其中乎。觀《程氏遺書》則曰，義理之同然者，固如是。嘗夢人指其肩，覺而肩痛，家人以為疑。夫人曰，吾所以疾，寒襲其膚也。藥之而已，又何疑焉，既而果愈。

宋劉爚《諸廟祈雨》（《雲莊集》卷二）

聖經所重，惟麥與禾。今禾既登場，所至告稔，拜神之賜腆矣。乃季秋以來，雨不時至。高田之麥，欲種而無水以耕。下田之麥，已種而無水以溉。此農人之所甚憂。況夫風高氣燥，則居者用虞。泉枯井竭，則汲者告病。惟神幸哀斯民，而賜之嘉澤，使憂者以愉，虞者以安，病者以息，是一舉手而三患弭矣，神其可無意乎。（亦见真德秀《西山集》中）

又《漳泉科舉諭士》（《雲莊集》卷七）

顧念此邦，英材輩出。為士者各知以禮自將。向来旁郡間，有以場屋喧嚣而坐殿罰者，獨此邦素所未聞。士習之美，於斯可見。今某區區，猶欲少伸諭告者，蓋以平時自愛之心，推之以及士友，惟幸聽之無忽。

蓋聞四民之中，莫貴於士。而士之所守，莫先於禮。是以聖經垂訓，足容欲重，手容欲恭，進退步趨，心中規矩。非獨自貴其身，使人知所敬，亦以氣之與志，相為主賓。未有氣安静而志不寧，氣勞擾而志不動者也。故曰志一則動氣，氣一則動志。今夫蹶者，是氣也，而反動其心。此乃治心格言，修身之至要。（亦见真德秀《西山集》中）

又《漳泉勸孝》

當職昨以事諭民，首及孝悌。數月以來，累據諸廂申到，如黄章取肝以救母，劉祥取肝以救父。又有承信郎周宗强者，其母安人陳氏，得疾幾危。宗强割股救療，母遂平復。雖非聖經所尚，然孝心誠切，實有可嘉。今忽據百姓吳拾同妻阿林愬其子吳良聰不孝，再三審問，具出其詳。當職忝為郡佐，不能以禮義訓人，致使民間有此悖逆，日夕慚懼，無地自容。周承信等，除依條支賞外，特請赴州置酒三行，以示賓禮之意。用旗幟鼓樂鞍馬繖扇，送歸其家。良聰罪該極刑，姑與從輕，杖脊二十，髡髮拘役一年，仍就市引斷，使人知孝於其親者，有司所深敬。不孝其親者，王法所必懲。[略]

蓋父母者，子之天地也。為人而慢天地，必有雷霆之誅。為子而慢父母，必有幽明之譴。昔太守侍郎王公，見人禮塔，呼而告之曰，汝有在家佛，何不供養。蓋謂人能奉親，即是奉佛。若不能奉親，雖焚香百拜，佛亦不佑。此理甚明，幸無疑。然所謂養，則致其樂者，言子之養親，當有以順適其意，使之喜樂也。[略]

經曰，孝弟之至，通於神明。天下萬善，孝為之本。若能勤行孝道，非惟鄉人重之，官司敬之，天地鬼神亦將佑之。如其悖逆不孝，非惟鄉人賤之，官司治之，天地鬼神亦將殛之。此州素稱佛國，好善者多。今請鄉黨鄰里之間，更相勸勉。其有不識文義者，老成賢德之士，當與解説，使之通曉。庶幾人人興起，家家慕倣。漸還淳古之俗，顧不美歟。(亦见真德秀《西山集》中)

又《閩縣諭俗》

當職以安撫一縣為職，甲兵盜賊，乃其專掌。然必吏良而民安，民安而後盜息，盜息而後兵偃。四者相關，皆當致察。[略] 爾民幸遇清平之政，宜知愛身寡過，務本著業。毋喜鬭，毋健訟。聖經有言，一朝之忿，忘其身，以及其親，非惑歟。(言人一時忿怒，不能忍耐，生出事來，喪身害命，累及父母，乃迷惑之人所為也。) 又曰訟終凶。(言訟者終健，必凶也。) 又曰，好勇鬭狠，以危父母。此三者，爾民所當戒也。聖經又言，用天之道，(春勤於耕，夏勤於耘，秋勤收斂之類是也。) 因地之利，(高田宜麥，低田宜禾之類是也。) 謹身節用，以養父母。(謹身是不妄為，節用是不妄費。) 又曰，身體髮膚，受之父母，不敢毀傷。(一毫髮，一皮膚，皆是父母遺體，不敢毀傷。何况輕犯刑憲，自害身命。) 此二者，爾民所當勉也。

當職以本路之人，為本路之令，其視十二縣，皆如鄉黨。其待百姓，一如子弟。官吏貪殘者，當為爾懲之。豪强侵暴者，當為爾戢之。盜賊剽竊為汝之害，當為剪除之。爾既安其生，宜思自保父母之身，勿犯有司之法。此榜到日，所在耆老仁賢，宜為開説，使之通曉。宜為觀勉，使之興起。自今已往，家家禮義，人人忠孝。變七閩之俗為鄒魯之鄉。非惟當職於爾民，是亦朝廷所望於委任也，其敬之毋忽。(亦见真德秀《西山集》中)

宋楊萬里《千慮策君道上》(《誠齋集》卷八八)

臣聞，言非尚於奇，尚於用也。事非難於料，難於處也。奇而無用，能料事而不能處，此豈非士大夫進言謀國者之大患歟。[略]

漢文帝之賢，與成康，孰先孰後也。敦朴勤敏，一無嗜好，顧獨稍好射獵，未損帝之賢也。而賈誼諫之曰，不獵猛敵而獵田彘，玩細娛而不圖大患，可為流涕。賈山亦諫曰，願少衰射獵，修先王之道。不如此，則行日壞而榮日減。二臣者，所以責文帝，備也。非責之備也，愛帝之全也。臣願聖天子罷毬馬之細娛，而求聖賢之至樂。收召天下耆儒正學之臣，與之探討古今之聖經賢傳，深求堯舜三代漢唐所以興亡之原，而擇其中。以之正心修身，日就月將，聖德進矣。則五帝三王之治，涵養於聖心，而周流於天地。敵國雖强，其强易弱也。

又《新喻知縣劉公墓表》（《誠齋集》卷一二二）

紹興二十有九年冬十月十有九日，萬里迎侍老親来吏零陵，過湘江，遇公於埜店，驩甚。而彼此骨肉已前行，日荒荒欲落，勢不容久相語。某拜公上馬馳去，公亦行，一再廻顧，有惘惘之色。公平生剛簡，未嘗對某如此也。私竊獨怪之。未幾，則聞公病，遂不起。前日之廻顧，殆永訣之意也歟。嗚呼，痛哉。蓋明年之八月一日也，得年六十有一。

公諱廷直，劉氏，字諤卿，一字養浩。世為吉州安福人。曾祖諱璣，祖諱知復，考諱位先，皆不仕。紹興初年，復元祐詩賦科，時士以王氏訓詁熟爛口耳，聖經賢史古今治亂正邪之大端，漫不省為何物。公與兄禹錫以文章煒然同升里選，而公在第二，州閭稱二劉焉已。

又《文忠京公墓誌銘》（《誠齋集》卷一二三）

孝宗皇帝宅憂，北人遣使来弔，帝遣朝奉郎中書門下省檢正諸房公事京公假朝奉大夫試禮部尚書往報謝焉。至汴京，敵遣使郊勞，用吉禮。蓋我以哀往，彼以吉逆。彼必欲行彼之非禮，奪吾之有禮。至臨我以威，以張北人虎狼之強。我卒能執吾之有禮，折彼之非禮，使君臣詘服，以申吾中國禮義之尊者，京公以必死抗之也。[略]

公行涉淮。故事，當於汴京受宴。禮前三日，公與敵中郊勞使介康元弼瑶里仲通相見於寧陵，公請免宴，不從。至汴館，公請，必不免宴，則請徹樂，宜如告哀。遣留二使近比，遺之書曰，蓋聞鄰喪者，舂不相。里殯者，巷不歌。聖人禮經之明訓也。惟北朝之治國家，道之以仁孝，齊之以禮義者也。今某之来，繄北朝之惠弔是荷，繄本朝之哀謝是為。北朝勤其遠而閔其勞，遣郊勞之使，蔵式宴之儀，德莫厚焉，禮莫重焉。外臣受賜，敢不重拜。若曰而不聽樂，是於聖經為悖禮，於臣節為悖義也。豈惟詒本朝之羞，抑豈昭北朝之懿哉。敢請執事，将何以訓之。若不得請，有死無貳，無所逃遁，惟執事圖之。一日之間，凡遣人以書辭者六七，口傳者數十。元弼等不從，公亦竟不絀。

公慮其以衡誣我也，至期夙興，衣冠往俟於位。元弼等遣人相踵，趣公即席。又遣相禮者傳呼邀請，其聲不絶於兩序之間。公不為動，徐答曰，君不徹樂，死不敢即席。必欲即席，可取吾頭以往。聞者震駭。元弼等知不可奪，乃遣人謂公曰，請先拜醪醴果實之錫，徐議去樂。公乃帥其屬班，於庭北嚮拜受。未畢，忽北典籤者連呼曰，北朝宴南使，敢不即席。其聲厲甚。於是公即趨退復位。及闕，甲士露刃閉闕，公命吾典謁叱曰，南使執禮，何物卒徒。乃敢無禮，遂排闥而出。元弼等乃以聞其主，留館七日，乃有免樂之命。復有宴，亦如之。帝聞公還，謂輔臣曰，京某在汴，死執不聽樂，其節可嘉。士太平時，孰不以節義自許，臨危乃見耳。

又《鬱林州教授毛嵩老墓誌銘》（《誠齋集》卷一二七）

嵩老毛氏諱惠直，其先三衢人。[略] 太守某黷貨，諸邑爭剥民以諂之，嵩老獨否。守怒，求嵩老罪百端，竟無有。然誅貨未已。嵩老喟曰，與其朘民以自安，無寧去官以安民。兩言决爾，遂引疾上還印綬。漢川之民遮留莫可，既去，俸之未給數十萬錢。嵩老曰，吾棄官，尚言禄。漢川之民至今思之。授鬱林州州學教授，以上登極恩，加左文林郎。鬱林瘴癘地，士不知學。嵩老曰，人謂教官無職事，育人材非職事耶。日入黌宫，為諸生講古今聖經賢傳。口授指畫，士得所宗，始競於學。中州文風，五嶺不隔，而嵩老不幸死矣。

宋楊冠卿《石經》（《客亭類稿》卷八）

聞自秦滅學，聖人之經淪於煨燼，天下不復見其純全。殘編斷簡，出於屋壁間。賴漢儒收拾其遺而補其缺，故聖經於是復明。然人自為學，家自為師。父子異同之論，紛然而起，甚者至於改蘭臺漆書，以合其私文。此李巡所以有刻經於石之請，而靈帝且詔諸儒讐定之也。當時名儒如議郎輩，嘗為古文篆隸三體書法，刋於石碑，立之太學門。時人謂之石經。而天下學士咸所取法，固若可尚焉。然石經既立，議者尚或譏其禮經之失，何耶。信如其言，則諸儒之讐定，亦未足為世之法則矣。今考之《洛陽記》，其碑之殘缺雖不能全，然存者十七八，皆可覆而驗也，似又不容輕議於其間。而唐人乃慨然憫經籍之訛，不能刋正，力與諸儒討論，正其遺失，立石於太學，以為萬世法，又何耶。

李唐去今猶未遠，其載籍所傳，皆耳目所接，是否尚可究也。彼之所正遺失者，竟何事，其畧亦可得而聞否。或曰，揚子雲作《太玄》，後世必有揚子雲者出，然後其書為可傳。聖人之經，自遭秦火，後世亦必待聖人者出，然後其經為無疵。漢唐諸儒，其識見豈及乎。此紛紛之論，奚益哉。

我太上皇中興以來，崇尚經術，親洒宸翰，刋之翠珉，蔭以豐宇。聖人之經，固已是正遺缺。昭如日月，傳諸無窮。聖上臨幸兩學，思有以盡寶藏尊崇之意。又且建為傑閣，揭以璇題，棟宇翬飛，奎壁焕爛。窮今亘古，未之前聞。士生斯時，得以聖主為師，拭目觀盛典，千載一遇，何其幸耶。竊謂自古帝王，有盛德大業，必見於歌頌。諸君蒙被教養之日久，所謂老於文學者，視此其可已乎。願摭漢唐石經之得失，形容夫今日之盛，以待有司之所決擇。

宋史堯弼《策問》(《蓮峯集》卷三)

六經備於孔子，隱於戰國，火於秦。比漢興，稍復出矣。而西京以朋黨亂，東京以圖緯惑。聖人之意，其存者鮮。夫詩書禮樂，非明問之所及也。[略] 公羊之書，喜為怪僻。而何休學之，又復甚焉。以《春秋》託受命於魯，託隱公為受命之王，是則無君臣之分。以絶文姜，不為不孝。拒蒯聵，不為不順。是則無父母之恩。以紀季之權，絶先祖之祀，是則無兄弟之義。以至三統之論，災異之應，皆為違經背道。而血書端門之語，尤為名教之罪人。此何休之失也。服虔之駁。不知其為何語，而愚之所駁，與虔異者，愚不黨同門也。嗚呼，何服之學，愚雖未嘗見，而以為不足言者，以其人觀之也。何服之學，愚以為不足言而終有言者，以《春秋》論之也。《春秋》之學，于今盛行。左氏以杜征南，穀梁以范武子，而公羊則以休也。愚縱觀三家之書，考其行事，而休實非二子徒也。杜征南奇謀偉論，振耀一世。而江南之役，遂收破竹之功。謂其不深得左氏，可乎。范氏之不私所學，考聖經而質衆傳，斥何晏王弼之論，破晉朝浮靡之風，此其存心以公之效也。執事所謂通經術而曉世務，愚意以為有二子之學，而後可以當焉。若夫講論當世之務，質以《春秋》之説，則常日願效二子之為人，固不敢以容易談也。

宋陳造《次王尚書韻呈石湖》(《江湖長翁集》卷二)

聖經三百篇，凛凛詩鼻祖。日月懸太空，不作雕篆語。可學不可議，仲尼親去取。變為屈宋騷，刻畫已愧古。曹劉驥騄駬，沈鮑鴻鵠舉。並稱五字雄，繩墨蓋陵武。甫白壁萬仞，視彼柳樊圃。又如曹邾鄭，屏息從晉楚。黄陳嗣前作，風壑嘯兩虎。公生四子後，相望心相與。溟渤無棄流，酸鹹或登俎。取源自聖經，長袖固善舞。清篇神所護，近句誰先睹。鄉來儀朝行，拱揖尊帝宇。出使辭氣振，前席情素吐。非公任安危，衮闕幾不補。歸來將詩壇，越笴傅之羽。陳黄伯仲爾，胡復用心苦。學力我枯涸，進冀濡教雨。首肯公不疑，更用詢季主。

又《朱温》(《江湖長翁集》卷三二)

唐開平中，朱全忠令蔣元暉殺昭宗自立為帝，國號梁。陳子曰，吾讀《春秋》，而得仲尼之心。仲尼之心，其為萬世慮者甚深。《春秋》一經，為周作也。其所以憂後世亂臣賊子，蓋切也。[略]

後世亂臣賊子，瞢不知聖經意。而其臣亦非有得於《春秋》者，往往以改物為快，而斷焉莫遏其無君之心。如温者，神器則已移，而無君之心已酬矣，而亦終自擠於赤族之禍。

太史公曰，為人臣子不通於《春秋》之義者，必陷篡殺誅死之罪。其實皆以善，為之而不知其義，被之空言不敢辭。夫不通禮義之指，至於臣不臣。向使温少得於經，而其臣有讀《春秋》之士，終身甘為威文于唐，挾天子以令諸侯，假仁義以號召天下，天下英雄，孰能與之抗，唐亦周而已。[略]

設簡文在，景奉之，猶足以刼制江表。簡文見廢，則景乃負乘之小人，懷壁之匹夫，其誰畏無君之侯景耶。古今君臣之分，其幾如此，皆不逃吾夫子所慮。項羽弑義帝，高祖為縞素。或勸曹操自立，曰，是兒著吾爐炭上。古之英雄，其知之審矣。其亦偶有合吾聖經耶。

宋曹彦約《兵部侍郎上殿劄子》(《昌谷集》卷一〇)

臣聞自古人主即位之初，善獻言者必以講學為首，稱人主挺生聖哲，受天明命，一日萬幾，已足以厭服四海，而猶區區焉習諸生之業，其故何也。蓋惟有聖人之資者，而後宜于學。有聖人之位者，尤當急于學。宜于學者，事半而功倍，固不與常人等。急於學者，身修而天下治，固不以常情論。此堯以聖神文武之德，舜以濬哲文明之德，猶孜孜於學，在聖性有益而無損，在後世有歸美而無竊議。[略]然而人主之好儒學，尤當以近似之害正為慮。尊正大而黜纖巧，信忠賢而遠邪柔，則近習不得以乘間，假偽不得以亂真。其機甚微，其利害甚切也。

中興自高宗皇帝以來，世傳聖學，孜孜亹亹不廢閒燕，煒煒煌煌明並日月。而張説陳源曾覿之流，尚以粗習筆墨，欲為王伾叔文輩，竊弄權柄，威福在已。乃自謂儒者事業，不過如此。鄙薄賢俊，輕侮簡册。以至治道之所當論，聖經之所當講，遜志詳説，則以為徒亂人意。為鬼為蜮，足以稔賢士大夫之害。甚至顓執國政，謀動干戈，涓涓不戒，終至横流。非累聖知其奸偽而終遠之，其為害可勝既哉。此又屋漏暗室之微，浸潤膚受之端，内廷之所就將，燕閒之所踐履，關于講學者甚切，不可不察。惟陛下留神。取進止。

又《白鹿書院重建書閣記》(《昌谷集》卷一五)

白鹿洞之復有書院，前使君朱文公所建也。書院之有御書石經，孝宗皇帝之賜，文公之請也。藏書而有閣焉，又文公之所度地，前學官李君琪之所刱。前使君宗學桂博士欲改而大之，今使君太府王寺丞增益其費，命學官丁君燧董成之，幾五十年，而後文公之志始遂，亦難矣哉。

仰惟高宗皇帝，立極東南，當氈罽跳梁之後，聖學湮微，不斷如髮。親御宸畫，勒聖經於樂石，摹而揭之，使嗣聖得以詔士子，則閣名雲章，豈不足以增重書院。思昔聖人治天下，立司徒之職，以典教為本。家必有塾，黨必有庠。術必有序，國必有學。洒掃應對進退有其節，禮樂射御書數有其文。本之以孝弟忠信，行之於州閭鄉黨，然後考之以德藝，升之俊秀，無非使之明其善，以復其性。夫是以上作而下應，教化行而習俗成。後世以法度整齊天下，古道日薄。時乎用儒，或以為觀美。間有稱其道德之開延，喜其六經之表章。其於名教，茫未有補。

惟我本朝尊儒重道，累聖相承，前後一律。故白鹿賜經，始於熙寧。而修繕之勅，發於章聖。高宗皇帝閔聖經之道將廢，萬幾餘暇，不以聲音采色為樂，而以筆札為工。不以藻詞麗語灑翰，而以聖經示訓。則夫奉雲章於傑閣，瞻望而尊敬之。視漢熹平蜀廣政所刻，相去遠矣。聖經標準萬世。凡圜其冠，方其履者，皆知其不可一日廢於天下也。然而口誦其言者常多，而心惟其義者常寡。議論橫出者常勝，而真實踐履者常不逮。豈載之簡冊者猶有遺憾哉，知之者有所未致，而行之者有所不力也。天理具在，孰不有所知。學焉而不博，問焉而不審，思不慎而辨不明，非致知也。

宋黃榦《繫辭傳解二章》（《勉齋集》卷三）

右第一章。《繫辭》之作，以明易也。易之爲道，不過於推明乾坤貴賤剛柔吉凶變化之理，人物之所以生，聖賢之所以立。然其道已具於天地，而其論蓋本於乾坤。一健一順，而萬化萬事由是生焉。聖人作易，蓋本乎此。通乎此，則道體之妙，聖經之奥，可以黙識矣。

又《朝奉大夫文華閣侍制贈寶謨閣直學士通議大夫謚文朱先生行狀》（《勉齋集》卷三六）

先生姓朱氏，諱熹，字仲晦。甫朱氏，為婺源著姓，以儒名家，世有偉人。［略］先生之於道，可謂建諸天地而不悖，質諸聖賢而無疑矣。故其得於己，而為德也。以一心而窮造化之原，盡性情之妙，達聖賢之蘊。以一身而體天地之運，備事物之理，任綱常之責。明足以察其微，剛足以任其重。弘足以致其廣，毅足以極其常。其存之也虛而静，其發之也果而確，其用之也應事接物而不窮，其守之也歷變履險而不易。本末精粗不見其或遺，表裏初終不見其或異。至其養深積厚，矜持者純熟，嚴厲者和平。心不待操而存，義不待索而精。猶以為義理無窮，歲月有限，常歉然有不足之意。蓋有日新又新，不能自已者，而非後學之所可擬議也。

其可見之行，則脩諸身者，其色莊，其言厲，其行舒而恭，其坐端而直。其閒居也，未明而起，深衣幅巾方履，拜於家廟，以及先聖。退坐書室，几案必正，書籍器用必整。其飲食也，羮食行列有定位，匕箸舉措有定所。倦而休也，瞑目端坐。休而起也，整步徐行。中夜而寢，既寢而寤，則擁衾而坐，或至達旦。威儀容止之則，自少至老，祁寒盛暑，造次顛沛，未嘗有須臾之離也。行於家者，奉親極其孝，撫下極其慈。閨庭之間，内外斬斬。恩義之篤，怡怡如也。其祭祀也，事無纖鉅，必誠必敬。小不如儀，則終日不樂已。祭無違禮，則油然而喜。死喪之禮，哀戚備至。飲食衰絰，各稱其情。賓客往來，無不延遇。稱家有無，常盡其歡。於親故，雖疏遠必致其愛。於鄉閭，雖微賤必致其恭。吉凶慶弔，禮無所遺。賙恤問遺，恩無所闕。其自奉，則衣取蔽體，食取充腹。居止取足以障風雨。人不能堪，而處之裕如也。

若其措諸事業，則州縣之施設，立朝之言論，經綸規畫，正大宏偉，亦可概見。雖達而行道不能施之一時，然退而明道足以傳之萬代。謂聖賢道統之傳，散在方册。聖經之旨不明，則道統之傳始晦。於是竭其精力，以研窮聖賢之經訓。於《大學》《中庸》則補其闕遺，别其次第。綱領條目，粲然復明。於《論語》《孟子》，則深原當時答問之意，使讀而味之者，如親見聖賢而面命之。於《易》與《詩》，則求其本義，攻其末失，深得古人遺意於數千載之上。凡數經者，見之傳註。其關於天命之微，人心之奥，入德之門，造道之域者，既已極深研幾，探賾索隱，發其旨趣，而無遺矣。

宋陳淳《答西蜀史杜諸友序文》(《北溪大全集》卷三三)

如《大學》所謂如切如磋者，道學也。蓋以切磋骨角，有脉理之可尋。乃是言講學之事，非指此目為道學也。其發明聖經藴奥，著書以導後學者，亦不過寫其平日躬行心得之餘，而寓於修道之教也。

又《答徐懋功二》(《北溪大全集》卷三四)

某始者接吾子於稠人之中，見其粹然有近道之質，而卓然起慕道之志，為之敬愛。既而日夕相親，聲臭相投，而不相枘鑿。竊不自勝其喜，以為斯學之不孤也。今承貽書，乃以親朋相責，以為恐害夫場屋之文，而中心亦為之自疑，而驚且嘆焉。嗟乎，吾道不明至是哉。自堯舜周孔之教不行於世，而禪學老子習盈乎中土。世之儒者類以吾之為道，亦二家之比。蓋皆有超乎天地人物之表，為世外一等幽微玄妙之説，與日用人事不相關，遂為吾子忠告。其懼有陷溺之害，是蓋不知吾道中體統，不識吾學中趣味，而為是卑陋之見，亦無怪乎其然也。[略]若濂溪關洛諸儒宗不為文，惟其道體昭明。間有著書遺言一二篇，實與聖經相表裏，為萬世之至文。歷考古今，其文之粹者，未有不根本於道。而多駁不純者，皆由是理之不明者也。

又《奠侍講待制朱先生》(《北溪大全集》卷四九)

嗚呼痛哉，吾道之不幸，而先生之亡也。自孔孟既云没，至周程始得其宗。然提其綱者，甚簡而未悉。闡其緒者，微露而未彰。聞者方疑而未信，望者亦眩而莫從。遊其門者莫繼其志，誦其書者莫追其蹤。獨吾先生見明守剛，超羣儒而妙契，能至至而終終。體致廣大，而用盡乎精微。志極高明，而行道乎中庸。自一本而萬殊，無一事之不貫。由萬殊而一統，無一理之不融。所以能訛者訂而闕者補，晦者瑩而略者詳。啓羣哲之未發，集百氏之所長。會聖訓以作程，極至正而大中。辭達意以俱到，無或欠而或豐。折天下言論之衝，而定于一。合今古道術之異，而歸之同。使真是真非，若白黑之不亂。人心衆理，有脉絡之可通。聖心賢藴，如丹之炳炳。帝謨王範，在目之洋洋。大金聲之條理，粹玉振之玲瓏。

蓋不直可以當周程之嫡嗣，是又益精而益光。所謂青於藍而寒於冰，半與事而倍其功。天既不付之以重任，使大施所學以措斯世於堯舜，何不假之以遐齡，使大備斯文以覺後學於無窮。嗚呼痛哉，吾道之不幸，而先生之亡也。禮經脩矣而未具，將誰有制作之才，可以紹其業。《書》傳纂矣而未就，將誰有帝王之學，可以畢其章。《春秋》深斥諸儒失聖經之旨，又將誰與發其大義而振其宏綱。嗚呼，吾道真不幸而先生之亡也。

宋衛涇《祖中任朝奉大夫知陝州贈宣奉大夫擬贈太子少傅》(《後樂集》卷一)

宋考父之益恭，驗世家之必達。魯臧孫之有後，信名德之可傳。方隆體貌於政塗，爰攷源流於先哲。肆頒命綍，式顯祖風。具官某，學術貫乎古今，行誼昭乎日月。扶聖經而黜異論，仲舒獨號於純儒。為民牧而孚惠心，子産尚存於遺愛。偉百年之物望，誠故國之世臣。厥有名孫，為予良弼。玆登庸於兩社，宜追賁於九京。愍章已峻於文階，徽冊遂躋於宫保。報本反始，豈特慰烝嘗之思。自葉流根，於以顯公侯之服。尚歆異渥，益大其門。

可。

又《殿中侍御史徐柟兼侍講制》(《後樂集》卷二)

昔夫子修魯史之《春秋》，寓一王之賞罰。昭若是非之判，凜乎褒貶之嚴。儻非儒術之老成，曷探聖經之旨趣。疇咨在列，今得其人。爾學以博，而造乎精微。氣以養，而全其剛大。進聯柱外，逖彼官邪，擢寘殿中，長我憲席。風采聳聞於天下，忠誠深簡於予衷。爰即紀綱之司，俾參帷幄之侍。益攄素藴，以廣多聞。朕方屈己虚懷，繄箴規之是賴。爾其懲惡勸善，猶筆削之至公。祗服訓詞，嗣膺褒陟。

可。

宋劉宰《楊氏寶經堂記》(《漫塘集》卷二二)

埤城楊氏，世望丹徒。至故泉南舶使諱樗年而益大。築堂所居道南，取漢韋氏籯金不如一經之意，命曰寶經。不寶金璧，而惟盡禮以致名士與其子游。故尚書艮齋先生謝公諤為書而揭之，而寶經之名聞天下。[略] 方是時，族無貧人，姻舊鄉隣，緩急皆有告。宗丞欲斥大寶經，因以為合族之所，豈惟以舊第區分之故，其旨遠矣。若夫因堂之名而既其實，專心致志，而使牙籤玉軸不為具文。脩身謹行，而使聖經賢傳不為虚語。由是而齊家，由是而立身揚名，則凡升堂者，皆當有慨於心，况身實復是堂者哉。經曰，親親以睦。又曰，父母既沒，將為善思，詒父母令名必果。故余既為記堂之廢興，且大書其軒曰睦軒，其亭曰果亭云。寶慶丙戌九月中澣記。

又《祭司法兄恭靖先生文》(《漫塘集》卷二六)

嗚呼，業患不精，兄學之成，雪案螢窗，歲幾周星。筆削之嚴，炳然聖經。名患不聞，兄早有聲。五登賢書，冠于月評。射策甲科，直言駭聽。吾祖吾父，壽七十二。念昔先人，皆莫之比。兄之得年，抑又過此。繼世象賢，足強人意。兄之二子，金昆玉季。子又生孫，蘭階濟濟。加之薄有田園，可耕可桑。伏臘烝嘗，有苾其香。既基既堂，貫以修廊。宜室宜家，小大平康。嗚呼吾兄，夫何憾焉。得喪乖逢，何者非天。始勤終逸，人世幾何。如兄生平，所得已多。死生離合，人情所重。蓋棺事已，寧不為慟。一觴之奠，闔族同之。抆淚陳辭，兄其聽之。嗚呼哀哉，尚饗。

又《丁博雅誄》(《漫塘集》卷三六)

先生丁姓，名明，字子公，舊名騫，字希閔。蚤知名，故以舊字行。世金壇望族。祖權，登進士第，終淮南東路提舉學事。先生少嗜書，不屑家務者二十年，家以是貧。以所閲書，多類而編之，為書五，曰《諸史偶類》二百卷，曰《諸史通考》一百卷，曰《小説編》五十卷，曰《詩編》三百卷，曰《賦編》一百卷。釋《論語》二十篇。著《直説》四十篇。[略]

嗚呼，先生可謂博矣。釋《論語》以立本，著《直説》以反約。《言命》抵虚己之誣，《非相》擬蘭陵之作。《鴻寶》罪向，錦囊呰璞，害道為尤，釋老之學。亂我聖經，滋我民瘼，辭而闢之，雪刃霜鍔。而況衣冠古製，人物仙臞。雙眸炯碧，修髯拂裾。或族聚少長，朋來戚疏。鳥吟花笑，風和日舒。素琴在御，渌酒盈壺。相與寫遺韻於南風，想詠歸於舞雩。固萬念之波澄，豈一塵之可汙。

宋陳文蔚《龍山書院講義(甲午正月十五日)》(《克齋集》卷八)

古人為學，期於有用，非事乎記誦詞章之末。其次第節目，悉具於《大學》之書。要之則以明善為法。大抵學者所以不為君子儒，而甘心於卑污淺陋之域者，正以善惡是非之理不明，有如大路不繇，而趨委曲之邪徑，卒於冥昧。雖有康莊之衢，而終身不知所適矣，可哀也哉。所以《大學》之書，極其功效而言，必至於齊家治國平天下。而至精至要，不外乎致知格物而已。蓋天下之物莫不有理，而吾心之靈蔽於私欲，繇其物之不格，故理不能窮。心雖至靈，蔽於私欲，而知有所不至矣。雖脩身當然之事，亦不能反觀而洞炤，故身不能脩。身不能脩，則家不能齊，而況於治國平天下乎。

自後世以科目取士，所尚者經學詞章，雖曰經學，惟務記誦，而不明聖經之旨。雖曰詞章，不足以潤色皇猷，而徒事乎藻繪，下以是而媒利禄，上以是而失真材。欲望其致君澤民以開太平之路，萬無是也。龍山主人捐私帑，開黌舍，買田以為糧，延師以授業。招徠四方之英雋，以成就人才為己任，真美意也。今日之集，不獨以文會友，正欲以友輔仁。諸君不辭擔簦負笈之勞，羣然來集，亦既賢矣。幸從事於古人為己之學，格物致知正心脩身，志在天下，而不私於一己。光明煒煜，將有見於後日，非特為龍山賀，抑以為明時賀。諸君其勉之。

宋程珌《戊子内引劄子》(《洺水集》卷二)

臣至愚極陋，躐冒清華，執簡金鑾，譚經虎觀。日侍清燕，初未五年。儒臣之榮，何以逾此。所當力鞭駑緩，仰答鴻私。而臣頻歲以及今春，憂患沓至，懇祈閒退，期弭餘菑。而天灾流行，至于四五。臣俯怵私計，仰負隆恩，則又峻直堯奎，須符舜履。且特御便殿，引令内辭，顧遇始終，何以稱塞。臣山林之影雖移，而畎畝之忠故在。固嘗攷聖經之紀載，參往哲之講明。其道不難知，其事不難舉。然自三代而後，時君世主，或委之而不為，或為之而不竟者，非不能也，是不為也。

又《尚書序》(《洺水集》卷六)

書記言，古右史之策也。昔管仲有云，古之登封者，皆刻石紀號，字有彫毁，孔子睹而不識。至記其登封之君，則以無懷氏爲首。然則伏羲以前，固有字畫，特未以之教民爾。伏羲氏出，書契始作，文字浸興。是故三皇之書謂之三墳，五帝之書謂之五典。墳言大也，典言常也。周官小史掌三皇五帝之書，楚靈王謂倚相能讀墳典。然則皇墳帝典，固已粲然。吾夫子篤生晚周，得古書三千餘篇，於是悉力整彙，刪除繁冗。如班固謂於古今書外，又有周書七十一篇。劉向亦云，此周時號令也。以至先儒謂許行所指神農之言，與夫陰陽醫方所稱黄帝之説。凡若是類，悉刪不録。以定爲百篇，蓋勲華揖遜而典謨興，湯武革命而誓誥作。此蓋世道綱維，而吾夫子定書所執以爲依据者。

秦法日急，仇視聖經。孔安國之祖子襄，收其家書，藏之屋壁。漢至孝文，有意復古。詔求治《尚書》者，聞濟南有伏生勝，故秦時爲博士。召不能起，亟遣晁錯受業焉。纔得《秦誓》以前二十餘篇爾。魯有共王，聞遺音於升堂之頃，乃盡得科斗書焉。科斗，蒼頡古文體也。周用之，至秦更爲八體。其一曰隸。以科斗之體而定今文之隸。於是爲二十九篇，然猶未有傳也。自安國作訓詁，而義以明。書既成，會有巫蠱事。隋唐以來，其傳浸顯。貞觀中，孔穎達爲之作《正義》，而後《書》之義益無餘藴矣。《書》之源委，大略如此。雖然，學者誠能知天道人治立於帝堯，故聖人以《堯典》爲始。悔過用賢，治道根本。故聖人以《秦誓》爲終。以其大綱大領者，推爲致君濟民之用。則古文訓詁傳授，如區區前所陳者，皆筌蹄芻狗也。觀《書》者，必有考於斯。

又《四明高氏春秋解後序》(《洺水集》卷八)

王者以道治天下，則《春秋》之道隱。不以道治天下，而惡其書之著，則王臨川是也。先儒謂聖人謹四時之春，正天地之經也。謹一王之書，振君臣之綱也。謹日月之書，順方物之宜也。謹人名之書，辯君子小人之道也。謹中國外戎之書，正華戎之分也。謹父子兄弟夫婦之書，序人道之正也。禮樂征伐之權，朝覲會同之節。凡大經大法，粲然靡所不備。用之則王，舍之則亡。雜之則霸。方周之衰，王道寖微，聖人憂之，此書所為作也。若曰道雖不行於一時，書則可垂于萬世。有王者興，猶可稽之以為驗，操之以為决。故曰王道之權衡也。先儒嘗病丘明昧於經意，汨亂綱常，若天王於卿士而言貳與叛，上公下臨侯國而言拜。成王室討諸侯而言背盟。君臣，三綱之首也，而悖謬若是。則改而正之，寧無望於後人乎。

公之學，蓋欲沿伊川之書，以求聖人之心者。如言平王在位日久，恬於頽靡，無復振起之畧。諸侯專肆變法壞紀，亂臣賊子接迹海内。荆楚強暴，憑陵中國。平王不可望矣，故托始於隱公。及二百四十年之後，則齊晉又衰。政出大夫，吴楚横行中國，不復知有周矣，故終於越入呉，其志慮可謂深長，而規模可謂正大。惜乎排擯沮抑，不使其身獲安於朝廷之上。書雖不廢於當時，而道則不行於天下。蓋臨川欲滅其書，是猶畏《春秋》之存也。金陵之秦，則視書存亡，皆以為不足計矣。王黜聖經，實基戎禍。秦害忠良，益稔戎驕。流毒千古，吾不知何時而已邪。愚是以讀公之書，悲公之心，為之掩卷三嘆。然猶幸其書之存也，庶幾有望於後之君子焉。

又《代祭黄尚書》（《洺水集》卷一二）

嗚呼哀哉，學旋天地，文陶帝皇。業傳家緒，行揭世防，論議足以達國體，制作足以翼聖經。身雖儀於殿陛，興長在於山林。有才若斯，顧鬱弗振。天清日光，始引自近。嗚呼華簪緑殿，有星文昌。則上之用公，不為不至。月弦懸車，留輔元儲。則上之眷公，不為無意。奈何羣仙，促班玉樓，午夜路遥，飈車莫留。嗚呼，公真為仙邪，將風節清抗，復為商山園綺邪，謀謨雍容，復為虞廷臯夔邪。不然，為和風，為甘雨，為鳳凰芝草，燁然於天地間邪。雖然，家有古文，史有佳傳。公乎不亡，千載如見。生芻一束，寒泉脩竹。惟以比之，清其如玉。

又《上陳舍人》（《洺水集》卷一三）

某瑣瑣碌碌，一孺子爾。頃從進士後，得考功末第，不足以愜志聞世。有所謂宏詞科，願學焉。然聖經賢傳，每一展編，如望大洋，茫無畔岸。聞宛陵汪先生有總括綱目，號為詞題者，去月二十五日，走介持書問亡恙，因竊有請焉。先生曰，嘻，子過矣。市騄耳者必於伯樂之廏，求白璧者必於卞氏之匱。子學詞章，不於今左史陳公之門，而顧於某乎取之。子過矣。嗚呼，某豈不知今天下有陳公哉。而公方以文鳴當代，聲名鼎盛，賛晝訓誥，擅文雅於朝，為天子侍從之臣。而某辱在泥涂，顧下土塵埃之蹤，分隔於縹緲烟霄之上，將何因而至前乎。今先生賜之書，某其往矣。

宋魏了翁《答周監酒》(《鶴山集》卷三六)

占夢視祲，保章馮相之說。鄉因奏對，嘗一再拈出，此義頗精。蓋曉然為周之舊典。然䂍蔟壺涿蟈氏庭氏等類，太瑣碎，其義與聖賢之言不類者非一端，此非紙筆所能盡。[略] 某向來多作《易》與三禮功夫，意欲以讀《詩》記之類為一書。比來山間温尋舊讀，益覺今是昨非。安知數年後，又不非今也。以此多懼，未暇輕有著述。又見得向來多看先儒解說，不如一一從聖經看來。蓋不到地頭親自涉歷一番，終是見得不真。又非一一精體實踐，則徒為談辯文乘之資耳。來書乃謂只須祖述朱文公諸書。文公諸書，讀之久矣。正緣不欲於賣花擔上看桃李，須樹頭枝底方見活精神也。來諭未敢以為然，高意以為如何。

又《瀘州顯惠廟記》(《鶴山集》卷三九)

鬼神之理，茫昧不可測知。而見諸聖經者，《易》言情狀，《記》述幽明。夫子謂物之精，子思稱德之盛。凡以天地之功用，二氣之良能，妙萬物而無不在者也。古之人所謂格物以致其知者，將以究極乎此死生晝夜之道。既瞭然於中，而後交於鬼神之義不失其正。自異說譸張，而士之知此者鮮矣。惟未有知其故，非委諸茫昧，則眩於奇恠，禮壞樂廢，虛偽日滋，人心去本愈遠，而惡知所謂助成化育之功者。

又《渠陽唐吉佑之敬義堂銘》(《鶴山集》卷五七)

敬以直内，義以方外。雖比而言，有主有配。如見大賓，如承大祭。即事常存，至壹不貳。内體既直，清明純粹。施諸君臣，父子兄弟，仁民愛物，各正其位。唯直故方，非敬無義。聖經賢傳，已約而備。然非實見，如食知味。非篤行之，如跣視地。言之雖似，未睹其是。我非曰能，而嘗從事。敢告唐生，庸輔厥志。

又《魏府君天祐墓誌銘》(《鶴山集》卷七一)

始余丱角，知公端人也。[略] 公資性端靖，不妄言笑。少與伯氏天啟齊名。伯氏早與計偕，公年四十有六，始以詞賦登里選，累舉不利，當以恩補官，公辭不受。於是年七十矣，益大肆於學。聖經賢傳，歷覽博究，又即夫河洛之正傳，以上遡洙泗之源，歷歷乎其獨得，而的然亡所疑也。旁及百家異同之論，二氏放遁之詞，貫融異同，搜摘精粹。逮乎日邁月征，閱天下之義理熟。春華秋月，登山亂流。草木之枯榮，歲時之代謝，山水之流峙，禽魚之飛躍。觸處呈露，會心適意。陶然怡然，蓋舉世之可悦可慕，無以易其樂者。

又《蘇伯起振文墓誌銘》(《鶴山集》卷八四)

予奉使潼川日，今春官貳卿度周卿移書諗予曰，子得人矣乎。正有友二人，曰羅堅父傳之，蘇伯起振文。今堅父舉進士，而蘇落落不偶。聚書數萬卷，聖經賢傳，山經地志，私乘野史，以至虞初裨官，旁行敷落之書，靡不搜羅。後谿劉德修嘗舉賢良方正科，長沙吳德夫又以遺逸薦于朝，子其言之矣。

宋真德秀《十二月奏已見劄子》(《西山文集》卷一四)

臣聞自昔人臣之愛君，莫大乎願其君之壽。《天保》之詩，歸美以報上也。[略]

五曰，有德則壽，《中庸》稱舜之孝，以為大德者必得其壽。且謂天之生物，因材而篤，栽培傾覆，惟所取焉。蓋皇天無親，惟德是輔。舜之所為，有自壽之道，故天亦壽之。此所謂栽者培之也。祖已之訓高宗，則曰降年有永，有不永。非天夭民，民自有夭之道，故天亦夭之。此所謂傾者覆之也。以大舜之德為師，而以祖已之言自鑑，此又陛下所當深用其力也。凡此五條，皆聖經之格言，萬世人主之藥石。參而味之，則周孔之大訓，為足以該之。

又《周禮訂義序》(《西山文集》卷二九)

志先王之道者，莫如唐太宗。然無端身刑家之本，而欲規井田議封建，宜其卒莫能行也。自劉歆用之既悖，儒者譁而攻之。王安石用之復悖，儒者又譁而攻之。曰《周禮》不可行也。吁，歆之王田，安石之泉府，直竊其一二以自蓋爾，安得累吾聖經耶。彼何休者，指以為六國陰謀之書，既幾於非聖無法，而近世之闢荆舒者，又謂其廢孔子之《春秋》，用劉歆之《周禮》也。獨不思《春秋》固出於《周禮》耶。使《周禮》常行於天下，則《春秋》不作矣。蓋後世之行《周禮》者，其悖如彼，而言者又甚戾如此，故曰不惟難行，而又難言也。

鄭賈諸儒，析名物辨制度，不為無功。而聖人微指，終莫之睹。惟洛之程氏，關中之張氏，其所論説，不過數條。獨得聖經精微之蘊。蓋程張之學，公之學也。有公之學，故能得公之心，而是書所賴以明也。永嘉王君次點，其學本於程張，而於古今諸儒之説，莫不深究。著為《訂義》一編，用力甚至。然未以為足也，方將蚤夜以思原作經本指，以曉當世，其心抑又仁矣。以是心而為是學，《周禮》一書其遂大明矣乎。嗚呼，使是書而果大明，在上者以周公之心行三王之事，則太平之路開，禍亂之源窒，豈空言哉。予嘉次點之志，故為序於篇端，而勉使益用力焉。紹定五年閏九月甲戌，建安真某書。

又《許介之詩卷》(《西山文集》卷三四)

蓋道德者，君子成身之本。功名則因乎時，而詞章又其末也。介之勉乎哉。子之先右丞公在艱難時，事業雖不克盡究，而嘉言直道，與李忠定公畧相伯仲。天下以正人許之，而潛心聖經，作為訓傳，則又有先儒所未發者。介之歸而求之，有餘師矣。若夫介之詩詞之敏麗，則有諸公之題品在，故不復云。

又《跋趙章泉作何夫人墓表》(《西山文集》卷三六)

衛武公年九十五，作抑戒。濟南伏生年九十餘，授《尚書》。古今所傳，以為希有。章泉趙公以八十有五，作此表，援聖經，引賢傳，秩然其有倫，確乎其不浮。其眂古人，寧復多遜。嗚呼，斯文也，豈獨永何夫人之傳。凡為婦者，皆當寫此一通，寘之坐側。

宋袁甫《經筵講義》(《蒙齋集》卷一)

陛下天稟精粹，上媲堯舜，所謂過言過行，固已一毫無有。而臣區區愚慮，竊以為誠之一字，猶有所未盡。夫無矯飾之謂誠，無間斷之謂誠。臨朝則莊，退朝則肆。肆出於眞，而莊由乎强，此矯飾也，可謂誠乎。親賢人儒士則難，親宦官女子則易。難者親之時少，而易者親之時多，此間斷也，可謂誠乎。臣在經筵，嘗對陛下啓問。退朝入宮之後，果何所為，陛下語臣曰，或觀書，或作字，或覽四方章奏。臣不勝欣喜，以為陛下果無暇日也。而聞之道路，則謂陛下猶未免溺於酒色之娱。夫剛制於酒，未見好德如好色，聖經明訓，皎然不誣。陛下何不堅忍力行，勿以無益害有益。

宋吳泳《辭免除寶章閣學士知温州狀》(《鶴林集》卷二四)

右臣八月初五日準尚書省劄子。三省同奉聖旨，除臣寶章閣學士，知温州。除已，望闕謝恩外，某聞命之始，拊心若驚。竊念臣罷守閒居，杜門退省。斂文采於莫爭之地，尚黄離之得中。飭行防於不睹之間，庶素履之無咎。猶恐林泉之不密，易於言語之招尤。沉潛聖經，陶咏皇化。退不草耕東皐之賦，進不謀上北闕之書。豈自意於遭逢，忽起臣於閒廢。

又《答潘周卿書》(《鶴林集》卷三二)

某江心執袪摻别三見薰風矣。每懷良友，無日不起參月在門之想。便中忽奉瑶帖，辭誼亹亹繹繹，度越筆墨畦畛之外。手之不置，所教書傳大節目，工夫浩浩，顧何以窺聖經之藩。但此書極難看，又難全解。缺文當考，疑義當考，分章斷句當考，今文與古文當考。小序與大序當考，帝王之辭與史氏之辭當考。註疏有直見理者，有極害義者。諸家解有造平易者，有傷太巧者當考。其如天文地理歲月日時，又不可不細考也。

宋吳潛《魏鶴山文集後序》(《履齋遺稿》卷三)

端平二年冬，潛以右文殿修撰知太平州時，文靖魏公繇樞筦督視江淮京湖軍馬，其始辟幕府。領袖之士，每極天下選，然率以時好向背違不就。潛于公非交遊知舊，亦驟辱拔引為上客。或謂潛曰，盍審諸。潛曰，公，善類之宗也，可無從乎。乃疋馬追公于溢浦之上。雖玉帳贊籌，專務戎事，而暇日尊俎咲談，獲見公高文大冊，及聞公崇論，宏議日充，然有所得也。嘗曰學必本六經之謂正學，道必本堯舜禹湯文武周公孔孟之謂正道。彼邪説詖行，是乃荆榛，闢而通之，則理到文醇矣。至於天文地理禮樂律歷官制兵法典章文物，莫不極纚纚如辨白黑而數一二。潛益信公根柢學問，枝葉文章。落陳啓新，翼華抵實。天出神入，不可羈控，此豈偶然之故哉。

後二年公歿，潛哭之流涕曰，天喪斯文矣。又十有五年，公之子近思克愚相與蒐遺罔軼，有正集外集奏議一百卷，將鋟梓行于世。既屬叔氏序其首，又俾潛曰，子為申言之。潛竊謂渡江以來，文脉與國脉同其壽。蓋高宗於司馬文正公《資治通鑑》謂有益治道，可為諫書。自孝宗為蘇文忠公文集御製一贊，謂忠言讜論，不顧一身利害。洋洋聖謨，風動四方。于是人文大興，上足以接慶歷元祐之盛。至乾淳間，大儒輩出。朱文公倡于建，張宣公倡于潭，吕成公倡於婺，皆著書立言，自為一家。凡仁義之要，道德之奥，性理之精微，所以明天理而正人心，立人極而扶世教。使天下曉然知人之所以異于禽獸，吾道之所以異于佛老，聖經賢傳之務息邪説，有君臣有父子而不蝕其綱常之正者，功用弘矣。永嘉諸老，如陳心齊葉水心之徒，則又創為制度器數之學，名曰實用，以博洽相夸。雖未足以頡頏二三大儒，然亦有足稽者。寥寥然四五十載。我公嗣之，識照古今，而不自以為高。忠貫日月，而不自以為異。德望在生民，名望在四夷。文章之望在天下後世。蓋所謂兼精粗一本末，集乾淳之大成者也。惜其位不稱德，命不待時。不及相明天子以興禮樂致太平，而斯文之澤，所見僅止于此。悲夫。公諱了翁，字華父，卬之鶴山人。天下士師尊之曰鶴山先生云。

宋王邁《丁丑廷對策》（《臞軒集》卷一）

臣對，臣聞治道無窮，本之聖經。則愈求而愈有。聖學不息，施之聖治，則愈久而愈新。蓋聖經非小用，皆所以示萬世帝王出治之規。聖學非具文，必有以得隆古帝王求治之實。終身求治，於學無得，是之謂不知本。究心於學，而不及見之設施，是之謂不知用。必其學日進於一日，而其治日新於一日，然後可以無負於聖經也矣。

臣恭惟皇帝陛下，圖維政治之久，更閲義理之多。日御經筵，講學不輟。咨訪儒臣，切問有加。茲復延見四方韋布之士，賜之清問，俾之窮聖經之奥，明人道之務。竟其條貫以為對。臣誠不佞，竊謂陛下前此凡五策士矣，皆未嘗援經以為問。今茲之策，其諸有見於治道之真，不可以無所本歟。以陛下聖學高明，而猶屈已延問如此其切，臣有以窺陛下平日之學，不徒求之章句，必欲見之政治。今日之問，不徒責之以空言，必欲因言以求用矣。臣一介淺學，生長明時。固嘗涉聖經之涯涘，而未究其淵源，何足以稱塞聖問。[略]

陛下日與儒臣切磋講論，亦嘗及此否乎。人主之學，與經生學士異。求訓詁之隱微，泥文辭之同異，此經生學士之學也。求之聖經之已言，質之古人之已行，舉而措之天下之事業，此人主之學也。臣伏草茅之中，竊聞陛下莅政之次年，姦臣擅朝，陰勸陛下臨朝淵默，法天不言者十有三年。一旦天開聖衷，翻然改圖，又十年矣。比日以來，天日開明，睿號渙發。每於經筵間得之，如論治道有體，則有用賢委任之言。論諫官言事，則有明目達聰之訓。論用人，則知君子小人之當辨。論用兵，則知師從中覆之非宜。堯言之大布在天下，不一而足。是聖學之新，蓋月異而歲不同矣。而聖治之日新，未能如聖學之日新。故臣願陛下自今以始，或於講讀之暇，或於延對之頃，俾儒臣於經學之中，紬繹古人作新天下之大義。朝思而夕惟之，其理甚明，何窮之深。其效甚近，何測之遠。則以此作新一意，措之天下國家，如運之掌。臣之所以推明者，外此亦無餘義矣。

臣伏讀聖策，昔者六經之書，作於天縱之聖。皆所以統天地之心，而垂萬世之法也。名雖有六，義實同歸。今觀《經解》，所謂入其國而可知者，其教亦有不同耶，豈因其才而教亦異耶，抑教之固有次序耶。後世儒者，益之以《周官》，亦古義耶。臣有以見陛下欲求六經理義之指歸，而考訂《經解》《周官》之同異也。［略］

臣伏讀聖策曰，伊欲嘉祥降於上，德澤流於下。教化行而習俗美，法度修而衆職舉。納天下於中和，而措外内於無患。庶幾治古之盛，無愧載籍之傳，果何道以臻此。臣謂陛下始之所以策臣者，及於聖經之可用。終之所以策臣者，及於時政之實用。臣惟願陛下日新之治，常如日新之學。則德澤既及於民，何患休祥之不降於天。惟新之命，臣知其未艾也。

宋劉克莊《賀鄭少傅》(《後村集》卷二八)

細旃徹巷，槐棘冠班。知我惟《春秋》，既暢尊王之旨。弼予亮天地，遂登亞傅之崇。簡冊有光，搢紳相慶。維綱常之大義，具筆削之一經。曰子曰人，辨内夏外夷之分。書叛書盜，誅亂臣賊子之心。迨本朝之名儒，掃諸家之詖論。然而孫明復所著，莫小試於慶曆。胡文定之説，不盡行於紹興。孰如舊學之宗工，躬闡素王之本指。爰切劘於后德，亦扶植於國經。

恭惟某官，以伊吕王佐之才，抗喬松物表之志。江湖遠引，共高嚴子之羊裘。廊廟重来，依舊孔明之魚水。首延登於保輔，俾入侍于燕閒。密勿龍光，敷陳麟史。以天理之二字，蔽聖經之一言。將使夫竊寶玉大弓之徒，皆凜然畏斧鉞華衮之筆。莫如我敬王者已畢，遺編兹予其明農哉。欲尋初志，乃陟司徒之極品，乃荒勾踐之昔封。方留公旦以經邦，未許甘盤之遯野。傅以德義，老成尤重於典刑。緝于光明，終始有資於斆學。重提化筆，峻拜師垣。某側聆制麻，幾折屐齒。子無曲學，素鄙平津之從諛。帝順下風，長即廣成而問道。

又《賀游丞相》

播告辨朝，延登真宰。人主之職論相，上方註倚於儒宗。大人為能格君，公素講明於心學。明良胥會，今昔罕逢。歷觀莘渭王佐以来，因嘆漢唐相業之陋。弘談經而阿世，崇挾術以救時。彼哉雜霸之淺圖，無不自售。責以敬王之大節，非乃所知。是必道術得聖經賢傳之精微，謀謨與《伊訓》《説命》相表裏。素負海内蒼黔之望，始膺陛下夢卜之求。

恭惟某官，鍾間氣於岷峩，泝大原於關洛。窮理盡性至命，有作聖之功夫。責難陳善閉邪，積回天之力量。每獨立當雷霆之怒，亦苦口進藥石之言。其告於旃厦也，先大本大經。其著於廊廟也，皆仁心仁聞。久矣有登庸之意，决于辭宥密之時。裕陵敬光，謂它人雖推弗去。仁祖用弼，以近習莫知其名。揚於廷而宣麻，立乎朝者舉笏。蓋先諸老而予環者上之，眷後羣公而當軸者公之。謙茲天命，人心去留之本源，亦君德世道轉移之機栝。本氣實則客邪去，初著誤則末勢孤。艱哉列聖之經營，重矣一身之負荷。在典午末，復存賴王謝之兩賢。洎建炎初，再造亦趙張之二老。以今準昔，異世同符。固將享武公之年，何止書汾陽之考。某頃田間之負耒，期閣下之秉鈞。不圖殘年，真有今日。非謂托身於元化，庶幾拭目於太平。章句才衰，無復徂徠之歌頌。旨甘情切，但思陽翟之逃歸。

又《祭季父習靜居士文》(《後村集》卷三五)

昔我兩翁，手澤萬卷。六丈夫子，讀之殆徧。或終隱約，或稍光顯。季父尤賢，審思明辨。近參朱張，上泝鄒兖。邃古以來，聖經賢傳。精粗融液，顛末貫穿。研尋微奥，點竄訛舛。自幼酷嗜，至耄靡倦。依山結茅，鄰不覿面。瘦筇登覽，深衣閒燕。洞洞屬屬，兢兢戰戰。義理之會，事物之變。本諸師説，參以己見。修於家庭，化於鄉縣。天錫高齡，為諸老殿。方伯之聘，廉使之薦。謝公掩鼻，良恐不免。猿鶴有約，羔雁無羡。曷不憖遺，奄隨露電。

又《廣東提舉謝到任表》(《後村集》卷四二)

起廢察州，從天而下。便私易部，遵海而南。具布漢條，初行粤俗。臣中謝。臣竊稽事使，備載聖經，君之遣臣也有光華，臣之報君也以忠信。

宋孫夢觀《甲寅後省奏劄（論蕭泰來)》(《雪窗集》卷一)

皆泰來以邪説誤陛下之罪也。《周官》有議賢議能之法，《春秋》有為賢者諱之事。本朝趙抃，亦謂君子有過，當扶持而安全之。而程頤見論人之短者，則曰汝輩且取他長處。縱諸君子之過，盡如泰來之言。求之聖經之格言，先朝名臣之芳躅，已不合矣。况非如泰來之言乎。由此而論，泰來真誣白成黑，指正為邪者也。

宋趙汝騰《知建寧府謝到任表》(《庸齋集》卷三)

自天殊渥，易地潛藩。頃任以左馮，不欲其遠去國。今錫兹名壤，特寵之使便家。曲為臣謀，莫報上德。中謝伏念，臣迂無足採，愚不可移。束髮讀書，固已明義利之畛。白首造闕，何敢萌福禍之心。[略] 謂臣赤心殉國，不自榮身。容臣純意為民，頗知竭力。閔此方之凋瘵，付綿質以撫摩。臣敢不恭佩訓詞，聿嚴條教。心求之若保赤子，斷不負聖經之言。天生斯而覺後知，亦思振儒先之學。

又《侍讀謝告表》

竊惟邇英，最重勸讀。凡朝紳皆榮此選，雖宰執亦居是官。厥今李韶以舊翰林，游侶以前揆路。一則岷峨之老而問學之正，一則閩嶠之擢而識見之高。然而韶則累召而卧，家侶已踰年而歸。第曾謂異數，猥及愚臣。伏念臣蹇淺妄庸，迂疏退惰。初無講貫，豈能窺河南龍門。二程之緒餘，何有開陳。每深愧太末建安两徐之風骨。年餘殿幄，日覲宸光。雖粗通於上世雅誥奥義之文，豈盡析於《大學》聖經賢傳之旨。是以前奏犯顔，以儒林四臣致請。後牘忘分，以考亭諸生為言。温詔曲肦，俞音竟閟。屬預駿犇之列，難遂牢辭之悰。出使者於大門是則，不敢綴明師於廣厦。

宋唐士恥《損齋記贊》(《靈巖集》卷五)

臣仰惟高宗皇帝，身濟大業，息馬論道。治符昌泰，不自滿假。永惟中興以來，勞來安集，無所不用其至，猶懼一夫不獲其所。載惟益下之方，殆莫要于克己。乃闢齋居，名之曰損。一切屏去，聲色玩好。聖經信史，終日諦繹。復攄帝藻，發揚聖藴。寫之琬琰，以自儆切。

宋徐元杰《準齋先生吳公行状》(《楳埜集》卷一一)

先生諱如愚，字子發，臨安之錢塘人。家世以積善聞。[略] 于是特授從政郎，充秘閣校勘。先生力辭，謂不可出者有五。大意謂先人遺澤，兩任榷征。後緣親老，侍養無違。從此杜門不仕，志在聖經。分甘壓隱，雖樂有朋之來，每守往教之戒。今歷年之既久，貴晚節之彌堅。茍貪榮而復動，則是以積年修業工夫，為一旦進身捷徑，失其本心矣。

宋高斯得《書咸淳五年事》(《耻堂存稿》卷五)

咸淳五年夏四月，平章軍國事賈似道抗章請去。[略] 臺諫之疏有曰，豈特陛下願其留，二相願其留，羣工百執願其留。至於六軍萬姓，莫不願留。則留者，人心之所同然也。斯得覽之至此，愴然而痛曰，嗟乎，此漢庭羣臣頌莽功德之氣象也，曷為見於盛世哉。莽之辭封也，前後上書者四十八萬七千五百七十二人。

及諸侯王公列侯宗室見者，皆叩頭言宜亟加賞於安漢公。史詳書之，所以為世戒也。今章鑑翁合之徒，無所忌憚如此，雜諸莽傳，誰能辨之。成王之留周公也，以叔父之尊，洎然無欲，故舉天下以付之而不疑。監我士師工云者，欲周公之留，使百官有所監觀，以取法耳。豈以羣臣之留留周公之謂乎。大聖人之事，而使後世戚里之家，貪私之人，得以藉口。其徒又鑿聖經以蓋其附下之失，書之史策，寧不貽笑萬世乎。

宋方岳《賀袁大監》(《秋崖集》卷二一)

恭審涣發綸函，晉陞繕監。帝曰，兹維師匠，入紬金匱之書。時則有若儒宗，無負玉犀之對。夫以海内寡二之學，早收天下第一之科。十年而到鳳池，竊以為晚。五工之居殊正，其謂斯何。獨喜端人之登，可為清朝而賀。恭惟緒守潔齋之訓，親得慈湖之傳。吾之心即周孔之心，曾何求於紙上。所謂道非堯舜之道，不以陳於王前。方其發諸詞章，初無意於科目。九萬里而風在下，奚計修程。三千字而日未斜，特其餘事。出用於世，欲行所言。第觀指使之將明，夫豈儒效之迂濶。乘軺而講荒政，溺由已溺，饑由已饑。駐車而談聖經，仁者謂仁，智者謂智。洪惟箕翼之魁宿，端是青齊之福星。蓋其所懷之春，或者不言而化。人皆憚汲黯，此聲在江之東。上不見賈生，有詔自天而下。若曰咸五登三，欲帝萬世。卿其襲六為七，作宋一經。不然營繕之勞，曷究彌綸之藴。某不量其戇，敢誦所聞。竊惟古之共工，皆有關於世變。如制度之先樸，將風俗之再淳。作大匠箴而獻諸朝，尚何容喙。讀梓人傳而知為相，所願留情。

宋陽枋《蓮蕩先生墳亭記》(《字溪集》卷八)

先生稟剛健之資，負蓋世之志，特立獨行，起家力學。求師取友，聖經賢傳之外，深明四書之旨歸，洞究義畫之蘊奥。與吾鄉性善先生，同為文公高弟，蜀中名儒巨公。聞下風者，表表輩出。先生之力居多。而先生之《易》，又足以嗣伊川之傳，使其得與譙公達微，尹公彦明同時，則伊川必深與點。惜乎道不施用於世，至今學者猶知想象而興起。則先生子孫，可不於是焉而追慕歟。思其剛健高明，則學毋悠悠。思其特立獨行，則志毋混混。思其繼程朱之學，淑人心於千載，則計毋淺近。而善繼人之志，善述人之事者也。敬書以告，誠甫其然吾説。

宋阳炎卯《有宋朝散大夫字溪先生陽公行狀》(《字溪集》卷一二)

公語之曰，本經自不容不精究，但勿止求為科舉之學耳。《周官》乃姬公治國平天下之法制，然皆自正心誠意中一理流出，須於聖經文辭義理向上體認聖人之心，見得莫非天理流行。異時此身得君行道，舉而推行，便是周公事業。若其不見用於世，則亦可施之於治家治身。家與國元只一理，只規模有大小。今人讀書了，專用諸時文，身與經自為兩途，到底有何濟益。

宋姚勉《周恕齋墓誌銘》(《雪坡集》卷四九)

濂溪周夫子曰，師道立則善人多，信哉言也。古先盛時，以德行道藝取人於比閭族黨。比閭族黨之長，則皆耆英碩彥，為後進式。然後德行道藝相師成風。今之世為前輩者，率不能自重。後生小子，浮躁譁誕，能為數語華靡不根之文，即自視以為孔孟不過如此。由是德行道藝之風愈微，則鄉無前輩之過也。苟有前輩為之師，必不爾。恕齋周公，則新吳之鄉先生也。[略]

周平園有曰，得鄉舉易，得鄉評難。公其有餘於鄉評，而不足於鄉舉者歟。嘗遇異人授以丹鈆龍虎之方，曰，服此可以返老還童，其祕之。公曰，白日升天，奚益。以其方燎為藥，濟里之衰疾者。年將九十，步履輕健，視聽不衰。將終，自誌其墓，遺誡謂子孫，吾平生聖經賢傳，心體躬行。自覺超踰釋老。歸盡之日，謹勿信地獄之説而作佛事。喪禮一從古制。遂以癸丑十有一月二十有八日終於正寢。生於淳熙乙酉，蓋年八十有九，可謂卓然達理，至老死不亂者矣。

宋文天祥《輪對劄子》(《文山集》卷三)

臣嘗嘆夫自聖經以來，時君不聞大道之要，生人不被至治之澤。秦至五季千數百年間，犯六經之顯戒者，相望史冊。聖人立為大經大法，以幸萬世，藐然未有聞焉，豈不惜哉。惟皇上帝畀矜斯文，孔孟微言，至我朝周程張朱始大闡明，如朦斯發。先皇帝表章四書，尊禮儒先，為往聖繼絶學，為萬世開太平。穆考之廟，稱為理宗。陛下親得精一之傳，而日就月將，緝熙于光明。斯道斯民，解后千載。先皇帝欲為唐虞三代之治，殆留與陛下，使了此事。臣覩陛下自踐祚以來，畏天尊祖，親親仁民。敬大臣，體羣臣，尊其所聞，行其所知。何往非學。今朝廷清明，宮府齊一。大法小廉，罔越厥志。不可謂不治矣。然臣切怪去年寒燠失常，四方或以旱告。今年星文示變，雨雹見妖。近者積陰為寒，皆名咎證。漢人縱閉之學，必謂一證主一事，臣不能曉。此但即其影而想其形，因其流而疑其源，豈人所不知，己所獨知之地，陛下猶有當反之六經者乎。

又《孫容菴甲藁序》(《文山集》卷一三)

容菴孫先生早以文學自負，授徒里中，門下受業者常數十。[略]傳曰，山藪藏疾，江海納汙。則其所容者，衆也。先生之菴，介於闤闠，敞二尋高，為楹不踰丈。求其領略江山收拾風月，則亦無有乎爾。然先生讀書，白首不輟。皇王帝霸之迹，聖經賢傳之遺，下至百家九流，閭閻委巷，人情物理，纖悉委曲，先生旁搜遠紹，蓋朝斯夕斯焉。是百世之上，六合之外，無能出於尋丈之間也。以一室容一身，以一心容萬象，所為容如此，此詩之所以為詩也。

又《徐應明恕齋説》(《文山集》卷一五)

自漢儒以大中訓極，而極之流遂為苟容。至先儒以極為四外標準，而學者始知極。自唐儒以博愛謂仁，而仁之道遂為小惠。至先儒以仁為包四德，而學者始識仁。自漢唐以來有恕己恕人之説，而恕之弊遂為姑息。至先儒以恕為如心，而學者始明恕。聖人浸遠，道學無傳。於是漢人之中庸，唐人之摸稜，皆足以自附於此三字之義。天下之不見聖久矣，尚賴伊洛諸君子出，而抉聖經千載之秘，而後之學者遂得襲其遺餘，以求進於道。番易徐君應明，有志於學，特以恕為入門。則其幸生於道學之世，而不至涵忍混貸以淪於漢唐之陋也，審矣。

宋林希逸《續詩續書如何》(《竹溪鬳齋十一稿續集》卷九)

聖經之終始，蓋與造化參焉，非人力所能與也。夫聖人作經，非以自求名也。古今天下有不容無者，聖人亦不得而自已也。造物者發其機於千百年之前，聖人者成其書於千百年之後。聖人與造化相為期也。是機既息，雖聖人復生，亦無所措其筆矣，况區區言語文墨之士哉。

王仲淹，正世俗所謂書生者。沾沾自喜於筆舌之間，而乃欲僭躐於聖人之事業。通真不知量，而亦不識《詩》若《書》也。《續詩》《續書》如何，請得以窮其説。凡古今天下，不知其幾人也，亦不知其幾書也。要必天下不可無此書，而後謂之書。著書者，非苟以自鳴而已也。兩間之内，有人道所不可缺者，待其人而後具也。《周易》待文王而具者也。《春秋》待夫子而具者也。遭其時，適其事，聖人有不容已者，是則造化之機自動也。自有帝王以來，則有典謨訓誥誓命之文。虞夏之渾渾，商之灝灝，周之噩噩，歷一世而機一變。《文侯之命》，周書絶筆矣。書也者，豈容有不定邪。自有性情以來，則有咏歌嗟嘆之辭。國風雅頌，正聲諧韶濩，要妙通鬼神。渾渾若天成，浩汗若河漢。有非人力所得為者。文字之機，千餘年之所紬繹啓露。王政熄而聲詩亡，氣將熄矣。則詩也者，豈容有不删耶。使其未容删定也，雖聖人有不得為者，至是而不容已矣，則聖人豈得以泥其意。好名之士，以是為聖人求自見者，則誤矣。嬴顛漢起天地之間斷，一視前古，蓋夢不及矣。雖使聖人復生於周隋之後，袛亦重加慨嘆而已。

宋王栢《考德問業箴并序》(《魯齋集》卷六)

昔聖人自謂五十有五而志於學，且約其進德之序，為學者立自考之法。後世所學無所志，所志非所學，故終身猶未至於聖人之立也。予生三十六年，始知為學之方。今又三十年矣，可以考德問業矣。其所至，僅如斯而已矣。惕然内思，而為之箴曰，

夷攷爾生，不志于學。三十六年，如夢斯覺。當其覺時，有惰有勤。或甘爾

誘，或膠爾程。有赫聖經，猶昧厥旨。有卓至善，莫得所止。振爾墜緒，以會其歸。竭爾餘力，以研其幾。孰云日莫，而以道遠。求仁得仁，在乎自勉。

又《跋趙宰先天圖》(《魯齋集》卷一一)

嘗讀康節之詩曰，皇王帝伯經褒貶，雪月風花未品題。蓋直欲以是為勛業，為事權。比方聖經，為古人之缺典。先生之詩，未易觀也。朱子曰，康節之學，其骨髓在《皇極經世》，其花草便是詩。草巢之為編，已於花草上見造化，更能敲出經世骨髓，使天下之民，皆擊壤而歌之，豈不幸歟。

又《辨·詩十辨》(《魯齋集》卷一六)

序曰，聖人之道，以書而傳，亦以書而晦。夫天高地下，萬物散殊，皆與道為體。然載道之全者，莫如書。既曰以是而傳，又曰以是而晦，何也。在昔上古，教化隆盛，學校修明，聖人之道，流行宣著。雖無書可也。惟教化有時而衰，學校有時而廢。道之托於人者，始不得其傳。[略]

紫陽朱夫子出，而推伊洛之精蘊，取聖經於晦蝕殘毀之中，專以四書為義理之淵藪。於《易》則分還三聖之舊，於《詩》則掇去小序之失。此皆千有餘年之惑，一旦汛埽平蕩，其功過孟氏遠矣。

宋王應麟《代皇子謝賜御書孝經十六句表》(《四明文獻集》卷三)

伏蒙聖慈，賜臣御書《孝經》十六句者。睿謀垂裕，夙承父訓之嚴。神畫疏思，備舉聖經之要。因心立教，拭目知榮。臣某惟夫子之發微言，為曾参而陳孝道。首述君親之事，謹始及終。復虞富貴之移，戒危與溢。身行口言之無失，天經地義之兼該。事可法，德可尊。表裏俱正。居致敬養致樂，造次弗違神明。

宋何夢桂《題線縣尹孝經古畫圖》(《潛齋集》卷一〇)

《孝經》，蓋聖人以孝道而告諸曾子者也。昔人之所注釋，先儒之所刋正，亦甚詳矣。未聞圖之以為畫者。其於聖經，疑若儼然。上都線君子華，出此卷相示。炰香展覽，其隸書章句奇古，水墨像曲盡其情。若親拜尼山斂履，日觀曾子所以磬折答問之狀，使人容肅氣莊，不敢以褻。而知聖人之教人也嚴，則其親炙也可知矣。夫孝所以修身，事親事君，涖官治民，事天地，通神明之大經大義也。學者於此焉求之，放而準諸四海，至足矣。大德庚子春三月既望。

宋胡次焱《跋董問軒戒子苦吟説》(《梅巖文集》卷七)

孔子啟伯魚學詩，問軒戒堯叟苦吟。然則問軒非詩禮庭歟。曰，問軒非戒吟，戒苦吟耳。予謂苦吟者，情思迸露，如春江浩淼，隄不可閘。如露笋怒茁，石不可壓。戒之不可也，亦思所以移之而已。移之如何，曰，羲畫以來，聖經賢傳，義理微賾，而吾曾不能室授冰融，則猶夫人耳。盍移其苦，以研覃科斗書而下，十七代史，載古今世道升降，而吾胷中無千百年典故，猶夫人耳。盍移其苦以考索古聖賢立身行己，可效可師。大者羲娥，小者列宿。而吾曾不能一追逸駕，則猶夫人耳。盍移其苦以躋攀移其苦于子弟職，則入孝出悌，謹信愛親，當如升梯，一步峻一步。移其苦于《大學》，則格致誠正修齊治平，如撑上水船，一篙不可緩。一念攻苦，將食不下咽，卧不安席。繼晷惜陰，皇皇汲汲，畢世無頃刻暇，何暇流連光景，較拙工于風雲月露，禽魚草木，唧唧如春鳥秋蟲也邪。向也所苦，縱到聖處，不過李杜而止耳。今者所苦，縱未到聖處，窮可思軻，達可夔傳。于斯二者，宜何擇。孔門商言詩，賜言詩，參言詩，小子皆言詩，而顔子獨否。或曰，顔子苦，孔門之卓，于彼固有所不暇也。其然耶。顔子亞聖，卒非商賜可及，有自來哉。蓼蟲徙葵，一轉移耳。謂荼如薺，吾且奈何。敢問問軒。

宋熊禾《三山郡泮五賢祠記》（《勿軒集》卷二）

又七十二賢之下，益以諸儒二十二人，此蓋唐禮官一時見其六經三傳，曾有訓詁之勞，故悉從而位置之，不復甄别。西都承秦絶學，若伏生之《書》，毛萇之《詩》，大小戴之《禮》，左氏公穀之《春秋》，與鄭孔諸儒之傳疏，雖其間不無同異，謂其無羽翼聖經之功，不可也。

宋金履祥《通鑑前編後序》（《仁山文集》卷三）

右《通鑑前編》，起帝堯元載甲辰，止威烈王二十三年戊辰，凡一千九百五十五年，通為十八卷。二帝三王之事，麤見首尾，大抵出於《尚書》諸經者為可考信。其出於子史雜書者，不失之誕妄，則失之淺陋。蓋其智不足以知聖人，而流俗傳聞，其高者既以絶世拔出，而大道必絶出於事物常情之表，故其説失之誕妄。其下者則又以世俗之腹，量聖人之心，故其説又失之淺陋。惟以《尚書》之僅存者，于今為帝王全書。劉道原《外紀》之作，《尚書》不入。雖曰尊經避聖，然帝王之事，舍《尚書》，則諸家真稗官小説之流耳。今不敢從《外紀》之例，而從胡氏《大紀》之例焉。顧《尚書》一經，諸儒解者雖已精詳，但似未嘗潛泳反覆，以推篇章之全意，而句解字釋，意或不屬。履祥因為之註釋章旨，隨意所到，雖不能詳，然聖經之篇章，與聖人之體用，似或得之。至於子史雜書之不棄者，則以古今共傳，不可盡。

又《代王姊夫祭亡考散翁文》（《仁山文集》卷四）

嗚呼外舅，而止斯耶。天不可必，命莫之知。公生於世，六十有八。維鄉之瞻，維時之傑。公之儀形，渾然天成。和厚之氣，温其如春。終日之間，不形忿愠。見者心服，聞風斂衽。公之學問，超然流俗。聖經賢傳，諸子史録。取之如逢，誦之如流。随叩而鳴，愈出而優。公之文章，時稱大手。前坡後穎，伯韓仲柳。几格之間，黄冊不留。左右圖書，歷漢窺周。少始知學，嶄然異衆。命物成吟，遍書成誦。長遊庠序，譽傾一時。名公賢士，一見而奇。中更數奇，不偶場屋。晚益推分，斂付庭玉。迨其季年，學成行尊。後學師崇，前輩推稱。如何不淑，一病遷延。匪痛匪疴，而歿終天。嗚呼，人之不幸，時之無禄。鄉邦之思，矧為姻屬。夢説壻公，二十五年。靡事不謀，靡懷不宣。饋遺之交，靡月不逮。書問之馳，一日或再。愛教之意，不間始終。忿怒之辭，没齒不逢。今公之薨，泰山圮矣。予則疇依，言之涕矣。公神在天，公書在筐。追維疇昔，有淚浪浪。菲儀一奠，庶幾享之。上為公慟，下哭吾私。嗚呼哀哉。

金趙秉文《箋太玄贊引》（《滏水集》卷一五）

《太玄》何為者也，將以發明大《易》而羽翼之者也。《易》有八物，而五行萬事在其中。《玄》則列之以三才，本之以五行。表之以陰陽，推之以律歷。而天下萬事之理具。要其歸，為仁義而作也。卦用八，蓍用七。《玄》則首用九，蓍用六，五彰之也。《易》有道數象義，説《易》者言道義，則遺象數。言象數，則遺道義。《玄》實兼之。其於聖經，不為无助。昔人譏屋下架屋，不猶愈于章句一偏之學乎。後之言數術者，孰與張平子。以平子不敢輕議《太玄》，而後儒非之，恐幾率易。

金王若虚《五經辨惑》（《滹南集》卷一）

《書·無逸》言祖甲知小人之依，享國長久。孔氏以為太甲，鄭氏以為帝甲，而疏從孔義，蓋以因《國語》説殷事，云帝甲亂之七代而殞。《史記》云，帝甲滛亂，殷道復衰也。且曰，太甲稱祖者，殷家亦祖其功故爾。予謂此説未安也。按《史記》祖甲，武丁之子，與太甲分明是兩人。周公所引自中宗高宗，以及祖甲，而繼之曰，自時厥後立王，生則逸。其次第不應為太甲。然《國語》《史記》皆言其滛亂而致衰隕，周公奚取焉，是不然。《書》，聖經也。史傳，出於雜説者也。周公去殷為近，知其事為詳。左氏司馬遷為遠，其傳聞容有妄焉。與其變易姓名以遷就其事，寧舍史傳而從經可也。

又《史記辨惑·取舍不當辨》（《滹南集》卷一一）

禹之平水土，箕子之作《洪範》，史但言其事目足矣，而全載二書，甚無謂。蓋聖經自傳，不待表出，徒增冗滯耳。劉子玄唯知孟堅《地理志》全寫《禹貢》之非，而不譏遷史之謬，何邪。

元郝經《恒齋記》（《陵川集》卷二五）

道有常體，亦有常用，體常則久而不變，用常則雖變而久。是以振萬古而無弊也。夫道常而已矣，天地萬物皆一受其常而不變。[略]

昔者聖人懼天下後世之如是也，於是命雷風之象曰恒。恒者，常久之義也。天下之變而不可測者，莫如雷風也。剛柔皆應，相與而得常者，亦莫如雷風也。變而不測，乃道之用。應而得常，乃道之體。聖經具載體用，備存道妙。昭著天地鬼神，陰布明列，不可誣也。何斯人之不恒，如是之極也哉。蓋聖人没而天下無恒教，異端起而天下無恒理。王迹熄而天下無恒政，風俗壞而天下無恒心。井田廢而天下無恒産，典籍滅而天下無恒法。庠序毁而天下無恒學，四民易而天下無恒業。斯人之不恒，如是之極也，亦宜哉。

又《春秋制作本原序》(《陵川集》卷二八)

《春秋》以一字為義，一句為法。雜於數十國之衆，綿歷數百年之遠，而其所書，雖加筆削，不離乎史氏紀事之策。而無他辭説，是以聖人制作之意，難為究竟。學者往往以私意觀聖人，因其所書而為之説。其説愈肆，其意愈遠。其例愈繁，其法愈亂。卒使大經大典，昧没而不明。蓋不求其本原，而徒用力於支流也。

夫大匠之作室，必先定規模，量其高卑廣厚，間架楝宇，有成室於胸中，而後基構，則不愆於素。聖人制作一經，垂訓萬世，又非一室之比，豈無所素定之規模乎。夫其經天緯地，彰往察來，始終先後，本末原委，有一定不易之理，然後為一定不易之法。自隱公至獲麟，年雖遠，國雖衆，事雖多，則若網在綱，有條不紊，所謂吾道一以貫之者，在夫是也。學者乃於條目之外，事迹之下，求聖人之旨，難矣哉。故必挈其綱，持其要，探其本原，觀其規模，遡洄從之，而後順流而下，則浩乎其沛然矣。

今自聖經之外，求聖人所以制作之本原，各從其類而為之説。始於心法，制作次之。言聖人制作之意，不在於史氏之迹，皆斷自聖心也。其次言託始寓終之意，其次言為經立名之意，其次言即用魯史之意。《春秋》之義，以王道行王權，以王權正名分也。故又次之。其法則變周制。上以尊王室，内以正魯國，外以治諸侯。故又次之。《春秋》之中，其事則五霸。五霸桓公為盛，故以桓公為首，晉文次之。秦穆楚荘宋襄又次之。晉楚更霸，而陳鄭叛服，為中國之輕重，故陳鄭又次之。中國之衰，吳越遂霸，故吳越又次之。中國之所以微，由蠻貊之横也。吳越則進於中國，而蠻貊則終於蠻貊。故蠻貊又次吳越也。諸侯之衰，政在大夫，而《春秋》終矣，故大夫又次之。而後舉其要義，正其名號，别其爵命，辨其倫類，定其次敘，而謹其始。聖人始以心法，變文制作。至是則王法成矣，故終之以王法。共三十一篇，始為升天之階，望道之門爾。

或曰，聖人制經，無一字之辭説，但一章一句，纔萬餘言而已。而吾子之説，未嘗一説聖經，而直於其外，為數萬餘言，不亦滋蔓乎哉。曰，説於聖經之外，不敢與經並，乃所以尊經也。夫聖人不為辭説，欲後人之説之也。説者不探其原，是以語焉而不詳。今探其原而為之説，惟恐其不足，而其義不備也，夫豈多乎哉。八卦之後，重而為六十四而為之辭，分而為三百八十四爻，又從而為之辭。其後聖人又以為未足，又從而為《彖》《象》《文言》《繫辭》《説卦》等書，於聖人之心猶以為未足也。以聖人之言説聖人之經，猶若是，矧於千載之下，求之乎末流餘裔，雖欲為之滋蔓，而不能滋蔓也。故今之説，每援《易》《書》《詩》，以經明經，庶幾見聖人制作之意云爾。亦未敢謂之詳也。中統五年歲舍甲子三月晦，陵川郝經書於儀真館。

又《原古録序》（《陵川集》卷二九）

中統七年春王正月，猶在宋之儀真館。十五日己未，《原古録》成，叙曰，昊天有至文，聖人有大經。所以昭示道奥，發揮神藴。經緯天地，潤色皇度，立我人極者也。［略］故斯文之大成，大經之垂世，名教之立極，仲尼之力也。斯文之益大，名教之不亡，異端之不害，衆賢之功也。自源徂流，以求斯文之本，必自大經始。遡流求源，以徵斯文之迹，衆賢之書不可廢也。嗚呼，近世以來，夸毗者不務實學，歆骸蕪穢，纖艶浮侈，栩然恣肆，以古為野。儌幸者干祿詭獲，衹務速售，破碎綴緝，無復統紀，以正為左。穿鑿者窮奇索隱，嗜新歆異，臨深為高，自以為得，以訓傳為膚淺。偽妄者談天説命，立聖遺世，動闞鬼神，言涉造化，以文章為末技。誕幻者朋扇異教，剽飾虚偽，欺世罔利，詭譎深阻，以吾道為土苴。俾大經淪棄，斯文委地，此《原古》之所以作也。［略］

或曰，昔王通續經，論者以為僭而自聖。子是之作，得無似之乎。曰，夫經，不刊之典也。《易》本三皇，《書》本五帝，《詩》本三王，《春秋》本五伯。故皇帝王伯，為《易》之體。虞夏商周，為《書》之體。文武周召，為《詩》之體。齊楚秦晉，為《春秋》之體。前乎犧炎，則不足徵。後乎桓文，則不足法。數千百年，離為四經，混然天成，不可加損，不相参涉，而無間斷。後世雖復有仲尼，亦不能復為也，況王通乎。當偏駮之極，壞亂之餘，而以私意效聖人，贊《易》道，續《詩》《書》，修《元經》，直以繼夫經，自以為仲尼復出，是以謂之僭也。今之所録，推廣聖經之餘裔，以為斯文之命脈爾。古今文章，皆經之所出。萬言千論，不能有以外而莫能及焉。為之羣分類聚，論定區别，以稽其變，益見經之大聖人不敢覬覦，則尊經也，夫豈僭乎哉。江淮荆湖南北等路宣撫使入宋國國信使翰林侍讀學士郝經序。

元張養浩《衛聖編序》（《歸田類稿》卷三）

自孔子沒千數百年，諸儒及異端冒為辭以夸詡後世者，不可選紀。幼學或不能别，往往謂聖人誠有是言。或援以釋經，或舉以誨人，或施諸文字，以證己見。戴白之儒，有轍訛軌謬，亦不悟其非者。切懼夫鬼目之亂芝也，碔砆之亂玉也，稂莠之亂苗也，桑間濮上亂雅樂也。遂因講讀之暇，萃諸子所嘗假托者，以類辨名，其編曰《衛聖》。若夫老莊申韓佛氏之書，與吾聖經，白黑較然，則其所稱，有不待辨而知者。惟左氏荀子及秦漢以来諸儒，則不容嘿焉。蓋彼去聖人未遠，後世又以學術之正躋諸從祀，顧其言乃爾，詎不誤天下後世也哉。

元戴表元《春秋法度編序》(《剡源文集》卷七)

咸淳中，余備員太學博士弟子，見學官月講，必以《春秋》。竊怪而問諸人曰，是自渡江來，以為復讐之書，不敢廢也。夫復讐之説，初非《春秋》本旨。中興初，胡康侯諸公痛數千年聖經遭王臨川禁錮，乘其新敗，洗雪而彰明之，使為亂臣賊子者增懼，使用夏變夷者加勸。儒者之功用所為與天地並，如是而可耳。場屋腐生，山林曲士，因而掎摭微文，破碎大道，為可憫嘆。

元趙文《康氏螺湖阡合葬墓誌》(《青山集》卷六)

風水之説不知起何時。或曰十三卦之制作，棺槨葬埋取諸大過。大過，巽風下，兑澤上。風水之説，或始此，其然，豈其然乎。地以無風無水為吉，而世之言地者，曰風水舛益，甚矣。聖經雖曰卜宅兆而安厝之説，不過相其土地之高燥，草木之茂盛，且辟五患而已。自俗師之説興，拘忌多，妄想廣，始有親死久而不得葬者。夫以葬親為富貴之資，悖義已甚。其逆天理，壞心術，尤莫甚於公位之説。幸而得地，盡合其説，又或在數百里外，己則欲富貴，而以親之遺骸遠竄廣莫之野。傳之數世，祭享不及，遂忘其處，哀哉。

元劉詵《送于伯尚學録滿歸分題賦尊經閣》(《桂隱詩集》卷一)

堂堂廬陵學，傑閣凌青冥。縹帙充屋棟，祥光夜馳霆。子史豈不多，所尊在聖經。聖人制作意，百世昭日星。《易》以開造化，《詩》以勖觀興。禮以垂世範，《書》以厎民寧。《春秋》謹筆削，亂賊懼斧刑。子弟事其長，臣庶尊朝廷。仁義飽穀粟，綱常明渭涇。天地列河岱，日月行海溟。大哉斯閣間，萬理為一庭。巍峩在人目，嚴敬生中扃。于君三年録，口吟披不停。譬如飲醇酒，心醉未肯醒。薰風吹歸棹，明日指劍亭。自此講天禄，更照青藜青。

元劉壎《貞元萬壽宮碑》(《水雲村稿》卷二)

道觀僊宮，有甲于南豐者曰，貞元萬壽。蓋故靈都觀也。其初則魏真人元吉祀玄女，肇建觀，號貞元。於宋治平中，改賜額號靈都，於今則大德庚子歲，陞觀為宮，仍靈都貞元之號，而加萬壽焉。玆其建置沿革之大畧也。[略]師服勤至矣，乃思長生為觀，實我同原。顧積靡弗修，久即益圮。於是欲加葺完，而命其徒李，以觀嗣焉。復念棲真烬燼，則命其徒謝庭芝起廢焉。一宮二觀，鼎峙崇隆，論者無不多師之功。余亦謂師誠有功也。一日，其徒來前曰，吾師之功信然矣，後千載孰有知其然者乎，干文施垂不朽，以觀壽也，敢請。吾聞聖經有曰，人能弘道。又曰，苟非其人，道不虛行。然則人其道樞矣乎。非宫曷闡是道，非人曷興是宮。吾故為師著之，復作詩以侈之。

又《宋太史劉公墓志銘》（《水雲村稿》卷八）

諸公俱東南奇人，而公游從其間，充其識度，以昌其文，遂大有名於世。既薦於鄉，而纍不利於春官，迺退而深求聖經賢傳，諸史百家，益肆力於古學。其進如川，其文如淵。當路爭致禮聘。公氣岸峭勁，自持若氷雪。與人交，必惟道義，不狥時俗好尚。諸公貴人，以是加嚴憚。

元胡祇遹《送馬希驥序》（《紫山大全集》卷八）

秀選俊造之法廢，則士不恥於自售。大比射策之法廢，則取人無程式。賢不肖混淆，為士者不知進身之正路，挾無恥炫鬻之羞，汚轡詭御，殉時好尚，惶惶焉惟恐其圓方之不相合。見棄而退，所謂二帝三王之大經大法，聖經賢傳之嘉謀嘉猷，至大至剛之氣，有為有守之志，未至齟齬，已索然於胷中矣。

又《上執政書》（《紫山大全集》卷一二）

詠綺麗之詩，誦浮靡之文，務口談而驚四筵，揮手筆以駭流俗，以經濟王道為迂闊，以聖經心學為朴魯，臨事决疑，俛首而問胥吏，是足謂之學乎。閣下則異於是，不茹柔，不吐剛。篤於自信，威不能屈，恥於無斷，勇於有為。閣下之氣也。尊賢容衆，不責備於一人，不録人之過，而録人之功。不見人之短，而見人之長。分謗斂過，推功讓能，閣下之量也。事務當前，是非成敗，若辨黑白。君子小人之情僞，似是而非之欺蔽，舉莫能逃閣下之識也。拙於小，工於大。事有疑難，衆莫敢負。委曲周至，剖决如流，閣下之才也。不營田宅，不問有無。視貨財如糞壤，處富貴如儻來。門無私謁，凛然有守。閣下之節也。沉浸乎六經，優柔乎語孟，不讀非聖書，不作無用語，期吾君於堯舜禹湯文武成康之為君，慕臯夔稷契伊尹傅説周召之為臣，閣下之學也。

又《祭王中丞子勉文》（《紫山大全集》卷一九）

我年十七，君冠而婚。君來自東，識我先人。命我以兄，事君如神。我於是時，總角未巾。雖曰爲學，罔有見聞。觀君落筆，湍水飛雲。觀君立言，天葩奇芬。從君切磋，脉理始分。從君琢磨，精粗有倫。如醉而醒，如夜而晨。日往月來，越十冬春。秦王開府，招賢禮賓。明年渡江，智勇獲伸。君以才學，拜首綸恩。中統龍飛，官制一新。勲德譽望，立朝名臣。揚歷中外，應瑞昌辰。官三十年，雍雍申申。優遊耆舊，詔掌絲綸。豈其一疾，絶筆獲麟。四海知君，莫如我眞。羣賢愛君，莫如我親。百犯不校，量海無垠。萬事無心，性天安仁。不加不損，貴富賤貧。與君交游，如酒飲醇。將期暮年，林下水濱。一觴一詠，不厭煩頻。談天人學，精義入神。觀萬物變，闢人易門。言不虛立，聖經翼輪。行無妄動，高風絶塵。嗚呼天乎，奪我鎔鈞。酹地呼天，哀怨終身。英靈在天，聽我斯文。

又《原教》(《紫山大全集》卷二〇)

文武周孔顔孟而下，為君父師者，不知其職，不澄源，不端本，不知正身以化天下，區區以法令刑罰督責而已。為臣子為門弟者，仰觀君父師之所為，與所出之語言號令，冰炭矛盾，故不從其言而從其德。法令愈嚴密，而民不興行。放僻邪侈奸偽爛漫，而不可遏。刑罰愈苛，凶惡頑嚚，滋熾而不可止。蓋不知教之源，教之本，教之表所自出也。源清則流清，本直則末直，表端則影正。教也者，正身而已矣，奚事於喋喋之口舌哉。成湯作誥曰，惟皇上帝降衷于下民，若有恒性，克綏厥猷惟后。子思子曰，修道之謂教。孟子曰，古者易子而教。夫子教我以正，夫子未出于正也。以父之尊而不能正其子，不能以身先之也。[略]

三代之學，皆所以明人倫也。以今較之，其差也，不亦遠乎。自七八歲入學，誦《孝經》《論語》《孟子》《詩》《書》，以至壯年，才名揚於四方。及其臨事，無一事與聖經相合者。下筆數千萬言，皆掇拾前人涕唾，無一語出自肺肝者。居家則多弟子之過，處鄉黨則得罪於鄉黨，入仕敗事病民，立朝廷則以政事戕賊天下。後世皆原於無良師，而不善學也。然則傳道立教者，可不知教之所由生乎。故作《原教》，以示曹南之鄉校。

又《士辨》

陸宣公之學，有倫有要。聖經之權衡，古今之治亂得失，一一精究，故能視天下如指掌，鑒時務如家政。當時君臣如父子昆弟，故設謀立論，用法處方，如和扁之治病，無不對證。如羿基之善射，發必破的。學贍才優。余每讀奏議，恐篇章之盡。

又《語録》(《紫山大全集》卷二五)

聖人之言簡，非簡也，理已備矣。後人不能通曉而擴充之耳。凡讀聖經，便當展轉推擴。千迴咀嚼，義理儘無窮矣。聖人觀天地，便能知萬物，故曰見其禮而知其政，聞其樂而知其德。天地尚不能違，而況于人乎。觸一理而萬理具，見值一事，而萬變莫逃。

又《語録》(《紫山大全集》卷二六)

古人言行備見簡冊，後人為學足有餘師，設若父子之間，不幸而父如瞽叟，母如嚚嫗，弟如象，我能如舜為子為兄，則更不難處。以類而推，為人臣為人弟為人父，與國人為友，皆以聖人為法。至於萬事，莫不皆然。故曰誦堯之言，服堯之服，行堯之行，亦堯而已矣。今人所謂不善學者，只是將聖經口舌作閒話説過，於身於心了不相關涉。正如舌本不仁，終日飲食而不知其味，然則何益矣。謂之不學可也。[略]

余自中年血氣便衰，如七八十然。却有可喜者，血氣既衰，則利欲進鬬之心亦從而衰減。邇来讀書，漸覺義理有味，識鑑亦頗增明覺。聖經賢傳，嘉言善行，義利善惡，是非邪正，仁與不仁，一一切己。向来剽竊不根為人浮學，甚可愧恥。乃知中才庸人讀書不多，涉世未深，客氣未除，擇師友未精，克己無我工夫未曾着力，事事皆少味。賢若東坡老，貶海南，始喜淵明詩，況餘人乎。[略]

太史公以儒家者流，博而寡要，勞而少功。余以謂此言當時為風俗所移，習為鄙儒，而不知其非者也。記誦章句訓詁註疏之學也。聖經一言，而訓釋百言千萬言，愈博而愈不知其要。勞苦終身，而心無所得，何功之有。[略]

元吳澄《答海南海北道廉訪副使田君澤問》(《吳文正集》卷三)

一，毀《周禮》非聖經在前，固有其人，而皆不若吾鄉宏齋包恢之甚。毫分縷晰，逐節詆排，如法吏定罪，卒難解釋。觀者必為所惑。如近年科舉不用《周禮》者，亦由包說惑之也。包說印行，比之奡卿正義，其多十倍。然愚嘗細觀，不過深嘆其無識而已。今奡卿所言，比之於包，極為平恕。以包之苛細嚴刻，識者猶笑其為蚍蜉撼大樹，而凡諸家之所詆，愚皆有説以答之累千言，未可既也，今不復言。

又《何自明仲德字説》(《吳文正集》卷九)

讀聖經者，先四書。讀四書者，先《大學》。《大學》篇首第一事，則明明德也。讀之者幾千萬億人，其能知明德之為何物，而明之之法宜何如者，果有其人矣乎。予每嘆世之讀書者，大率如梵僧之誦呪，依其字作其聲，而漫不究其所以然。

又《春秋會傳序》(《吳文正集》卷一六)

邵子曰，聖人之經，渾然無迹，如天道焉。故《春秋》書實事而善惡形乎其中矣。世之學《春秋》者，率謂聖人有意於褒貶，三傳去聖未遠，已失經意。而况後之註釋者乎哉。棄經而任傳，或臆度而巧説，幾若舞文弄法之吏然。觀者見其不背於理，不傷於教，莫之瑕疵，又孰能紬繹屬辭比事之文，而得聖人至公無我之心哉。漢儒不合不公，無足道。千載之下，超然獨究聖經之旨，唯唐啖趙二家，宋清江劉氏，抑其次也。澄嘗因三氏研極推廣，以通其所未通，而不敢以示人。今豫章熊復庶可。所輯《會傳》，同者已十之七八。諸家註釋，未有能精擇審取如此者也。熊君謹厚純正，篤志務學，其可為通經之士云。

又《春秋綱常序》(《吳文正集》卷二〇)

《春秋》以道名分，此言雖出莊氏，而先儒有取焉。以其二字，足以該一經之義也。古今《春秋》傳註家，奚翅百數。或間得其義，而能悉該其義者，蓋未之見。淮西張鑑所述《春秋綱常》，不自措一辭，但於每行書字有高低而已。觀其叙例，大義炳然。正名定分，無以踰此。簡而嚴，嚴而簡，真可羽翼聖經，以垂訓戒于千萬世。旨哉，書乎，予故識其篇端。

又《經傳考異序》(《吳文正集》卷二一)

金谿余國輔輯《經傳考異》，以予之亦嘗用力於斯也，俾序其首。予少時讀經書，疑其有誤字錯簡處，必博考詳訂而是正之。一日，有先生長者見其一二，叱責曰，聖經如在天之日月，千古不易，何可改耶。汝何物小子，而僭妄如此。予鞠躬謝過曰，父師之教，敢不承乎。第古書自秦火之餘，炎漢之初，率是口授。五代以前，率是筆録。口授者寧無語音之訛，筆録者寧無字畫之舛。語訛字舛，為經之害大矣，不訂正而循襲其訛舛，强解鑿説，不幾於侮聖言與。予之訂正也，豈得已而不已者哉。

又《贈尹國壽序》(《吳文正集》卷三四)

秦丞相斯燔滅聖經，負罪萬世，而能損益倉史二家文字為篆書，至今與日月相昺焕，是固不可以罪掩其功也。

又《尊德性道問學齋記》(《吳文正集》卷四〇)

天之所以生人，人之所以為人，以此德性也。然自孟氏以來，聖傳不嗣，士學靡宗，誰復知有此哉。漢唐千餘年間，儒者各矜所長，奮迅馳騖，而不自知其缺。董韓二子，依稀數語近之，而原本竟昧昧也。則亦漢唐之儒而已矣。宋初如胡如孫，首明聖經以立師教，一時號為有體有用之學。卓行異材之士，多出其門，不為無補於人心世道。然稽其所極，度越董韓者無幾，是何也。於所謂德性，未嘗知所以用其力也。

元許謙《回南臺都事鄭鵬南浼點書》(《白雲集》卷三)

傳書某，比者方獲一識荆州，未能從容奉教，而除書亟下，高步烏府。拜别之日，殊深怏然。嗣後屏居窮山，幾與世絶。詢候之敬，弗克尋問，便郵以伸彝義。惟有江東暮雲，領引西望，以寓傾向之懷耳。即日伏想蓮幕優游，履用納福。近辱蕭侯傳示教命，俾點《書傳》，舊不曾傳點善本，前輩方欲辭謝，又恐有孤盛意，遂以己意謾分句讀。素學淺陋，不能識知聖經賢傳旨意，錯謬必多，惟高明正之可也。圈之假借字様，舊頗曾考求，往往與衆不合。

又《董大夫廟》(《秋澗集》卷三)

吾觀漢家制，所法皆亡嬴。中間去取之，易苛稍寬平。何參不足責，本是刀筆生。文景尚黄老，申公負虚名。賢哉董大夫，三策冠漢庭。論説天人際，高吐三代英。仁義我所重，功利我所輕。紛紛弘湯問，獨能尊聖經。所惜王者佐，竟老膠西卿。過蓨得遺廟，再拜冠與纓。至今讀公書，片辭皆世型。浩浩廣川水，萬古朝滄溟。因之觀其瀾，吾道得少行。

又《義齋先生小學家訓序》（《秋澗集》卷四三）

義齋先生補註《小學》書，藏之家塾，未嘗示人。治命其子承宗曰，當攜謁秋澗翰學，庶明吾志。先生既沒，鄉邑士人楊飛卿，將板行焉。承宗致遺命，懇求序引。僕向游宦趙北，與先生夤緣，私覿欵洽則未也。用是追念疇昔，敢攄臆見。昔晦庵朱文公既集註四書，俾《大學》之道，體用本末，昭然顯著。復慮童蒙之士弗知趨向次第，不能入道義之門，造治平之域，復述此書，俾為師者知所以教，弟子知所以學。雖曰《小學》，其文辭雜出於聖經賢傳，百家之書，言微行懿，顧先師宿儒，究竟踐履，有終身不能盡者。

元徐明善《椝澗先生文集序》（《芳谷集》卷上）

宋文章不及唐。唐專門多，宋惟六一南豐半山二蘇數人而已。以《文粹》比《文鑑》可見矣。然則五星聚奎，無乃不驗乎。《易》曰，天下文明。又曰，觀乎人文以化成天下。所謂文者，《禮》《樂》《書》《詩》《易》，與夫記事之史是也。明者，人無不習，而粲然日用常行間，所謂化成也。周程繼孔孟，朱子集大成。聖經賢傳，自漢以來，穿鑿傅會，為之一洗，若揭日月。宋之所以度越漢唐，斷斷在此。摛章繪句云乎哉。

元陳櫟《太極圖說序》（《定宇集》卷一）

此篇周子所自著，（《太極圖說》）道學之精語也。不特道理淵永，文亦簡重正大，粹然聖經賢訓之文焉。今選古文而終之以《太極》《西銘》二篇，豈無意者。蓋文章道理，實非二致。欲學者由韓柳歐蘇詞章之文，進而粹之以周程張朱理學之文也。以道理深其淵源，以詞章壯其氣骨，文於是乎無弊矣，此愚銓次之深意也。

元王結《上中書宰相八事書》（《文忠集》卷四）

一，正君而國定矣，故為治之本，在于正君。而正君之道，貴于養德。而所以養德者，當用有道之士傅導之也。仰稽前代開設經筵，妙選眞儒有道德者為講讀官，以近侍貴臣崇儒樂善者為之長。萬幾餘暇，俾經筵官講明聖經，從容啟廸，以資聽覽。日就月將，緝熙光明，篤信而力行之，則正心之理，修身之則，治國之道，用賢之方，無不盡善，而民情物理稼穡艱難備見纖曲，故開益聰明，變化氣質，薰陶德性，莫此為至。先儒所謂正心以正朝廷，正朝廷以正百官，正百官以正萬民是也。

元虞集《送富遠序》（《道園學古録》卷六）

泰定乙丑秋，南陽先生富珠哩公拜汴省郎中，其子遠自京師往省來徵言焉，謹告之曰，古今學者，苟有志於斯文，則必嬴糧治笈，違親戚去鄉井，求明師而從之。道途不敢計遠近，歲月不敢論久速，期於業成而後已。猶有遇不遇之不可必焉，蓋亦勞且難矣。今吾子之嚴君，天下之碩師也。講明問辨，不待出勤於外。傅觀瞻傚，則不必近越乎户限，何其幸與。昔予與公，並於成均也。日進諸生於一堂之上而誨之，更互倡和，以發明聖經賢傳之指歸，不極於至當不止也。當是時，豈惟學者有所啟發，雖以區區之不敏，亦得其退過進不及之助焉。

又《藍山書院記》（《道園學古録》卷八）

我國家表章聖經，以興文化。至于《論語》《大學》《中庸》《孟子》，定以周子二程子張子朱子及其師友之説以為國是，非斯言也，罷而黜之。其正乎道統之傳，可謂嚴矣。然而老師宿儒，日以澌盡。愚者無所啟發，狂妄者得以其不根無學之言竊附于往哲之緒餘，以誣衆罔俗，則自欺自棄之甚者也，不亦悲夫。

又《皇圖大訓序》（《道園學古録》卷二二）

《皇圖大訓》者，前榮禄大夫中書右丞臣許師敬因其先臣衡集脩德為治之事，嘗進説於世祖皇帝者而申衍之。而翰林學士承旨榮禄大夫知經筵事臣阿拉克特穆爾，奎章閣大學士光禄大夫知經筵事臣和塔拉都哩默色潤譯以國語者也。天歷二年，天子始作奎章閣，延問道德，以熙聖學。又創藝文監，表章儒術，取其書之關繫於治教者，以次摹印而傳之。清燕之暇，偶得此編，以為聖經賢傳有功於世道者，旣各有成書，而纂言輯行會類可觀者，又盡出於前代。獨此編作於明時，文字爾雅，譯説詳明，便於國人，故首命刻之，仍敕臣集為之序。

又《戴石玉所著三禮序》（《道園學古録》卷三一）

《治親書》者，廬陵戴君石玉之所編也，其意以為記禮者有曰，聖人南面而聽天下，所宜先者五。一曰治親。故雜取《爾雅》《儀禮》戴氏記及先儒之言而成之，凡三篇。一曰釋親，二曰宗法，三曰服制。而親親之道備矣，品節之禮辨矣。予讀之而嘆曰，考之于《書》，帝堯則曰，以親九族。帝舜則曰，察于人倫。其命契也，亦曰百姓不親，五品不遜，敬敷五教，在寬。然則治天下者，思盡人道以成善治，豈有出于此乎。今布衣韋帶之士，坐論書史，慨然思古聖人為治之道，有取于聖經賢傳，著而為書以自見，其學其必有見也夫。夫《大學》之道，其極致在于平天下，蓋其素講者如此，又何疑也。

又《新喻州重脩宣聖廟儒學記》（《道園學古録》卷三五）

昔世祖皇帝觀兵江上，得江漢趙氏，盡以朱子之書北還。魯國許文正公首得《小學》之書，尊信表章，躬踐以為教。又推致乎聖經賢傳之遺，而斯文之正緒大明於天下。自國都之學至於郡縣黨術，莫不尚焉。

又《南康路都昌縣重修儒學記》(《道園學古録》卷三六)

皇朝自國都郡縣皆建學，學必有廟，以祠先聖先師。而學，所以學其學也。有司奉明詔，嚴祀典，而属教於校官。薄海内外，莫敢不虔敬。苟有事焉，則必記其事。事無不同也，記事者因其地而各有所述，以示諷勸，此南康都昌之修學，所以不可無記也。昔者孟子没而道學失其傳，周子起於千載之下，而傳之程子，而斯道大明，以行聖經賢傳之旨。論説傳受之備，至朱子而蔑有加矣。

又《趙孟昌以順字説》(《道園學古録》卷三九)

浚儀趙孟昌以順，其父命其名與字，久矣。他日，請為之説焉。順德者昌，其有取於三老董公之言乎。吾聞順，其德也。昌，其効也。德進則效斯進矣。乃為説順之義云，順也者，子道也。傳曰，不順乎親，不可以為子。而順之為道，非直阿狥曲從之謂也。順乎理而無違，斯可以為順已。故又曰，順乎親有道，反諸身不誠，不順乎親矣。誠，實也，無妄也。人之所以事天者，此也。子之所以事親者，此也。是故不順乎理者，皆妄也。所謂理者何也，仁義禮智之所以為德，君臣父子夫婦長幼朋友之所以為倫者也。不聞良師友之言，則無以開其端而啓其識。不得於聖經賢傳之旨，則無以致其力而造其成。

又《田居子黄隱君哀頌辭》(《淵穎集》卷八)

始予弱冠時，從黄隱君遊。隱君諱景昌，字明遠，世為婺之浦江人。自幼敦樸而開悟，及長，益通五經諸子詩賦百家之言。巖南公嘗一再攜予詣隱君，質《春秋》。隱君則曰，墨守是非，初不可以草草矣。已而予授其孫迪學，且盡發其《春秋》公穀舉傳論及三代用正日夜食之辨，每言《春秋》一書，自公穀氏口説相傳，至漢然後著之竹帛。是故經有脱編，有錯簡。學者上畏聖經，下避賢傳，訛舛誣漏，不敢較也。[略]

予謂經書日食三十有六，後世善曆者推之，或有甲乙，或無晦朔，不聞言有日夜食。學聖人之學，豈不反為巫史家所笑乎。或曰，世之登泰山者，夜半見海出日，當是而食，將夜食乎，抑晝食乎。予謂古人之占天者，當晝則測日景，當初昏則驗中星。自帝堯之分命羲和者，此其職矣，又何敢以傳聞雜説，而輕議聖經者乎。

元黄溍《徐氏詠史詩後序》(《文獻集》卷六)

孟子曰，王者之迹熄而詩亡，詩亡然後《春秋》作。蓋古者盛時之為詩，薦于郊廟，則有以見其盛德。陳于朝廷，則有以知其政之廢興。施於邦國鄉人，則出於上而被於下者，又有以為教。及其衰也，[略] 唐之詩人，間有興懷陳迹章聯句續至於累百而止，顧其言多卑近，徒以資兒童之口耳，於名教何預乎。

蘭溪徐公夙有聞家庭所傳先儒道德性命之説，而尤精於史學。凡司馬氏《資治通鑑》所紀君臣事實，可以寓褒貶而存勸戒者，人為一詩，總若干首。大義炳然，一本乎聖經之旨，誠有功於名教者也。

元歐陽玄《元虞雍公神道碑》(《圭齋文集》卷九)

然則所謂賢才者，非天降地出有可望之理哉。今既莫若求經明行修之成德者，身師尊之，求以至誠，庶幾德化之及斯民，有所觀感。其次則求操履之近古而不為詭異者，經義守正説而不尚奇論者，為衆推服而非鄉愿者，延致之，使教學者。他日當有所發也。又其次，則取鄉貢之退者，其議論文藝猶賢於汎汎莫知根柢者也。朝廷韙其論而憚改作。初考會試議曰，國家科目之法，諸經傳註合有所主，將以一道德同風俗者，非使學者專門擅業，如近代五經學究之固陋也。聖經深遠，恐非一人之見可盡。試藝之人，惟其高者取之，不必先有主意，使求賢之意狹，而差自此始也。

元柳貫《仁山先生金公行狀》(《待制集》卷二〇)

道南之學，肇於龜山楊氏，而豫章羅氏延平李氏實繼起而纂承之。天之生賢，固不數數然也。文公先生子朱子屬當道學絶續之運，而身任斯道不傳之緒。凡聖經賢傳之出於分崩離析之餘者，既悉刪之正之，以還統體之全，而傳註訓釋之混於得失純駁之間者，又悉披之摘之，以成宰制之公。提綱挈領，別類離倫，其學始於精攬潛思，終於真積力踐行。著習察之幾，即致知力行之具。洒掃應對之粗，即精義入神之妙。世之所謂空言無實而足以欺世盜名者，非學也。當時及門之士，無慮什百，而文肅黄公獨得其傳。

元蒲道源《西軒王先生行實》(《閒居叢稿》卷二六)

一日複視《易傳》諸書，凡三十五部，計一百七十三帙，共九百三十三卷。既畢，召其子及諸婦諸孫序立堂下，示之曰，吾見人家昆季，往往不義，皆因父祖積財以啓争端。吾幼罹大變，骨肉離散，惟餘此身。艱險百至，雖欲積財，何可得也。縱使得之，亦匪我心。惟於六經書籍，必存心懇懇以求之。近所得書籍，類皆散亂，甚可惜也。余雖盛暑，日以雞鳴而起，手自料理。如是者兩踰晦朔，殊不知勞。自以為樂爾。庶幾若輩領解吾意也。他日觀是書者，必不忍鬻墜之，就能明乎聖經賢傳之奥，日行乎孝弟忠信之實，則一家之中，父父子子兄兄弟弟夫夫婦婦，上下和睦，和氣藹然。雖欲致争，亦無自而得也。

元許有壬《陸宣公奏議纂註序》(《至正集》卷三一)

鄿春潘仁彦賓為《陸宣公奏議纂註》，南臺御史上其書，且薦其才可職校。湖廣省調寶慶儒學正而移其書中書，下館閣校勘。館閣題之，湖南僉憲高昌赫公國賓尤愛其書，請予序，將刻之。

余惟三代後，賢相世有其人。然匡輔之業，功於一時。謀猷之文，功於萬世。有其業而無其文者，多矣。有其業而有其文，可施於一時而不可施於後世者，亦不少也。至於施之當時而已效，用之後世而不竭，暚然與聖經賢傳並立於天地之間而不悖者，獨陸宣公奏議為然爾。東坡以為古今之精英，治亂之龜鑑，豈不信哉。

又《論語衍義序》(《至正集》卷三二)

古經子傳註之未盛也，人所以傳名家。其從授諷誦者，淪浹肌骨，終身不忘。沉潛反覆，必有得而後已。及剖析爛漫，文益繁而道愈離。學者恃有成書，不求之心，而悉委之目。是故傳註盛而後學者始怠。呻佔畢而習者且不可得，而況有得於心者乎，而況蕿苗秀混涇渭知所擇從而至於道者乎。河南二程夫子出，而後聖經復明。子朱子泝程源而上之，挈百家紛紜之說，擷其長而萃於正，《四書集註》精密嚴簡，信乎為萬世不刊之書也。

又《春秋經說序》(《圭塘小稿》卷五)

朱子不能自信於心，未嘗敢措一辭者，豈以是耶。然其言曰，《春秋》大旨，誅亂臣，討賊子，貴王賤伯而已。未必如先儒所言，字字有義。又曰，聖經本平易，後儒以己見論經，故經義不白而反艱險。即是究之，朱子於經，不既淵矣乎。尹和靖言，王安石廢《春秋》，非其意。以三傳不足信。其不解者，以其難也。以其難而不解可也，以其難而廢之，則王氏心術可見。

我朝草廬吳公，采摭諸家之言，各麗於經，分所異合所同，為《纂言》十二卷。又倣陸氏《纂例》，為《總例》七篇。有功於經者也。約中因《纂言》，録其說以附於經，其自得者，又疏其說於先儒之後。中大路而不岐，泝正流而不沱，又有功於吳公者也。有功於吳公，斯有功於經矣。一旦大用，持是說以裁割庶事，有什伯章疏者已，經說豈空言而已哉。

元吳師道《教經堂記》(《禮部集》卷一三)

古之賢者必貴，貴而得禄者必富。所謂富貴，以道得之者也。後世不以其道而得富貴多，於是始有眇視軒冕鄙厭金粟以口不言富貴為高者。或以為言，則交訾其陋。如桓榮陳車馬賜以為稽古力，韓公訓子諄諄語卿相光寵，咸不免於訾者之議，是皆隨聲接口而不深察夫事情者也。韋賢玄成相繼為相，鄒魯間為之諺曰，遺子黄金滿籯，不如一經。夫以聖經而與黄金並，得不類於前所云乎。

又《趙彥衛補定安公紀後題》(《禮部集》卷一七)

江陰趙彥衛作《西漢定安公紀補》，首書元年。四年，書策命孺子為定安公。

五年至十八年，每歲首書公在定安。其説以為孺子雖幼，實係大統。公在乾侯，聖經可法，意亦美矣。

元唐元《通鑑發明序》（《筠軒集》卷九）

至正四年冬十月，江東憲僉崔公行部，首見于廟，語諸監郡太守曰，尹氏《通鑑發明》，文公之忠臣也。其刻梓以詔後學，可乎。咸曰，唯唯。越明年，梓工竣事，命新安唐元為之題辭。元竊聞《春秋》，史外傳心之學。文定深探其旨，其曰《春秋》有變例，定哀多微辭，又曰直書其事，不待貶絶而惡自見，又曰史文如畫筆，經文如化工，可謂善論聖經矣。

元謝應芳《贈刊字張生序》（《龜巢稿》卷九）

古者毫楮未興，書以刀筆，故六經往往口傳耳受，不能無誤。然識者正焉，其失猶未遠也。毫楮既作，書道乃備，轉相傳寫，譌謬滋多。至近代板刻之誤，而人有不敢遽易者，况俗徒規利，至有節去其詞，使章斷句裂，以誤學者。然板既行，聖經賢傳，乃得家傳而人誦之，固亦有功名教矣。金沙張敬之，善鏤書者也。家本業儒，故能矯二者之弊。

元戴良《送祝彦明詩後序》（《九靈山房集》卷五）

三衢祝君彦明，以儒入官，為浦江文學。三年政成，受代而歸。義門鄭彦貞氏，命諸子姓作為詩歌，以道其惜别之懷，而吾友宋先生景濂，實為之序。良雖不敏，竊嘗納交於彦明，又且受知為特厚，獨能已於言乎。[略]

彦明生當諸老告謝之餘，獨能集其舊書，誦而傳之，以時時稱説其履歷之所自，庶幾夫流風餘韻之可見者乎。至正初，嘗以憲府之薦調官，吾學需次幾十年，始克領其教事，然其識趣恬退，曾不以閒曹冷局為嫌。每旦深衣幅巾，巍然高坐，以發明聖經賢傳之指歸。諸生列處齋廡，手披口誦，自晨興至夜分不得休，以為常。由是士習之陋日以除，俗學之靡日以變，而吾鄉學校之設，不為具文矣。

元趙汸《答徐大年書》（《東山存稿》卷三）

楊子雲曰，衆言淆亂折諸聖。禮家異同之説，其來遠矣。苟不反求於經，將安所折衷乎。謹據《周禮》，述舊聞以答來貺，足下其察焉。經曰祀天，曰祀天神，曰祀昊天上帝，曰禋祀昊天上帝，曰旅上帝，曰大旅上帝，曰享上帝，曰類上帝，曰類造上帝，曰祀五帝，曰禋祀五帝，皆因官屬職掌器物司存言之。然其間尊卑遠近，親疎隆殺，異同分合，有序有倫。聖經簡奥，無費辭，非後世文字比也。

蓋《典瑞》言祀天旅上帝，祀地旅四望，四望别言，既非祀地，則旅上帝别言，非祀天明矣。《大宗伯》，國有大故則旅上帝及四望，亦以上帝對四望言。而《小宗伯》兆五帝於四望四類，亦如之。始以五帝對四望言，五帝即上帝明矣。旅者，會而祭之之名。上帝，非一帝也，猶四望非一方矣。《大宗伯》禮天地四方，皆有牲幣，各放其器之色。而《詩》曰來方禋祀，以其騂黑，四方之神，即五帝也。故曰禋祀，而得與天地通稱。六器，日月星辰四望不與焉。

《大宗伯》以禋祀實柴槱燎祀神之在天者，以血祭貍沈疈辜祭神之在地者。禋者，升煙以祭之名。三祀皆積柴實牲體玉帛，燎而升煙，以報陽也。自非天神之尊者，不得言禋祀，明矣。《大司樂》祀四望，祭山川，各有樂。而五帝樂無文，以其皆天神，同六變之樂也。又豈但與昊天上帝同禋祀，同祭服而已哉。雖然，五帝之非人帝，可無疑矣。其總言上帝，與專言祀天者，豈無別乎。其祭曰旅，曰享，曰類，曰類造。其事曰天子將出，曰師甸，曰國有大故，以及曰祈穀，與《大司樂》冬日至祀天神於圜丘，夏日至祭地祇於方澤，孔子謂之大郊者，其於尊卑遠近，親疏隆殺之節，亦辨而詳矣。

若來書所謂天與帝為一，惟兼言分言有異，則經中神號祭名禮物，徒異同而已矣。先王制為一代大典，豈為是辭費，以來後世之紛紛乎。[略] 王肅親註《家語》，而自廢五天帝之說，苟無卓然之見，讀書雖熟，猶不足恃，而況不熟者乎。罔乎後世，而傲視古人如此，每為《續禮儀通解》，君子惜之。此先生教人，所以貴乎致思也。足下如有意斯事，則聖經賢傳與諸名家成書，歷代史志具在，區區廢忘久矣，何足辱下問乎。

元楊維楨《補過齋序》(《東維子集》卷五)

松江守陳府公初涖政，屬吏皆移病于外，首鼠進退。公曰，吳兒欲以習詐為俗耶。下令召見諸曹吏書佐，視其可用者若干人中，得蕭蘭，獨稱悃愊吏，吶吶似不能言者。而中則慧，了識事體。府公前每白事，必兼數曹，無一誤失者。諸曹疏誕者學之，而弗能萬一。府公益獨奇之。蘭愈恪謹。退，公輒閉置斗室，翻閱往史及今令甲書，又自命其齋曰補過，取諸聖經之訓，進盡忠退補過也。

又《春秋左氏傳類編序》(《東維子集》卷六)

三傳有功於聖經者，首推左氏，以其所載先經而始事，後經以終義。聖人之經斷也，左氏之傳案也。欲觀經之所斷，必求傳之所紀事之本末，而後是非褒貶白也。然考經者欲於寸晷之際，會其事之本末，不無繙閱之厭，於是類編者欲出焉。

又《曹元博左氏本末序》

左丘明受經於仲尼，故作《春秋》傳以為聖經之按。後之傳左氏者，有鐸椒，嘗作《鈔撮》八卷。虞卿作《鈔撮》九卷，是又有功於左氏者也。惜其文無傳矣。至漢張蒼賈誼，復傳左氏。河間王進於武帝。至成帝時，劉歆校秘書而好之，始立《左氏春秋》。和帝時，遂立其學，而《左傳》大著。又其後，晉杜預復表章之，而傳有註釋。

夫左氏為聖門弟子，又身為國史，纂記本末，考索惟精。其文或先經以始事，或後經以終義。大抵有以原始而要終也。後之言經者，舍左氏無以為之統緒，故止齋陳氏謂著其所不書，以見經之所書者，皆左氏之功，此章指之所由也。

元陳基《西湖書院書目序》（《夷白齋稿》卷二一）

夫經史所載，皆歷古聖賢建中立極修己治人之道，後之為天下國家者，必於是取法焉。傳曰，文武之道布在方冊，不可誣也。下至百家諸子之書，必有裨世教者，然後與聖經賢傳並存不朽。秦漢而降，迄唐至於五季，上下千數百年，治道有得失，享國有久促，君子皆以為書籍之存亡，豈欺也哉。

明朱元璋《策問・問天時》（《明太祖文集》卷一〇）

朕聞聖人在位，則天下安和，四時序，五穀登，風不鳴條，雨不破塊。甚亨者，五日一風，十日一雨，此果若是乎。果若是，則何君在位天地之鑒致然也。夫何堯湯在位之時，二君皆聖人也，却乃堯有九年水，湯有七年旱。當此之際，民之休息莫不苦殃至甚，然否。於斯二事，但嘗聞云耳，畧不知水旱始堯湯某年，其灾消禍弭亦終於某年。諸儒博習聖經典籍，必能周其故以陳之。且當時君聖臣賢，何故國民之灾有若是之危，此果民不善而致然歟，君不德而致是歟，抑天道運會而使然歟。如此者去古既遠，亦必陳之。但以方今天道之變，又不知何如耳。

又《資世通訓序》（《明太祖文集》卷一五）

朕於幼時家貧親老，無資求師以學業。故兄弟力於畎畝之間，更入緇流，遂致聖人賢人之道，一概無知，幾喪其身焉。然雖不知聖人之道何如，其當時善人之言，彼雖不教我，我安得不聽信之。忽遇羣雄並起，於吾之命如履薄冰。不數年間，獲衆保身。又數年，衆廣而大興，以統天下。時乃尋儒問道，微知其理。故日攻詢訪博采志人中積羣言加以比較是非。其中所言當者，非斯人之自能，乃上古哲人之善行，因斯人有志聽懷。今為我學，而為我用，於斯人豈徒然哉。其有所言不當者，皆斯人惰其學，況平日解悟差矣。是致作事倒為，或又為非以覆身滅姓者有之。

吾嘗靜以思之，凡君天下者，代天理物，統寰宇之大，負教臣民之重，上古哲王，道與天同。今朕匪才薄德，卻乃握乾符而統寰宇，德將安在，於是宵晝弗敢自寧，但見世人性愚而見淺，古有聖經賢傳，立意深長，為先儒註以繁辭，評論不一。愈愚後學者。朕特以一己之見，總先賢之確論，託諭者評之，直述其意，以利今後人，故為之序云。

明宋濂《春秋屬辭序》（《文憲集》卷五）

《春秋》，古史記也，夏商周皆有焉。至吾孔子，則因魯國之史修之，遂為萬代不刋之經。其名雖同，其實則異也。蓋在魯史，則有史官一定之法。在聖經，則有孔子筆削之旨。自魯史云亡，學者不復得見，以驗聖經之所書。往往混為一塗，莫能致辨。所幸《左氏傳》尚明魯史遺法，公羊穀梁二家多舉書不書以見義。聖經筆削，粗若可尋。然其所蔽者，左氏則以史法為經文之書法，公穀雖詳於經義，而亦不知有史例之當言，是以兩失焉爾。左氏之學既盛行，杜預氏為之註，其於史例推之頗詳。杜氏之後，唯陳傅良氏因公穀所舉之書法，以考正《左傳》筆削大義，最為有徵。斯固讀《春秋》者之所當宗。而可憾者，二氏各滯夫一偏，未免如前之弊。有能會而同之，區以别之，則《春秋》之義昭若日星矣。[略]

如濂不敏，竊嘗從事是經，辛勤鑽摩，不為不久，卒眩衆説，不得其門而入。近獲締交於子常，子常不我鄙夷，俾題其書之首簡。濂何足以知《春秋》，間與一二友生啓而誦之，見其義精例密，咸有據依，多發前賢之所未發。譬猶張樂洞庭，五音繁會，若不可以遽定。細而聽之，則清濁之倫，重輕之度，皆有條而不紊。子常可謂深有功於聖經者矣。

又《題宋名公與馬鶴山諸帖》(《文憲集》卷一三)

至於紫陽文公，上繼周程道學之緒，使聖經昭明如日月之麗天，則其功又為何如哉。閲是卷者，當思感悦慕效，毋徒視為奇玩而已也。

又《跋新刻孝經集註後》(《文憲集》卷一四)

予舊友吕君遂出，守合肥，患寇盗未息，而民或不知有父子之親，因刻《孝經集註》於學宫，俾家傳而人誦之。

嗚呼，吕君之意，則善矣。亦幸遭夫有道之朝，尊用儒術，故得以專行其志焉爾。何以言之，昔者宋梟為隴右刺史，梟患涼州多寇叛，欲多寫《孝經》，令家習之，庶幾使人知義。蓋勲力諫，梟不從，遂奏行之。詔書詰責，坐以虚慢。夫教人革心從善者，莫踰於聖經。顧乃視為迂遠遲頓之器，宜乎漢祚之不振也。

又《危公新墓碑銘》(《文憲集》卷一八)

二氣孕精，至文迺生。凝為川嶽，煥為日星。天地之文，因象以示。象默無言，非人莫著。往古百代，作者孔多。迄今有聞，其能幾何。元興朔方，氣淳而厖。俊烈宏謨，震盪萬邦。積盛而彰，實在君子。維八十年，其績甚偉。卓兹危公，起大江西。奥學醇辭，孰能與齊。在至正初，交薦而陞。敷繹聖經，以牖帝明。中原薦饑，黎首告病。公跽而言，民為國命。同列畏聞，吐舌改容。當宁褒嗟，曰維汝功。

又《故東吳先生吳公墓誌銘》(《文憲集》卷二二)

自幼以纘承家學為事，雞初號輒起，秉火挾冊而讀之。時建昌江公存禮，謝公升孫，皆前進士，先生負笈從之游。繼登鄉先達虞文靖公集之門，於是博極羣書，其學絶出於四方。

先是元至正甲申，先生伯兄儼與其子裕同舉進士，裕連三薦，始擢辛卯進士。第名在第二，冠南士之首。及至丙申，先生暨再從弟立盛又薦于鄉，立饒之孫盛名揚之孫也，鄉人榮之，指先生之居，相語曰，是家在前朝，以明經詞賦知名者，先後相望，今復如斯。書詩之澤，厥有衍慶。會海内兵起，先生遂無意北上。下帷講授，遐邇學徒，争奔走其門。先生隨其資器，孳孳訓迪，必使優柔厭飫而後已。凡所敷繹，皆五經奥義，不拘泥於箋記，而大旨自暢。晚尤專心於《春秋》，且謂聖人之經一，而諸家異傳，大道榛塞，職此之由。乃著三書，曰《禆傳》，曰《類編》，曰《五論辨》，辭義嚴密，多先儒所未言。嘗撫卷嘆曰，此書，吾積學之所致。後世有揚子雲，其將好之矣。然於文辭尤豐贍有力，下筆之頃，思如湧泉。開闔抑揚，不愆矩度。論者謂如晴巒出雲，氣勢突兀，不假雕琢，天然成章。先生則曰，作文不原於聖經，不關於世教，雖工無益也。

又《河圖洛書説》（《文憲集》卷二六）

新安羅端良嘗出圖書示人，謂建安蔡季通傳於青城山隱者，圖則陰陽相合，就其中八分之則為八卦。書則畫井文於方圈之内，絶與前數者不類。江東謝枋得又傳河圖於異人，頗祖於八卦，而坎離中畫相交流，似於方士抽坎填離之術。近世儒者又有與太極圖合者即河圖之説，又有九十皆河圖，而有一合一散之異。洛書既曰書，而决非圖之説。夫圖書乃儒者之要務，若數者之不同，何也。濂應之曰，羣言不定，質諸經。聖經言之，雖萬載之遠，不可易也。

又《段干微》（《文憲集》卷二八）

段干氏問龍門子曰，秦漢以來，正學失傳。至宋而復盛，因願竊有聞也。幸歷以告我。金陵之學何如。曰，穿鑿聖經，而附會己説。甚者竊佛老之似，以誣吾聖人之教。學顔孟者，固如是乎。又其甚者，一假功利，以摇動天下。利源一開，魚爛河决，而莫之禁。如此，尚可為國邪。予嘗謂亡宋天下者，自金陵始也。曰，然則無一髮可取乎。曰，確執堅信，澹然不為位勢所動，是則何可及也。所惜者，學之疵耳。

又《王宗器字辭》（《文憲集》卷二九）

王生璉字宗器，其先太原人，今家濟南之長山。器局沈凝，而學問精密。洪武五年，以《易經》舉進士。[略] 宗廟之器，貴重實殊。夏有四璉，殷稱六瑚。周云八簋，異名同符。其貴斯何，珠玉為飾。其重斯何，盛以黍稷。嚴奉明禋，神鬼是格。惟端木氏，才堪三卿。文章外見，以言語稱。汝器見許，載諸聖經。今生既長，局度純亮。發為辭章，大河奔放。器字璉名，父師所望。出逢盛治，講學禁中。

又《吳草廬先生贊》(《文憲集》卷三〇)

紫氣蟬聯，神物蜿蜒，有開必先。山川降神，自元而貞。篤生哲人，慎斯勤斯。絶乎等夷，於道早知。厲如秋霜，煦如春陽。何德之昌，抱膝而居。氣蓋八區，闕而弗舒。玩心神明，操觚弗停。輿衛聖經，學徒是依。毛之有麟，甲之有龜。剸其淵冲，以消吝封。心熙氣融，大明當軒。留聘益尊，施教成均。北許南呉，先後合符。人文之敷，大明太史。金華宋濂贊。

明陶安《送陶培之引》(《陶學士集》卷一五)

延祐未設科之先，郡縣學校襲前代故常，季考不廢，但經義務穿鑿詞賦，拘聲病，其塗既岐，其習益陋。及大比賓興，然後芟掃前弊，尊崇正學。由是聖經旨趣，日月於人心之天。

明宋訥《思終堂記》(《西隱集》卷五)

遂城王可大氏從事於北平憲使，洪武庚申春，贊畫風紀來臨於滑，音容美而和，風骨清以肅，蓋優游於法律，執持於節義者也。一日，會訥於分司公退之室，可大起而請曰，泰不天，甫冠，父母相繼而亡，適元季戊戌之亂，既葬，有叔士賢，復相失於兵革。遠求近訪，乙已始與叔會，以不能盡孝之軀，常懼隕越。昊天罔極，曾未有報。每於所居之堂，蚤莫瞻省，時節祀饗，以勉盡其力，願先生賜名與記，以警其懈而不逮，則思親之心，小有慰焉。訥知可大孝心之純篤也，故不拂其請，乃取聖經立身行道揚名於後世以顯父母孝之終也之義，名其堂曰思終。

明王禕《洛書辯》(《王忠文集》卷四)

洛書非《洪範》也。昔箕子之告武王曰，我聞在昔，鯀陻洪水，汩陳其五行，帝乃震怒，不畀洪範九疇，彝倫攸斁，鯀則殛死。禹乃嗣興，天乃錫禹洪範九疇，彝倫攸叙。初不言《洪範》為洛書也。[略]

鄭康成據《春秋緯》文，有云河以通乾出天苞，洛以流坤吐地符。又云河龍圖發，洛龜書感。又云《河圖》有九篇，《洛書》有六篇。夫聖人但言圖書出於河洛而已，豈嘗言龜龍之事乎，又烏有所謂九篇六篇者乎。孔安國至謂天與禹神龜負文而出，誠亦怪妄也矣。人神接對，手筆粲然者，寇謙之王欽若之天書也，豈所以言聖經乎。此其不可信者六也。然則洛書果何為者也，曰，河圖洛書，皆天地自然之數，而聖人取之以作易者也。於洪範何與焉。群言淆亂，質諸聖而止。河出圖，洛出書，聖人則之者。非聖人之言歟。吾以聖人之言而斷聖人之經，其有弗信者歟。[略]

朱子亦嘗言，洛書者，聖人所以作八卦。而復曰，九疇並出焉。則猶不能不惑於漢儒經緯表裏之説故也。嗚呼，事有出於聖經，明白可信。而後世弗之信。而顧信漢儒傅會之説，其甚者，蓋莫如以洛書為洪範矣。吾故曰洛書非洪範也。河圖洛書皆天地自然之數，而聖人取之以作易者也。

又《太常博士答劉歆書》(《王忠文集》卷一三)

劉歆欲建《左氏春秋》《逸禮》《古文尚書》皆列於學官，哀帝令與博士議。博士或不肯置對。歆私書責之。當時博士必有答歆書，而史不載，故補其辭。

且當漢初，承秦燔燒之餘，挾書之律方解，天下文學稍稍始出如萌芽。然國家亟於興儒學，崇道藝，故諸子傳説，廣列於學官，為寘博士，以扶植而統理之。今儒術之興既久，典籍粗完，則凡非聖之書，固所宜斥絶，而傳説之無補於經者，亦在所宜擇也。執事拳拳於此，為聖道計，誠可尚矣。然衆言殽亂，異説紛紜，適以為聖經之累，亦蓋深察力辨之。顧乃牽於世俗之恒見，昧於聖人之大道，是非真僞，無所釐正。猥以見罪於有司。意者執事之於載籍，未始博極歟，何知其一而不知其二，遂直為此悻悻也。

夫明月之珠，夜光之璧，天下之寶也。設有殘闕焉，亾害其為至寶也。今乃因其殘缺，它求魚目燕石以擬之，是使至寶無别也。執事誠以聖經為寶也，則宜聽其殘缺，以信其所為寶，不必奬異説，殽衆言，謬以非寶為寶也。夫聖經雖有殘缺，而聖人之道萬古一日，如日月之麗天。或時剥蝕，終即必復。執事又奚必過以為憂乎。執事過憂之，是信日月之蝕而不復，無是理也。承書辭責備過當，故不得不辨。

又《孔子廟庭從祀議》(《王忠文集》卷一五)

孔子廟庭從祀者，凡百有五人。自澹臺滅明至孔鯉七十一人，皆受業聖人之門，而承聖人之教者也。自左丘明至許衡三十四人，皆傳註聖經尊崇聖學，而有功於聖人之道者也。蓋自唐貞觀二十一年，始以左丘明至范寧等二十一人從祀廟庭。及宋元豐七年，復增荀況、揚雄、韓愈，以世次先後，從祀左丘明二十一人之間。淳祐元年，乃以周敦頤、程顥、程頤、張載、朱熹列于從祀。景定二年，又增張栻、吕祖謙。咸淳三年，又增邵雍司馬光。及元皇慶二年，乃以許衡繼宋九儒，居從祀之例，所謂三十四人者也。

以今論之，漢儒之從祀者十四人，而猶闕者一人，董仲舒是也。唐之從祀者一人，而猶闕者一人，孔穎達是也。宋之從祀者九人，而猶闕者四人，范仲淹、歐陽修、真德秀、魏了翁是也。元之從祀者一人，而猶闕者一人，吴澄是也。

自夫孟軻既往，聖學不明，邪説盛行，異端並起。歷秦至漢，諸儒繼作。然完經翼傳，局於顓門之學，而於聖人之道莫或有聞，惟董仲舒於其間，號稱醇儒。其學博通諸經，於《春秋》之義尤精。所以告其君者，如天人性命仁義禮樂，以及勉強遵行正誼明道之論，皆他儒之所不能道。至其告時君罷黜百家表章六經，以隆孔子之教，使道術有統，異端息滅，民到于今賴之，則所以尊崇聖學者，其功殆不在孟子下。以荀況之言性惡，揚雄之事新莽，猶獲從祀，而仲舒顧在所不取，何也。

秦人之後，聖經闕逸。漢儒收拾散亡，各爲箋傳。而偏學異説，各自名家。晉宋以來，爲説滋蔓。去聖既遠，莫可考證。學者茫昧，不知所歸。唐初孔穎達受詔撰定諸經之疏，號曰《正義》。自是以來，著爲定論。凡不本於《正義》者，謂之異端，誠學者之宗師，百世之取信也。是其所以傳註聖經者，較之馬融鄭康成輩，功無所與遜。且何休註《公羊》而黜周王魯，王弼註《易》而專尚清虛，害道已甚，然在祀列。胡獨至於穎達而遺之也。

又《叢録》（《王忠文集》卷二〇）

然而聖人筆削之本文，後世亦不復見矣。且漢世傳《春秋》者五家，鄒氏無師，夾氏無書，既先亡，而初立博士，惟《公羊》。宣帝世，復立《穀梁》。至平帝時，乃立《左氏》。三傳之有功於聖經，固也。然而其得失亦相半。《左氏》詳於事，《公羊》明於例，《穀梁》精於義。此其所為得也。

又《宋太史傳》（《王忠文集》卷二一）

宋太史者，名濂，字景濂，婺之金華人也。[略] 景濂於天下之書無不讀，而析理精微。百氏之説悉得其指要。至於佛老氏之學，尤所研究。用其義趣，製為經論，絶類其語言，置諸其書中，無辨也。青田劉君基，謂其主聖經而奴百氏。馳騁之餘，取老佛語以資嬉劇，譬猶飫粱肉而茹苦荼，飲茗汁耳。景濂狀貌豐厚，美鬚髯。然目短視，尋丈之外，不能辯人形。而雪邊月下，蠅頭之字可讀也。性疏曠，不喜事檢飭。賓客不至，則累日不整冠。或攜友生彷徉梅花間，索笑竟日。或獨卧長林下，看晴雪墮松頂，雲出没巖扉間，悠然以自樂。世俗生産作業之事，皆不暇顧，而篤於倫品。

明危素《尼山大成殿四公配享記》（《説學齋稿》卷二）

癸巳。

延祐三年，仁宗皇帝在位，崇學右文。御史中丞趙公世延，始言南北祭禮不宜有異，當升曾思如典故。制曰，可。

先是四公列坐兩旁，禮部以為翼承道統，述明聖經，作則萬世，以立人極。論德定名，列次配侑。東坐西向，於禮為稱。至順三年，進封顔為復聖公，曾為述聖公，思為宗聖公，孟為亞聖公。仍命詞臣為制書，一代之典，可謂備矣。

明林弼《奉次韓景昭縣尹移文封贈感夢二親之作》(《林登州集》卷二)

大鈞播羣品,亭毒一元氣,人得秀而靈,中立配天地。睠惟異禽獸,實由識倫紀。篤孝盡子職,立愛自親始。罔極終身慕,不忘永心矢。韓侯聖賢學,魏公忠孝裔。粤自英妙年,已與流輩異。顯揚企前修,繼述念先世。家聲振有期,書澤流未已。一官豈禄擇,十年為親仕。甘旨幸父存,髫齓悲母逝。得母諒已難,事父當不易。過庭習詩禮,淑鄉敦德義。善行遵聖經,嘉言徵信史。東隅光莫駐,西山景何恃。空興風木哀,不逮菽水味。古來忠孝門,多出忠義士。

明朱同《平率齋銘》(《覆瓿集》卷六)

漢東胡公明善守新安,扁其齋居曰平率,命郡民朱同銘之。同維公以文學政事徧歷朝著,而守是邦,所以名齋之義,宜有深旨。而同見聞寡陋,學識疏庸,豈足以發明公之蘊奥,而揭諸座。謹述其義於左而銘之,以質於公。[略]

聖人作則,定之以中正仁義,靜養於未應物之先,省察於將應物之際,是皆切磋琢磨之功,所以去不平而致其平者也。是以此心之明,如水與鑑。上下四方今來古往,萬理莫不具於我。夫然後泛應曲當,始能平其心,率是性,以率物矣。聖經賢傳之旨,内聖外王之學,未有能加於此也。公以是名齋,則日用之間所以治民者,可知矣。嗚呼,豈獨治一郡之道哉,又豈一行一事之沾沾者所可同日語哉,若夫以平易率略,為公名齋之義者,固不足以知公也。銘曰,

維皇上帝,降衷下民。得之以生,為我天君。物我相形,純一以散。不平於中,是非錯亂。聖神設教,以致其平。涵養省察,率性而行。惟平故明,惟明能率。水鏡之空,萬里攸出。明明我侯,治心以平。平心率物,因物賦形。琴堂之嚴,萬事咸理。孰知其由,乃本於是。燕居閒閒,有洞斯軒。鑑兹齋銘,政教之原。

明朱右《春秋傳類編序》(《白雲稿》卷四)

愚讀《春秋》三傳,《國語》,愛其文焕然有倫,理該而事核。秦漢以下,無加焉。因采摭其尤粹者,得若干卷,題曰《春秋類編》,而為之序曰,圖書出而人文宣,光嶽分而人材降。是人材者,人文之所寄也。孔子曰,天之未喪斯文也,匡人其如予何。其亦謂是也。

夫自周轍既東,聖賢道否,孔孟之教不行於天下。春秋戰國之際,功利日興,權謀是尚,固不足以上窺天人之奥,而布其致君澤民之心矣。幸而天理不泯,斯文未墜。經生學士,器識卓絶。不無人焉。求其能輔翼聖經,垂型世範者,愚於《左氏》《公羊》《穀梁》而深有望也。雖然,三傳、《國語》之文不能無辨。《左氏》則無間然矣。

明謝肅《吴遊稿序》(《密庵集》卷七)

諸子各以所見著書，則不獨文與道二，而道之裂也，已無有純全者。惟董仲舒氏曰，正其誼不謀其利，明其道不計其功。揆其行事，不戾斯言，可不謂其文與道一者乎。而韓愈氏曰，所志於古，不惟其辭之好，好其道焉耳。是亦知夫道之與文不可二矣。然以實而考之，則其文固未能一出於道，況其下者乎。文而一出於道，惟周程張朱數君子耳。且以《太極圖説》《通書》觀之，其簡妙精粹，幾並聖經，以其得孔孟不傳之學，故能若是，豈嘗拘拘學為文哉。

明蘇伯衡《心學圖説後序》(《蘇平仲文集》卷四)

金華坦溪之上有隱君子曰鄭君彦淵，宋川陜置制忠愍公之六世孫也。始余得其《葬書註釋》讀之，固意彦淵儒者。乃今讀其《心學圖説》，信彦淵之為儒者無疑矣。夫堯舜禹之相授受也，曰人心惟危，道心惟微。惟精惟一，允執厥中。萬世正學，於是乎出焉。商周繼之，其間聖賢焉不學，而亦焉有外此以學者哉。

逮乎周衰，聖人不作，異端並起，其所以為學者，大抵非帝王之學。漢興，群儒掇拾遺經於秦火之餘，往往溺於訓詁，而不知反求諸心。則既失矣，後千數百年，濂洛諸大儒出，當宋世，相與倡明聖學，而論著焉。子貢之徒所不得聞於仲尼者，昭然若揭日月。天下學士始知不知道不可以言學，不明心不足以為學。夫何積習既久，雖有豪傑之材，亦皆篤惟先儒之成言是誦，莫肯以精力自致，而今為甚。譬如侏儒之觀場，人抵掌亦抵掌，人揶揄亦揶揄，其目且猶無見也，其心況有得乎。則其失愈遠矣。

夫千古帝王之學，固因濂洛諸大儒而復明。至於天地事物之倫理，性命道德之精微，諸大儒又豈敢自謂其言盡矣備矣，後之學者，無所容心，無所容喙也乎哉。此彦淵之書所以作也。彦淵優游事外，於凡聖經賢傳，旁及釋老之書，靡所不覽。而未嘗阿以為同。冥思而默體，深造而自得。得其説，直欲逾濂洛涉洙泗，窺先天之秘。推其用心，可謂勞矣。非儒者而能與於斯乎。惜夫是書出於三百年之下，而諸大儒莫之知而莫之取也。向令彦淵與諸大儒並時而生，從而就正焉，其有不傳信乎。而顧使余得而讀之，豈知言哉。

明胡翰《答汪秀才書》(《胡仲子集》卷三)

足下相去稍遠，曾不知之。一旦過采浮譽，以不及見為恨。累數百言，道其願見之懷，與其所以為學之意，足下之志誠篤矣，陳義誠偉矣。將以自異於今世俗之人，求合于古之君子，誠亦異于人，而有合于古矣。僕安所進于左右。獨念人之有生，甚不易也。學者竭思慮，疲精神于聖經賢傳，百家之言，甚勞也。朝氛之氣，彌宇宙而薄光景，[illegible]洋易位，非不勃然鋭矣。未崇朝而消液，安足恃乎。故君子貴乎有所養。見聞之知，不可以為真知。有外之心，不可以合天心，其意斷可識矣。

又《芳潤齋記》(《胡仲子集》卷六)

聖人不能有加於吾之性，天地萬物之理，皆吾性所固有也。吾於是而得之，亦不能有加於吾之性，其得於天者固如是，特因聖人有以啓沃之，而得吾之本然者耳。世儒習而不察，聖學不明。及宋二程子出於濂溪之門，始闡揚之，以承墜緒。晦菴朱子益加討論，以一衆說，然後聖經賢傳訛者正，疑者缺，晦者明，如日中天。士得而讀之，如出三代之前，宜其坦然由之而無疑。世之篤於自信者，何其鮮也。能任重者，又益未之見焉。

明趙撝謙《賀金正音詩卷序》(《趙考古文集》卷一)

夫男女天地之大義，夫婦人倫之大端，是以《詩》首《關雎》，《書》欽媯汭。《易》始乾坤，《春秋》明適庶，皆于斯道而致謹焉爾。故古之議婚姻者，必更相擇取。所慕惟賢，所求惟德。是以孔子妻其子以公冶長，而妻其兄之子以南容。桓氏妻少君以鮑宣，孟德耀之欲梁伯鸞，郗道徽之選王逸少，孔明之於黃承彥，王適之於奚高，此皆道相同，氣相合，而擇取圖修者然也。及乎俗弛化易道昧，人虽妻女者，則慕瞬息之盛。求婦者，則挾一時之榮。以資賄夸耀於人以為悅，以貴富矜伐於世以相合。賢德之擇取，則娓娓乎而莫之知也。

余習誦講談聖經諸史百氏之論及乎此道者，未嘗不慨然于流俗。上虞金正音，純然敦謹，君子人也。不趨聲利，不趨榮貴，年幾壯而未室。隣邑有賢行學古之張君，與正音會一見而道同氣合，遂以女妻之。時之士大夫與正音善者，聞其事莫不嘉張君之賢，而賀正音之有室也。贊美之辭，咸形篇什。余與正音尤善，于其往也，亦復形諸言。

明烏斯道《刻唐律易覽序》(《春草齋集》卷三)

刑書曰，律者何，蓋以假借音律之義也。何假借於律。律管短長，其聲有輕重之殊。毫釐差繆，五音不和。刑之道似焉。《書》曰，故乃明於刑之中。中與律，一也。漢蕭何已脩律令，曷不曰漢而曰唐，其書至唐而備，故謂之唐也。其唐律之刑十二者何，律十二管，五音始和，故刑如其律，而國家之法無不具之於是也。自唐之後，代有法令。雖命名不同，固不過本於唐律。孰知唐律一本於聖經。《舜典》曰，鞭作官刑，扑作教刑，金作贖刑。眚災肆赦，怙終賊刑。至三代，五刑之屬三千，律之條目以廣，聖人之旨焉。

明吳伯宗《送太學生何端歸省序》(《榮進集》卷四)

太學弟子何生端居太學二年，承助教盱江張先生萬碧之訓惟謹。今謁告歸吳興觀親，欲得先生一言以警于心，而先生以在疾告，乃來館，下致先生之命，而有求于予言。噫，予豈有易于先生之言哉。余家與先生為鄰郡，而先生為先達。暨來成均六館之師，惟先生齒德最尊，而未嘗鄙予。予竊見先生之訓諸生矣，先生之意，以謂諸生英年茂質，遭逢國家文明之盛，涵育煦嫗，培養作興，千載一時，宜深究聖經賢傳之旨，而明其體，適其用，正其心，修其身，以上應朝廷教育之盛心。

明鄭真《尚友齋記》（《滎陽外史集》卷一〇）

至於老成科第在前朝，與其先君子同年者，亦許為通家。其於一鄉，以至天下之善，固無餘矣。而不至於古人不止也。故其日用行常，以聖經賢傳為閫閾，以百家諸子為籓籬。孜孜矻矻，幽探窮賾，言有文而行有章也。

又《懷遠衛正旦進賀表箋三道·上位表》（《滎陽外史集》卷六五）

上言春王正月，聖經所書。天子萬年，周詩善頌。恭仰會同之盛，敬伸臣子之誠。（中賀）欽惟皇帝陛下，文武生知，膺天眷命，集車書之一統，致天下於文明。生物用成，海涵春育。際此履端之盛，倍膺福履之新。臣某等忝衛懷遠，莫報忠勤。仰玉筍之班聯，與軍民而忭舞。

明方孝孺《讀書齋》（《遜志齋集》卷二三）

翼翼高齋，秩秩群經。推辭繹義，必敬必誠。持心惟虛，是受是承。立志惟篤，是毅是弘。［略］允矣君子，夜寐夙興。惟誠惟勇，有權有衡。聖訓赫臨，于几于楹。聖經是讀，聖德是行。

明程通《祭友章文善文》（《貞白遺稿》卷四）

嗟嗟文善，聰敏之姿。妙齡英氣，卓立自持。負磊落之，壯志思奮。起於一時，奚所願之。未遂遽與，世而相違。嗟嗟文善，門單爐微。少失所從，寖入他岐。年踰弱冠，了悟前非。恥習業之為陋，慕古道之餘輝。徙義從正，取友親師。聖經賢傳，惟日孜孜。行己接物，不忒其儀。晨則起居，甘旨承奉。庭幃夜則，青燈黃卷，手不停披。

明周是修《行恕》（《芻蕘集》卷四）

王惟行恕，恕行道生，順逆好惡，舉世同情。綱常倫理，天秩昭明。更推立體，何怨何爭。君子責己，鄙夫求人。絜矩有道，大哉聖經。

明張宇初《故原宗傅先生墓誌》（《峴泉集》卷三）

天朝一海宇，首崇學校。有司舉為儒學司訓，居七年，琢礪有成，歲無虛。

凡自撫之選者，必曰傅先生徒也。以是鄉試必禮君。總之，學者得一言，皆矜式焉。遠邇推重，每若此。廿七年夏，有旨，翰林召儒士校《書經》《孟子》，君預舉列。七月，朝臣馳驛起之，即日赴京師。燕諭者再，退而註釋經傳，凡客二旬餘。君力居多。某月某日，以疾終于官舍。執政者聞於朝，上嗟悼久之。［略］君以經行修明，措之言辭，視不難矣。然居庠序，樂育才儁，足以充時之用。晚節操慕，有以副朝廷之眷。其終也，上寵悼之以文，君為不死矣。其潛德幽光，可無以發之乎。銘曰，

維古之學兮，粹乎聖經。斯吾造之兮，既裕而明。有是而施兮，足以訓後。宜達於朝兮，蔚乎已榮。卓彼南山兮，林谷茂清。啓兹後人兮，昭于厥銘。

明楊士奇《趙文敏公墨跡後》（《東里續集》卷二二）

元之盛際，趙文敏公法書冠絶天下。上自朝庭，下至山顛海隅。大書深刻，輝映日月。至于今，翰墨真跡流傳於世，靡不珍襲如拱璧焉。余於祕府人間，見之多矣。大率所書漢唐以來名人文章，及老釋之言，而及於吾儒聖經賢傳，甚少見也。蓋必有之，或祕不以出。或愚民俗子不知所寶，而廢棄之矣。今於吉安守四明陳侯本深所，拜觀《太學》三綱領以下五十八字，渾厚而飛動，温潤而典則。存莊敬於揮灑之中，允哉，重寶也。

又《示訓昇姪》（《東里續集》卷六一）

學人有道戒驕盈，謙益由來著聖經。看取千流并萬派，盡沿東下作滄溟。

明王直《開平衛新建廟學記》（《抑菴文集》卷一）

開平衛治在獨石，古靈州之地也，距居庸關蓋千餘里，遊擊將軍左叅將都督同知楊公作鎮兹土，士馬精強，號令嚴整。敵人畏服，邊塵不驚。嘗自念曰，此非臣下之力也，聖天子威德遠暢，致兹寧謐。故洪等皆得相安于無事，當勉圖所以報。今朝廷有興學之令，而軍中子弟多聰明才俊，講武之暇，若使更讀儒書，益知尊君親上，以攘外安内，豈非萬世之策哉。即奏疏，請設學校如内郡，上從之。

公遂以餘力伐材鳩工，作大成殿，兩廡戟門檽星門及神厨神庫，殿後作明倫堂，堂東西作志道依仁二齋，又作文昌廟及教官之居，以正統八年六月某日經始，而以某年某月某日成。總之為屋七十間，皆堅壯邃密，繚以周垣。聖賢像貌，塑繪如制。其諸器用，靡不畢具。又得教授楊文訓導綦俊為之師，願學之士，凡六十餘人。講誦聖經賢傳，以明君臣之義，父子之親，尊卑貴賤之等，是非好惡之公。體之以實心，見之于實行。且深究夫禁暴戢兵，保大定功安民和衆豐財之要，以達于時措之宜。將佐吏士環而聽之，皆懽忻鼓舞。感上之德與公之賜，期必底于教之成而後已。

又《先伯祖贛州府學教授王公墓表》(《抑菴文集》卷八)

王氏之先居金陵，晉太傅導之後。南唐吉州刺史崇文始留家于言，其從孫宋禮部侍郎贇，又徙居泰和，世以宦學為名家。至君高祖虹溪先生字叔可，曾祖芳洲先生字本初，祖天隱先生字性夫，皆不仕，而皆以文學德誼重於時。考西山先生字民，則元季為贛州路先賢書院山長，遂家于贛州，尤以博學多才顯名。公其長子也，諱在，字子所。天資粹美，器宇宏深。穎然出儕輩。聖經賢傳，諸史百氏之書，靡不讀，而皆能造其精微。為雩都縣學教諭。兵亂學廢。國朝混一宇内，首詔天下建學育才，擇賢師儒為教官。贛守鄒奕以公薦，江西行省會諸郡邑所舉百餘人試之，公為第一。

又《封翰林院檢討曾公墓誌銘》(《抑菴文集》卷一〇)

曾氏，漢都鄉侯之裔，有曰宗者，始徙居吉水之住岐，世以儒為業。公高祖少暉，元興元路教授，生以禮。以禮生庭蘭，徙居匡山。庭蘭生龍昇，又徙盧溪。則公之曾大父大父父也。公諱稔，字秩東，東山耕雲，其別號也。生有美質，聰敏不羣。喜讀書，未嘗釋卷。於聖經賢傳，皆能通其意，而尤深究陰陽五行之説。

又《南陵縣脩學記》(《抑菴文後集》卷一)

故曰，三代之學，皆所以明人倫也。今興學立教，不異於古。而必本於讀書，書所以載此道也。讀其書，明其道，深體而力行之，則賢才成，風俗美矣。然而世之遊學校者，知讀書以明道矣，深體而力行之，則鮮矣。持無實之空言，思以僥倖於一時，而謂賢才之成，風俗之美，其可邪。

南陵自昔為壯縣，今密邇皇化，而又得賢如秉彝者，脩學以教焉。則夫為士者，當何如哉。盡心於聖經賢傳，明夫天理民彝之本然，質於師，講於友，體之於身，行於家，施於鄉黨州閭，推而至於仁義不可勝用，然後為學之成。如是出而用之，達其道於天下，以成化善俗，則三代之賢，豈遠哉。

又《楊先生祠堂記》(《抑菴文後集》卷五)

先生秩滿，陞邵武教授。無幾，調徽州。徽州人士聞先生善教，皆樂從。先生亦樂以聖經賢傳為之講説。三綱五典，日用事物常行之道，剖析精微。

又《送戴教諭序》(《抑菴文後集》卷一八)

董仲舒下帷以學，至三年不窺園，故能通天人之奥，而言立於天下後世，此其故可知矣。今子之為教官也，將汩汩於車塵馬足之中，以説乎人則廢其職。將矻矻然於聖經賢傳之間，以快乎己，則為逆人。斯二者，予不知其所處也。然嘗聞之孔子曰，君子易事而難説也。説之不以道，不説也。彼奔走送迎曲意承順以為説者，皆非其道矣。使其君子也，將不以是為罪乎。夫君子不説非道，而吾必以其所不説者説之，是不以君子之道待之也，其可乎。

又《同知郭君墓表》（《抑庵文後集》卷二七）

母嘗語其先世詩書之訓，則服膺不忘。母益喜，知其能有立。遣入縣庠為弟子員，事師處友，皆厚資給之。君夙夜孳孳，聖經賢傳，務深窮其奥。凡所以脩於身，行於家，與夫治人接物者，皆師諸古言行，恂恂必盡其道。學既成，充貢入太學，彌自飭勵，不隨俗俯仰。六館之士，皆英才。端表儀者，皆天下名儒碩師，而皆稱君為賢。

又《贈同知任君墓表》（《抑菴文後集》卷二八）

君名敬立，泰和人。世以儒醫著稱。五世祖顯叔，仕宋為文丞相兵馬醫録。曾祖迪吉，以經學有名。祖光德，父保宜，皆不仕。君，保宜弟保冲子也。生始七月，光德命為己孫，故遂為其後。自幼警敏，才氣不凡。從鄉先生蕭尚仁父子學，深有造詣。聖經賢傳，靡不通貫。至於醫書，尤精究博覽，得其旨趣。

又《侍講余公墓誌銘》（《抑菴文後集》卷三三）

公諱夔，字一夔。[略] 公自幼喜學，篤於孝弟忠信，讀書以窮理為務。隆寒盛暑，手不釋卷。於修身齊家治國平天下之道，必探極深微，非聖賢所傳，未嘗出於口存於心。永樂甲申，以《書經》取進士第。太宗皇帝稽古右文，詔選進士優等者，得二十八人，以為翰林庶吉士，俾盡讀中秘書，學古為文辭，公與焉。公天性開敏，力於進修，體上心之嚴，充家學之懿。聖經賢傳，諸史百家，莫不研究。其為文章，必本於性命之奥，而發其詞氣之偉。同列皆推讓焉。

又《張博克温字説》（《抑菴文後集》卷三四）

聖賢之道具於書，欲其博而又貴於温。讀書誠博矣，非時而温之，抑何以能求道哉。自聖經賢傳以至諸史百家之言，呻吟讀誦，有未洽則温之，温之熟，其學充然進矣。於是明體以達用，而道無不盡。故讀書所以能盡道者，以其學之能温也。

又《劉先生像贊》（《抑菴文後集》卷三七）

聖經賢傳窮深幽，教人不倦功業優。太學博士非常流，唐有韓愈漢施讐。先生繼之踐厥猷，羣儒仰德心日休。薦剡上達拔其尤，御史守令足與儔。聞言不語皆掉頭，循舊資給乃可留。衆人喜進己獨不，此風須向古人求。

又《吴祭酒贊》

此祭酒吴君與儉像也。與儉以文學才行師表當世，作此像以示後。予同郡人，託交好，故為作贊。有嚴辟雍，儒教之宗。以育俊才，以興治功。簡賢為師，天子有命。而君實來，斯文之慶。君之所學，賢傳聖經。博究羣言，隆隆其聲。規圓矩方，準平繩直。四方具瞻，惟君是式。顒顒昂昂，儀觀在堂。深衣幅巾，與道翺翔。德以時升，業以久大。聿觀厥成，以熙帝載。

明李昌祺《玉燭新》（《運甓漫稿》卷七）

壽舍弟昌明初度。

春光忙似箭，又三月初三，牡丹開遍。卯君初度當今日，祝壽惟深繾綣。八人同氣，但只覩五人顏面。我一箇分外龍鍾，難似四人强健。

如今骨肉無多，但有興能來，且休辭倦。更教兒姪願箇箇，努力聖經賢傳。空詞一闋，笑寫當袖中鸞麵。期歲歲生朝，持杯乾勸。

明李時勉《鄉貢進士蕭不敏墓誌銘》（《古廉文集》卷一〇）

不敏諱愚，姓蕭氏，不敏其字也。其先世居湖廣，曰文昌者，避馬楚之亂，徙居廬陵之曲山。六傳至耕道。宋開禧進士，廣之仁化令。曾祖以萬舉博學宏辭，一不偶，輒絶意仕進。獨好淵明詩，有《和陶集》。祖復心，父樂存，皆不仕。樂存嘗從進士王子讓學《詩經》，以《詩經》教授於鄉。二子不敏，其長也，資性淳重穎敏，年十三，已能屬文辭，為時輩所稱道。既長，博覽强記，日數千言。聖經賢傳，諸子百家之書，多所涉獵，而尤邃於《詩》，蓋其家學也。

明曹端《夜行燭序》（《曹月川集》）

美質易得，至道難聞。古人有是言矣。伏惟我家嚴九歲，失其怙恃，自恨歉于讀書。然天性仁厚，資質聰敏，見善勇於必行，知過勇於必改。嘗曰，祖宗積德以遺我，使我子孫既衆且賢矣。享此團圓之福，我受其榮，豈忍積惡於身，上玷祖宗之德，下遺子孫之禍哉。苦為流俗所移，於是以崇奉鬼神，尊事佛老為善。

洎端讀書於邑庠，幸聞師友之譚，頗知聖賢之道，乃告家嚴曰，《易》云受兹介福，惟以中正。《詩》云思無邪，思馬斯徂。是則福在正道，不在邪術。況聖門之教，敬鬼神而遠之。彼佛老以清淨而廢天地生生之理，致令絕祀覆宗，禍且不免，福何有焉。家嚴悔恨，因執端手而諭之曰，我不讀書，為流俗所惑，昏迷至此，可勝痛哉。今而後由你，引我上去，我便隨着你行。端拜曰，古之孝子，先意承志，諭父母於道。端既奉命，敢不拜教。於是取聖經賢傳之格言，扶正抑邪之確論，朝夕諷誦左右。又將文公《家禮》及鄭氏《家規》勸而行之。既而家嚴喜曰，昔我愚冥如夜行，然自端開明之後，雖未到高明遠見地步，然常若有明燭照引於前者。端因述前言往行之經告於家嚴者，纂集成書，命名曰《夜行燭》。

明薛瑄《小亭花雨》(《敬軒文集》卷五)

曾過君家飲小亭，醉看紅雨濕春馨。别來生意應如昨，長對東風閲聖經。

又《覃懷秋曉作》(《敬軒文集》卷七)

樵樓月落曉鍾清，起坐南窗讀聖經。道大豈如湖海闊，義微何止羽毛輕。天開陴垸鴉初散，風過園林葉盡鳴。便欲出城閒極目，西風清絕有高陵。

又《附録所贈》(《敬軒文集》卷一〇)

名利塲中一夢醒，知君渾不負蒼冥。村醪且去隨時飲，澗水重來洗耳聽。俗眼任他終日白，山光還似舊時青。從教門外塵如海，坐向空齋閲聖經。

明劉球《元年春王正月》(《兩谿文集》卷一)

臣謹按，《春秋》之法，莫先於明王道。而王道之原，實出於天。天道順而後王道為可行。故孔子於一書之首，書元年，書春王正月，見人君當體元居正，以奉天道，而正王道。漢儒董仲舒推廣其義，有曰，謂一為元者，視大始而欲正本也。《春秋》深探其本，必自貴者始。故為人君者，正心以正朝廷，正朝廷以正百官，正百官以正萬民，正萬民以正四方。四方正，遠近莫不壹於正，而無邪氣干其間，是以陰陽調而風雨時，羣生和而萬物殖。諸福之物莫不畢至，而王道終矣。此是説《春秋》欲人君體元之意。

又曰，按《春秋》之文，求王道之端，得之於正，次王。王次春，春者，天之所為。正者，王之所為。人君欲有所為，宜求端於天之道。此是説《春秋》欲人君居正之意。為人君者，誠以體元為職，居正為要，則聖經大法，可舉而措諸政治。天下生民，皆得蒙其福矣。

伏惟皇上取法《春秋》，體元居正，以仁育羣生，以統理萬國，天下幸甚。

又《御馬圖記》(《兩谿文集》卷六)

余以孔子嘗悼史無闕文，故其為《春秋》書夏五紀子伯之類，悉據舊史，而不加益。蓋示後世不可以億測亂古真也。矧余至昧，詎敢妄希前聞人臭思擅附會其亡缺，故違聖經大訓哉。是用缺其所不可知，而録其所可知，為之記而歸焉。則是圖雖越年久，更人覽翫愈衆，終不失為二三賢手題矣。原振為邑望家，上世有舉進士顯宋元朝者，圖其故物云。

又《送宋進士南歸序》(《兩谿文集》卷七)

世之為政者令多乖而行多謬，蓋不知求治之端於經，以致然也。不有傑特之士起而一去其弊，不幾乎聖經道塞，使為邪説者得藉口以自張歟。予故於宋璉進士之歸，不能不拳拳焉。璉嘗受《春秋》於予，今且以《春秋》第進士，蒙待用之命而還矣。予望其能益討求經世大法于二百四十二年筆削間，以待他日出而措之政，不但以得進士為足，而遂棄其業也。故為是説以祝之。

明于謙《雜行類》（《忠肅集》卷七）

况思患預防，聖經之訓。忘戰必危，兵韜所戒。若不維新法制，一洗往日之陋，將何以禦侮防奸，期收方來之效，以雪前日之恥乎。[略]

景泰九年八月二十四日奉聖旨，是。欽此。

明倪謙《静菴徐處士墓誌銘》（《倪文僖集》卷二八）

徐處士昱，字季東，别號靜菴，金陵之隱君子也。其先為姑蘇茂族，曾祖谷祥，祖仁，皆以德善著吴中。父子宇先生，洪武間以儒醫徵入太醫院，始遷京師。故今為金陵人。先生碩德雅望，為時所重。與蔣恭靖公齊名。其所交與，皆名賢鉅夫。處士夙承家教，日侍燕談，得於耳濡目染，以故學邃行端，動止不苟。少欲博觀天下名勝，吴越閩海多所遊歷。所至親賢取友，其識益充。遊力既倦，乃歸，構一樓，扁曰怡晚，棲跡其中，有終焉之志。庋列圖書，自聖經，及諸史百氏，靡不貯儲。日事披索以自怡。得異書，必手自抄訂。嘗曰聖賢之道在是，吾終日求之，思以體諸身也。或勸之仕，不應。尤精於醫，得家傳之秘。治人疾，無弗愈者。

明鄭文康《支經歷墓誌銘》（《平橋稿》卷一四）

郤陽支氏，崑山人也，其諱曰琮，其字敬將。挺身七尺，出人一頭。恒斂足於濁流，不勞心於偽事。游歌芹泮，醉飽聖經。口吃於言，笑其吃者而不怒。意專乎誠，譽其誠者而不喜。由太學上舍之士，擢金吾蓮幕之賓。歷最考功，積階徵仕，授錦勅之封贈，被天語之褒嘉。丘隴生輝，門庭具慶。慨桑榆之將暮，念松菊之尚存。上疏乞身還山，遂願久已，逍遥於鄉里，溘然歸返於玄冥。無愧生前，永寧身後。

明彭韶《奏議・計開》（《彭惠安集》卷一）

昔成周之盛，不寶遠物，而珍禽奇獸不育於國。聖經美之，真可謂萬世之法矣。

明張寧《吕山吴琉汝秀妻趙氏墓銘》（《方洲集》卷二五）

夫婦之道，陰陽協同。動者畢見，靜若無庸。無遂無儀，聖經垂戒。書卒書葬，魯史攸載。美不自表，善不絕聞。靜以動顯，於嗟碩人。

明邱濬《青宫勉學五首·其三》(《重編瓊臺稿》卷五)

每日孳孳起五更，問安視膳禮頻行。聖經賢傳宜勤讀，邪説妖言慎勿聽。梁武宋徽終喪國，唐堯虞舜豈長生。從來為學宜端本，第一先教心上明。

又《會試録序》(《重編瓊臺稿》卷九)

我太祖高皇帝建國之明年，即開設學校。又明年，詔開科取士。然甫行而亟罷，至於十有七年，士習既成，始以今制試士，定為一代之制。士各占一經，經必通，然後取之以試于政。[略]

竊惟六經之道始于伏羲畫卦，歷二帝三王之世，數千年至孔子，而後其書始成。孔子没，其微言奥義幾絶。又歷漢唐宋千數百年之間，至朱子而後其義始明。凡歷幾朝代，經幾聖賢，然後聖經賢傳，復全於世。而我皇朝之興，首表章之。列聖相承，造士用人，純用是道。至於今日，益隆益備。横經之師，遍於郡縣。執經之徒，溢于里巷。明經之士，布列中外。自有經術以來，所未有也。

又《學的後序》(《重編瓊臺稿》卷九)

《學的》曷為而作，擬《論語》也。昔人僭擬《論語》，得罪聖門，曷為效之。王通自著書，以己儗孔子。愚則采輯朱子語，而竊推之以繼孔子之後，非效通也，效曾子有子之門人也。豈謂僭哉。朱子之言，天下後世家傳而人誦之，何用此為。朱子平生著述，多是闡明聖經賢傳之旨，未嘗自為一書。此愚所以不揆寡陋，而妄有所輯也。

又《廣昌何氏家乘序》(《重編瓊臺稿》卷一〇)

自昔觀人之國而論其世者，必徵諸文獻。予竊以謂論人之家世者，宜亦然。何氏之賢人，在前代政事，則有武。經術則有休，名位則有曾。三人者，其尤者也。若以典籍言之，則休《公羊》本旨，羽翼聖經，得以從祀孔庭，垂名千載。

又《文安周公墓誌銘》(《重編瓊臺稿》卷二三)

公生於道學大明之後，世方以五經四書取士，而主濂洛之説。士子勦成説為文辭，以應主司之求。於其微言疑義，不復致詰。公緡閲之餘，偶有所得，輒為闡明剖析。其間卓然自得者，於聖經賢傳亦有俾益。積久得二百四事，萃以成帙，名《辨疑録》。在禮部時以獻於朝，意欲綴於各經書本註，於以梓行也。

又《蘭湖先生哀辭》(《重編瓊臺稿》卷二四)

嗚呼，科舉興而草澤無逸儒。儒之書，如五經四書，非不盛行於時，然而孜孜講究者，惟用於文詞，以假途榮宦。不仕而能究心於聖賢之學者，蓋亦鮮矣。

若蘭湖先生夏良輔者，豈非世之絶無而僅有者歟。

先生名相，餘姚人，宋文莊公竦裔孫。生而天資近道，年十六七，即慨然有志於孔孟之學。年益長，於道若有所得，謂學孔孟者，當自朱子始。朱子平生著述雖多，其大且要者，《論、孟集註》《學、庸章句、或問》四書，而《小學》一書，又所以立大學之基本也。其言明白雅馴，初非難曉者，而初學之士或不能以的然無疑也。於是本先儒之説，而附以己意，文以淺近之言，名曰《四書小學便覽》，或為之梓行。予得而觀之，嘆曰，草澤之中，科舉之外，世乃有斯人耶。後獲與其從子刑科給事中孟寅同舉進士，選入翰林為庶吉士。孟寅每為予言先生之為人，凡其居家庭處鄉黨，所言所行，可稱述者非一，又知先生於聖賢書，不但訓其義，説其理而已。於是益嘆世之如先生者何其少也。未幾時，而先生捐館舍矣。嗚呼，而今而後，豈復有斯人哉。乃為辭以哀之，辭曰：

受元陽兮明以清，承貞則兮順以寧。儼古道兮在躬，不汲汲兮利名。世紛騖兮詞藻，羌獨留心兮聖經。遡其源兮洙泗，戒途兮紫陽之庭。慨斯人兮鮮儷，冠玉蓉兮佩紫蘅。思其地兮何所虞，山峩峩兮舜江泠泠。氣雖云散兮名弗可滅，後千祀兮其人如生。

明徐溥《經筵》（《謙齋文録》卷一）

聖經賢傳，豈徒言民物由来總一原。講幄儒臣，勞啟沃直從濂洛遡羲軒。

明何喬新《策府十科摘要·經科·六經》（《椒邱文集》卷一）

六經未作，而聖人之道藴於一心。六經既作，而聖人之道昭乎萬世。蓋經以載道，道本於心。苟非聖人作經以明斯道，又何以為天地立心，為生民立命，為萬世開太平也哉。昔者吾夫子祖述憲章，刪定繫作。垂六經以詔萬世，《易》作而吉凶禍福之驗該矣。《書》作而治亂存亡之戒明矣。《詩》作而吟詠性情之美極矣。動盪天地之中和，而為禮樂。斧袞二百四十年之善惡，而為《春秋》。由是二帝三王之道，益明於天下矣。然六經，心學也。是故説天莫辨乎易，由吾心即太極也。[略]

自漢以來，考象占者，疑於術數而不得其弘通簡易之法。談義理者，淪於空寂而不適乎仁義中正之歸。丁寬作《易説》三萬言，而訓詁之學興。焦延壽述陰陽災異，而穿鑿之弊起。子夏之易，不依古易篇次，而遵費氏，則為後人之假托可見矣。九師之易，王通以為易道因之而微，則無資於聖經可知也。

又《周禮集註序》（《椒邱文集》卷九）

至臨川俞氏壽翁，始悟《冬官》散見於六官之中，作《復古編》以正漢儒妄補之非。永嘉王氏次點，亦作《周禮訂註》，以羽翼俞氏之説。其後臨川吳氏，清源邱氏，各有考註。喬新自幼讀是書，沉潛有年，以為四家之説備矣。惜其得於此者，或失於彼。乃重加考訂，每篇首依鄭本列其目，存舊以參考也。次則取四家所論定其屬，正訛以從古也。黜《考工記》别為卷，不敢淆聖經也。參考諸説附以臆見，作集註以俟後之君子，有天下國家者，以《書》之所載立其本，以《周禮》所載措諸用，孰謂唐虞三代之盛治，不可復哉。世謂《周禮》不可行者，以劉歆王安石用之而敗也。嗚呼，是非聖經之過也。彼不識聖心，而徒泥其文也。唐太宗斟酌蘇綽之制，以為建官授田制軍詰禁之法，而貞觀之治，遠邁兩漢。況以聖人之心行聖人之法，天下豈有不蒙聖人之澤乎。

又《寫騷軒記》(《椒邱文集》卷一三)

嗚呼，為人臣而可哀者，孰有若原者乎。三百篇之詩，聖人之經也。《離騷》非聖經之羽翼耶。故吾於講經之餘，惓惓於騷諷之詠之，又從而寫之，而不能已焉。

又《李泰伯傳》(《椒邱文集》卷二〇)

李覯字泰伯，建昌南城人也。父某隱居，篤學不求聞達，鄉人從之學者甚衆。母鄭氏，無子，禱于麻姑山。一夕，夢二道士對奕户外，往觀之，其一取局中一子授焉，遂娠，生覯。穎悟過人。五歲能調聲律，習字書。十歲通舉子業。或時閱書，悵然憶舊嘗讀此，徐思之，未嘗見也。家貧，竭力養親，不慕榮利。倡立盱江書院，講明正學。從而師之者，恒數十百人。所學以推明聖經為本，不泥於漢唐諸儒穿鑿之説。獨不喜《孟子》，嘗曰，孔子尊王，孟子乃勸諸侯叛王，故作《常語》，其間多毁斥《孟子》者。

明李東陽《會試策問三首》(《懷麓堂集》卷三八)

問，帝王之馭天下，必有詔令，以宣德意，振紀綱，施政立事。其用至大。唐虞三代之典謨訓誥，不可尚已。後之詔令，近古者莫两漢。若創業如高祖，守成如文帝，中興如光武，約法關中，民惟恐其不王。布詔山東，老羸至扶杖而往聽。領長安市者，决聖主於一見焉。其感人動物，亦不可誣也。及王通取七制以續聖經，而説者以為僭。意者於三君之外，有所未愜乎。恭惟我太祖高皇帝，天縱聖神，驅天下之豪傑，掃蕩六合。挈斯民於衽席之上，盛德大業，振古所無。如正綱常，明禮樂，重教養，訓官職，慎固疆圉，控制邊鄙，詔勑所布，皆親御翰墨。或口授意旨，辭嚴義正，直追古帝王而上之，餘不足論也。

明吴與弼《宿朱坊》(《康齋集》卷七)

華顛客子已還家，夜讀扁舟燈又花，料得餘生無别喜，聖經賢傳是生涯。

又《日録》(《康齋集》卷一一)

夢孔子文王二聖人在南京崇禮街舊居官舍之東廂。二聖人在中間，與弼在西

間。見孔聖容貌為詳。欲問二聖人生知安行之心如何，又彷彿將文王書一册在案披翫，似《文王世系》。（乙巳）［略］

病體衰憊，家務相纏，不得專心致志於聖經賢傳。中心益以鄙詐，而無以致其知。外貌益以暴慢，而何以力於行乎。歲月如流，豈勝痛悼。如何如何。七月二十六日近暮，書於南軒。

數日家務相因，憂親不置，書程間斷，胸次鄙吝，甚可愧恥。竊思聖賢，吉凶禍福一聽於天，必不少動於中。吾之所以不能如聖賢而未免動摇於區區利害之間者，察理不精，躬行不熟故也。

明程敏政《文華大訓》（《篁墩文集》卷四）

又嘗語侍讀學士胡廣等曰。為學不可不知《易》。易道妙在變通，不失其正。古人隨時從道之説，最得要領。亦在虚心玩之耳。

《易》是《周易》，古人是指伊川程子。要領是衣裳總會處。太宗文皇帝又嘗一日與侍讀學士胡廣等説，人之為學，不可不曉得《周易》。《周易》的道理，專為君子謀，不為小人謀。所以至妙處，雖變通無常，都不失了正道。伊川程子作《周易傳・序》，第一句便説隨時變易以從道這一句。蓋人所遇之時，雖變易不同，都不可違了這所以然之理。最得《周易》之總會。如裳之有要，衣之有領一般。凡一卦一爻中，皆不過此意。惟在人虚心涵泳玩索，而後知之。祖宗成憲前面，都是説太祖太宗留心於聖經賢傳，親近儒臣，乃萬世成法。

又《經筵講章・中庸》（《篁墩文集》卷五）

博學之，審問之，慎思之，明辨之，篤行之。

［略］

蓋從古聖哲之君，亦未嘗無學問之功。如孔子於《周易》乾卦贊君德曰，學以聚之，問以辨之，寛以居之，仁以行之。立言垂訓，全與此合。曾子傳《大學》，曰致知格物，即學問思辨之事。曰誠意正心修身齊家治國平天下，即篤行之事。故朱子謂致知乃明善之要，誠意乃誠身之本。聖賢之言，前後如一。仰惟皇上生知之資，本於天賦。向道之志，協於聖謨。然古語云，言有盡而道無窮。臣愚尤願皇上知行並進，始終一誠，不事虚文，務臻實效。將見聖經賢傳，上得千古之傳。帝德王功，比隆四代之盛。天下之望，不勝惓惓。

又《制策》（《篁墩文集》卷九）

皇帝制曰，朕惟古昔帝王之為治也，其道亦多端矣。然而有綱焉，有目焉。必大綱正而萬目舉可也。［略］

臣對，臣聞《中庸》曰，凡為天下國家，有九經。所以行之者，一也。蓋一者，誠也。[略] 然竊思之，開茂科，策多士，祖宗以來，相承既久，未知今日陛下之意，姑以遵累朝之舊典，備他日之故事而已邪，抑真欲周詢衆論，慱盡羣情，以冀萬分之助也。臣誠愚昧，不知所出。然幼學壯行之志，得於聖經賢傳之間者，敢不精白一心，傾竭底蘊，以稱淵衷，塞明詔。

又《詩考》(《篁墩文集》卷一一)

而今之詩，乃取夫狎邪淫蕩之詞，雜乎《清廟》《生民》之列。言之汙齒頰，書之穢簡牘。師何以授之於徒，父何以詔之於子，而況聖經賢傳之旨，本以為治性養心之具，曰非禮勿言，非禮勿聽也。曰，口不道惡言，耳不聽淫聲也，其嚴如此。[略]

漢儒亂《大學》矣，而朱子訂其章句。漢儒亂《周易》矣，而朱子訂其經傳。漢儒壞禮與樂，而朱子編三禮，不究其義。集詩傳，僅止於此。是漢儒之幸而後學之不幸也。噫，取狎邪淫蕩之辭，垂之萬世，而為經，其罪大且久矣。今故重加决擿，别為此編。雖極僭踰不敢逃避者，非立異也，無當於心，而不敢以自欺也。亦果於非漢儒而篤於尊聖經云爾。

又《敬齋記》(《篁墩文集》卷二〇)

歙溪南吴恕本忠氏，嘗並緣名字之義，以敬齋自署。或者疑之曰，敬之義大矣，先正之以名其齋者，顯有人焉。本忠乃襲而有之，無乃贅乎。不然，則亦徒見其僭焉耳矣。本忠患之，以質於余。余曰，子無惑乎人之有是語也。以前言之，則厭常喜新者之所為。以後言之，則自棄不振者之所諉。無一可者。聖經賢傳，浩無津涯。而入道之門曰一敬，舍是無與致力者。如贅之厭，則將取諸異端而後為得乎。

又《重訂丹溪心法序》(《篁墩文集》卷二三)

醫之先，謂出於神農黄帝，儒者多不以為然。余嘗考醫之與卜，並見《周禮》。曰醫師隸冢宰，筮人隸宗伯，並稱於孔子。曰，人而無恒，不可以作巫醫。巫筮字，蓋古通也。然卜之先，實出於羲文周孔。則醫之先，謂出於神農黄帝，亦必有所從來。[略]

朱氏每病世之醫者專讀宋之局方，執一定之法以應無窮之疾。譬之儒者專誦時文，以倖一第，而於聖經賢傳反不究心，乃作《局方發揮》《格致餘論》等書，深有補於醫道。

又《雪心賦句解序》

子期以唐卜則巍雪心賦專祖郭氏註者，亂其彙次而失其肯綮，因句為之解。

譌者以正，晦者以明，誠足以祛積習之謬説，而大有益於世之慈孝者矣。余竊因之有感焉。世之號儒者，舍聖經賢傳而從事乎詞章，比之庸醫舍《素》《難》而執方書，陋於術者舍《葬經》而瀾倒乎天星卦例之説，其失一道也。

又《心經附註序》(《篁墩文集》卷三〇)

西山先生真氏文忠公，嘗摭取聖賢格言為《心經》一卷，首危微精一十有六言，而以子朱子尊德性之銘終焉。走每敬誦之，蓋儼乎若上帝之下臨，聖師之在目也。[略]

然則學者宜何所用力而後無忝於人之名哉。蓋嘗反復紬繹，得程子之説曰，天德王道，其要只在謹獨。又曰，學者須是將敬以直内涵養。直内是本。朱子亦曰，程先生有功於後學，最是敬之一字。敬者，聖學始終之要也。然則是經所訓，不出敬之一言，故附注之中，特加詳焉。豈敢以是求多於先生之書哉。圖置心於聖經賢傳之中，為研窮熟復之地云爾。

又《十一月二日慶萬壽聖節致語》(《篁墩文集》卷五七)

臣聞虹流電繞，開萬年聖壽之祥。雨順風調，正四海太平之候。歷數允符於三代，皇天眷佑於一人。申命用休，瑞氣遥騰。黼座子月初建，和聲漸轉黄鐘。華戎修土貢之儀，臣妾效山呼之頌。宏張御宴，盛集蕃禧。恭惟皇帝陛下好生之仁，上通於天。勤民之政，必稽乎古。講聖經賢傳之旨，以道為心。思祖功宗德之傳，惟皇建極。

又《十一月二日萬壽聖節暖壽致語》

四海無虞，喜值豐年之候。一人有慶，又當暖壽之辰。和音漸轉於黄鐘，瑞氣遥騰於紫禁。天下仰北辰之正，座中睹南極之光。伏惟皇帝陛下，有成湯好生之仁，有虞舜悦親之孝。聖經賢傳，崇正學於講筵。武烈文謨，得歡心於祖廟。鴻恩廣被，景福駢臻。

明章懋《與董編修文玉玘》(《楓山集》卷二)

老拙往時，與吾友論讀書之法。凡諸説義有兩端者，各循其説而思之。到有窒礙處，却回頭别思，必求其合而後已者。蓋欲求其所言合於聖經之本旨者為是。其有窒礙者，則不可用。非謂諸説之各為一端者，欲求其合於一也。

又《書論》(《楓山集》卷三)

曰，使人人而權焉，則燕噲可堯舜，莽丕可舜禹，而勝廣項籍之徒，皆湯武矣。率天下之人而禍仁義者，未必非帝王之書也。聖經垂訓，果若是乎。

曰，經之所録，蓋亦著夫聖人處變之道，而垂訓之意微寓乎其間耳。非曰人人而可權也。桐宮之事，孟子以為有伊尹之志則可。而致辟管叔，雖周公亦不能無過。故必有舜禹之德，而天之歷數在焉，然後足以當堯舜之讓。苟惡不辛癸，心非湯武，而欲援鳴條牧野以實口，則是天下之罪人也，而可乎。故曰，權非聖人不能用也。

曰，權必聖人用之，而衆人不得用焉。則是堯舜湯武之事不可法，夫子雖著於經，亦虚文耳。其所以為訓安在。

曰，惡，是何言也。堯舜之事，不以訓人之父，而可以訓其子。湯武之事，不以訓人之臣，而可以訓其君。為子者曰，吾不可以朱均。吾而朱均，則父必堯舜矣。為君者曰，吾不可以辛癸。吾而辛癸，則臣其湯武乎。於是莫不懼焉以自修，處仁遷義，皆為君子之歸，而君君臣臣父父子子，相安於太古無事之天。此獨非聖經之訓耶。彼以為帝王之事，非中庸之道不可以訓者，非知《書》者也。

明黄仲昭《抑齋銘》（《未軒文集》卷五）

婺源汪君某，以抑名齋。縉紳知君者，辭揄揚之成帙。子江西僉憲從仁，持索予言，予雖未識君，然觀從仁，可以泝而知君矣。敬銘曰：

天道好謙，聖經戒滿。惟謙受益，惟滿招損。猗歟汪君，有見於斯。退然自抑，惟日孳孳。

明吳寬《憂旱》（《家藏集》卷九）

《雲漢》詩人詠，刪餘見聖經。民情方貿貿，天道豈冥冥。

明王鏊《楊文懿公哀詞并序》（《震澤集》卷三一）

故吏部侍郎文懿楊公，以高文博識名海内，夫人能知之。公嘗著諸經私鈔，多先儒所未發者，人或未及知也。予間得其一二。公曰，固不待後世而有揚子雲矣。其卒也，為詞以明公志。詞曰：

聖亡經在，異説紛兮。阨秦造漢，離多門兮。商詩瞿易，授受親兮。黨同矜異，轉失真兮。遺言奥旨，不尚存兮。唐有啖趙，宋孫石兮。抱經剗傳，挺見特兮。逮乎伊洛，義轉精兮。紫陽承之，集厥成兮。設科置學，為世程兮。父傳師授，莫知其端兮。雖有異説，誰敢干兮。於文懿公，生已後兮。周漢唐宋，得通究兮。聖經浩浩，如天淵兮。

明梁儲《議郊祀再疏》（《鬱洲遺稿》卷三）

竊惟自古帝王郊祀天地，而以祖宗配，以盡報本反始之道，皆天地之常經，古今之通義，未有輒以己意擅為增減者也。我朝郊祀之禮，初都於南京，而奉德祖以為配。繼都於北京，而奉太祖太宗以並配。皆百世不遷之祀。舊壇配位，則有德祖太祖。京壇配位，則有太宗德祖配位。既不可遷而北，太宗配位又不可奉移而南，不知今日倉猝欲行郊祀，於我二祖一宗，果將何以奉配天地。臣等反覆思之，決然知其不可。況二祖一宗奉配之初，既博考於聖經，又詳集乎廷議，既詔諭於宗藩，又詔諭於天下。不知今日欲有此舉，亦能如祖宗之時，從容廷議詔告否乎。此臣等所以始終決然不可也。伏乞皇上俯從臣等先後所言，停止前議，早賜廻鑾，恪遵舊制。躬成大禮，宗社生靈，不勝慶幸。

明張吉《齊居四箴并序》（《古城集》卷四）

余於郡齋以南右一室為燕寢之所，或終日不接一客，不應一事，則偃仰其間，以至夕爾。嗚呼，人之一心，其存亡出入之機，微顯安危之本，恒因有用無用以為消長而已。故孔子譏飽食終日無所用心，曾博奕者之不如也。聖人為人之意，深切如此。然心之無用者，固不可名為。有用而不察其所以為用之實者，亦不可。彼管商申韓儀秦楊墨佛老之徒，各奮其能，各敷其說，以成其名，豈其心無所用與。

蓋事不師乎聖賢，道不由於中正，則其所以為用者，不免邪淫偏辟流蕩空無之失。故其所為，雖有一二小節可觀，要而言之，終必至於害倫理傷教化，又不止無所用心者之足以自賊其躬而已焉。予為此懼，乃於事事之暇，竊取聖賢所以教人為己修身之實，設為四箴，寘諸座右，以自警焉。先之以慎獨者，以隱微幽獨之中，人所易忽。於此不謹，則餘無足觀，故操存省察，不可少有一息間斷，必使本原澄澈，念慮精純，而俯仰動静之間，可以質諸神明而無愧焉。謹獨而不窮理，則昏昧罔覺，何以究乎義理精微之極。聖經賢傳，熟讀精思，必欲會其歸而後已，此窮理之要也。

明邵寶《擬祀先儒狀》（《容春堂續集》卷六）

欽差提督學校江西等處，提刑按察司副使邵題為建言崇祀先儒事，竊照先儒陳澔，係江西南康府都昌縣人，自其祖父世治禮經，至澔尤力。探索深有所得，嘗著《集説》一書，傳在學者。我太宗文皇帝纂修《大全》，特取其書，與程頤朱熹、蔡沈、胡安國《易》《書》《詩》《春秋》傳義頒布天下。列聖相承，至我皇上經筵進講，及教人取士，亦皆用之。若斯人者，可謂有功於聖經矣。顧以隱處山林，名迹湮晦，未蒙異典。然鄉邦後進，景仰風聲，如承指授。片言單詞，互相傳録。所居之地，山名學堂，至今稱之。

明胡居仁《倦後偶成》（《胡文敬集》卷三）

工夫未至力先疲，纔罷吾伊細咏詩。暫借餘閒養情性，莫將過苦敗身軀。聖經浩博有餘味，人事紛紜無盡期，贏却當年陶處士，蕭然一枕卧皇羲。

明朱誠泳《處善樓為永壽王東軒題》（《小鳴稿》卷五）

百尺危樓喜落成，九重賜額一時榮。聖經浩浩乾坤大，祖訓諄諄日月明。莫向綺羅叢裏醉，直須韋布境中行。傳來天語南山重，好學間平享令名。

又（《小鳴稿》卷九）

嗚呼，自横渠先生得二程正學，以開關中道學之源，一時門人如諸吕蘇范，相與周旋，凡所論述，皆聖經羽翼。至魯齋先生來領學政，式克闡明之，而元甫紫陽蕭同諸君子，又揚其波助其瀾，斯文如綫之脉，至于今不泯者，實賴焉。

明顧清《紫陽書院集序》（《東江家藏集》卷二〇）

新安郡守熊侯重作紫陽書院成，院之諸生程君師魯言于其黨曰，書院自宋來，興替不常，遷改非一。考其規制，未有如今日之備。其形勢未有如今日之勝。至於作新佑啟崇教善俗之心，亦未有如侯之盛者。昔魯僖興學，邦人頌之，列于聖經。今誠不能及已。有如即侯之故類而輯之，如南康白鹿之例，使嗣而來者有述焉，以永於弗墜，斯豈非游於是者之責乎。

明顧璘《約菴銘》（《息園存稿文》卷七）

正德庚辰之歲，璘來京師。太僕少卿周君見於舍曰，吾竊幸乎子來，吾方有解於中，未以語人，請質之子。始吾論學，耻弗慱也。故綂覽聖經，汎涉群言，多識廣思，唯恐或漏。作爲文章，既被雲漢囊山岳，且而慊慊焉，羞其鄙瑣。今也多言而患支，多誦而患馳。苟有會焉，兀兀終日而已。始吾論才曰，震奮爲雄，曠朗爲特。剸裁巨細，弗見棼糅者，斯天下之通才也。

明王守仁《答天宇書二（甲戌）》（《王文成全書》卷四）

又云《大學》一書，古人為學次第。朱先生謂窮理之極，而後意誠。其與所謂居敬窮理，非存心無以致知者，固相為矛盾矣。蓋居敬存心之説，補於傳文，而聖經所指，直謂其窮理而後心正。初學之士，執經而不考傳，其流之弊，安得不至於支離耶。

《大學》次第，但言物格而后知至，知至而後意誠。若窮理之極而後意誠，此則朱先生之説如此，其間亦自無大相矛盾。但於《大學》本旨，却恐未盡合耳。非存心無以致知，此語不獨於《大學》未盡，就於《中庸》尊德性而道問學之旨，亦或有未盡。然此等處言之甚長，非面悉不可。後之學者附會於補傳，而不深考於經旨，牽制於文義，而不體認於身心，是以往往失之支離，而卒無所得。恐非執經而不考傳之過也。

又《與黄勉之二（甲申）》（《王文成全書》卷五）

來書云，《大學》云，如好好色，如惡惡臭。所謂惡之云者，凡見惡臭，無處不惡，固無妨礙。至於好色，無處不好，則將凡美色之經於目也，亦盡好之乎。《大學》之訓，當是借流俗好惡之常情，以喻聖賢好善惡惡之誠耳。抑將好色亦為聖賢之所同，好經於目，雖知其姣，而思則無邪，未嘗少累其心體否乎。《詩》云，有女如雲。未嘗不知其姣也。其姣也，匪我思存。言匪我見存，則思無邪，而不累其心體矣。如見軒冕金玉，亦知其為軒冕金玉也。但無歆羨希覬之心，則可矣。如此看，不知通否云云。

人於尋常好惡，或亦有不真切處。惟是好好色惡惡臭，則皆是發於真心，自求快足，曾無纖假者。《大學》是就人人好惡真切易見處指示人，以好善惡惡之誠當如是耳，亦只是形容一誠字。今若又於好色字上生如許意見，却未免有執指為月之病。昔人多有為一字一句所牽蔽，遂致錯解聖經者，正是此症候耳，不可不察也。中間云無處不惡固無妨礙，亦便有受病處，更詳之。

明何瑭《少司成郭杏東考績序》（《柏齋集》卷二）

杏東郭先生任南京國子監司業，蓋三年於今矣。教行化成，迺北上奏績於明天子。僚友各賦詩贈別。甘泉湛先生謂，予同鄉，不可無言。嗚呼，予何言哉。離合之情，規待之意，諸文之述備矣。予復何言。則舉吾儒之常談以告，其可乎。今之國子監，古大學也。古者大學教人之法，具載聖經。其綱領有三，而其條目有八。要其功用所終，則至平天下而極。原其用力之始，則由格物致知以進，固吾儒之所常談，而衆人之所習聞也。

又《贈王邦佐分教寧海序》（《栢齋集》卷四）

同學王邦佐先生，器宇端重，學博而文，累舉於鄉，不第，迺以貢入太學。因親老謀為禄仕，得分教山東寧海州。親友許舜時輩來徵言以贈。嗚呼，予何以為邦佐告哉。為學為教之方，修己治人之道，聖經賢傳備矣，固邦佐之熟知也。

又《賀薛生入學序》（《栢齋集》卷四）

嘉靖壬辰，提學副使敖公按臨懷慶，選子弟之聰俊穎異者，補儒學生。薛先生之子堯民與焉。［略］然材之成也難矣。善養木者，其根欲深，其培欲平。其灌欲時，而又剪其繁冗，去其荆棘，使土力不分。復遲之以歲月，然後棟梁之材可成。善養士者，必根之以虚明敬一之心，培之以聖經賢傳之旨，灌之以明師良友之澤，而又戒其雜習，除其穢行，使用志不分，復遲之以歲月，然後公卿之材可成。其事之相類有如此者。

又《儒學管見序》（《栢齋集》卷六）

或問儒者之學曰，五經四書之所載，皆儒者之道也。於此而學之，則儒者之學也。或問其要曰，莫要於《大學》。程子曰，《大學》，孔氏之遺書，而初學入德之門也。學者必由是而學焉，則庶乎其不差矣。請問其指。

曰，人之有生，莫不有身焉，亦莫不有家焉。仕而在位，則又有國與天下之責焉。脩身齊家治國平天下，莫不有道。此則道之實體也。具此道於心神性情之間，明德也。行此道於家國天下之際，新民也。明德為體，而實見於新民之用。新民為用，而實本於明德之體。蓋内外合一者也。而莫不各有至善之所當止焉。然斯道也，非知之於先，則不能行之於後。故聖經有知止能得之訓焉。物有本末，事有終始。知所先後，則近道矣。此《大學》之要指也。

明崔銑《答薛考功君采書》（《洹詞》卷六《休集》）

五月發來書及《老子集解》，七月十四日始附到去歲所示高見二帙，讀之甚嘉，甚服。《老子解》玩之再三，未得梗槩，何能贊其美乎。僕自丁丑及今，十有五年，棄官閒居，洊遭家難，每當困心横念之中，亦得鎮躁袪妄之力。愈覺道之難求，而聖經之不易知。何者，身未履之，心未得之，因繹往言而發，其忽明之見，遂就暫通而成，為當物之真。程子曰，非明睿所照。而考索至此，有子曰，君子務本，本立而道生。似非可以索之紙上，而斷之以臆也。釋氏《金剛》《圓覺》二書，及老莊二氏，往歲稍能涉獵，其見終歸於虚妄，其工實外於倫紀，故棄而不習。

又《松窻寤言》（《洹詞》卷九《休集》）

程子之徒，其劉絢之平正，尹焞之強毅乎。確守聖經，異端不得而惑之。尹子庶乎。富貴不淫，威武不屈者，論者謂其無用，豈有别見與。（右六十章）

又《議宋事五條》（《洹詞》卷一〇《休集》）

宋當英神之際，其豐而窮，窮而變之時乎。真宗之民，新脱征伐，李相以靖生之久，失之弱。弱則矯之以彊可也。楊億攻偶儷之詞，破碎聖經，流為律賦。斯文靡靡矣。王安石用經義，誠是也。不當專行其固謬之訓。天子慎德四夷，賓之未聞，歛財以驕敵，與之敘兄弟叔姪之倫，若移其財以養戍卒，則富。移其爵以厲守臣，則良。富利歸於我，危亡徙之彼，唐祖始臣突厥，太宗組頡利於闕下。周世宗用中原之兵，幾復故疆。宋則以内賂屈己為安。懦哉，懦哉。漢唐之結外域，將以取之也。宋直畏之爾。元祐之變熙寧曰，時解民厄，可也。猶未得聖人之用乎。

明吴欽儀《學録詹先生翼學跋》（宋詹初《寒松閣集》卷三）

傳曰，士志于功名者，富貴不足以累其心。志於道德者，功名不足以累其心。富貴，鄙人也。功名之士，古今亦不多得。矧可博望於道德乎。嘉靖丙辰，儀習易山中詹子時鳴偕焉。暨秋，出其先宋學録先生《翼學》一冊示余，乃敬復三誦，始知先生抱道德以自重，日惟以達性命窮天人為心。故發之詩章，談論皆鑿鑿乎道德之奧。雖其不欲以此求衒於當時，而竟不可韜之於數百載之後。信道在天地間，未嘗亡，要惟顯晦自有時爾。然則先生其古今道德之人乎。

於戲，以先生抱道德，乃亦至於今始聞。以新安居山谷中，乃復有先生至今隱而未聞，則英賢儁傑以羽翼聖經，扶持世道為事者，其伏無盡，殆不獨陳倪趙金諸人已也。先生視功名何，富貴何。予也雖未能達觀今古，處故土而得先生若此，則非莫為之前矣。謂世無好人，信非君子之言也已。里晚學生謹跋。

明魏校《與余子積別紙》(《莊渠遺書》卷一一)

嘗謂古人讀書，主於體而行之，與後世惟事講明者異。武王曰，今民將在祗遹，乃文考，紹聞衣德言，往敷求於殷先哲王，用康保民，汝丕遠惟商耇成人，宅心知訓，別求聞由古先哲王，用保乂民。弘於天，若德裕乃身。夫子曰，誦《詩》三百，授之以政不達，使於四方不能專對，雖多亦奚以為。此古聖相傳讀書之大法明戒也，聖人之學，大以密。

校近讀《周禮》，見其區處天地萬物，各得其所，建立規模，綱中有紀，紀中有目。徧布至為精密，誠聖人經世大典也。而久鬱弗彰。校頗發明其義，務求可以推行於今。吾兄深思善悟，懇惻直言，敢録《天官冢宰》及《太宰》分職奉上請教，願兄且勿開看，先將聖經及諸家註疏閱遍，思量聖人包括運用處，然後閱此，則彼此得失瞭然，便中求摘紕繆，匡其不逮。更願兄畱意此書，於世道大有助也。

明張岳《請存問尚書羅欽順疏》(《小山類稿》卷二)

切惟本縣致仕吏部尚書羅欽順，四朝元老，一代達尊。美質由於天性，正學得於家傳。鶚薦巍科，文章華國。蜚聲翰苑，制作名家。職司成多士，勤山斗之仰。遷少宰庶僚，服衡鑑之公。秩典太常，究心禮樂。疏排逆瑾，拂袖山林。道遵晦而彌光，譽有孚而上達。晉陟太宰，號稱至公。未老乞身，名節完懋。家規同柳氏之嚴，鄉約法藍田之備。深造獨得，記於《困知》。足以羽翼聖經，攘斥邪說。誠後學之宗師，振古之豪傑者也。

明文徵明《太傅王文恪公傳》(《甫田集》卷二八)

其論《春秋》王正獲麟，尤極精詳。他書論說尤多。每言六經淵微，不可妄議。漢儒傳註，雖未盡聖經微旨，而專門名家，各有授受。自宋儒性理之學行，而漢儒之説盡廢。然其中要有不可廢者，蓋公潛心質義，必深竟顛末，務其要。不肯苟同於俗如此。

明唐順之《季彭山春秋私考序》(《荊川集》卷六)

《春秋》者，聖人有是非而無所毀譽之書也。直道之所是，《春秋》亦是之。

直道之所非，《春秋》亦非之。《春秋》者，所以寄人人直道之心也。人人之心在焉，而謂其文有非人人之所與知者乎。儒者則以為聖經不如是之淺也，而往往謂之微辭。是以說之過詳，而其義益蔽。[略] 以是說《春秋》，豈不簡約而易知也哉。可謂以愚夫愚婦之心求《春秋》，而不蔽於聖經者也。

或曰，然則游夏何以不能贊也。曰，高與赤者，世傳以為游夏氏之徒也。師說固宜有在焉者，其猶未免於說之過詳歟。其諸家之紛紛者，又可知矣。可謂蔽於聖經，而不以愚夫愚婦之心求《春秋》者也。余為是說久矣，儒者皆牽於舊聞，迂焉而莫予信也。

明皇甫涍《易傳序》(《皇甫少玄集》卷二三)

昔者聖人以六經垂世，其道之至微者，蓋莫尚乎《易》，以為性命神化之書，聖人天地之妙用存焉。夫《易》之作，本以蓍筮導民利用出入，而性命神化，聖人天地之妙用，悉具於其中。精粗道器，聯合會同，其古之至教與。予也幼習兹經，迨今將二十載，若涉大海，茫無津涯，且猶聾盲焉耳。然竊謂《易》更四聖，而十翼之作，《易》之傳文也。微顯闡幽，固已悉備。精明浩大，虛之爲象，實之為辭。將有外於此乎。今之人言後學之義疏，而反遺乎聖人之明旨，徇偏見之偶得，而妄議乎通儒之是非，是豈有得於《易》哉，而於聖經，何低昻之有哉。

明王立道《鄉會試策十道·乙未第三問》(《具茨文集》卷一)

聖人之道存乎經，聖經之傳存乎人。故經有顯晦，待人而傳。道有絕續，得經而存。經，所以載道也。人，所以翼經也。此其係亦甚重矣。而乃區區以文之今古求之，其殆非吾聖人作經之意乎。

夫六經，帝王經世之典在焉。孔子贊之刪之，定之修之，其所以垂世立教者，卓乎不可尚已。夫何火於秦，稍出於漢，而其文僅存焉。壁傳口授，誠有上古中古下古之殊矣。執事舉以下詢，不可謂無好古之志也。而愚竊有說焉。蓋閱字未盡偏傍，固古人所不取，而苦於奇字。或者又議，子雲之艱深，以不識而見譏者，固無足道。而人謂其頗識難字，介甫遂以為終身之恨。愚今豈敢以是而自諉哉。夫亦求夫聖人所以作經之意而已。噫，昔倉頡之制字也，天粟顯晝零之瑞，鬼妖動夜哭之祥。是誠萬世文字之祖，而六經之所賴以傳者也。[略]

聖人因道而作經，後儒因經以求道。道苟存焉，經可略也。經苟存焉，文可略也。則夫所謂漆書竹簡，特其糟粕之餘，而科斗隸文，特其煨燼之末耳。聖經存亡之機，漢儒存經之功，亦何與於是哉。何則，《易》以卜筮存而實亡。觀《經解》所援，差之毫釐，繆以千里之言，今之《易》無有也。其所以存，不有賴於施孟梁丘京費之力乎。《詩》自《春秋》作而已亡。觀左氏所引翹翹車乘，雖有絲麻之章，今之《詩》無有也。其所以存，不有賴於齊魯毛韓之功乎。既脫《酒誥》，復脫《武成》，《書》非全也。由伏生安國相為授受，而二帝三王之傳賴以不墜焉。

既失《月令》，復失《王制》，禮非全也。由魯淹中孔氏相為羽翼，而《大學》《中庸》之旨賴以有得焉。麟筆既絶，策書不存。《春秋》非全也。由公穀左氏，而二百四十二年之事，賴以見焉。程子所以謂經不通求之傳，傳不通求之經也。吾於是深有感於經之存亡，道之絶續，而姑以文之今古為可略焉。

雖然三豕渡河，非子夏莫之辨。而石鼓之聱牙，雖昌黎猶或難之。則字學亦吾人之所宜盡心者，特以之而求聖經，則以為可緩耳。竊嘗謂字之興，莫善於秦。而字之廢，亦由於秦。李斯之所作，君子不可以人而廢也。

明王世貞《讀吕氏春秋》（《弇州四部稿》卷一一二）

《吕氏春秋》，其文辭錯出，不雅馴。往往有類齊諧稗官者，其食客所為耳。懸千金於市，購增損，而莫之敢也。畏其意，故不信其令，焉取增損哉。儒家者流，取其篇首所紀月令，厠之經。迨今焉甚矣。不韋之巧也，始而以財役其身，陰亂秦裔而不悟也。既而以財役其言，陰亂聖經而又不悟。噫嘻，則豈獨不韋罪哉。

又《策四首・山西第三問》（《弇州四部稿》卷一一五）

夫金偏隅耳，而猶餂舉舍音尼瑪哈烏珠張浩輩之祀，而況不為金者乎。文廟之有從祀，其禮起於漢延光，而其議定於唐貞觀。大抵以其有功於聖經而已，而不必盡論其人也。

又《墨刻跋四十五首・衡山禹碑》（《弇州四部稿》卷一三四）

禹碑在祝融峰，重刻者有二本，而隸釋亦微不同，大抵多以意會耳，非必盡能識之也。按昌黎歌，科斗拳身薤倒披，鸞漂鳳泊拏虬螭，是書形勢亦誠有之。及讀盛弘之《荆州記》，劉禹錫《寄吕衡州詩》，此碑流蹟已久，不當參以蜉蝣之足。但銘辭雖古，未諧聖經。極類《汲冢周書》《穆天子傳》中語，豈三代之季好事者，托大禹而刻之石耶。

又《説部・藝苑卮言一》（《弇州四部稿》卷一四四）

三百篇經聖刪，然而吾斷不敢以為法而擬之者，所摘前句是也。《尚書》稱聖經，然而吾斷不敢以為法而擬之者，《盤庚》諸篇是也。

又《讀大學》（《讀書後》卷四）

區區管窺，竊以《大學》本無闕文，位置稍失序耳。前亦非聖經，後亦非賢傳。蓋曾子引夫子之緒言，而繹其意，以誨門人。門人因而成書，前列三綱八條目，而後序釋之。凡古人之為文，類如是耳。

明胡應麟《策一首》(《少室山房集》卷一〇〇)

夫周公仲尼開文學之端，文王之諡而為文，孔子之大而能博，不若堯舜之精一執中也。吾不知堯舜之精一，于庖羲氏之畫卦。庖羲氏之有畫，于天皇氏之無言。而上而盤古，而混沌，其等可一一差別耶。若是，則秦始之焚書，功烈當首乎三皇。漢高之不學，道術上崇乎五帝。梁武之餓臺城，遠勝放勲之殂落。蕭繹之談老子，迥邁杏壇之設教。而即其羣剽而陰習者，老氏何以有《道德》五千之文，釋氏何以有大藏五千之富也。吾聞老聃氏之史柱下，藏書溢于九丘。吾聞瞿曇氏與外道角，各習其道而勝之，而後出其上。而大弟子阿難，以多聞為第一。彼其説則誠異端，其才亦必有過絶于人者。未聞有所弗能，有所弗知，而後謂之上乘絶詣也。吾聞老聃莊周列禦冦之文，簡奥而宏深，洸洋而奇肆。吾聞《法華》《華嚴》《楞嚴》《圓覺》《維摩》氏之書，博大而要眇，周遍而精微。彼其中亡意于文，然而曷嘗不文也。其道弗專于博，然而曷嘗不博也。

今之儒者自佔仳世資外，茫乎昧乎含哺鼓腹太平之世，則亦已矣。何至視筆札為仇讐，以載籍為疣贅。摽同伐異，造作名字，寘心閉目，樹徒扇黨，其流相引而不已，其禍循環而無端，不至于楊墨之横議，代厲之縱横弗止也。此雖東晉清談諸君子，且未能揖讓其間，而况江都河汾之閫域，伯淳元晦之緒餘哉。若是，則為今之士，宜何若而可。曰，周公仲尼，其道大，其德備，其才全，士之極也。漢唐而下諸君子，其業精，其見確，其才真，士之次也。近世之高談性命以自文，而中無所有者，士之贋也，才之蠹也。士也以贋者為戒，以真者為師，以全者為極。文章則發攄道術，學問則翊衛聖經。不用則寄之立言，而道統明。用世則飭之吏治，而功業起。庶幾乎周公仲尼之徒在是，彼空談性命者，將自愧自艾之不暇，而詖滛邪遁不得以説為天下禍矣。

明余繼登《覆楊止菴疏》(《淡然軒集》卷二)

舊在南京兵部，左侍郎許孚遠，大理寺少卿李三才，寺丞張鳴岡，皆賢可問也。前此撫按科道諸臣參疏，在省掖者可查也。乃臣又有僣陳焉。孔子之教，本與老釋異趣。請今諸臣講學，惟遵孔子。為科式文字，惟遵傳註。若以養生為，老則曰老，釋則曰釋。若唐宋名臣哲士裴休富弼劉器之張九成者，談禪而不混於儒，亦可法者也。如此，乃孔子與釋老各不相混一，斯聖祖崇聖訓闢邪説初制可復，天下皆知尚躬行，不尚空言。世道人心以維也。[略]

三代迭興，庠序學校之教，亦不越此。孔子萬世帝王之師，所以告君者，不過君臣父子夫婦兄弟朋友之達道，知仁勇之達德，修身治人治天下國家之常經。實理實行，原無他奇。周末，楊墨之言始盈天下。孟軻憂而闢之。唐尚佛老，韓愈憂而闢之。宋有单傳，直指一悟入聖之論，程朱諸儒憂而闢之。我太祖法古帝王，興道致治，既設太學以教於京師，設鄉學以教於天下，又懼學者惑於異説，無所適從。頒布經書集註於學宮，俾之講習。我成祖復擇諸儒論説有裨聖經者，纂為《大全》以羽翼之。

又《春秋議》(《淡然軒集》卷七)

准禮部手本，該兵科給事中王士昌，題為麟經離析多歧，聖學幾晦。懇乞聖明，亟行釐正，以範後學，以光同文盛治事。移文本院，要行詞局專門，《春秋》精研校勘一切傳註，令後學作何遵守。其牽合附會引用非旨者，應何刪革。主司命題應否擬定等，因到院准此議得，《春秋》一書，聖人垂勸戒于萬年，嚴褒貶于一字。即及門高弟，莫贊其辭，豈後世俗儒可異其説。况國家既以明經取士，自當以經文命題，主司不宜因題有限，舍聖經而別為傳題合題以難士子。士子亦不宜因題立意，背聖經而姑習傳題合題，以合主司。且傳以説經，非經也。不可為經，即不可為題。况合之義，不過曰比合，曰牽合。比合成題，已非立言之意。牽合成題，益失作者之心。又甚而捜羅隱僻，杜撰新詭，使治經者以濫漫之功妨正業，典文者以疑似之旨失真才。即在當時，衆謂無據。傳之後世，人將謂何合無。以後試士，只以聖經為主。其傳題合題，盡行禁革。以昭聖世章表至意。

明馮從吾《疑思録一・讀大學》(《少墟集》卷二)

一本《大學》，都是釋格物，不必另補《格物傳》。傳止該九章。聖經乃孔子之言，而曾子述之。其傳俱曾子之言，不是門人記之者。

又《與友人論文書(館課)》(《少墟集》卷一五)

夫六經尚矣。下此談文者，不曰《國策》，則曰秦漢。不曰佛老，則曰莊列。建安而下，率置貶辭矣。然其間如昌黎廬陵輩，猶或寓目焉。曰，此詞人之雄也。如濂洛關閩，見謂迂遠而闊于事情。曰，此宋頭巾語耳。不翅瓦礫置之矣。夫宋之文，載于《性理》一書。其雕章琢句，焜燿耳目，不逮《國策》諸書，僕不敢强為左袒。但其析理闡義，羽翼聖經，亡論韓歐，即秦漢有之乎。亡論秦漢，即左國有之乎。子輿氏以来，此為正印，奈何以瓦礫置之也。

明曹于汴《春秋房同門經稿序》(《仰節堂集》卷二)

古先哲王立法垂憲，以有形警之，亦以無形警之。或法及而人見，或法及而我見。法及而警焉者，細人。法未及而警焉者，君子。懷以言乎，其隱微也。邇從愷陽先生後，以《春秋》薦揚多士，士按聖經為文矣。其用懷若何。行且筮仕治民，按律例為爰辭，其用懷又將若何。嗟乎，箕子未囚也，比干未戮也，三桓未貴也，通乎是，可與論懷，可與論刑，可與論德矣。

明劉宗周《答史子虛（附來書）》（《劉蕺山集》卷八）

來書云，如以意為幾，謂是動而未形，則動而已形者又何物乎。豈意之後，更有一物為之流行運用乎。

僕誠意之説，蓋亦偶窺聖經而及此一則，不欲説壞。意字謂心意知，物只一串事，不應心與知合作一事，而獨置意于膜外。

明黄淳耀《上座師王登水先生書》（《陶菴全集》卷一）

某蹇淺下材，自十有七歲而入膠庠，今二十有一年矣。生平厭薄陳言，獨好泛觀古人之書，蓋嘗求義理於六藝，求事跡於二十一史，求萬物之情狀於騷賦詩歌，求載道之器於漢唐宋數十家之文章。編劖規橅，涵揉檃括，放而之於詩若文之間，有一言之合道，一篇之追古，則欣然以喜，至於忘食。若今之制舉業，固未嘗屑屑以求工，然亦以爲繹聖經，尊王制，無所苟而已矣。

又《陸子百義序》（《陶菴全集》卷二）

夫事理合而後可以立言，合事理以立言，而後射策決科之文，與古文辭等。今人反之，乃欲以此譯聖經，應王制，繆種流傳，豈不可嘆哉。

清魏裔介《四書集説序》（《兼濟堂文集》卷三）

永樂間，命儒臣纂修《四書大全》，莫非發明晦菴註釋之意，頒諸學宫，永為遵守。蔡虚齋《蒙引》，林次崖《存疑》，朱註之功臣也。陳紫峯《淺説》，又推《蒙引》《存疑》之意而廣之。要皆羽翼聖經，垂示後學，俾正其心術。心術正則事業正，事業正則百姓安。

又《四書精義彙解序》

嗟乎，世之人騖於功利也久矣。以聖經賢傳為博取青紫具，不返而求之於身心，以盡其成己成物之實。誠有如考亭所謂俗儒異端之弊者。

又《大學管窺序》

蔚州環溪，秉淑靈清和之質。其人品學問，已自範於中行，而猶恐學者之窮大而失歸也。獨取《大學》一書詳究而討析之。解聖經，註補傳，詮格致，舉一貫之心傳，頓躍然於心目之閒，而晦菴之所已發與所未發，更了然若指諸掌矣。

又《約言録自序》

余幼習訓詁，長歷患難。心長髮短，知慧日枯。忽忽遂及四旬。念古人於此時，乃學問之一大關頭也。若其不悟，終不悟矣，可不懼耶，可不嘆耶。顧諸子之言，終多雜亂。而聖經賢傳，莫非淵懿。騖之於駢麗之詞，則十不得一。領之以真實之義，則十不失一。又况殊途同歸，一致百慮。名言所不及，則退藏於密者知之。書不盡言，言不盡意，此之謂也。［略］今此録三萬餘言，已非約矣。又保其中之無紕繆耶。吾願天下學者，從聖經賢傳自求其所為約者，則此録即置之覆瓿，奚不可。

又《熊敬菴閑道録序》（《兼濟堂文集》卷四）

聖賢之學，躬行為急。著述立說，其末也。自講學者紛紛，而去道益遠。道本光明也，或以講而反晦。道本正大也，或以講而反鑿。嗚呼，豈聖經賢傳可不遵，而猶須多議論以相尚哉。

又《寄孫徵君鍾元書》（《兼濟堂文集》卷九）

屢荷雅教，相期千古。聲氣之孚，不約而同。雖未瞻道範，如依依在左右也。僕馳驅十有五載，睽違祖宗墳墓。昨者請告，得以暫返丘園。塗出保陽，晤同年魏蓮陸見先生，手書慇慇相愛之切，且為《約言録》序文，僕何以得此于先生哉。然此作于甲午之歲，其中含蘊淺薄，惟能不惑於異端耳。而古聖賢源流一卷之大旨，猶未闡發也。數年來，乃成《聖學知統録》一書，蓋于公務冗迫之餘為之。其大意，明道之出于天，惟天降衷下民，厥有恒性。性無不善。明此善者，可以淑躬，可以治世。君道以此行，師道以此立，無二理也。見知聞知，知此而已矣。而致知格物之說，亦並附焉。良以此二字，數百年以來幾如聚訟，故詳考深究歷述諸家之說，而折衷之。欲以永斷異說之紛紛也。先生高品大賢，國英人瑞。自任非小。今由蓮陸處請正斯書，果可以合于聖經賢傳否。若有紕繆，望指示之，乃見知己之大雅也。

清施閏章《祭王陽明先生文》（《學餘堂文集》卷二三）

於乎，格致之說，肇自聖經。孟氏闡之，良知以明。下士昧道，岐路縱横。先生昭揭，用啓羣盲。視之無形，聽之無聲。須臾不離，終身率行。

清汪琬《祭陳母張太夫人文》（《堯峰文鈔》卷四〇）

母儀煌煌，内則烈烈。共姜伯姬，聖經所述。孰如淑人，安常履吉。篤生儒臣，用佐王室。

清陳廷敬《春秋始隱公論》（《午亭文編》卷二二）

趙氏之說，有以得乎聖人光明正大之心，而不同乎谿刻詭僻之見，宜其合於吾心也。明乎此，而後知隱之於桓，讓也，非攝也。讓而弑之，夫子是以傷其賢，而誅其篡。《春秋》之始紀隱公，而善善惡惡之大義，已並行而不悖焉，此其為聖經也與。

又《家氏鉉翁原夏正辨》(《午亭文編》卷二三)

《春秋》自左氏言周正歷，戰國秦及漢諸儒以專經名家，至魏晉隋唐五代之季，千七八百年，並無異義焉。中間惟《穀梁》解烝祭曰，烝，冬祭。春興之，志不時也。似以春為建寅之月，亦未顯言之。陸淳氏祖述啖趙氏，始往往習攻左氏，務與為異。然亦未有夏正之說也。逮宋儒，始有三代改正朔不改時月之說，於是劉敞氏胡安國氏陳傳良氏諸人，競為新意，顓信己見，不顧聖經，而夏正之說，紛然至不可窮詰矣。[略]

夫家氏之所不疑者，學者之所疑而取信於先儒者也。一二之疑者，乃學者之無可疑，而家氏之所終不能解者也。宜乎以其披猖悠謬之言，誣聖經而惑後世也，吾不能不與之辨。

又《唐風》(《午亭文編》卷二八)

前漢志曰，河東本唐堯所居，有先王遺教。君子深思，小人儉嗇。《集傳》曰，其地土瘠民貧，勤儉質朴。憂深思遠，有堯之遺風。蓋吾讀《詩》，考志傳所稱二南，而後於唐風有取焉。然自漢以來，解者多所淆亂。如《蟋蟀》《山有樞》《綢繆》《杕杜》《葛生》《采苓》諸篇序，概指為譏刺時君之詩，得朱子辨說，而聖經之本指以明。

又《經學家法論》(《午亭文編》卷三二)

又最甚者，撦取傳中字句文義，以意牽合，妄託聖經，移彼就此，名為合題。豈惟不合經意，揆之傳者之意，亦初不自知其何以位置安排顛錯之如此也。慢棄聖言，割裂傳註。

又《提督陝西學政按察司僉事洪君墓誌銘》(《午亭文編》卷四六)

去聖經遠，註箋紛如。孰集其成，孰究其初。相厥宅里，大賢所居。高原鬱鬱，碑石峨峨。近壠墓者，紫陽之巖阿。

清朱鶴齡《讀左日鈔序》(《愚菴小集》卷七)

《春秋》三傳竝立，公穀乃經師之學，左氏獨詳於史事。蓋古者史世其官，左氏必世為魯史，如晉之董狐，齊之南史，楚之倚相，能尊信聖經而為之作傳，廣求列國諸史乘，管仲晏嬰子產叔向諸名卿佐之行事，無不詳。以及卜筮夢占小說雜家之言，無不采。大事策書，小事簡牘，闕稽逖覽，綜貫秩然。故其文章最為典則華瞻，而後之儒者，或病其誣，或病其浮夸，或病其立論多違理傷教，則何也。

夫子感獲麟而作《春秋》，去夢楹不三載，其指趣未及顯以示人。左氏之遊聖門也晚，又未必與游夏之徒上下其議論，則其踳駁而不醇者，固宜有之。且左氏所稱書不書，先書故書之類，皆本之舊典，為史家成法。聖經則不可以史法拘。［略］若欲從事聖經，成一家之學，必如黄楚望所云，先以經證經，次引他經證，又次以經證傳，又次以傳證經。展轉相證，更復出入羣書，此非余力所能任也。姑存其説，以俟世之述作君子。

清毛奇齡《寄閻潛丘古文尚書寃詞書》（《西河集》卷一八）

雖自揣生平所學，百不如潛丘，且相於數十年，誠不忍以言論牴牾，啟參差之端。祇謂聖經是非，所繫極大，非可以人情嫌畏，謬爲遜讓。況潛丘之學，萬萬勝予，亦必不敢謂能勝六經。大凡有學識人，定無我見。一聞真是，便當自舍其所非。曩者先仲氏觀陳宗伯所藏商彝，心疑其贋，而閟不敢言。及撤去，客有以千金請值者，始自悔其誤，而再請觀之，然不得矣。故先仲氏嘗曰，觀古有所失，即悔且不及，何況不悔。今六經之重，不止一鼎。古文爲二帝三王之書，又不止《毛詩》《左氏》《公》《穀》《周禮》《儀禮》《禮記》諸經之比。向亦惟衛經心切，誠恐僞之果足以亂真，故任此無何之言，而姑且耐之。一經指正，即悛除不暇，此如清君側之奸者，其稱兵直前，以爲君側有奸耳。君側無奸，則此兵向君矣，而可乎。夫聖經無可非而非之，詖士也。君側無奸而忽指之爲有奸者，讒人也。爾乃辨之愈明，來攻者愈急。寧以兵向君，而必不敢向讒人。寧得罪聖經，而必不敢得罪此宋元間非聖毀經之詖士，此則何解。

又《與沈思齋進士論薄后稱側室書》（《西河集》卷一九）

僕嘗謂經學不明，不可論史。生平最恨宋儒史斷，與聖經大悖。

又《與閻潛丘論尚書疏証書》（西河集卷二〇）

昨承示《尚書疏証》一書，此不過惑前人之説，誤以《尚書》爲僞書耳。其于朱陸異同，則風馬不及，而忽詬金谿，竝及姚江，則又借端作横枝矣。《尚書》本聖經，前人妄有遺議者，亦但以出書早晚，立學先後爲疑，未嘗于經文有不足也。［略］

至若學宫從祀，則從來荒謬。向與尊兄言廟學合一之陋，孔子先聖稱名之謬，極蒙許可。至從祀進退，則大不足憑。漢世大儒如康成子政輩，皆以神仙圖讖紛紛罷祀，乃有受華山之書，闡《參同》之祕指，太乙九宫爲洛書九類，而公然與聖經竝傳者。是以王草堂作《聖賢儒史》一書，頗有訂証，而足下偏執程敏政無學之説，以爲金科陋矣。鄙意謂《尚書疏証》總屬難信，恐于堯舜孔子千聖相傳之學，不無有損。況外此枝節，更爲可已，何如不具。

又《與李恕谷論周禮書》

《尚書寃詞》序説中林覯疑《周禮》，來札欲易此語，似以《周禮》非聖經，有礙耳。夫三禮名經，固自無辭。若謂聖經，則自不可。今天下攻《周禮》者衆，總只周公之書四字害之。[略]《周禮》非周公作，何害。《大學》《中庸》不知何人作，其爲經自在也。必欲爭《周禮》爲周公作，《大學》孔子作，則無據之言，人將無據以爭之，事大壞矣。天下是非，原有一定。《周禮》惟非周公作，非聖經。然周人所言周禮，即周之禮也。

又《禁室女守志殉死文》(《西河集》卷一二四)

自古無室女未嫁而夫死守志之禮，即列代典制所以褒揚婦節者，亦並無室女未嫁而守志被旌之例。則直是先聖之禮，後王之制，兩所不許者。況六經二十一史諸子百氏，及名人文集，可為學士大夫所稱道者，亦並無此等。[略]

改禮文不可也，又且婦不二斬，出自《儀禮子夏傳》，傅曰婦不二斬，不二尊也。女在家從父，則祇尊父，故室女為父斬三年。及既嫁從夫，則尊夫矣，為夫斬而父且降期，是不二斬，謂不二斬服，指夫與父言，而乃以父為夫，以不二斬服為不服兩夫，是既改《曾子問》，又改《子夏傳》。聖經有幾，堪此數改。

清宋犖《議復先賢祀典檄》(《西陂類稿》卷三九)

照得，祀，國之大事也。道統之似續，功德之漸被，名節大義之昭垂，皆足以興人心而扶世教，不但慮神明之怨恫也。

按《南昌府志》，舊有先賢祠宇甚多。或分祀，或合祀，禮所謂有其舉之，莫敢廢焉者也。而今多已蕩為荒煙野草，將欲各踵其舊址而復之，為費不貲，無所措給。本都院思建理學名賢為一祠，忠節名賢為一祠。萃其主而合祀之，其與典禮宜歟，否歟。[略]

夫郡縣學已有名宦祠，春秋血食矣。或猶不足以報其德澤之及人歟，抑止應於原有祠廟者補其闕廢而不必他及歟。如果此四公者功烈特異，出衆議之同，紳士呈明，到案定奪。

按，蔡有功聖經賢傳，亦在理學之列，似不與韓林李三公為類者，是歟，非歟。凡已在祀典者，前人必有定論，而增損於其間，則其事鉅，其關繫匪輕。衆論難於合一，將無築舍道旁歟。此又忠節名賢所宜慎重確議者也。

清潘天成《默齋湯子訓言・雜記訓言後》(《鐵廬集》卷一)

庚子十月二十日至許一清兄家，夜睡小樓，夢見先業師默齋湯先生形容如舊，更覺少壯精彩炳麟。命余講《大學》聖經一章畢，先生曰，説亦良是，但註中虛靈不昧一句，體認得真否。對曰，體認頗真。先生大怒，以長大紅色竹板責五下，跪受而起。

又《語録一》(《鐵廬集》卷三)

問課程。先生曰，早晨背學生書，即可用看未發氣象，工夫不必勞攘，而學生所背之書，一字不能欺我，此妙訣也。天甫明，披衣靜坐。或背《大學》聖經，或誦二典，看聖人氣象。其餘自己讀書，聽學生讀書，都把他唤醒此心，要見聖賢當日，都是痛哭流涕與我們説。

清李光地《記配享私議後》(《榕村集》卷二一)

愚幼時嘗妄為之論，以為文廟左右當列為及門傳經二祠，以祀七十二子及漢唐而下有功于聖經者。春秋舍菜，各於其所。至三年而大祭，則周程張朱退就後賢之位，而羣以世次為序，畧如周人時祫大祫之制。

又《己丑會試策問》(《榕村集》卷二二)

《大禹謨》《伊訓》《説命》，傳道之書，可得而詆與。《春秋》三傳，去聖人最近，可得盡訾與。《儀禮》《周禮》，周公經世大法，可得疑且黜與。漢儒守先待後之勤，朱子蓋屢稱之，後學紛紛之論，其果有當與。夫溯聖經之源流，辯先儒之同異，信而好古，以仰贊尊經崇道之化，學者事也。其敷陳所見于篇。

又《覆發閲程宗舜皇極總數劄子》(《榕村集》卷二九)

臣李光地謹奏，正月初九日，翰林臣趙熊詔奉旨，捧出程宗舜所作《洪範皇極總數》交臣看閲，欽此。臣伏惟《易》之一書，經四聖而後備，非後學所可妄擬也。自漢揚雄作《太玄》以儗《易》，故班固譏其僭。程子朱子皆以為疊牀架屋，無用之書也。厥後關朗之《洞極》二十七象，司馬光之《潛虚》五十五行，無非踵襲揚雄之陋，摹倣聖經。朱子亦嘗於《洞極》而辯其偽，於《潛虚》而嗤其拙矣。

清陸隴其《陸桴亭思辨録序》(《三魚堂文集》卷八)

幸而能自拔於功利矣，則或溺於記誦詞章，終身竭蹶，而適長其浮薄驕吝之氣。幸而又不溺於是，而有志於道矣。則佛老之徒又從而惑之。舍三代以來聖賢相傳之道，而欲求所謂虚無寂滅者，求之愈力，去道愈遠。[略]

余家居時，聞太倉陸桴亭先生之學，而未獲親炙。及承乏嘉定，去先生之鄉咫尺，而先生已成古人。乃訪其遺書，得所謂《思辨録》者，其辨同異，晰疑似，一準於程朱。其於金谿新會姚江，雖未嘗力排深拒，而深知其流弊之禍世。其教人先小學而後大學，以立志居敬為本，而以聖經之八條目為程。然後漸進於天人之微，旁及於百家之言。其先後次序，悉洛閩之遺法也。

清查慎行《南書房敬觀宸翰恭紀（有序）》（《敬業堂詩集》卷二九）

伏覩御書《大學》聖經一章，旁至往喆先賢格言銘序，抉其精微，摘其奧義，采諸儒之懿訓，成昭代之典謨。獨於程朱二子，則不書其名。我皇上崇儒重道，冠絶千古者，又其一也。

清藍鼎元《經學考》（《鹿洲初集》卷一四）

《論語》漢初有齊魯之説。傳齊論者，王吉貢禹等。傳魯論者，龔奮夏侯勝等。至張禹始合為一。刪《問王》《知道》兩篇。孔安國為之傳，諸儒註疏訓解，不可枚舉。惟鄭康成何晏立于國學。後世以《問王》《知道》二篇不見為憾。然聖經豈禹所能刪，必二篇出漢儒之偽作，故不傳也。

清沈彤《沈維學四書義序》（《果堂集》卷五）

我兄維學，敏而好古。于聖經賢傳，儒先之書，篤志研窮，洞悉閫奧。而其為文，不一動心于科名之得失，惟求其意純辭粹，合乎王錢唐薛之作而止，非所謂能稱吾意者歟。

清世宗胤禛《和碩怡賢親王碑文》（《世宗御製文集》卷一六）

朕惟國家啓昌隆之運，則誕降名臣。祖宗鍾福慶之貽，則篤生賢胄。粤若師師虞代，稷契為帝室之英，濟濟周朝，旦奭是姬宗之彦。［略］凡關於民生吏治，知無不言，曾經其熟計深圖，言皆有效。祗慎而不宣於衆，退謙而恐居其名。皆中禁之密陳，豈外廷之能曉。心迹則青天白日，衾影無慚。節操則瑩玉清氷，垢塵不染。研幾窮理，得聖經賢傳之精微。輔世寧民，具帝佐王臣之藴負。道光竹帛，恢平章調燮之勲。瑞叶星雲，樹喜起明良之範。朕實賴王治安寰寓，王實為朕翊贊昇平。既歷八年，有如一日。斯乃上天降佑，烈祖垂庥，賚良弼於本支，作盛時之梁棟。於皇考為孝子，於朕躬為純臣。

清允禮《御製樂善堂全集序・庚戌年原序》

文以載道，道之體於身者為德，而發於言者為文。故韓子論文曰，行之乎仁義之途，遊之乎詩書之源。又曰，仁義之人，其言藹如。孝弟者，仁義之實，道德之根源也。

皇四子幼侍聖祖仁皇帝，特荷慈眷，朝夕訓誨，且見我皇上視膳問安，致愛致敬，無事不與往聖同揆。至性薫陶，耳目濡染，由是體諸身心，發於言動者，不待模擬自成方圓。夫聖經賢傳所以勤勤亹亹牖翼萬世，其道無他，父子君臣之大倫而已。［略］和碩果親王允禮序。

清高宗弘曆《大學衍義補序》(《御製樂善堂全集定本》卷七)

學貴於博乎，堯舜心傳十六字，有終身不能行其一語者焉。學貴於約乎，往聖先賢作述相接，有言之而不厭其詳者焉。大凡言理則欲其精簡明切當而易守也，言事則欲其詳條分縷析便於中材而易行也。吾於邱瓊山《大學衍義補》蓋知其義云。夫聖經二百有五言，為學之道備焉，為教之法具焉，為治之理盡焉。所謂理極精而易守也。至於後世道衰文敝，賢者且不能窺聖經之閫奥，又何怪於中材乎。故西山先生作《衍義》之書，至齊家而止。而治國平天下之道備具，不待瓊山之補。然亦不可無瓊山之補，所謂多備規軸，而易行也。聖人言理，賢人言事。先代言理，後世言事。亦學有所不齊，世有所不同，而所以啓廸當時，為教後世之心，則一也。然於此亦可以見瓊山之有志於君民上下，言事極其詳，而言理亦極其精矣。至其書之條目義例，則詳於邱氏之序。余因嘉其明於理而便於事，故為序如右。

又《跋朱子大學章句》(《御製樂善堂全集定本》卷八)

六經之文，備衆理，該萬事，集羣聖之精華，以立言君臣父子之大倫。往古来今之大法，莫不於此取則焉。所謂焕天下於文明，而聖人之所以垂世而立教，其意蓋深遠矣。六經之外，則有四子書。《大學》為曾子所述，反列於孔子《論語》之前者，以聖經亦孔子所製，其言由近以及遠，端本而肇末，則又實為入聖之階梯云。

又《漢光武論》(《御製文初集》卷三)

世之論光武者，率無間言，而多不足其尚圖讖一事者，此亦責賢惟備之意乎。然猶有未盡之旨焉。余故敘而論之。

蓋世治聽於人，世亂聽於神，惡治而喜亂，豈人之情也哉。苟繫桑之不謹，將復隍之可虞。起伏循環，一消一息。至於人厭流離，天思反德，必挺生睿哲，為人神主。然而飈廻霧塞之秋，草創蓼擾之際，一辰未居，衆志不齊。非有神道設教，其何以服天下哉。且光武之興也，宛人倡復起之謠，西門有當為之讖。既因集事難廢半塗，是以身歷艱險，手定太平大業。爰濟明慎，綜攬三大政之措施，雖高祖亦將遜其精到焉。而顧以信讖一節，吹求慊德，不亦失善善之意耶。夫盤庚成王，殷周之令主也。其遷殷而誥衆，則曰卜稽東征。而誓師則曰，龜命龜卜，雖較圖讖為正矣，然使衆志一而奉命謹，則亦曷藉之哉。是則光武之為，其亦如斯而已矣。若夫稱聖經而罪桓譚，則又不無過甚云爾。

又《哨鹿賦序》(《御製文初集》卷二四)

賦者，古詩之流。詩以言志，其有不能盡言之志，則賦可以申之。我皇祖昔喜哨鹿，朕沖齡隨侍，習聞其事。年來乃親試為之，嘉其有合於聖經，顧古人無賦之者，故不愧無文。

又《命追復睿親王封爵及復開國有功諸王原號並予配享諭》(《御製文二集》卷七)

睦親彰善，王政宜先。繼絶昭屈，聖經所重。

又《安而后能慮慮而后能得》(《御製文三集》卷一)

朱子解此，以為静就心説，安就身説。夫静就心説是矣，安就身説，予以為就意説，非就身説也。夫不云，欲正其心者，先誠其意乎。蓋静在心，而動在意。由静而動，則心正而意誠，意誠則安也。由是而慮，則知致而物格，内外交養，本末兼施，胥止至善之道也。是故正心誠意，為聖經之關鍵。心静不可見，意動有所施。施出於誠，則脩身齊家治國，皆由是而推，而明明德於天下矣。其所得，不已多乎。

又《有真意軒》(《御製詩三集》卷五一)

意者心之旌，真者偽之宰。意苟真是託，那為（去聲）偽所殆。聖經言正心，其先誠意在。誠斯無不真，豈復外物待。

又《新賞室》(《御製詩三集》卷七三)

彌月未經到，夏光又異春。花紅何處去，樹緑滿庭勻。不解琴樽趣，惟耽書史因。聖經從幼讀，奚有在新民。

又《涵德書屋》(《御製詩三集》卷八七)

仁義定名德虚位，聖經則曰在明明。優遊涵養速成戒，亦貴尊聞勉力行。

又《理心樓有會》(《御製詩四集》卷一一)

嘗記子輿語，心之官則思。理非方寸外，動即一身隨。必也無所欲，斯能有可為。如其尚空寂，乃背聖經馳。

又《山心精舍》(《御製詩四集》卷三一)

陟降就畝平，精舍仍山心。菁葱雖四圍，隙處具俯臨。假借以為名，其義原可尋。取象艮為山，其德止則諶。在止於至善，正心聖經箴。豈徒緣賞佳，吾將勉自今。

又《洗象歌詠宋宣和端石硯》(《御製詩四集》卷六二)

宣和博古通儒釋,選材製硯鑿端石。命工刻作洗象圖,不述聖經述佛蹟。應知洗象寓色空,而何通金啓金隙。汴梁富麗一朝盡,可憐龍賓埋瓦礫。是誰得之誰用之,依舊無言演梵筴。

又《題棲霞十景》(《御製詩四集》卷七二)

入自蒙茸得以深,豁然開處見天心。天心原在人心裏,應向聖經章句尋。(右天開岩)

又《回浄盡誌事三十韻》(《御製詩五集》卷一〇)

邪回倡新教,畧經數年矣。厥有馬明心,回民倡禍始。僧之一炷香,道之五斗米。本因歛貨財,遂至兵戈起。明心被人訐,拘繫囹圄裏。而蘇四十三,竟敢欲救彼。彼實薩拉爾,番回而已耳。[略]彼回本吾民,奚曾少異視。而忽逢此變,斯誠刼數爾。究緣化未淳,慙愧惟責己。更憶聖經云,哀矜而勿喜。

又《綺思樓》(《御製詩五集》卷五一)

人孰無思思孰託,正心誠意聖經文。書樓偶一瞻檐額,略悔命名昔誤云。

又《静香館》(《御製詩五集》卷五二)

陸生香於庭,水生香於池。書館皆可得,而實弗藉伊。試云所藉者,曰静一字宜。静則心在焉,視見聽聞資。聖經已明言,逢源任取之。

又《有真意軒》(《御製詩五集》卷六六)

聖經自幼讀之熟,曰必誠耳自欺毋。然而有真及無盡,亦可注此非虛誣。

又《有真意軒釋義》(《御製詩五集》卷九〇)

惟意所包廣,己與物胥同。内則情為發,外則形為容。具善亦具惡,曰偏及曰中。試以一言該,有真乃大公。聖經早申訓,誠亶真之宗。

《四庫全書總目》卷六

《易經通註》九卷。(湖北巡撫採進本)

今奉皇上求書明詔,湖北巡撫乃繕録進呈。原本未標書名,恭閲五朝國史傳以漸舊傳,有順治十三年十月纂修《易經通註》之文,謹據以補題。伏思此書推闡聖經,發明精義,雖編摩於衆手,實稟受於聖裁。

《周易筮述》八卷。（陝西巡撫採進本）

國朝王宏撰撰。宏撰字無異，號山史，華陰人。康熙己未嘗薦舉博學鴻詞。宏撰以朱子謂《易》本卜筮之書，故作此編以述其義。其卷一曰原筮，曰筮儀，曰蓍數。筮儀本朱子，並參以汴水趙氏。其卷二曰揲法，其卷三曰變占。尊聖經，黜《易林》，稽之《左傳》，與朱子大同小異。其卷四曰九六，曰三極，曰中爻。中爻即互體。其卷五曰卦德，曰卦象，曰卦氣。卦氣本邵子朱子，并附《太乙秘要》。其卷六曰卦辭，其卷七曰《左傳》《國語》占，曰餘論。其卷八曰推驗，采之陸氏。其涉於太異可駭者弗載。其書雖耑爲筮蓍而設，而大旨闢焦京之術，闡文周之理。立論悉推本於經義。較之方技者流，實區以別。故進而列之易類，不以術數論焉。

又卷八

《周易古文鈔》二卷。（浙江巡撫採進本）

明劉宗周撰。宗周字起東，號念臺。山陰人。萬曆辛丑進士，官至左都御史。南都破後，絕粒而死，事迹具《明史》本傳。乾隆乙未，賜謚忠介。宗周與漳浦黃道周，明末俱以善《易》名。道周長於數，宗周長於理。其學多由心得，故不盡墨守傳義。其刪《説卦》《序卦》《雜卦》三傳，雖本舊説，已失先儒謹嚴之義。至於經文次序，每以意移置，較吳澄《纂言》更爲無據，亦勇於竄亂聖經矣。故其人可重，而其書終不可以訓焉。

《桂林點易丹》十六卷。（兩江總督採進本）

明顧懋樊撰。懋樊字霖調，仁和人。其自題桂林者，乃舉所居之地而言也。崇禎中副榜貢生。是書前有其父七寶山解易影數則，并《諸儒姓氏考》一卷，所臚列，自周至明，幾數百家，而頗多前後失次。蓋以摭録示富，未必悉覩原書。其所訓解，大都順文敷衍，不出講章門徑。《經義考》引張雲章之説，斥其以聖經比之道家爐火，亦特据其書名而言，實則無一字涉丹經也。

《易學古經正義》十二卷。（湖北巡撫採進本）

明鄒元芝撰。元芝字立人，竟陵人。是書重定《周易》古本之次序，謂孔子十翼與經並尊，不得抑之稱傳，遂臆爲分別。如乾卦以乾元亨利貞五字爲本經之彖，割天行健三字爲本經之象，而綴以六爻。他皆倣此。其十翼則倣制藝之體，經文反低二格，而彖詞小象之詞各冠以彖曰象曰字，跳行頂格書之。其大象天行健地勢坤諸句，因刪之不能成文，遂既以爲本經之文，又複見於彖詞之內。一文兩屬，莫定所歸，皆有意立異，而詭稱復古，不知所據何古本也。其説經大旨，則以羲文之易爲卜筮之書，孔子之易爲盡性至命之書，故所註皆舍象數而言義理，蓋借尊孔子之名，以劫伏衆論，實則茫無確證，徒見其割裂聖經而已。

又卷九

《先天易貫》五卷。（直隸總督採進本）

國朝劉元龍撰。元龍字凝焉，饒陽人。是編前有康熙壬辰自序，又有雍正癸卯補序。蓋其書先成三卷，刋於江南，後又續增二卷，故兩序也。元龍自稱歷三十年乃成書。其首卷卽數以言理，首河圖，次洛書，附以妙合而凝之圖。次卷卽象以言理，首畫卦圖，次太極圖，次儀象卦爻錯變圖，附以易貫圖。三卷卽氣以言理，首變卦圖，次八卦圖，綜卦圖，附以致知格物圖。四卷五卷卽六十四卦以言理。標舉伏羲大象，孔子大象傳，附以錯卦互卦之解。蓋惟講陳邵之學者也，其謂《易》不爲卜筮而作，所言似高而實不然。夫聖人立教，隨時寓義，初不遺於一事一物。三代以上，無鄙棄一切空談理氣之學問也。故《詩》之教，理性情，明勸戒，其道至大，而謂《詩》非樂則不可。《春秋》之教，存天理，明王政，其道亦至大，而謂《春秋》非史則不可。聖人準天道以明人事，乃作《易》以牖民。理無迹寓以象，象無定準以數。數至博而不可紀，求其端於卜筮，而吉凶悔吝進退存亡，於是見之。用以垂訓示戒，曰蓍曰龜，經有明文。曰揲曰扐，傳亦有成法。豈取盡性至命之書，而褻而玩之哉。俗儒但見拋珓擲錢之爲卜筮，又見夫方技之流，置義理而談趨避，遂以爲侮我聖經，乃務恢其説，欲離卜筮而談《易》。然則四聖人中，周公居一。公作《周官》，以三易掌之太卜，無乃先不知《易》乎。是猶觀優伶歌曲，而謂聖人必不作樂。觀小説傳奇，而謂聖人必不作史也。

又卷一〇

《易經一説》。（無卷數，浙江巡撫採進本。）

國朝王俶撰。俶字善思，彭山人。其書大旨以《程傳》《本義》原互相發明，不容偏廢。坊本依費王之次，已錯亂聖經。復止載《本義》不及《程傳》，註不全而解益艱，因遵朱子十二篇舊次，復參取衆家，歸於一説，使初學易讀易曉，蓋亦爲科舉經義而設也。

《周易井觀》十二卷。（編修吳壽昌家藏本）

國朝周大樞撰。大樞字元木，號存吾，山陰人。乾隆壬申舉人，官平湖縣教諭。此編論天地之數，謂與大衍相符，必漢儒遞相傳授，以及康成，是以古來説《易》，並無先天八卦，故不取邵子所傳圖位。蓋先天八卦，卽從所稱後天圖演出，不過取其一畫交易，則各成乾坤，乃道家抽坎塡離之説，不合聖經之旨也。於六十四卦則尊離重震，各爲之解。爲圓圖以應一歲節候之數，爲方圖以應三才旋轉之象。以《雜卦傳》爲孔子之序《易》，取文王所序卦而雜之他卦，皆用文王覆卦。至大過而後，獨不覆焉。終之以剛决柔，與卦首之乾相接，卽無大過之道。作《雜卦傳》三十六宮圖以差次之。又創爲兼兩卦。每六畫履之，則爲十二畫。仍可併爲六畫，以盡易之變化也。如用九用六，四象八卦，以及蓍策占驗諸説，俱博綜衆論，斷以己意。惟引性空眞火性火眞空火，愈分愈多，愈興愈有云云，頗涉二氏之旨焉。

又卷一二

右《書》類五十五部，六百五十卷。附録二部，十一卷。皆文淵閣著録。

案，蔡沈《洪範皇極數》諸書，雖以《洪範》爲名，而實以洛書九數推衍成文，於《洪範》絶無所涉。舊以爲《書》類，於義殊乖。今悉退列子部術數類中，庶不使旁門小技，汨亂聖經之大義焉。

又卷一三

《書疑》九卷。（内府藏本）

宋王柏撰。顧炎武《日知録》稱爲元儒王柏。考柏以度宗咸淳十年卒，未嘗入元。炎武偶誤也。柏字會之，號魯齋，金華人。受業於何基之門。基，黄榦弟子，榦，又朱子壻也。故托克托等修《宋史》，以朱子之故，列柏於《道學傳》中。然柏之學，名出朱子，實則師心，與朱子之謹嚴絶異。此其辨論《尚書》之文也。

《尚書》一經，疑古文者自吳棫朱子始（見朱子語録），併今文而疑之者，自趙汝談始（見陳振孫《書録解題》）。改定《洪範》自龔鼎臣始（見所作《東原録》）。改定《武成》自劉敞始（見《七經小傳》）。其併全經而移易補綴之者，則自柏始。

考《漢書》載劉向以中古文校歐陽大小夏侯三家經文。《酒誥》脱簡一，《召誥》脱簡二。率簡二十五字者，脱亦二十五字。簡二十二字者，脱亦二十二字。文字異者七百有餘，脱字數十云云。此言脱簡之始也。然向既校，知脱簡，自必一一改正，必不聽其仍前錯亂。又惟言《酒誥》脱簡一，《召誥》脱簡二。則其餘併無脱簡可知，亦非篇篇悉有顛倒。且一簡或二十五字，或二十二字，具有明文，則必無全脱一章一段之事。而此二十餘字之中，亦必無簡首恰得句首，簡尾恰得句尾，無一句割裂不完之事也。

柏作是書，乃動以脱簡爲詞，臆爲移補。其併《舜典》於《堯典》，刪除姚方興所撰二十八字。合《益稷》於《臯陶謨》，此有孔穎達《正義》可據者也。以《大禹謨》《臯陶謨》爲夏書，此有《左傳》可據者也。以《論語》咨爾舜二十二字，補舜讓於德弗嗣之下，其爲《堯典》本文，抑或爲他書所載。如《鬻子》述帝王遺語之類，已不可知。（案，《鬻子》所述帝王遺語，今本不載，見賈誼《新書》所引。）以《孟子》勞之來之二十二字，補敬敷五教在寬之下。則《孟子》明作堯言，柏乃以爲舜語，已相矛盾，然亦尚有《論語》《孟子》可據也。至於《堯典》《臯陶謨》《説命》《武成》《洪範》《多士》《多方》《立政》八篇，則純以意爲易置，一概託之於錯簡。有割一兩節者，有割一兩句者。何脱簡若是之多，而所脱之簡，又若是之零星破碎，長短參差。其簡之長短廣狹，字之行款疏密，茫無一定也。

其爲師心杜撰，竄亂聖經，已不辨而可知矣。

其所辨説，如謂盤庚之言，所欠者理明詞達。又信《泰誓序》十有一年之説，謂武王承祖父之餘慶，藉友邦之歸心，氣焰既張，體貌且盛。改元紀元，視紂猶諸侯。後世曲爲覆護，反生荆棘。又謂《大誥》寧王貽我大寶龜，西土有大艱人，亦不靖之語。無異唐德宗奉天之難諉之於定數，是排斥漢儒不已，併集矢於經文矣。豈濂洛關閩諸儒立言垂教之本旨哉。托克托等修《宋史》，乃與其《詩疑》之説並特録於本傳，以爲美談，何其寡識之甚乎。

又卷一五

《毛詩陸疏廣要》二卷。（內府藏本）

吳陸璣撰，明毛晉注。晉原名鳳苞，字子晉，常熟人。家富圖籍，世所傳影宋精本，多所藏收。又喜傳刻古書，汲古閣板，至今流布天下，故在明季以博雅好事名一時。嘗刻《津逮秘書》十五集，皆宋元以前舊帙。惟此書爲晉所自編。陸璣原書二卷，每卷又分二子卷，蓋儲藏本富，故徵引易繁。採摭既多，故異同滋甚。辨難考訂，其説不能不長也。其中如《南山有臺》一條，則引《韻書》證其佚脱。《有集維鷮》一條，則引《詩緝》證其異同。其考訂亦頗不苟。至於嗜異貪多，每傷支蔓。如《鶴鳴于九皐》一條後，附焦山《瘞鶴銘考》一篇，蔓延及於石刻。於經義渺無所關。核以詁經之古法，殊乖體例。然雖傷冗碎，究勝空疎。明季説《詩》之家，往往簸弄聰明，變聖經爲小品。晉獨言言徵實，固宜過而存之，是亦所謂論其世矣。

《毛詩本義》十六卷。（兩江總督採進本）

宋歐陽修撰。是書凡爲説一百十有四篇，統解十篇，時世本末二論，豳魯序三問，而補亡鄭譜及詩圖總序附於卷末。

修文章名一世，而經術亦復湛深。王宏撰《山志》記嘉靖時，欲以修從祀孔子廟，衆論靡定。世宗諭大學士楊一清曰，朕閱書《武成》篇，有引用歐陽修語，豈得謂修於六經無羽翼，於聖門無功乎。一清對，以修之論説見於《武成》，蓋僅有者耳。其從祀一節，未敢輕議云云。蓋均不知修有此書也。

自唐以來，説《詩》者莫敢議毛鄭，雖老師宿儒，亦謹守小序。至宋而新義日增，舊説俱廢。推原所始，實發於修。然修之言曰，後之學者，因迹先世之所傳，而較得失，或有之矣。使徒抱焚餘殘脱之經，倀倀於去聖人千百年後，不見先儒中間之説，而欲特立一家之學者，果有能哉。吾未之信也。又曰，先儒於經，不能無失。而所得固已多矣。盡其説而理有不通，然後以論正之，是修作是書，本出於和氣平心，以意逆志。故其立論，未嘗輕議二家，而亦不曲狥二家。其所訓釋，往往得詩人之本志。後之學者，或務立新奇，自矜神解。至於王柏之流，乃併疑及聖經。使《周南》《召南》俱遭刪竄，則變本加厲之過，固不得以濫觴之始，歸咎於修矣。

林光朝《艾軒集》有《與趙子直書》曰，《詩本義》初得之如洗腸。讀之三歲，覺有未穩處。大率歐陽二蘇及劉貢父談經，多如此。又一書駁《本義·關雎、樛木、兔罝、麟趾》諸解，辨難甚力。蓋文士之説《詩》，多求其意。講學者之説《詩》，則務繩以理。互相掊擊，其勢則然。然不必盡爲定論也。

又卷一六

《詩集傳名物鈔》八卷。（内府藏本）

元許謙撰。謙有《讀書叢説》已著録。謙雖受學於王柏，而醇正則遠過其師。研究諸經，亦多明古義，故是書所考名物音訓，頗有根據，足以補《集傳》之闕遺。惟王柏作二南相配圖，移《甘棠》《何彼襛矣》於王風，而去《野有死麕》，使《召南》亦十有一篇，適如《周南》之數，師心自用，竄亂聖經，殊不可訓。而謙篤守師説，列之卷中，猶未免門戶之見。至柏所刪國風三十二篇，謙疑而未敢遽信，正足見其是非之公。吴師道作是書序，乃反謂已放之鄭聲，何爲尚存而不削。於謙深致不滿，是則以不狂爲狂，非謙之失矣。

卷末譜作詩時世，其例本之康成，其説則改從《集傳》。蓋淵源授受，各尊所聞。然書中實多采用陸德明《釋文》及孔穎達《正義》，亦未嘗株守一家。名之曰鈔，蓋以此云。

又卷一七

《詩疑》二卷。（内府藏本）

宋王柏撰。柏有《書疑》已著録。《書疑》雖頗有竄亂，尚未敢刪削經文。此書則攻駁毛鄭不已，併本經而攻駁之。攻駁本經不已，又併本經而刪削之。其以《行露》首章爲亂入，據《列女傳》爲説，猶有所本也。以《小弁》無逝我梁四句爲漢儒所妄補，猶曰其詞與《谷風》相同，似乎移掇也。以《下泉》末章爲錯簡，謂與上三章不類，猶著其疑也。至於《召南》刪《野有死麕》，《邶風》刪《靜女》，《鄘風》刪《桑中》，《衛風》刪《氓》《有狐》，《王風》刪《大車》《丘中有麻》，《鄭風》刪《將仲子》《遵大路》《有女同車》《山有扶蘇》《蘀兮》《狡童》《褰裳》《東門之墠》《丰》《風雨》《子衿》《野有蔓草》《溱洧》，《秦風》刪《晨風》，《齊風》刪《東方之日》，唐風刪《綢繆》《葛生》，《陳風》刪《東門之池》《東門之枌》《東門之楊》《防有鵲巢》《月出》《株林》《澤陂》凡三十二篇。（案書中所列之目，實止三十一篇。疑傳刻者脱其一篇。）又曰，《小雅》中凡雜以怨誹之語，可謂不雅。子今歸之《王風》，且使《小雅》粲然整潔。其所移之篇目，雖未具列，其降雅爲風，已明言之矣。

又曰《桑中》當曰《采唐》，《權輿》當曰《夏屋》，《大東》當曰《小東》，則併篇名改之矣。此自有六籍以來，第一怪變之事也。柏亦自知詆斥聖經，爲公論所不許，乃託詞於漢儒之竄入。夫漢儒各尊師説，字句或有異同，至篇數則傳授昭然。其增減一一可考。如《易·雜卦傳》爲河内女子壞老屋所得書，出伏生者二十九篇。孔安國以孔壁古文增十六篇，而《泰誓》三篇亦爲河内女子所續。得《舜典》首二十八字爲姚方興所上。《周禮·考工記》爲河間獻王所補，具有明文。下至《左傳》增其處者，爲劉氏一句。秦穆姬登臺履薪一段，先儒亦具有記載。惟《詩》不言有所增加，安得指國風三十二篇爲漢儒竄入也。

王弼之《易》，杜預之《左傳》，以傳附經，離其章句。鄭玄《禮記目録》，與劉向《别録》不同，亦咸有舊説。惟《詩》不言有所更易，安得謂《王風》之詩竟移入《小雅》也。且《春秋》有三家，可以互考。故《公羊》經文增孔子生一條，而《左傳》無。《詩》有四家，亦可以互考。故三家《般》詩多於繹思一句，《毛詩》無之，見《經典釋文》。《毛詩·都人士》有首章，而三家無之，見《禮記·緇衣》注。卽《韓詩·雨無正》多雨無其極二句，宋人亦尚能道之，見《元城語録》。一句一字之損益，卽彼此參差昭昭乎，不能掩也。此三十二篇之竄入，如在四家既分以後，則齊增者魯未必增，魯增者韓未必增，韓增者毛未必增，斷不能如是之畫一。如在四家未分以前，則爲孔門之舊本確矣。柏何人，斯敢奮筆而進退孔子哉。

至於謂《碩人》第二章形容莊姜之色太褻，《秦風·黄鳥》乃淺識之人所作，則更直排删定之失，不復託詞於漢儒，尤爲恣肆。陳振孫《書録解題》載陳鵬飛《作詩解》二十卷，不解《商頌》《魯頌》。以爲《商頌》當闕，《魯頌》當廢，其説已妄，猶未如柏之竟删也。後人乃以柏嘗師何基，基師黄榦，榦師朱子，相距不過三傳，遂併此書亦莫敢異議，是門户之見，非天下之公義也。

又卷一九

《周禮復古編》一卷。（山東巡撫採進本）

宋俞庭椿撰。庭椿字壽翁，臨川人。乾道八年進士，官古田令。是書宋志作三卷，今本作一卷。標曰陳友仁編。蓋友仁訂正《周禮集説》，而以此書附其後也。庭椿之説，謂五官所屬皆六十，不得有羨。其羨者皆取以補冬官，鑿空臆斷，其謬妄殆不足辨。又謂《天官·世婦》與《春官·世婦》，《夏官·環人》與《秋官·環人》爲一官複出，當省并之。其説似巧而其謬尤甚。二世婦與二環人，無論職掌各殊，卽以序官考之，天官世婦爲王之後宫，故與九嬪八十一御女皆無官屬。至於春官世婦爲王之宫官，故每官卿一人，下大夫四人，中士八人，女府二人，女史二人，奚十六人，與天官世婦顯異。鄭註以漢之大長秋詹事中少府太僕爲證，其説本確。庭椿乃合而一之，是誤以春官之世婦爲婦人也。至於司馬環人之屬，下士六人，史二人，徒十有二人。秋官環人之屬，中士四人，史四人，胥四人，徒四十人。若二環人是一官，何所屬之中下士及史胥徒乃各不同如此耶。此好立異説者之適以自蔽也。然復古之説，始於庭椿。厥後邱葵吴澄，皆襲其謬。説《周禮》者遂有各官不亡之一派，分門别户，輾轉蔓延。其弊至明末而未已，故特存其書，著竄亂聖經之始，爲學者之炯戒焉。

《周禮訂義》八十卷。（内府藏本）

宋王與之撰。與之字次點，樂清人。淳祐二年六月，行在秘書省准勅訪求書籍，牒温州宣取是編。知温州趙汝騰奏進，特補一官，授賓州文學，後終於通判泗州。此本省牒州狀，都司看詳，及勅旨，均録載卷首，蓋猶宋本之舊。前有眞德秀序，作於紹定五年壬辰。下距進書時十年，又有趙汝騰後序作於嘉熙元年丁酉，下距進書時六年。故汝騰奏稱，素識其人。又稱德秀歿後與之，益删繁取要，由博得約，其書益精粹無疵也。

所採舊説凡五十一家。然唐以前，僅杜子春鄭興鄭衆鄭玄崔靈恩賈公彦等六家。其餘四十五家則皆宋人。凡文集語録，無不搜采。蓋以當代諸儒爲主，古義特附存而已。德秀序稱，鄭賈諸儒析名物辨制度不爲無功，而聖人微旨終莫之睹，惟洛之程氏，關中之張氏，獨得聖經精微之藴。永嘉王君其學本於程張云云。蓋以義理爲本，典制爲末。故所取宋人獨多矣。

其注《考工記》，據《古文尚書》周官司空之職，謂冬官未嘗亡，實沿俞庭椿之謬説。汝騰後序亦稱之，殊爲舛誤。然庭椿淆亂五官，臆爲鼎竄。與之則僅持是論，而不敢移掇經文，視庭椿固爲有間。至其以序官散附諸官，考陸德明《經典釋文》，晉干寶註《周禮》，雖先有此例，究事出意剏，先儒之所不遵，不得援以爲據也。惟是四十五家之書，今佚其十之八九，僅賴是編以傳。雖貴近賤遠不及李鼎祚《周易集解》，能存古義而蒐羅宏富，固亦房審權《周易義海》之亞矣。

又案邱葵《周禮補亡序》稱，嘉熙間東嘉王次點作《周官補遺》，由是《周禮》之六官始得爲全書，今本實無《補遺》，未審别爲一書，或附此書内而佚之。然憑臆改經之説，正以不存爲最善，固無庸深考也。

又卷二三

《重校古周禮》六卷。（兩江總督採進本）

明陳仁錫撰。仁錫有《繫詞》十篇，書已著録。是編不用俞庭椿改本，與郎兆玉相同。其稱重訂，當卽因兆玉本也。然五官皆移叙官於惟王建國之前，亦非古本。又其凡例曰，考《漢・藝文志》，是書原闕冬官，漢儒補以《考工記》，未免割裂聖經，不必妄爲補綴。而六卷仍列《考工記》，乃自違其説。其註釋多剽朱申《句解》，體例猥雜，殆坊賈託名，未必眞出仁錫也。

又卷二六

説經家之有門户，自《春秋》三傳始。然迄能並立於世，其間諸儒之論，中唐以前，則左氏勝。啖助趙匡以逮北宋，則公羊穀梁勝。孫復劉敞之流，名爲棄傳從經，所棄者，特左氏事迹，公羊穀梁月日例耳。其推闡譏貶，少可多否，實陰本公羊穀梁法，猶誅鄧析用竹刑也。夫删除事迹，何由知其是非。無案而斷，是《春秋》爲射覆矣。聖人禁人爲非，亦予人爲善。經典所述，不乏褒辭。而操筆臨文，乃無人不加誅絶。《春秋》豈吉網羅鉗乎。至於用夏時，則改正朔。削尊號，則貶天王。《春秋》又何僭以亂也。沿波不返，此類宏多。雖舊説流傳，不能盡廢，要以切實有徵平易近理者爲本。其瑕瑜互見者，則別白而存之。游談臆説，以私意亂聖經者，則僅存其目。蓋六經之中，惟《易》包衆理，事事可通。《春秋》具列事實，亦人人可解。一知半見，議論易生。著録之繁，二經爲最。故取之不可不慎也。

《春秋經解》十三卷。（兵部侍郎紀昀家藏本）

宋孫覺撰。覺字莘老，高郵人，擢進士第，官至御史中丞。事跡具《宋史》本傳。此書題曰，龍學孫公。蓋覺致仕之時，以龍圖閣學士兼侍講提舉醴泉觀也。

覺早從胡瑗遊，傳其《春秋》之學，大旨以抑霸尊王爲主。自序稱左氏多説事迹，公穀以存梗槩。今以三家之説較其當否，而穀梁最爲精深。且以穀梁爲本。其説是非褒貶，則雜取三傳及歷代諸儒啖趙陸氏之説。長者從之，其所未聞，則以安定先生之説解之。今瑗《口義》五卷已佚，傳其緒論，惟見此書周麟之跋。稱初王安石欲釋《春秋》以行於天下，而莘老之傳已出，一見而有惎心，自知不能出其右，遂詆聖經而廢之。邵輯序稱是書作於晚年，謂安石因此廢《春秋》，似未必盡然。然亦可見當時甚重其書，故有此説也。

《宋史·藝文志》載覺《春秋經解》十五卷，又《春秋學纂》十二卷，《春秋經社要義》六卷。朱彝尊《經義考》據以著録。於《經解》注曰存。於《學纂》《要義》皆註曰佚。然今本實十三卷，自隱公元年至護麟，首尾完具，無所殘闕，與宋志所載不符。考陳振孫《書録解題》，載《春秋經解》十五卷，《春秋經社要義》六卷，而無《春秋學纂》。王應麟《玉海》載《春秋經社要義》六卷，《春秋學纂》十二卷，而無《春秋經解》。其《學纂》條下註曰，其説以穀梁爲本，及采左氏公羊歷代諸儒所長，間以其師胡瑗之説斷之。分莊公爲上下云云，與今本一一相合。然則《春秋學纂》卽《春秋經解》之別名，宋志誤分爲二書，並訛其卷數。《書録解題》亦訛十三卷爲十五卷，惟《玉海》所記爲得其眞矣。

又卷二七

《春秋本例》二十卷。（内府藏本）

宋崔子方撰。是書大旨，以爲聖人之書，編年以爲體，舉時以爲名。著日月以爲例，而日月之例又其本，故曰本例。凡一十六門，皆以日月時推之，而分著例變例二則。州分部居，自成條理。考《公羊》《穀梁》二傳，專以日月爲例，固有穿鑿破碎之病。然經書公子益師卒，《左傳》稱公不與小斂，故不書日。則日月爲例，已在二傳之前。疑其時去聖未遠，必有所受。但予奪筆削，寓義宏深。日月特其中之一例，故一家所説，時亦有合。而推之以槩全經，則支離轇轕，而不可以盡通。至於必不可通，於是乎委曲遷就，而變例生焉。此非以日月爲例之過，而全以日月爲例之過也。亦猶《易》中有互體，未嘗非取象之一義。故《繫辭》稱雜物撰德，辨是與非，則非其中爻不備。然使必卦卦以互體求象，則牽合穿鑿，其説遂至於難通。王弼註《易》，一掃互體。啖助趙匡説《春秋》，亦一掃諸例而空之，豈非有激而然乎。子方此書，陳振孫《書録解題》稱其學，辨正三傳之是非，而專以日月爲例，則正蹈其失而不悟，所論甚允。然依據舊傳，雖嫌墨守，要猶愈於放言高論，逞私臆而亂聖經。説《春秋》者，古來有此一家，今亦未能遽廢焉。

又卷二八

《春秋屬辭》十五卷。（两江總督採進本）

元趙汸撰。汸於《春秋》用力至深。至正丁酉，旣定《集傳》初稿，又因《禮記·經解》之語，悟《春秋》之義在於比事屬詞，因復推筆削之旨，定著此書。其爲例凡八。一曰存策書之大體，二曰假筆削以行權，三曰變文以示義，四曰辨名實之際，五曰謹内外之辨，六曰特筆以正名，七曰因日月以明類，八曰辭從主人。其説以杜預《釋例》陳傅良《後傳》爲本，而亦多所補正。汸《東山集》有《與朱楓林書》曰，謂《春秋》隨事筆削，決無凡例，前輩言此亦多。至丹陽洪氏之説出，則此段公案不容再舉矣。其言曰《春秋》本無例，學者因行事之迹以爲例，猶天本無度，歷家即周天之數以爲度。此論甚當。至黄先生，則謂魯史有例，聖經無例，非無例也，以義爲例。隱而不彰，則又精矣。

今汸所纂述，却是比事屬詞法，其間異同詳畧，觸事貫通，自成義例，與先儒所纂所釋者，殊不同。然後知以例説經，固不足以知聖人。爲一切之説以自欺，而漫無統紀者，亦不足以言《春秋》也。是故但以屬詞名書。

又有與《趙伯友書》曰，承筆削《行狀》，作《黄先生傳》，特奉納《師説》一部，《屬詞》一部。尊兄旣熟《行狀》，又觀《師説》，則於六經復古之學，艱苦之由，已得大槩，然後細看《屬詞》一過，乃知區區抱此二十餘年，非得已不已，强自附於傳註家，以徼名當世之謂也。其書參互錯綜，若未易觀。然其入處，祗是屬詞比事法，無一義出於杜撰云云。其論義例頗確，其自命亦甚高。

今觀其書，刪除繁瑣，區以八門，較諸家爲有緒，而目多者失之糾紛，目少者失之强配，其病亦畧相等。至日月一例，不出公穀之窠臼，尤嫌繳繞。故仍爲卓爾康所譏。（語見爾康《春秋辨義》）益言之易，而爲之難也。顧其書淹通貫串，據傳求經，多由考證得之，終不似他家之臆説。故附會穿鑿雖不能盡免，而宏綱大旨，則可取者爲多。前有宋濂序，所論《春秋》五變，均切中枵腹游談之病。今併録之，俾憑臆説經者知情狀不可揜焉。

又卷二九

《日講春秋解義》六十四卷。

謹案，是書爲聖祖仁皇帝經筵舊稿，世宗憲皇帝復加考論，乃編次成帙。説《春秋》者，莫夥於兩宋。其爲進講而作者，《宋史·藝文志》有王葆《春秋講義》三卷，今已散佚。張廷式《黄海集》有《春秋講義》一卷，《永樂大典》有戴溪《春秋講義》三卷，大抵皆演繹經文，指陳政理，與章句之學迥殊。是非惟崇政邇英奏御之體裁如是，亦以統馭之柄，在慎其賞罰。賞罰之要，在當其功罪。而别嫌疑，明是非，定猶豫者，則莫精於《春秋》。聖人筆削之旨，實在於是也。故孟子曰，《春秋》，天子之事也。公扈子曰，有國者不可以不學《春秋》，《春秋》，國之鑑也。董仲舒推演《公羊》之旨，得二百三十二條，作《春秋决事》十六篇，其義蓋有所受矣。

是編因宋儒進御舊體，以闡發微言。每條先列左氏之事迹，而不取其浮夸。次明公穀之義例，而不取其穿鑿。反覆演釋，大旨歸本於王道。允足明聖經之書法，而探帝學之本原。聖祖仁皇帝世宗憲皇帝聖聖相承，鄭重八明，以成此一編，豈非以經世之樞要具在斯乎。

《御纂春秋直解》十五卷。

乾隆二十三年奉敕撰。十二公爲十二卷，莊公僖公襄公篇頁稍繁，各析一子卷，實十五卷。大旨在發明尼山本義，而剷除種種迂曲之説，故賜名曰《直解》，冠以御製序文。揭胡安國傳之傅會臆斷，以明誥天下，與《欽定春秋傳説彙纂》宗旨同符。考班彪之論《春秋》曰，平易正直，《春秋》之義也。王充之論《春秋》曰，公羊穀梁之傳，日月不具，輒爲意使。平常之事，有怪異之説。徑直之文，有曲折之義。非孔子之心。蘇軾之論《春秋》曰，《春秋》儒者本務。然此書有妙用，儒者罕能領會。多求之繩約中，乃近法家者流。苛細繳繞，竟亦何用。朱子之論《春秋》，亦曰聖人作《春秋》，不過直書其事，而善惡自見。又曰，《春秋》傳例多不可信。聖人紀事，安有許多義例。

然則聖經之法戒，本共聞共見。聖人之勸懲，亦易知易從。自啖助趙匡倡廢傳解經之説，使人人各以臆見私相揣度，務爲新奇以相勝，而《春秋》以荒。自孫復倡爲有貶無褒之説，説《春秋》者必事事求其所以貶。求其所以貶而不得，則鍛鍊周内，以成其罪，而《春秋》益荒。俞汝言《春秋平義序》謂傳經之失，不在於淺，而在於深。《春秋》尤甚，可謂片言居要矣。

是編恭承訓示，務斟酌情理之平，以求聖經之微意。凡諸家所説，穿鑿破碎者，悉斥不採。而筆削大義，愈以炳然。學者恭讀《御纂春秋傳説彙纂》，以辨訂其是非，復恭讀是編以融會其精要，《春秋》之學已更無餘藴矣。

又卷三〇

《春秋四傳私考》十三卷。（两淮鹽政採進本）

明徐浦撰。浦字伯源，浦城人。官監察御史。是書舉左氏公穀胡傳之異同，衷以己意。於胡傳之深刻者，多所駁正。持論頗平允。然每就事論事，不相貫串。如宋公和卒，謂不書薨以示褒。不知外諸侯經皆書卒也。又凡浦無所論斷之條，皆不存經之原文，似乎刪節聖經，亦非體例。

《春秋説》三十卷，《附録》三卷。（山東巡撫採進本）

明王寖大撰。寖大字幼章，合肥人。崇禎丁丑進士。是書雜採諸説，斷以己意，而本於卓爾康《辨義》者爲多。其首爲諸家考，敘古來《春秋》家及所著書。次爲經傳大旨，輯諸家議論之與己合者。次紀傳，輯周及列國事蹟。分析經文，各以類從，而附以時義地義，論次爲《春秋》總義。次比事四十二則，自跋附焉。總爲三卷，弁於首。次乃詮釋經文，分十二公爲三十卷。朱彝尊《經義考》不載，蓋此本爲寖大孫雲龍所録，未及刊板故也。

寖大以《春秋》本魯史原文，孔子修之，蓋筆削史文以見義，非變史文以起義。自説經者不舉大義，而求之名字爵號日月及會之類，以爲義例。蓋昉於公穀，盛於胡氏。詮説愈繁，而經學愈亂。故著是書，以破諸家之言書法者。然《春秋》固本魯史，其間亦有聖人特筆，如天王狩于河陽，《左傳》具述改修之義。《坊記》所引《魯春秋》，《公羊傳》所引不修《春秋》及寄葅所稱載在諸侯之策者，揆之聖經，有同有異。欲駁一字褒貶之説，而謂聖經僅魯史之節文，未免矯枉而過直。

其説經亦多臆斷。如解尹氏卒，云公穀謂譏世卿，鑿矣。欒郤韓范世專晉，七穆世專鄭，曷爲不譏，而特譏王朝大夫乎。夫外大夫卒，例不見經，《春秋》何由譏之耶。解肆大眚云，文姜罪惡通天，歿後必有陰禍。莊公肆眚爲之求福免罪耳。不知《春秋》時浮屠之教未入中土，何得有罪福之説。解鄭棄其師云，此高克怨辭。夫克一逋臣，豈能以其事偏赴列國。杜預所謂克狀其事以告魯者，本無確證，何得遽斷爲據克之言。又比事中解城築一條云，邑書城臺館，囿書築城，土功也，故須築。南門雉門，書作木功也，故須作。夫南門雉門，豈竟不須土功。且兩觀何以亦書作也。凡此皆隨意生文，不爲典要。

至其紀傳叙事，並始於隱元年，訖於哀十四年。其中止云某事書於經，某事不書。又自齊晉以下，皆以魯公年數紀年，卽周本紀亦然。是屈天王之正朔，就侯國之紀年。經解史裁，蓋兩無所當矣。其諸家考中，升胡傳於西漢諸儒之前，已爲無識。卷後又自識云，吕大圭灌甫趙企明姜廷善未詳。案灌甫，明宗室朱睦㮮字，已見考中，而遽忘之。吕大圭字圭叔，南宋末人，所著有《春秋或問》及《五論》。企明，宋趙鵬飛字，所著有《春秋經筌》。廷善，明姜寶字，所著有《春秋事義考》。而寖大俱曰未詳。是卽此數家尚未窺全帙，甚至引杜預《集解》亦稱之爲杜疏，尤爲無據。蓋所見未博，故議論多而考證少也。

又卷三一

《春秋事義慎考》十四卷。（江蘇巡撫採進本）

國朝姜兆錫撰。是書凡上中下三考，共十二卷，而附以考前考後各一卷。考上曰紀時，曰系名。考中曰正位，曰大婚，曰喪紀，曰祀典，曰賦稅，曰工役，曰軍旅，曰蒐狩，曰刑法，曰朝聘之屬，曰會盟之屬，曰侵伐之屬，曰歸遺之屬，曰徵求之屬，曰告假之屬，曰取竊之屬，曰遊觀之屬，曰奔執之屬，曰歸入之屬，曰削亡之屬，曰弑殺之屬，曰灾荒之屬，曰變異。考下曰事詞通義，曰事同書異，曰書同文異，曰釋文明義，曰隱文存義，曰省文約義，曰互文推義，曰單交錯義，曰闕文，曰衍文，曰誤文。考前曰聖經本末，曰列傳本末，曰王侯邦國，曰王侯世系，曰庶邦雜服，曰伯功本末，曰聖治本末。考後曰傳有經無，每條皆分晰辨論。大旨主於羽翼胡傳。然《春秋》一書，古今聚訟。胡氏曲爲之解，已多牴牾。兆錫復從而割裂分配，彌繁瑣而失當也。

《春秋鈔》十卷。（江西巡撫採進本）

國朝朱軾撰。軾有《周易傳義合訂》，已著録。是編不全載經文，但於有所論說者，標舉經文，著某年於其下。其敘雖稱惟恪守胡傳，間有詞旨未暢及意所未安者，始妄陳管窺之見。然駁胡傳者不一而足。如春王正月，卽駁夏時之說。伯姬歸于紀，卽駁諸侯親迎之說。州吁弑其君完，卽駁不稱公子爲責君之說。桓公宣公書有年，卽駁變異之說。諸侯盟于幽，卽駁首叛盟之說。楚宜申來獻捷，卽駁當力拒楚使上告天王之說。齊人侵西鄙公追齊師，卽駁書人見示弱書師見伏衆之說。陽處父救江，卽駁責晉不合諸侯之說。齊人弑其君商人，卽駁歸罪國人之說。楚子圍鄭，卽駁嘉楚討賊之說。新宮灾，卽駁神主未入哭爲非禮之說。寧喜弑其君剽，卽駁廢立之說，叔孫豹會虢，卽駁尚信之說。公如晉至河乃復，卽駁從權適變之說。暨齊平，卽駁暨爲不得已之說。季孫意如會厥憖，卽駁力不能加之說。盜殺衛侯之兄縶，卽駁歸獄宗魯之說。從祀先公，卽駁出陽虎之說。如斯之類，不可以殫數。所謂恪守胡傳，蓋遜詞耳。

至於攻擊《左傳》，則頗傷臆斷。如以鄭叔段餬口四方爲詭詞，謂段果出奔，鄭莊豈置之不問。以戎伐凡伯于楚丘以歸，爲凡伯忍辱而自歸，非戎挾之以去。以楚執蔡世子有用之，爲猶後世執蓋行酒之類，斷無殺而用祭之理。以哀公八年宋執曹伯陽，爲未嘗滅曹。揆之古書，皆無佐證。核以事理，亦未盡安。他如以成宋亂之說，從劉敞而駁杜預。然聖經之意，正以始於義而終於利，兩節相形，其事婉而章耳。如直書先公之助亂，暴揚國惡，《春秋》無此法也。許叔入許，責其不告於王，不知乘隙復國，機在呼吸。往反告王，不衣冠而救焚溺乎。召陵之役，不聲楚僭王之罪，自以王樵之說爲定，而必謂苟以必去王號責楚，迫於大義，當無不從。似非當日之事勢。至首止之會，責王世子不能爲伯夷泰伯，抑又强天下以所難矣。其持論大旨，往往類此。雖駁胡傳，實仍在胡傳門徑之中，不及所作《周易傳義合訂》遠矣。

《讀左補義》五十卷。（浙江巡撫採進本）

國朝姜炳璋撰。炳璋有《詩序補義》，已著録。是書欲破説《春秋》者屈經從例之弊，謂《春秋》無例。《左傳》所言之例，皆史氏之舊文。其凡有五。一曰西周舊典，二曰東遷後列國相沿之例，三曰魯史自相傳授之例，四曰霸國更定之例，五曰魯君臣私定之例。杜預所謂凡例，皆周公之禮經，變例皆聖人之新意者，未爲定論。其援據頗典博，糸考亦頗融貫。然謂史氏相沿有此五例，左氏遂據以推測聖經可也。謂《春秋》全因五例之舊文，則聖人直録魯史，不筆不削，何以云其義竊取，何以云知我罪我其惟《春秋》乎。

觀襄公二十年傳，寧殖曰，名藏在諸侯之策，曰孫林父寧殖出其君。而經書襄公十四年夏四月己未，衛侯出奔齊，是亦不盡用策書之明證矣。所註用杜解者十之六七，兼採他説，并糸以己意，亦頗簡潔。而傳後必附以説，簡端又冠以評。或論事，或論文。如坊選古文之例，殊非註經之體也。

右《春秋》類一百十八部，一千五百二十一卷，（内十一部無卷數）皆附存目。

按，明科舉之例，諸經傳註，皆因元制，用宋儒。然程子作《春秋傳》未成，朱子又未註《春秋》。以胡安國學出程子，張洽學出朱子，《春秋》遂定用二家。蓋重其所出之淵源，非眞有見於二人之書果勝諸家也。後張傳以文繁漸廢，胡傳竟得孤行，則又考官舉子共趨簡易之故，非律令所定矣。且他經雖限以一説立言，猶主經文。《春秋》一經，則惟主發揮傳義，其以經文命題，不過傳文之標識，知爲某公某年某事而已。觀張朝瑞《貢舉考》，備列明一代試題，他經皆具經文首尾，惟《春秋》僅列題中兩三字。如盟密夾谷之類，其視經文不爲輕重可知矣。是《春秋》雖列在學官，實以胡傳當一經，孔子特擁其虚名而已。經義之荒，又何足怪乎。《欽定春秋傳説彙纂》，總括衆説，折衷聖言。凡安國迂謬之談，悉一一駁正，此足見是非之公，終有不能强掩者矣。今檢校遺書，於明代説《春秋》家多所刊削，庶不以科舉俗學晦蝕聖經之本旨云爾。

又卷三一

《孝經正誤》一卷，《附録》一卷。（兩江總督採進本）

明潘府撰。府字孔修，上虞人，成化丁未進士，官至太常寺卿，事迹具《明史·儒林傳》。府以《孝經》皆孔子語，不應分經傳。因舊本而校正之。或數章而合爲一章，或一章而分作數章。一節之内，前後互移。數節之中，上下變置。定爲一十三章。其註則兼採諸儒之説，附録曾子孝實一卷卷首，府自有序，並載總説六條。自謂幸復聖經之舊，然亦孰見聖經之舊本而證其能復否乎。

《孝經集解》一卷。（江蘇巡撫採進本）

國朝蔣永修撰。永修字慎齋，宜興人，順治丁亥進士，官至平越府知府。是編順文詮釋，以訓童蒙，乃其官給事中督學湖廣時所作，本與《小學》合刊，名曰《孝經小學集解大全》。以宋儒雜纂之本，與聖經併爲一編，擬不於倫，難於著録。今分爲二書，各存其目焉。

《孝經集解》一卷。（福建巡撫採進本）

國朝張星徽撰。星徽號北山，永城人。自朱子作《孝經刊誤》，始刪削字句，分別經傳，定爲經一章，傳十四章。後儒已不能無疑。至國朝蔡衍鎤又合爲經一章，傳十章，以合於朱子更定《大學》之本。夫聖經賢傳，其垂訓之意並同，而文章體例則非有一定。今《大學》一經十傳，《孝經》亦必一經十傳以相配合，是孔曾著作，竟如時文程式，必限以八比矣。有如是之聖賢乎。衍鎤所見殊悮，星徽乃遵而用之，即所解可知矣。

又卷三三

《十三經註疏正字》八十一卷。（浙江巡撫採進本）

國朝沈廷芳撰。廷芳字椒園，仁和人，乾隆丙辰，博學鴻詞，授翰林院編修，官至山東按察使。是編校正《十三經註疏》，以監本重修監本陸氏閩本毛氏汲古閣本參互考證，而音義釋文則以徐氏通志堂本爲準。凡《周易》三卷，《尚書》五卷，《詩》十四卷，《周禮》十卷，《儀禮》十一卷，《禮記》十五卷，《左傳》十卷，《公羊傳》四卷，《穀梁傳》二卷，《孝經》一卷，《論語》二卷，《孟子》一卷，《爾雅》三卷。

考諸經正義，宋端拱咸平景德，遞有校正，而板本久湮。明以來，公私刻板，亦有據宋本刊正者，而所校往往不同。廷芳是書，每條標其本句，而疏其訛誤於下。其據某本改者，並顯出之。有未定者，則以疑存之。或有據某人説者，亦綴附焉。於形聲六體，尤所究詳。然籀改而篆，篆改而八分，而隸書。偏旁點畫，或因或革，不能限以許慎之所述。又經師口授，各據專門。《春秋》則三傳異文，《詩》則四家殊字，而假借通用，又復錯出於其間。故曰若越若，書自不同。桑葚桑椹，《詩》亦各體。此一經自不相同者也。《周禮》之簭，不可通乎《周易》之筮。《儀禮》之庿不可通於《禮記》之廟，此諸經各不相謀者也。鄭康成之屢稱舊書，陸德明之多引別本，更不論矣。

故是書所舉，或漏或拘，尚未能毫髮無憾。至於參稽衆本，考驗六書，訂刊板之舛訛，祛經生之疑似，註疏有功於聖經，此書更有功於註疏。較諸訓詁未明，而自謂能窮義理者，固有虛談實際之分矣。

又卷三五

《大學疏義》一卷。(浙江巡撫採進本)

宋金履祥撰。履祥有《尚書考註》,已著録。履祥籍隸蘭溪,於王柏爲同郡,故受業於王柏。然栢之學詆毁聖經,乖方殊甚。履祥則謹嚴篤實,猶有朱子之遺。初,朱子定《大學章句》,復作《或問》以申明之。其後《章句》屢改,而《或問》不復改。故前後牴牾,學者猶有所疑。履祥因隨其章第作疏義,以暢其旨,並作《指義》一篇,以括其要。柳貫嘗爲之序。朱彝尊《經義考》於二書皆註未見。但據《一齋書目》著於録。此本爲金氏裔孫所刊,蓋出於彝尊《經義考》之後。然僅存此《疏義》一卷,其《指義》及貫序則並佚之矣。書中依文銓解,多所闡發。蓋仁宗延祐以前,尚未復科舉之制,儒者多爲明經計,不爲程試計。故其言切實,與後來時文講義異也。

又卷三六

《大學中庸集説啟蒙》二卷。(内府藏本)

元景星撰。星號訥菴,餘姚人。據卷末宣德九年錢時跋,稱得禮部侍郎蔣驥寫本。驥跋題庚辰歲,當爲建文元年,驥爲星之門人。則星,元末人也。前有星自序,標題爲《學庸集説啟蒙》,而序中實曰《四書集説啟蒙》,凡例中如孟子章指云云,亦兼言四書。驥跋稱訥菴先師,用功於四書十年,去取諸説,而爲此書。《大學》已有刊本,而《語》《孟》《中庸》則未刊。跋稱得驥《中庸》寫本,謄校刊梓。然則星本全註四書,驥先刊其《大學》,時續刊其《中庸》,而《語》《孟》則已佚。《通志堂刻經解》病其不完,併序文標題改之耳。

其書發揮頗簡切。《大學》聖經章句,欲其一於善而無自欺句。註一於善,祝本改作必。自慊於字句亦復不苟。又傳之二章,註盤邵氏,謂恐是盥頮之盤。傳之四章,註備引程子饒魯吳澄之説。《中庸》三十二章,註引鄱陽李氏之説,皆與章句異同,亦非胡炳文等堅持門戶者比。蓋猶能自抒心得者也。書上闌附載細字,如《大學》傳之五章,載矩堂董氏之説。《中庸》第一章,載饒魯之説,亦與章句有出入。據錢時跋稱,增魯齋批點,勿軒標題,以便幼習。則時益以許衡熊禾二人之語,非星本書也。其孰爲衡語,孰爲禾語,刊板一同,今則不可辨别矣。

《四書近指》二十卷。(直隸總督採進本)

國朝孫奇逢撰。奇逢有《周易大旨》,已著録。是編於四子之書,挈其要領,統論大指。間引先儒之説,以證異同。然旨意不無偶偏。如云聖人之訓無非是學,此論最確。乃兩論逐章皆牽合學字,至謂道千乘之國章,敬信節用時使,皆時習事。《大學》聖經章所論本末先後,以明德須在民上明,修身須在天下國家上修。又云格物無傳,是《大學》最精微處,以物不可得而名,無往非物,即無往非格。

朱子所謂窮至事物之理，乃通《大學》數章而言云云，皆不免高明之病。蓋奇逢之學，兼採朱陸，而大本主於窮則勵行，出則經世。故其説如此，雖不一一皆合於經義，而讀其書者知反身以求實行實用，於學者亦不爲無益也。

又卷三七

《大學稽中傳》三卷。（江西巡撫採進本）

明李經綸撰。經綸有《禮經類編》，已著録。是編攻擊朱子《大學章句》，深闢格物之説，而以誠意爲根本。蓋推衍姚江古本義也。上卷凡十章。一爲稽中，二爲原明，三爲稽聖經，四爲原敬，五爲慎致知之要，六爲原内外動靜之合一，七爲原誠意，八爲原正心，九爲原修身，十爲舉全書。每章各疏大意於末，其不及治平之事，則謂天德修而王道隨之也。中卷爲辨疑四條，設問答以申上卷之旨。兼抉摘句讀之謬。如舉而不能先命也，以先命二字連讀，謂不能先命以官尚可强通。至下句以遠過二字連讀，訓過爲責，謂不能屏之遠方而責之，則無此文義矣。下卷爲考證引朱子書七條，陸九淵書六條，謂二人其初均有弊，其終均無所偏，亦王守仁《晚年定論》之餘緒耳。

《四書會解》十卷。（浙江巡撫採進本）

明毛尚忠撰。尚忠字子亮，號誠菴，嘉善人，萬曆甲辰進士，官至監察御史。其書分章立説，不録經文，頗似書塾講義，而議論則務與朱子相左。如《大學》首章謂當因其所發，非聖經本旨。親民卽明德内事，不親民叫不得明德，何須説推以及人。曰皆當止於至善，是分明德親民而二之。謂止卽止泊之止，何須添不遷二字。定乃明道靜亦定動亦定之定，不是志有定向。安卽居之安。安字以心言，曰所處而安，似著身矣。且謂物有本末節，是啟下文，非結上文也。物與事只泛説，若定分物屬明親，事屬知得，何等拘滯。至明明德於天下，若曰使之明，則民不可使知。且於文法甚不類。如此類凡十數條。其解格物，既不從朱子事物之説，而亦不取王守仁所云格去此心之物，乃謂卽上文物有本末之物，其中精微處，如等格然，不可不分曉。信如尚忠説，則格乃實字，無用力之意。致知在格物句，文義豈復可通。亦徒好立異而已。

《大學本文》一卷，《大學古本》一卷，《中庸本文》一卷。（通行本）

國朝王澍撰。澍有《禹貢譜》已著録。是書取《大學》《中庸》本文及朱子《章句原序》，各爲批點。大意欲因文法以闡書理。然聖經雖文字之祖，而不可以後人篇法句法求之。世傳蘇洵評《孟子》，謝枋得評《檀弓》，皆出於明人刊本，其源流授受，莫得而明。大抵皆後人僞撰。澍因仍其例，實非先儒之舊法。又既用朱子改本發揮文字之妙，又列古本一卷，其發揮妙處，亦如之。古本是則改本非，改本是則古本非。兩相尊奉，不亦合之兩傷乎。

《成均講義》。(無傳數,江西巡撫採進本)

國朝孫嘉淦撰。嘉淦有《春秋義》,已著録。是編乃嘉淦兼領國子監祭酒時,以《大學》聖經一章爲學者入德之門,乃逐節疏解,以發明朱子章句之義。其講致知格物,謂釋氏欲正心而不先誠意,陸子静欲誠其意而不先致知,王陽明欲致其知而不先格物。惟程朱之書詳言格物,獨得孔子之傳。今日學者之流弊,譏釋氏之不能誠意,並其正心而失之。譏子静之不能致知,並其誠意而失之。譏陽明之不能格物,並其致知而失之。名爲守程朱之學,並其格物而失之。古之所謂物者,盈天地之法象道器,書其一也。古之所謂格物者,極事理之廣大精微,讀書其一也。古之所謂讀書博洽,無所不通,作文其一也。古之所謂作文者,體製不可枚舉,制藝其一也。然則今日士子之所學,視古者綱領條目之大全,相去何如哉。亦頗中學者之流弊也。

又卷四四

《讀易韻考》七卷。(浙江吳玉墀家藏本)

明張獻翼撰。獻翼有《讀易紀聞》,已著録。此書專考《易》中之韻。案《易·象傳》實有韻。至於彖詞繫詞之類,則無常格。亦如《淮南子》諸書,偶然叶讀耳。獻翼一舉而韻之,非惟漢魏以下之音雜然並陳,甚至釋氏之偈言,道家之章咒,亦泛引以證聖經,殊傷蕪雜。即如爻詞潛龍,龍字忽以爲勿用之用,音庸,是從本音也。《文言傳》則謂龍當音性,與遯世無悶叶。又曰龍當音龐,與不成乎名叶。顛倒瞀亂,豈復有體例乎。此真不知而作也。

又卷五八

《史傳三編》五十六卷。(江西巡撫採進本)

國朝朱軾撰。軾有《周易傳義合訂》,已著録。是編凡名儒傳八卷,名臣傳三十五卷。又續傳五卷,循吏傳八卷。成於雍正戊申時。《明史》尚未成書,故所録至元而止。明以來傳名儒者,大抵宗宋而祧漢唐,而宋又斷自濂洛以下。軾所爲傳,上起田何伏生申公諸人,不没其傳經之功。中及董仲舒韓愈諸人,不没其明道之力。於宋則胡瑗孫復石介劉敞陳襄,雖軌轍稍殊,亦並見甄録,絶不存門户之見,可謂得聖賢之大公。其以遷就利禄,削揚雄馬融。以祖尚玄虚,削王弼何晏。以假借經術,削匡衡王安石,亦特爲平允。惟胡寅修怨於生母,王柏披猖恣肆,至删改孔子之聖經,咸預斯列,似爲少濫。據王福時之虚詞,爲薛收作贊,亦未免失之不考耳。

名臣傳所列,凡一百八十人,去取頗爲矜慎。續編所列,又三十九人,其凡例曰,續編者何,擇其次焉者也。或卷帙編次已定,附之於後焉耳。然見爲稍亞而乙之,與失於偶漏而補之。其品第則有間矣。混而無别,亦稍踈也。循吏傳所列,凡一百二十一人。雖體例謹嚴,而頗未賅備。如何易于之類,表表在人耳目者，多見刊削。其去取之例，亦未明言，殆不可解。要其標舉典型，以示效法。所附論斷，亦皆醇正。固不失爲有裨世教之書矣。前有軾及蔡世遠總序二篇。又三編各有專序一篇，蓋名儒傳爲李清植所纂，名臣傳爲張江藍鼎元李鍾僑所纂，循吏傳爲張福昶所纂。世遠商榷之，而軾則裁定之云。

又卷五九

《聖門志》六卷。（江蘇巡撫採進本）

明吕元善撰。元善字季可，號冠洋，海鹽人。天啟中官山東布政司都事，後殉流寇難。其書一卷爲聖門表傳，二卷爲從事列傳，三卷爲四氏封典，四卷爲禮樂，五卷爲古蹟，六卷爲東野氏仲氏世系。分子目六十有五，蓋元善官山東時所得孔氏諸家譜牒爲詳，因輯其宗系，述爲此編。又取後代理學諸儒附於弟子之後。然如魁名内閣無關道統，而詳悉臚列，別次於從祀諸儒之末，殊爲不倫。又以諸儒未入祀典者，別載擬祀三十五人中。如岳飛之精忠，不在乎闡明埋學。錢唐之直諫，亦未聞其詮釋聖經。乃欲例諸歷代儒林，擬議亦爲失當。元善書成未梓，其子兆祥重加校訂。海鹽令樊維城爲刻入鹽邑志林中，末附崇禎初曲阜祠祀元善及四氏子孫等給匾案牘，冗雜尤甚。

又卷九二

《近思録》十四卷。（直隸總督採進本）

宋朱子與吕祖謙同撰。案年譜，是書成於淳熙二年，朱子年四十六矣。書前有朱子題詞曰，淳熙乙未之夏，東萊吕伯恭來自東陽，過余寒泉精舍，留止旬日，相與讀周子程子張子之書，嘆其廣大宏博，若無津涯，而懼夫初學者不知所入也。因共掇取其關於大體而切於日用者，以爲此編云云。是其書與吕祖謙同定，朱子固自著之，且併載祖謙題詞。又《晦菴集》中有乙未八月與祖謙一書，又有丙申與祖謙一書，戊戌與祖謙一書，皆商榷改定《近思録》，灼然可證。《宋史・藝文志》尚並題朱熹吕祖謙類編。後來講學家力爭門户，務黜衆説而定一尊，遂没祖謙之名，但稱朱子《近思録》，非其實也。

書凡六百六十二條，分十四門，實爲後來性理諸書之祖。然朱子之學，大旨主於格物窮理，由博反約。根株六經，而參觀百氏，原未暖暖姝姝，守一先生之言，故題詞有曰，窮鄉晚進，有志於學，誠得此而玩心焉，亦足以得其門而入矣。然後求諸四君子之全書，以致其博而返諸約焉，庶乎其有而盡得之。若憚煩勞，安簡便，以爲取足於此而止，則非纂集此書之意。然則四子之言，且不以此十四卷爲限，亦豈教人株守是編，而一切聖經賢傳束之高閣哉。

又吕祖謙題詞，論首列陰陽性命之故曰，後出晚進，於義理之本原，雖未容驟語，苟茫然不識其梗概，則亦何所底。列之篇端，特使知其名義有所向往而已。至於餘卷所載講學之方，日用躬行之實，自有科級。循是而進，自卑升高，自近及遠，庶不失纂集之旨。若乃厭卑近而騖高遠，躐等凌節，流於空虚，迄無所依據，則豈所謂近思者耶。其言著明深切，尤足藥連篇累牘，動談未有天地以前者矣。

其集解，則朱子歿後，葉采所補作。淳熙十二年，采官朝奉郎，監登聞鼓院，兼景獻府教授。時嘗賫進於朝。前有進表及自序。采字仲圭，號平巖，建安人。其序謂悉本朱子舊註，參以升堂記聞及諸儒辨論。有缺畧者，乃出臆説。又舉其大旨，著於各卷之下，凡閲三十年而後成云。

《讀書記》六十一卷。(江西巡撫採進本)

宋眞德秀撰。案陳振孫《書録解題》謂《西山讀書記》有甲乙丙丁。甲言性理，中述治道。末言出處，大抵本經史格言，而述以己意。今但有甲三十七卷，丁二卷，乙丙未見，故載於《文獻通考》者，僅三十九卷。今世所傳明時舊刊本甲丁二記卷數，與《書録解題》合。中多乙記二十二卷，前有開慶元年德秀門人湯漢序，稱《讀書記》惟甲乙丁爲成書，甲丁二記先刋行，乙記上卽《大學衍義》，久進於朝，其下未及繕寫，而德秀没。漢從其子仁夫鈔得，釐爲二十二卷而刊之福州。據此，則丙記原書本闕，乙記爲湯漢所續刋。振孫惟見初行之本，故止於甲丁二記也。甲記自論天命之性至論鬼神，各分標目。前有綱目一篇，具詳論次先後之旨。乙記載虞夏以來名臣賢相事業，畧仿編年之體。前亦有綱目一篇，謂訖於五閏，而書中至唐李德裕而止。蓋撰次未完者。丁記上卷皆論出處大義，下卷分處貧賤處患難處死生安義命審重輕諸目，與上卷互相發明。

德秀《大學衍義》羽翼聖經，此書又分類銓録，自身心性命天地五行，以及先儒授受源流，無不臚析。名言緒論，徵引極多。皆有裨於研究。至於致治之法，衍義所未及詳者，則於乙記中畧著其事。雖於古今興衰治忽之故，尙未能綜括無遺。然在宋儒諸書之中，亦可謂有實際矣。

又卷九五

《太極辨》三卷。(《永樂大典》本)

元孫自强撰。自强，會稽人，仕履未詳。是書大旨，謂聖人之言約而明，先儒之論詳而汨。又謂漢唐以來，語焉而弗明。濂洛諸賢，明焉而未純。學者因其辭之紛紜，不以異端傅會於聖經者，鮮矣。故條舉《太極圖説》《正蒙》及朱子《四書集註》諸書言性命者而辨之。其謂經典未嘗離氣質以言性，蓋駁張子義理之性氣質之性之説。後來李光地《孟子劄記》《榕村語録》皆與自强所論同。然自强之書，外間實無傳本。光地蓋闇與合耳。

又卷九六

《作師編》一卷。(湖北巡撫採進本)

明賀時泰編。首列《易・蒙》卦，次列《大學》聖經一章，次列《禮記・學記》一篇，次列《白鹿洞規》五節六十九字，次列《陳董學則》一節九十一字，終以《興文會條件》兩頁有奇，皆無一字之發明，又屬天下所習見，亦何必爲此鈔胥也。

又卷九八

《大學辨業》四卷，《聖經學規纂》二卷，《論學》二卷。（直隸總督採進本）

國朝李塨撰。塨有《周易傳註》，已著録。是編發明古大學之法，以辨俗學之非。大旨與其《大學傳註》同。首總論大學，次辨後儒所論小學大學，次論小學，次辨後儒改易《大學》原本，次《大學》原文及全篇解，次大學之道至致知格物解，次辨後儒格物解，次其本亂至此謂知之至也解，次申論格物，次所謂誠其意者至末解，次申解全篇。其所爭，在以格物爲《周禮》三物。其謂孔子之時古大學教法，所謂六德六行六藝者，規矩尚存，故格物之學，人人所習，不必再言。惟以明德親民標其宗要，以誠意指其入手功夫而已。格物一傳，可不必補。其説較他家爲巧，故當時學者多稱之。

《聖經學規纂》二卷，則摘録四書五經之言學者，申明其説。《論學》二卷，則録朋友問難之語，其凡例所謂《辨業》意有不盡者，入之《學規》，《學規》意有不盡者，入之《論學》是也。

《載道集》六十卷。（浙江巡撫採進本）

國朝許焞編。焞字純也，海寧人，雍正癸丑進士，官翰林院編修。此編録歷代之文，大旨以道學諸儒爲主，而其餘類及焉。冠以《大學》聖經一章，《中庸》哀公問政一章，次以《家語》三章，次爲孔子弟子門人子思孟子孟母樂克東周賢士之言，又次爲東周論著。自漢至唐，大體分王言，臣言，論著三類。而隋則增王門弟子之言一類，尊王通也。宋元明則論著之外，增言行一類，以有講學諸儒也。終以張履祥之書。其凡例謂，千古之聖人，莫尊於洙泗。有明之儒者，莫醇於楊園。以孔子始，以張子終。垂希聖希賢之則也。然於百世之下，尊一人，與孔子相終始，談何容易乎。

又卷一一〇

《洪範皇極註》四卷。（江西巡撫採進本）

明李經綸註，國朝湯倓增註。經綸有《禮經類編》，已著録。倓號漫湖，南豐人。經綸先注此書，名曰《範數觀通》。倓又改此名。凡書中稱漫湖曰者，皆倓説也。其書首卷，著揲法筮占説辨諸條，以下則分内外篇，末綴以範數之分，而每卷皆系以圖，蓋專爲占筮而作。朱彝尊《經義考》載經綸有《詩教考》，極駁其宗王柏之説，删改聖經，蓋亦好異之士。此書則彝尊不載，不知原本之卷數中間經倓更定，殆亦非其舊帙矣。

又卷一二一

《貴耳集》一卷，《二集》一卷，《三集》一卷。（江蘇巡撫採進本）

宋張端義撰。端義字正夫，自號荃翁，鄭州人，居於蘇州。端平中，應詔三上書，坐妄言，韶州安置。此書卽在韶州所作，凡三集，每集各有自序。初集成於淳祐元年，序言生平接諸老緒餘，著《短長録》一帙得罪，後爲婦所火，因追舊事記之，名《貴耳集》，以耳爲人至貴，言由音入，事由言聽。古人有入耳著心之訓，且有貴耳賤目之説也。集末一條，自序生平甚悉。《二集》成於淳祐四年，《三集》成於淳祐八年。其書多記朝廷軼事，兼及詩話，亦有考證數條。《二集》之末，綴王排岸女孫一條，始涉神怪。《三集》則多記猥褻事故。其序有稗官虞初之文也。

書中如論制誥，引陸游《南唐書》載李煜詞臣有陶穀徐鉉。考陶穀由晉漢周入宋，未仕。李煜《南唐書》亦無此文也。論物從中國，名從主人。引《穀梁傳》謂長狄謂善稻爲伊緩。考《穀梁傳》，乃吳謂善伊謂稻緩，不云長狄也。論易卦，謂漢之《周易》不以乾坤爲首卦，然後知揚雄《太玄經》以中孚爲首卦，卽漢之易。考卦氣起中孚，見《易緯・稽覽圖》，卽孟喜六日七分之法，非易卦之次序也。論《春秋》，謂王安石黜《春秋》，非聖經，故元祐諸人多作《春秋》解，自胡安定先生始。考胡瑗，仁宗時人，不及見熙寧之制也。論施宜生《日射三十六熊賦》謂熊卽侯也，非獸也。案《桯史》載金海陵王校獵國中，一日而獲三十六熊。廷試多士，遂以命題。則熊，獸也，非侯也。論《藝文類聚》以鷄爲稽山子，以驢爲廬山公。吳越毛勝作《水族加思簿》，祖歐陽詢之遺意也。考此乃《藝文類聚》禽部獸部集録舊文，非詢作也。論伶官，謂自漢武帝時，東方朔以諧謔進。案優施遠見《春秋》，不始於朔。朔自官大中大夫，非伶人也。觀其三集，大抵本江湖詩派中人，而負氣好議論，故引据非其所長，往往顛舛如此。然所載頗有軼聞，足資考證。其論詩論文論時事，皆往往可取。所長固亦不可没焉。

又卷一二八

《梅花草堂筆談》十四卷，《二談》六卷。（兩江總督採進本）

明張大復撰。大復字元長，崑山人。是編爲其《梅花草堂集》中之一種。據《江南通志・文苑傳》，乃其喪明以後，追憶而作也。所記皆同社酬答之語，間及鄉里瑣事。辭意纖佻，無關考証。第十三卷中有《論孟解》十二條，以釋家語詮解聖經，殊屬支離。《二談》輕佻尤甚。如云《水滸傳》何所不有，却無破老一事。（案美男破老，《逸周書》之文。）非關缺陷，恰是酒肉漢本色如此。以此益知作者之妙，是何言歟。

又卷一三八

《諸經紀數》十四卷。（浙江巡撫採進本）

明徐鑒撰。是書於十三經成語中摘取其數，以類相比，自一數至萬數。其有一句兼諸數者，則別稱爲疊數，而無數目字者不録。各標本語，畧引上下文及註疏，附於其下。蓋欲仿《小學紺珠》之例。然雜事不妨類隸，豈容割裂聖經，以供撏撦也。

又卷一三九

《考古原始》六卷。（湖南巡撫採進本）

國朝王文清編。初，明嘉靖中，桐城趙釴撰《古今原始》十四卷，以歷代帝王編年紀載，各著其事所自始，文清以趙書原本，自天皇氏至陰康氏，荒渺無稽，爲之刋削，依聖經斷自伏羲，並補正訛缺，訖明神宗而止。考《世本》多載《事始》，其書久佚。馮贄《事始》亦無傳本。文清此書，餖飣牽合，亦與趙氏書相等，又不著出典，益不足徵。至卷末補遺各條，尤如兎園冊子。文清嘗纂《考古畧》一書，其凡例中自叙生平所著述，不及是書。殆坊賈所托名也。

又卷一四六

《周易參同契通眞義》三卷。（浙江巡撫採進本）

後蜀彭曉撰。曉字秀川，永康人，自號眞一子，仕孟昶爲朝散郎，守尚書祠部員外郎，賜紫金魚袋。其事迹未詳。楊愼序《古本參同契》，則以曉爲道士。考王建之時，杜光庭嘗以道士授官，曉爲道士，亦事理所有，但未知其據何書也。葛洪《神仙傳》稱魏伯陽作《參同契》，五行相類，凡三卷。其説是《周易》，其實假借爻象以論作丹之意。世之儒者不知神丹之事，多作陰陽註之，殊失其旨云云。今按其書，多借納甲之法言坎離水火龍虎鉛汞之要，以陰陽五行昏旦時刻爲進退持行之候。後來言罏火者，皆以是書爲鼻祖。《隋書·經籍志》不著録。《舊唐書·經籍志》始有《周易參同契》二卷，《周易五相類》一卷，而入之五行家，殊非其本旨。

曉序謂伯陽先示青州徐從事，徐乃隱名而註之。至桓帝時，復以授同郡淳于叔通，遂行於世。而傳其訣者頗尠，其或然歟。至鄭樵《通志·藝文畧》，始別立《參同契》一門，載註本一十九部，三十一卷，今亦多佚亡，獨曉此本尙傳。共分九十章，以應陽九之數。又以《鼎器歌》一篇字句零碎，難以分章，獨存於後。以應水一之數。又撰《明鏡圖訣》一篇，附下卷之末。曉自作前後序，闡發其義甚詳。諸家註《參同契》者，以此本爲最古。至明嘉靖中，楊愼稱南方有發地中石函者，得《古文參同契》，以爲伯陽眞本，反謂曉此本淆亂經註，好異者往往信之。然朱子作《參同契考異》，其章次並從此本。《永樂大典》所載《參同契》本，亦全用曉書，而以俞琰諸家之註分隸其下，則此本爲唐末之書，授受遠有端緒。慎所傳本，殆豐坊《古大學》之流，殊荒誕不足爲信。故今録《參同契》之註，仍以此本爲冠焉。

案唐志列《參同契》於五行類，固爲失當。朱彝尊《經義考》列《周易》之中，則又不倫。惟葛洪所云，得魏伯陽作書本旨，若預睹陳搏以後牽異學以亂聖經者，是此書本末源流，道家原了了，儒者反憒憒也。今仍列之於道家，庶可知丹經自丹經，易象自易象，不以方士之説淆羲文周孔之大訓焉。

又卷一六七

《葯房樵唱》二卷，《附録》一卷。（浙江鮑士恭家藏本）

元吳景奎撰。景奎字文可，蘭溪人，年三十，海道萬戸劉貞爲浙東憲府掾，嘗辟爲從事。明年貞去，景奎亦歸。久之用部使者薦，署興化縣儒學録，以母老辭不就。至正十五年卒於家。黄溍爲誌其墓，深相惋惜。是集乃其子履與其門人黄琪所編。中間五言古體，皆源出白居易。七言古體，間似李賀。近體亦音節宏敞豪放自喜。宋濂爲作集序，亦極相推挹，特編次時失於簡汰。如偶成詩云，挾才勝德世所薄，寧我負人天可欺。士之言行苟如此，聖經賢傳將奚爲。殆劉克莊所謂有韻語録，殊不入格。其他應俗之作，亦多榛楛勿翦，是則履等輯録之過。然其菁華自在，亦不以此相掩也。

又卷一八四

《恕谷後集》十卷，《續刻》三卷。（直隸總督採進本）

國朝李塨撰。塨有《周易傳註》，已著録。是集所作古文也。前有其門人閻鎬序，稱恕谷者，自名其里也。後集者，自康熙癸未以前，俱置之，而惟存其後焉者也。集首第一篇爲《送黄宗夏序》，後有題曰，此王崑繩改本也。恕谷初學八大家，崑繩言當宗秦漢章法，訂此恕谷後，謂唐宋不如秦漢，秦漢不如六經。於文法一宗聖經，題曰後集云云。崑繩者，大興王源字也。嘗撰《文章練要》，分六宗百家，談古文之法。後與塨同師顔元，塨遂從學古文，盡棄其少作。後集之名，蓋别其前之所棄也。今觀其文，根柢仍出八家，但開合斷續，不主故常，異乎明以來學歐曾者，惟以紆餘曼衍爲長耳。遽曰秦漢，曰六經，溢其量矣。

塨天分本高，其學自成一家。以經世致用爲主，亦具有根柢。然負氣求勝，其文或失之麤豪，少古人淳穆之氣。其持論又自命太高，自信太果，幾於唐宋元明諸儒，無一人能當其意，亦未免傷於褊激。蓋前明自萬曆以後，心學盛行。儒禪淆雜，其曲謹者又濶於事情，沿及國初，猶存商俗。故顔元及塨，獨力以務實相爭，存其説以補諸儒之枵腹高談，未爲無益。然不可獨以立訓，盡廢諸家。譬諸礞石大黄，當其對證，實有解結滌滯之功。若專服久服，則又生他疾耳。

又卷一九三

《周文歸》二十卷。（内府藏本）

明鍾惺編。其書删節三禮，《爾雅》，《家語》，三傳，《國語》，《楚詞》，《逸周書》，共爲一編。以時文之法評點之。明末士習輕佻放誕，至敢於刊削聖經，亦可謂悍然不顧矣。

又《附録·四庫抽燬書提要》

《書影》十卷。（案：在卷一百二十二、子部三十二、雜家類六、雜説之屬下，《春明夢餘録》後。）

國朝周亮工撰。亮工有閩小紀，已著録。是編乃其官户部侍郎，緣事逮繫時，追憶平生見聞而作。因圜扉之中，無可檢閲，故取老人讀書衹存影子之語，以書影爲名。其中如元祐黨籍本止七十八人，餘者皆出附益，本費衮梁溪漫志之説，而引陳玉堪跋；姚祐讀《易》誤用麻沙刻本，以釜爲金，本方勺《泊宅編》之説，而引朱國禎《湧幢小品》；米元章《無李論》，見所作畫史，而引湯垕《畫鑒》；邸報字出孟棨本事詩，而稱始於蔡京。皆援引不得原本。又如子貢説社樹事，明載今本《博物志》第八卷，而云今本不載。李賀詩序本杜牧作，而云風檣陣馬諸語出自韓愈。温庭筠詩玲瓏骰子安紅豆，入骨相思知不知，而引爲入骨相思知也無。沈約《四聲》一卷，唐代已佚，其字數無從復考，而云約書一萬一千五百二十字。謝靈運《岱宗秀維岳》一篇，本所作樂府，今在集中，乃訛爲登泰山詩，謂本集不載。以詩簡兮作柬兮，指爲伶官之名，乃豐坊僞《詩説》之語，而據爲定論。日月交食本有定限，而力主有物食之之説。皆考證未能精核。

至於韓信之後爲韋士官，本明張燧千百年眼之虚談，而信爲實事。陶宗儀《説郛》僅一百卷，孫作《滄螺集》中有《宗儀小傳》可考，二人契友，必無舛誤，乃云南曲老寇四家有《説郛》全部，凡四大橱。皆傳聞不得其實。至揚雄仕於王莽，更無疑義，而雜摭浮詞，曲爲之辨。艾南英以鄉曲之私，偏袒嚴嵩，強爲辨白，而以惡王世貞之故，特存其説。何心隱巨姦大猾，誅死本當其罪，而力稱其枉。王柏《詩疑》删改聖經，至爲誕妄，而反以爲是。尤爲顛倒是非。然自此十餘條外，大抵記述典贍，議論平允。遺聞舊事，頗足爲文獻之徵。在近代説部之中，固猶爲瑕不掩瑜者矣。乾隆四十九年二月恭校上。

附　　録

第一輯　《儒教、孔教、聖教、三教稱名說》
第二輯　《儒經“聖經”說》
第三輯　《儒教敬天說》
第四輯　《儒教報應論》
第五輯　《儒教天人合一說》
第六輯　《孔子天命鬼神觀念》
第七輯　《焚書坑儒說》
第八輯　《天命人性論》
第九輯　《理學家論天人感應》
第十輯　《儒教“事天”論》
第十一輯　《儒教六天說與一天說》
第十二輯　《儒教天地合祭分祭》
第十三輯　《儒教孔廟制度》
第十四輯　《儒教明堂制度》
第十五輯　《儒教城隍祭祀》
第十六輯　《儒教媽祖（天后）祭祀》
第十七輯　《儒教關帝祭祀》
第十八輯　《儒教文昌神祭祀》
第十九輯　《儒教土地神祭祀》
第二十輯　《儒教祈禱說》
第二十一輯　《儒教灶神祭祀》
第二十二輯　《儒教“宗教之天”與“自然之天”》
第二十三輯　《儒教祥瑞說》
第二十四輯　《儒教災異說》
第二十五輯　《儒教社稷祭祀》
第二十六輯　《儒教祠堂制度》
第二十七輯　《儒教家禮》
第二十八輯　《儒教嘉禮》
第二十九輯　《儒教軍禮》
第三十輯　《儒教喪葬禮儀》
第三十一輯　《儒教鄉飲酒禮》
第三十二輯　《儒教祭祀樂章》